# MENTES QUE LIDERAM

Howard E. Gardner

Professor de Cognição e Educação na Escola de
Pós-Graduação em Educação de Harvard

com Emma Laskin

# MENTES QUE LIDERAM

Tradução:
Afonso Celso da Cunha Serra

ELSEVIER

CAMPUS

Do original: Leading minds: An anatomy on leadership
Tradução autorizada do idioma inglês da edição publicada por Perseus Books


*Copidesque:* Isis Batista Pinto
*Revisão:* Gabriel Augusto Alves Pereira
*Tradução:* Afonso Celso da Cunha Serra
*Editoração Eletrônica:* Thomson Digital

Elsevier Editora Ltda.
Conhecimento sem Fronteiras

Rua Sete de Setembro, 111 – 16° andar
20050-006 – Centro – Rio de Janeiro – RJ – Brasil

Rua Quintana, 753 – 8° andar
04569-011 – Brooklin – São Paulo – SP

Serviço de Atendimento ao Cliente
0800-0265340
sac@elsevier.com.br

ISBN 978-85-352-7082-2
ISBN digital 978-85-352-7409-7
ISBN original 978-04-650-2773-6



**CIP-BRASIL. CATALOGAÇÃO NA PUBLICAÇÃO**
**SINDICATO NACIONAL DOS EDITORES DE LIVROS, RJ**

G214m

Gardner, Howard, 1943-
Mentes que lideram : como líderes eficazes criam e executam / Howard Gardner ; tradução Afonso Celso da Cunha Serra. - 1. ed. - Rio de Janeiro : Elsevier, 2013.
23 cm.

Tradução de: Leading minds: an anatomy on leadership
ISBN 978-85-352-7082-2

1. Liderança. 2. Administração. I. Título.

13-03150

CDD: 658.4092
CDU: 65:316.46

# Dedicatória

**Em memória de Judith Krieger Gardner (1943-1994),**
**que influenciou os pensamentos, sentimentos**
**e ações de todos que a conheceram,**
**e de**
**Erik Homburger Erikson (1902-1994), professor e amigo**
**que influenciou os pensamentos, sentimentos**
**e ações de uma geração.**

# Sumário

## Apêndices

# Prefácio à edição de 2011

## ANTECEDENTES DESTE LIVRO

Dos muitos livros que escrevi nos últimos 40 anos, *Mentes que lideram* talvez seja o que envolveu maior salto. Antes de sua publicação, via-me, e era visto por outros, como psicólogo que estuda o desenvolvimento humano, em especial na esfera cognitiva. Já havia escrito dezenas de livros sobre a mente humana, mais da metade deles contendo a palavra "mente" no título. Até início da década de 1980 eu era, basicamente, psicólogo pesquisador que escrevia para outros psicólogos. Mas depois da publicação, em 1983, de meu livro *Frames of Mind: The Theory of Multiple Intelligences*, convergi o foco para questões da educação; com efeito, os tópicos sobre os quais escrevi e o público a que me dirigia eram oriundos do setor da educação.

Mas, então, à primeira vista de maneira repentina, em 1995, com a ajuda proficiente de Emma Laskin, publiquei um livro sobre liderança. Nesse livro, cujo prefácio você está lendo agora, concentrei-me em um tema tradicionalmente considerado no âmbito da ciência política ou da história. Eu estava escrevendo não só sobre um tópico que parece pouco relacionado com o desenvolvimento cognitivo dos indivíduos, mas também fazendo-o de maneira mais voltada para o leitor generalista que para o especialista. Além disso, meu conceito de liderança parecia idiossincrático. O que pessoas como a antropóloga Margaret Mead, o físico J. Robert Oppenheimer ou o intelectual Robert Maynard Hutchins estavam fazendo em companhia de um papa, de uma primeira-ministra e de um general do exército?

Com efeito, *Mentes que lideram* constitui um ponto de inflexão para mim, uma oportunidade de dirigir-me a novos públicos nas áreas de política e de negócios, e de "sondar" tópicos relacionados com os eventos em curso. No entanto, com o benefício da retrospectiva – pelo menos para mim – é fácil ver por que, em plena meia-idade, resolvi escrever e publicar um livro sobre liderança.

Desde a infância, sou fascinado por política e história; sempre devorei jornais e revistas; também sou ouvinte e expectador compulsivo de noticiários. A decisão de escrever sobre liderança possibilitou que eu explorasse minhas paixões como aficionado de histórias e de notícias. Nesse sentido subjacente, eu já vinha trabalhando neste livro havia décadas.

Este livro, de imediato, também pode ser considerado resultado orgânico de minhas preocupações nos anos imediatamente anteriores. Depois de publicar um livro sobre diferentes formas de inteligência, não raro me perguntavam se havia diferentes formas de criatividade. Resolvi focar nessa questão de duas maneiras: (1) formulando, com a ajuda dos colegas Mihaly Csikszentmihalyi e David Henry Feldman, um arcabouço geral para a compreensão do surgimento de novas ideias e práticas; e (2) realizando estudos de casos de pessoas que, assim pensei, se destacavam em termos de criatividade em vários campos intelectuais. Apenas dois anos antes da publicação de *Mentes que lideram*, publiquei um livro com minhas conclusões.

Em *Creating Minds: An Anatomy of Creativity Seen Through the Lives of Freud, Einstein, Picasso, Stravinsky, Eliot, Graham e Gandhi* (1993; nova edição de 2011), estudei sete indivíduos criativos exemplares, cada um dos quais realizou seus feitos mais notáveis por volta de 1900. Entre esses criadores, constatei muitas semelhanças impressionantes, assim como algumas diferenças espantosas. No entanto, logo ficou evidente para mim que Mahatma Gandhi divergia, em aspectos essenciais, dos outros seis indivíduos, que eram líderes *dentro* de determinadas áreas de realizações, como física, pintura ou poesia. Gandhi tentava inspirar e mudar toda uma nação — e como acabou ocorrendo, todos os seres humanos. *Mentes que lideram* representa um esforço para ir além dos seis primeiros criadores que acabei de listar, no intuito de compreender o que distingue as pessoas cuja liderança permeia diferentes domínios e grupos de interesses.

Enquanto eu refletia sobre indivíduos que se destacam pela criatividade ou pela liderança, também prosseguia em minhas investigações sobre como melhor educar os jovens.

Em *The Unschooled Mind: How Children Think, and How Schools Should Teach* (1991; nova edição em 2011), procurei compreender por que as crianças absorvem experiências e desenvolvem diversas habilidades com tanta rapidez nos primeiros anos de vida, e, no entanto, têm tanta dificuldade em dominar as disciplinas que formam o cerne da escolaridade comum. Minha pesquisa me convenceu de que, por volta dos 5 anos, os seres humanos já têm uma bem formada "mente não escolarizada", que consiste em teorias simples sobre mente e matéria. Essas teorias podem parecer encantadoras, mas são, quase sempre, equivocadas ou totalmente falsas. Embora a educação formal se esforce intensamente para reformular a mente da criança de 5 anos, de modo a convertê-la na mente de alguém capaz de formular conceitos, a maioria das escolas, em quase todas as localidades, fracassa nessa missão. Com efeito, à exceção dos indivíduos que se tornam especialistas em determinados domínios e efetivamente passam a pensar de maneira fundamentalmente diferente sobre o mundo, a maioria dos adultos continua a teorizar muito à semelhança de como faziam quando eram crianças.

As implicações dessa conclusão são admiráveis sob o ponto de vista científico e problemáticas sob uma perspectiva social. Se um líder pressupõe falar às massas de um país, transpondo os dialetos de diferentes domínios, então, com efeito, ele ou ela deve começar dirigindo-se ao que denomino "mente de 5 anos". O líder precisa aceitar a mente da criança como dado ou, à maneira de determinado educador, tentar remodelar essa mente. Conforme esmiuçado em *The Unschooled Mind*, a tarefa de orientar indivíduos além do alcance da mente de uma criança em idade pré-escolar se revela formidável.

## O ARGUMENTO DO LIVRO

Embora, de início, não tivesse consciência disso, as diferentes linhas de estudo que eu vinha perseguindo, quase simultaneamente, em *Creating Minds* e em *The Unschooled Mind*, se juntariam em *Mentes que lideram*. Neste livro, estudo vários líderes do século passado, a fim de explicar o que vejo como as principais facetas da liderança, sob a perspectiva da psicologia. Para resumir sucintamente minha formulação, o líder é um indivíduo (ou, raramente, um conjunto de indivíduos) que influenciam, de maneira expressiva, os sentimentos ou os comportamentos de um número significativo de indivíduos. A maioria dos líderes reconhecidos – considere, por exemplo, Franklin Roosevelt ou Winston Churchill – são "diretos"; eles se dirigem ao público face a face. Mas tenho chamado a atenção para um fenômeno até hoje não reconhecido – a liderança indireta: nessa variedade de liderança, os indivíduos exercem impacto por meio das obras que criam.

Direta ou indiretamente, os líderes formulam histórias – principalmente histórias de identidade. É importante que o líder seja um bom contador de histórias, mas, igualmente, crucial é que o líder personifique a história em sua própria vida. Quando o líder conta histórias a especialistas, suas narrativas podem ser muito sofisticadas; no entanto, quando o líder se dirige a um grupo diversificado e heterogêneo, a história deve ser suficientemente elementar para que seja compreendida por mentes sem educação formal, ou "não escolarizadas".

Longe de ser uma equipe variegada, os líderes aqui incluídos foram escolhidos de maneira cuidadosa e estratégica, no intuito de reforçar os argumentos deste livro. Eu queria esclarecer, por meio desses exemplos, que a lacuna entre o líder indireto típico e o líder direto típico não é absoluta; alguém pode partir, passo a passo, de um Einstein ou de uma Virginia Woolf e perfazer todo o percurso até uma Margaret Thatcher ou um Gandhi. O que cria condições para que um Einstein ou um Picasso influencie outras pessoas são menos as palavras que pronunciam na presença delas e mais as ideias e obras que, em geral, trabalhando sozinhos, concebem e divulgam. Casos como os de Margaret Mead, J. Robert Oppenheimer e Robert Maynard Hutchins representam hipóteses intermediárias instigantes: começam produzindo obras que influenciam seus colegas nos respectivos campos de atuação, como antropologia, física e direito. Mas, eventualmente, em consequência do poder de suas ideias e de suas decisões, ingressam no âmbito público, e passam a assumir pelo menos alguns dos traços dos líderes diretos.

Por meio dessa gama de exemplos, eu pretendia mostrar as maneiras como as histórias devem ser alteradas, à medida que não mais nos dirigimos apenas a um grupo pequeno e relativamente homogêneo (como um conjunto de acadêmicos de uma disciplina ou universidade) e nos voltamos para a população numerosa e muito heterogênea (como uma multidão de indivíduos carentes ou os cidadãos de um país). Embora eu pudesse ter escolhido outros exemplos em cada categoria (Henry Ford, em vez de Alfred Sloan, como chefe de uma empresa; Ronald Reagan, em vez de Margaret Thatcher, como líder de um país), as categorias, e a ordem em que são apresentadas são fundamentais para transmitir os principais pontos deste livro.

Além dos retratos detalhados dos 11 líderes, também incluo um estudo de 10 importantes líderes políticos e militares do século XX. Ademais, as informações detalhadas constantes dos Apêndices possibilitam comparações entre meus 11 líderes e um "grupo de controle" relevante.

## QUESTÕES SUSCITADAS

Ao publicar o livro, deparei com numerosas questões de que não tratei, ou que abordei de maneira inadequada, na primeira edição. Para começar, perguntaram-me se a escolha dos líderes não recaíra, principalmente, sobre indivíduos de quem eu gostava ou que admirava. Decerto prefiro certos líderes a outros, e minha amostra pode estar enviesada, até certo ponto, em favor de pessoas que tenho em alta conta. É crucial, porém, não confundir o descritivo e o narrativo. Meu objetivo em *Mentes que lideram* é descrever aspectos da liderança eficaz, independentemente de gostar ou não das pessoas em questão ou das políticas que promoveram. Com efeito, a análise seria inaceitável como acadêmica caso se aplicasse apenas a indivíduos em relação aos quais tenho sentimentos positivos. Um propósito do levantamento no Apêndice é estender o arcabouço a indivíduos dentre os quais se encontram muitos que eu, como o resto do mundo, considero repugnantes.

Outra questão que surgiu foi se, em meus estudos sobre liderança (e em meus estudos sobre criatividade), eu estava sendo elitista. Sem dúvida, estou escrevendo sobre pessoas extraordinárias. E o faço para reparar um desequilíbrio na literatura científica. A premissa predominante é que, se entendermos as formas comuns de criatividade ou liderança, compreenderemos melhor as mais notáveis realizações. Acredito que esse argumento precisa ser invertido. É muito mais provável que interpretemos melhor as formas comuns de liderança se conhecermos com mais profundidade os exemplos inequívocos de liderança poderosa.

Mas quero suscitar outro ponto. Os indivíduos extraordinários podem ser produtos de acidentes, mas suas realizações – positivas ou negativas – constituem parte importante da história humana. Pense no século XIX sem Napoleão ou Lincoln, ou no século XX sem Stalin, Hitler ou a família Roosevelt. De fato, para ser um tanto provocante, imagine a primeira década do século XXI sem considerar Osama Bin Laden. No calor da ideologia, críticas pós-modernas à liderança – que questionam o papel do líder ou qualquer pretensão de excepcionalidade – correm o risco de obscurecer uma realidade duradoura da vida humana.

E quanto a meu foco, tanto na educação quanto no estudo da liderança, sobre o poder da mente não escolarizada? Meu tratamento levanta a questão de se, *de alguma maneira*, seria possível convencer o público em geral a adotar posição mais sofisticada em relação a qualquer assunto. Realmente, todos os meus estudos reforçam o poder das teorias iniciais das crianças e destacam a dificuldade de introduzir maneiras de pensar mais complexas e diferenciadas. Eu não estaria sendo coerente com minhas próprias descobertas caso sustentasse que seria possível atingir com facilidade maior grau de sofisticação.

Entretanto, apesar dos horrores da história da humanidade e não obstante as oscilações do pêndulo, pode-se apontar para o desenvolvimento gradual de maneiras de pensar mais sofisticadas nas áreas de moralidade e civilidade. Meus heróis pessoais são indivíduos como Mahatma Gandhi, Jean Monnet e Nelson Mandela, que trabalharam durante décadas para desenvolver em seus liderados maneiras de pensar mais complexas sobre as relações humanas. Deparo-me concordando com Freud, quando um dia escreveu: "A voz do intelecto é suave, mas não descansa até ser ouvida. Em última instância, depois de reiteradas recusas, que parecem infindáveis, ela é bem-sucedida." Esse é um dos poucos pontos em que podemos ser otimistas sobre o futuro da humanidade.

## REFLEXÕES SOBRE OS ÚLTIMOS 15 ANOS

Embora as questões sobre liderança e o campo de "estudos da liderança" decerto já existissem antes, poucas pessoas estavam preparadas para a explosão de interesse sobre o tema nos últimos anos. Com toda a probabilidade, meu livro foi muito mais manifestação do que causa ou catalisador desse novo interesse. As contribuições de certos acadêmicos importantes – Warren Bennis, James McGregor Burns, John Gardner e Barbara Kellerman – foram alguns dos ingredientes. A preponderância crescente do setor de negócios nos Estados Unidos e em outros países desenvolvidos bem como o papel crucial do CEO e de outros membros da equipe de liderança de organizações sem dúvida também foram fatores relevantes. A maior conscientização quanto aos problemas globais – por exemplo, pobreza, mudança climática, tratamento de doenças e corrupção – e as dificuldades relacionadas com o seu manejo também destacaram a necessidade de líderes qualificados, esclarecidos e justos. Os vários traumas do período – os ataques terroristas de 11 de setembro, os colapsos financeiros de 2000 e de 2008 e a instabilidade de grande parte da África e do Oriente Médio – todas essas ocorrências chamaram a atenção para os custos dos líderes deficientes ou ineficientes.

Estou menos certo de por que, nas brochuras e sites de instituições educacionais, se destaca com tanta frequência o treinamento de líderes. Não está claro para mim até que ponto o público espera que nossas instituições treinem líderes, em contrapartida às entidades que tentam distinguir-se pela promessa de cultivar oferta abundante, para a qual talvez não haja demanda correlata. Dito isso, é difícil não se deixar impressionar pela alegação quase universal, por parte de instituições que abrangem desde escolas de ensino médio até escolas de pós-graduação em todo o mundo, de que elas – e talvez até *apenas* elas – descobriram a fórmula mágica de forjar a liderança.

O campo – o conjunto de instituições sociais e de guardiões preocupados com a questão da liderança – vicejou. Ninguém consegue acompanhar a profusão de publicações, periódicos, sites, instituições, organizações e programas de treinamento que tratam de liderança. O aumento no conhecimento – e na sabedoria – sobre liderança não é, de modo algum, tão impressionante, mas eu gostaria de pensar que a avalanche de trabalhos, inclusive este livro, pode, ao menos, ter aguçado e aprofundado nossa compreensão da natureza da liderança, de como melhor cultivá-la e de se é possível estimular a liderança para fins positivos.

Depois de ter selecionado, quase duas décadas atrás, 11 líderes em quem concentrar a atenção, fico pensando sobre se hoje teria elaborado uma lista algo diferente. Ao menos em relação aos setores, como militares e clero, acho que tomei decisões razoáveis. Alguns nomes, como Martin Luther King, Jr., ainda são hoje tão eminentes quanto sempre. Outros, como J. Robert Oppenheimer ou Robert Maynard Hutchins ou Alfred Sloan, são muito menos conhecidos – e poderiam ser substituídos facilmente por figuras mais contemporâneas, como o acadêmico Noam Chomsky, ou Derek Bok, presidente de universidade, ou o líder empresarial Bill Gates. Muito diferente do Papa João XXIII, o Papa João Paulo II é igualmente digno de estudo.

O único nome que, decerto, deveria ser acrescentado é o de Nelson Mandela, justificadamente a pessoa mais admirada de nossa época. E os legados duradouros de Martin Luther King e de Nelson Mandela – e, com menos destaque, do dissidente chinês Liu Xiaboa, assim como do dissidente mianmarense (birmanês) Aung San Suu Kyi – atestam a importância incomparável de Mahatma Gandhi, que, em minha opinião, é o ser humano mais importante do último milênio.

Muitos têm sido os trabalhos acadêmicos sobre os líderes aqui retratados. Na conclusão do prefácio, apresento alguns dos escritos que melhoraram nossa compreensão desses indivíduos e de sua capacidade de liderança.

## LIDERANÇA NA ERA DAS VEROSSIMILHANÇAS, DA VERBORRAGIA E DO *TWITTER*

Da mesma maneira como as esferas política e econômica foram convulsionadas nas últimas décadas, também nosso mundo tem sido transformado pelas mudanças tecnológicas, culturais e até epistemológicas.

O termo *truthiness*, em inglês, equivalente a "verossimilhança", foi popularizado pelo humorista Stephen Colbert. Tradicionalmente, aplicamos o adjetivo *true* (verdadeiro) em afirmações cuja veracidade pode ser confirmada por evidências confiáveis. (No sentido oposto, se for impossível imaginar uma situação em que se possa demonstrar a falsidade da afirmação, consideramo-la dogma de fé, em vez de proposição racional.) As pessoas sempre mentiram, e os líderes de modo algum estão imunes a esses pecados – com efeito, ficou famosa a declaração cínica do propagandista nazista Josef Goebbels: "Quanto maior for a mentira, mais pessoas acreditarão nela".

A contribuição de Colbert foi que, hoje, a simples descrição de determinado estado ou situação por alguém conhecido é suficiente para atribuir-lhe *valor de verdade*. Portanto, se um líder republicano for chamado de "criminoso de guerra" por um membro do Partido Democrata, ou se um grupo de discussão sobre procedimentos de "fim da vida" for denominado "painel da morte" por um porta-voz republicano, essas afirmações serão consideradas verdadeiras apenas porque foram proferidas reiteradamente em âmbito público.

A causa desse estado de coisas é, sem dúvida, complexo. Em meu *Truth, Beauty, and Goodness Reframed* (2011), argumento que o desafio da verdade decorre de três fontes complementares: (1) aumento do conhecimento sobre ampla gama de culturas em todo o planeta, muitas das quais sustentam visões de mundo aparentemente incompatíveis; (2) a crítica pós-moderna de noções tradicionais, como verdade, segundo as quais as alegações de verdade são consideradas simples asserções de poder; e (3) a tendência humana, em especial durante a adolescência e no começo da idade adulta, de adotar essas atitudes relativistas ("você tem o direito às suas opiniões, e eu tenho direito às minhas opiniões"). Quaisquer que sejam as contribuições relativas desses e de outros fatores, parece claro que a liderança fica mais difícil quando as histórias de todos são consideradas igualmente válidas, independentemente da existência de evidências corroborantes.

Todo observador da cena contemporânea nota a explosão de informações, de alegações e de contra-alegações no ar, ou em sua manifestação contemporânea, o ciberespaço. Sem dúvida, pelo menos parte dessas informações é valiosa, até inestimável. No entanto, muito do que se encontra no mundo digital é mera parolagem, não passa de verborragia, difundindo rumores e confundindo opinião com razão. Denomino esse estado de coisas de "parlapatice". Em última instância, quando se dispõe de tempo suficiente e quando se investe a indispensável *due dilligence*, é possível chegar, de maneira mais confiável que antes, à conjuntura real. Mas a maioria de nós, quase sempre, se afoga na parlapatice.

Finalmente, conforme se verifica pelo sucesso do Twitter, hoje se valorizam mensagens breves, vívidas e memoráveis. Talvez elas não precisem ser tão breves quanto os 140 caracteres a que se limita um tweet. Mas, em virtude das forças da propaganda e do entretenimento, de um lado, e das demandas implacáveis sobre o tempo, de outro, atribui-se enorme prêmio a ir diretamente ao ponto e a evitar a complexidade. É famosa a tirada de Einstein: "Tudo deve ser tão simples quanto possível, mas não mais simples." Infelizmente, a prioridade atribuída à limitação do Twitter torna muito mais difícil a articulação não só de histórias mais complexas, mas também de histórias menos familiares.

Nenhum líder hoje pode dar-se ao luxo de ignorar esse trio poderoso: A facilidade de promulgar falsas afirmações, os detritos que poluem a blogosfera e a proeminência da propaganda e do gracejo. Com efeito, o desafio para o líder é combater essas forças, quando elas se opõem aos seus objetivos, e lançar poderosa contra-história, que sobreponha a verdade à verossimilhança, a sensatez à parlapatice, e as narrativas substanciosas aos acepipes condimentosos do Twitter. No momento em que escrevo essas palavras, o presidente dos Estados Unidos, Barack Obama, compreende com clareza esses desafios, mas não se sabe ao certo se ele – ou, deveras, qualquer líder ponderado, capaz de raciocínios complexos – é capaz de fazer-se ouvir e compreender acima do burburinho.

Na época em que eu estava concluindo *Leading Minds*, comecei a explorar um conjunto de questões que ocuparam meus pensamentos e trabalhos até hoje – uma década e meia depois. Em 1995, meus colegas Mihaly Csikszentmihalyi, William Damon e eu lançamos o Projeto GoodWork (ver goodworkproject.org, goodworktoolkit.org) – um estudo das profissões de nossa época. Perguntamos se e, em caso positivo, como as profissões podem durar numa época em que os mercados são tão poderosos; nossos conceitos de tempo e espaço estão mudando à velocidade da luz e poucas são as forças nos países desenvolvidos aptas a conter as forças do mercado, que dirá para canalizá-las de maneira socialmente responsável (Gardner, Csikszentmihalyi e Damon, 2001).

A não ser que se acredite na bondade inata dos seres humanos, no poder da intervenção divina e na sabedoria inerente aos mercados, não há garantia de que os seres humanos usarão suas habilidades e poderes para fins nobres. Um dos objetivos do Projeto GoodWork é familiarizar os indivíduos com o que significa usar as próprias capacidades para objetivos maiores que a autopromoção e capazes de contribuir para o bem-estar geral – ajudando as pessoas a avançar nessa direção.

Alguns líderes buscam o poder pelo poder; outros líderes procuram o poder como meio para aumentar os próprios recursos ou os de familiares, amigos e associados mais próximos. Estes não são os líderes que admiro, nem são os líderes que os jovens devem imitar. Conforme deixo claro nas páginas seguintes, a chave para a liderança eficaz é amoral: as habilidades que descrevo podem ser usadas para os propósitos de um Nelson Mandela ou para as tramas de um Osama bin Laden. Mas depois que partimos da descrição para a prescrição, fica claro que, como indivíduos e como membros de comunidades mais amplas, devemos fazer tudo o que pudermos para favorecer o surgimento de bons líderes – indivíduos excelentes, engajados e comprometidos com a busca de fins éticos.

## CONCLUSÃO

Ao escrever *Mentes que lideram*, meu principal objetivo foi compreender melhor os atributos da liderança eficaz. Decerto não vejo o livro como um guia que, uma vez assimilado, converterá cidadãos comuns em líderes ou líderes comuns em líderes excepcionais. Dito isso, acredito que a visão cognitiva aqui introduzida oferece nova perspectiva sobre a natureza da liderança. Quando se pensa no líder como contador de histórias, cujas novas histórias devem combater as que já atuam nas mentes do público, cria-se maneira poderosa de conceituar o exercício da liderança. É importante para os líderes conhecer suas histórias; expressá-las com clareza, divulgá-las com eficácia, mormente para os que estão sob o fascínio de histórias rivais; e, acima de tudo, personificar em suas vidas as histórias que contam.

Na conclusão deste livro, delineio seis atributos constantes dos líderes, assim como seis qualidades que vieram a caracterizar a liderança de nossos tempos. Minha esperança é que a análise se mostre útil para quem se vê guindado a posições de liderança, e que também possa ajudar quem já exerce função de liderança a compreender melhor suas tarefas e, talvez, sugerir-lhes novas maneiras de alcançar o sucesso.

Talvez não seja surpreendente que os tempos atuais se caracterizem pela desilusão com nossos líderes. Todos conhecemos muito bem os malefícios que os líderes perversos podem causar e nos frustramos com o fato de indivíduos em quem depositamos esperanças nos decepcionem com tanta frequência. Muitas pessoas bem intencionadas, leigos e acadêmicos, afirmam que superamos a noção de liderança imposta do alto e que devemos abraçar instituições horizontais e até sem liderança.

Nessas épocas, é sobremodo importante retornar aos fundamentos. Muitas suposições sobre a liderança no campo político são superficiais e insubstanciais; não há necessidade de orientar as políticas públicas pelos resultados da mais recente pesquisa de opinião nem de dar aparência atrativa a todas as ideias complexas. Aqui podemos inspirar-nos nos indivíduos que não aceitaram a sabedoria convencional, que correram os riscos da derrota, da rejeição, da obscuridade e até das próprias vidas, a fim de perseguir as ideias em que eles (e, talvez, alguns seguidores) acreditavam. Em termos simples: Os líderes podem realmente liderar. Uma das funções importantes que os mais velhos podem exercer numa sociedade é chamar a atenção para as figuras com as quais é possível aprender e cujas vidas servem de orientação. Pessoas de todo o mundo podem tornar-se melhores se seguirem as palavras do europeísta Jean Monnet, que declarou: "Vejo toda derrota como oportunidade." Os indivíduos retratados em *Mentes que lideram* sem dúvida têm suas falhas, mas acredito que tanto os cidadãos comuns quanto os aspirantes a líder podem inspirar-se nas vidas deles e em suas histórias.

## REFERÊNCIAS

### Citadas no prefácio

Gardner, H. 1983/2011. *Frames of Mind: The Theory of Multiple Intelligences.* Nova York: Basic Books.

Gardner, H. 1991/2011. *The Unschooled Mind: How CHildren Think and How Schools Should Teach.* Nova York: Basic Books.

Gardner, H. 1993/2011. *Creating Minds: An Anatomy of Creativity Seen Through The Lives of Freud, Einstein, Picasso, Stravinsky, Eliot, Graham, and Gandhi.* Nova York: Basic Books.

Gardner, H.; M. Csikszentmihalyi e W. Damon *Good Work: When Excellence and Ethics Meet.* Nova York: Basic Books, 2001.

Gardner, H. *Truth, Beauty, and Goodness Reframed: Educating for the Virtues in the Twenty-First Century.* Nova York: Basic Books, 2011.

### Outras Leituras

Nota: Esta não é, em absoluto, uma lista exaustiva de trabalhos sobre determinados líderes ou sobre liderança em geral. Apresenta, isto sim, trabalhos que considerei úteis ao refletir sobre as pessoas e questões tratadas neste livro. Evitei resenhas literárias, trabalhos enciclopédicos, trabalhos e cartas editadas, biografias condensadas e hagiografias.

### Liderança

Bennis, W. *On Becoming a Leader.* 4ª ed. Nova York: Basic books, 2009.

Bennis, W. e P. Biederman *The Essential Bennis.* São Francisco: Jossey Bass, 2009.

Couto, R. *Political and Social Leadership: A Reference Handbook.* Thousand Oaks, CA: Sage Publications, 2010.

George, Bill, com Peter Sims. *True North.* São Francisco: Jossey Bass, 2007.

Gergen, David *Eyewitness to Power: The Essence of Leadership.* Nova York: Simon & Shuster, 2000.

Goleman, D.; R. Boyatsis e A. McKee *Primal Leadership.* Boston: Harvard Business School Press, 2004.

Kellerman, B. *Followership.* Boston: Harvard Business School Press, 2008.

_____. *Bad Leadership.* Boston: Harvard Business School Press, 2004.

Keohane, N. *Thinking about Leadership.* Princeton: Princeton University Press, 2010.

Wills, G. *Certain Trumpets: The Nature of Leadership.* Nova York: Simon & Schuster, 1995.

### Mahatma Gandhi

Andrews, C. F. e Gandhi Arun *Mahatma Gandhi: His Life and Ideas.* Woodstock, VT: Skylight Paths, 2003, (Neste livro, o neto de Gandhi atualiza um livro de um associado de Gandhi, com ênfase em suas ideias e em seu impacto hoje.).

Lelyveld, J. Great Soul: *Mahatma Gandhi and His Struggle with India.* Nova York: Knopf, 2011.

Von Tunzelmann, A. *Indian Summer: The Secret History of the End of an Empire.* Nova Hork: Picador, 2008.

### Robert Maynard Hutchins

Hutchins R. Maynard. *No Friendly Voice*. Hadamard Press, 2007, (Este trabalho é uma coletânea de suas palestras.).

### Papa João XXIII

Cahill, Thomas. *Pope John XXIII: A Penguin Life*. Nova York: Penguin. Pope John XXIII. 2008. *Essential Writings*. Maryknoll, NY: Orbis Books, 2001.

### Martin Luther King, Jr.

Frady, M. Martin Luther King, Jr.: *A Life*. New York: Penguin, 2005.

King; Martin Luther, Jr. e Carson Clayborne. The Autobiography of Martin Luther King, Jr. Nova York: Grand Central Publishers, 2001.

### George C. Marshall

Husted, Stewart. *George C. Marshall: The Rubrics of Leadership*. Carlisle, PA: Strategic Studies Institute, 2007.

### Margaret Mead

Banner, Lois. *Intertwined Lives: Margaret Mead, Ruth Benedict, and Their Circle*. Nova York: Vintage, 2004.

Bowman-Kruhm, M. *Margaret Mead: A Biography*. Santa Barbara, CA: Greenwood Press, 2002.

Lutkehaus, N. *Margaret Mead: The Making of an American Icon*. Princeton: Princeton University Press, 2001.

### Jean Monnet

Fransen e Frederick *The Supranational Politics of Jean Monnet: Ideas and Origins of the European Community*. Santa Barbara, CA: Greenwood Press, 2001.

Rousell, Eric. *Jean Monnet*. Paris: Fayard, 1996.

### J. Robert Oppenheimer

Bird, Kai e M. Sherwin *American Prometheus: The Triumph and Tragedy of J. Robert Oppenheimer*. Nova York: Knopf, 2005.

Cassidy, David J. *Robert Oppenheimer and the American Century*. Baltimore: Johns Hopkins University Press, 2009.

### Eleanor Roosevelt

Cook, Blanche Wiesen. *Eleanor Roosevelt: Volume 2, The Defining Years 1933-1938*. Nova York: Penguin, 2000.

Roosevelt, Eleanor. *Empty without You: The Intimate Letters of Eleanor Roosevelt and Lorena Hickock*. Nova York: Da Capo Press, 2000.

_____. *My Day: The Best of Eleanor Roosevelt's Acclaimed Newspaper Columns, 2936-1962*. Nova York: Da Capo Press, 2001.

### Alfred P. Sloan/General Motors

Farber, David *Sloan Rules: Alfred Sloan and Triumph of General Motors*. Chicago: University of Chicago Press, 2005.

Freeman, Allyn *The Leadership Genius of Alfred P. Sloan*. Nova York: McGraw-Hill, 2005.

### Margaret Thatcher

Berlinsky, Claire *There Is No Alternative: Why Margaret Thatcher Matters*. Nova York: Basic Books, 2010.

Campbell, John. *Margaret Thatcher: The Iron Lady*. Nova York: Vintage, 2004.

_____. *Margaret Thatcher: The Grocer's Daughter*. Nova York: Vintage, 2008.

Wapshott, N. *Ronald Reagan and Margaret Thatcher: A Political Marriage*. Nova York: Sentinel Trade Books, 2008.

# Parte I

# Estrutura da Liderança

Capítulo 1

# Introdução: Abordagem cognitiva à liderança

*Com palavras, governamos as pessoas.*

Benjamin Disraeli

*As pessoas práticas, que se consideram imunes a influências intelectuais, são em geral escravos de economistas defuntos.*

John Maynard Keynes

## EURECA E EINSTEIN

Em fins de novembro de 1943, três homens, figuras de importância histórica, se reuniram em Teerã, capital do Irã. Agora que a maré da Segunda Guerra Mundial finalmente virara em favor dos Aliados, o primeiro-ministro Winston Churchill, do Reino Unido, o presidente Franklin D. Roosevelt, dos Estados Unidos, e o premier Josef Stalin, da União das Repúblicas Socialistas Soviéticas (URSS), se sentaram juntos pela primeira vez para tratar de numerosas questões cruciais. Durante os quatro dias do encontro, que veio a denominar-se Cúpula Heureca, os representantes desses três países abordaram tópicos como a abertura de uma segunda frente ocidental contra os alemães; a política a ser adorada em relação a Polônia, França, Turquia e China; o tratamento dos líderes alemães depois do fim da guerra; e o prosseguimento da guerra contra o Japão, o outro grande inimigo do Eixo. Além de tomarem várias decisões militares e diplomáticas, os três líderes passaram a se conhecer melhor e construíram bases mais sólidas para a Aliança.

Na época da Cúpula Heureca, Albert Einstein morava discretamente em Princeton, New Jersey, continuando a trabalhar, como nas quatro décadas anteriores, em questões fundamentais a respeito da natureza da realidade física. Nos primeiros anos do século, Einstein, quase sozinho, deflagrara uma revolução na física, primeiro com sua teoria especial da relatividade, em 1905, e, depois, com sua teoria geral da relatividade, dez mais tarde. Quando apresentadas pela primeira vez, essas teorias haviam parecido basicamente de interesse acadêmico, uma vez que Einstein estava repensando a natureza do espaço, do tempo, da gravidade e de outras forças fundamentais do universo. No entanto, várias implicações do trabalho dele se revelaram capazes de produzir as mais importantes consequências práticas, como o próprio Einstein veio a constatar. Em uma carta de 1939 ao presidente Roosevelt, ele chamou a atenção para a possibilidade de se produzirem bombas extremamente poderosas, caso se conseguisse deflagrar reações nucleares em cadeia numa massa de urânio. Mas, em fins de 1943, o trabalho em Los Alamos, Novo México, para o desenvolvimento de uma bomba atômica, já chegara a um ponto crucial; esse trabalho teria sido inconcebível, sem os insights revolucionários de Einstein sobre as relações entre matéria e energia.

Quando pensamos em líderes, geralmente visualizamos gigantes políticos ou militares de uma época – Alexandre, o Grande, Napoleão Bonaparte, Abraão Lincoln, ou os generais da Guerra Civil americana. A fotografia tão conhecida de Stalin, Roosevelt e Churchill, sentados lado a lado numa varanda, em Teerã, sintetiza esse conceito comum de como são os líderes, mesmo que a agenda da Cúpula Heureca já refletisse os tipos de preocupações estratégicas que atribuímos aos titulares de posições de liderança.

À primeira vista, poucos pareceriam mais distante desse estereótipo do que Einstein, cuja atuação se concentrava em questões tão complexas que, mesmo hoje, poucas pessoas compreendem em plenitude. Além disso, ele preferia refletir sobre essas questões no laboratório de sua própria imaginação, e, depois, talvez, discuti-las com um ou dois colegas próximos. Durante a Primeira Guerra Mundial, Einstein fora um pacifista; apenas por causa da ascensão de Hitler, e contra suas fortes inclinações pessoais, Einstein se viu atraído para considerações políticas, às vésperas da Segunda Guerra Mundial. Quando o procuraram para ser o primeiro presidente de Israel, o pensador de poltrona achou a ideia ao mesmo tempo divertida e alarmante, recusando de pronto o convite – para o alívio, diz-se, de ambas as partes.

Considerando as profundas diferenças entre os líderes da Cúpula Heureca, de um lado, e Einstein, de outro, pode-se muito bem perguntar se faz sentido contemplar esses indivíduos sob a mesma luz (ou no mesmo trecho de prosa). Afinal, aplica-se, sem hesitação, o termo *líder* a Roosevelt ou Churchill; mas chamar Einstein de líder parece uma extensão do termo, ou exagero, a não ser que se acrescente um descritor restritivo, formando alguma locução do tipo "físico líder".

Neste livro, argumento que compreenderemos melhor as realizações de figuras como Churchill e Einstein se, primeiro, reconhecermos as maneiras pelas quais eram semelhantes e, segundo e mais importante, identificarmos pontos estratégicos intermediários entre essas duas figuras prototípicas. Para antecipar meu argumento de maneira muito sucinta, vejo Churchill e Einstein como líderes – como pessoas que influenciaram significativamente os pensamentos, comportamentos e/ou sentimentos de outros indivíduos. Churchill exerceu essa influência de maneira direta, por meio das histórias que transmitiu a vários públicos; portanto, eu o denomino líder *direto. Einstein* exerceu essa influência de maneira *indireta*, por meio das ideias que desenvolveu e da maneira como essas ideias constituíram alguma espécie de teoria ou tratado; razão por que ele se qualifica como líder *indireto*.

Einstein e Churchill são os dois extremos de um contínuo que denota a capacidade de alguém (ou de um grupo de pessoas) de *influenciar* outras pessoas. (Com efeito, eu poderia ter intitulado esse estudo "Um exame da influência", mas essa mudança lexical teria enfraquecido a reorientação do pensamento sobre criatividade e liderança, que é meu objetivo.) Uma maneira de compreender um contínuo é examinando seus polos: e, de fato, volto a Churchill e a líderes congêneres no Capítulo 13. Todavia, podemos desenvolver melhor compreensão do fenômeno crucial da liderança se examinarmos vários casos – um conjunto de indivíduos do século XX, que se distribuem ao longo de todo o contínuo, desde aqueles cuja liderança é basicamente indireta (como Einstein, Virginia Woolf ou Charles Darwin) até outros cuja liderança é inequivocamente direta (como Josef Stalin ou Margaret Thatcher ou Erwin Rommel).

Nem todos os indivíduos que escolhi são nomes familiares, mas todos efetivamente representam a questão central que surge quando se comparam Einstein, de um lado, e os líderes da Cúpula Heureca, de outro: Quem, em última instância, exerceu maior influência – os três homens mais poderosos de sua época ou um pensador solitário, armado apenas com uma sucinta equação de física? Essa questão instigante, reformulada para abranger vários líderes, é algo a que retorno ao longo de todo o livro.

## QUATRO PERSONAGENS À PROCURA DE UM ELO

Com toda a probabilidade, os 11 indivíduos cuja liderança analiso nunca antes foram associados uns aos outros. Até se poderia pedir a um grupo de aficionados por jogos de salão (que não tenham lido as páginas de abertura deste livro) para identificar as características em comum das seguintes pessoas:

> Margaret Mead (1901-1978), que se formou como antropóloga cultural, ficou famosa por seus estudos pioneiros da adolescência entre ilhéus dos Mares do Sul e por seu amplo conhecimento sobre a mudança de costumes no século XX. Em sucessivas palestras e escritos, durante cinquenta anos ela influenciou os conceitos de infância, vida familiar e sociedade em todo o mundo.
>
> J. Robert Oppenheimer (1904-1967), físico teórico, é mais bem conhecido por sua atuação como diretor científico do Projeto Manhattan. De 1943 a 1945, liderou uma equipe de cientistas de tamanho e de diversidade sem precedentes, que conseguiu produzir as primeiras armas nucleares. Ao ingressar, depois da guerra, no mundo altamente conflitante da política científica, acabou sendo julgado como risco à segurança nacional. Oppenheimer passou os últimos anos da vida longe do escrutínio público, como respeitado diretor do Institute for Advanced Study, in Princeton.
>
> Robert Maynard Hutchins (1899-1977) tornou-se presidente da Universidade de Chicago quando tinha 30 anos. Propôs uma visão tradicional e influente da educação superior, baseada no estudo de textos clássicos e na discussão de temas filosóficos. Sempre figura controversa, passou a atuar, em seus últimos anos, como executivo de fundação e como diretor fundador do Center for the Study of Democratic Institutions.
>
> Alfred P. Sloan, Jr. (1875-1966) foi um dos fundadores da empresa moderna. Como chefe da General Motors, constituiu uma estrutura organizacional que explorava as forças dos arranjos institucionais centralizados e descentralizados. Como principal porta-voz das empresas americanas, reforçou a crença em que

o poderio dos Estados Unidos emanava do sistema capitalista. No fim da vida, tornou-se grande filantropo.

George C. Marshall (1880-1959) foi chefe do altamente eficaz estado-maior do Exército dos Estados Unidos durante a Segunda Guerra Mundial. Depois da guerra, como secretário de Estado, primeiro promoveu e depois ajudou a dirigir o programa de recuperação da Europa Ocidental. Para muita gente em todo o mundo, Marshall foi o epítome do servidor público desinteressado. Entretanto, no começo da década de 1950, tornou-se alvo de ataques de Joseph McCarthy, senador americano que promoveu a caça aos comunistas nos Estados Unidos.

Papa João XXIII (1881-1963), nascido Angelo Giuseppe Roncalli, foi um dos mais importantes e, com certeza, um dos mais populares papas dos tempos modernos. Nomeado aos 75 anos pontífice interino, surpreendeu os colegas ao anunciar imediatamente planos para um Concílio do Vaticano, que examinaria o papel da Igreja Católica no mundo moderno. Ele propunha o retorno às mensagens simples dos primórdios da Cristandade, promoveu esforços para reduzir as tensões entre as superpotências políticas e construiu pontes que interligavam muitos credos, países e ideologias.

Eleanor Roosevelt (1884-1962), sobrinha de um presidente dos Estados Unidos e esposa de outro, foi importante defensora de causas liberais e humanitárias, tanto nos Estados Unidos quanto no exterior. Não raro assumindo posições políticas à esquerda do marido, Franklin D. Roosevelt, tornou-se para-raios de críticas. Servindo como modelo para muitas pessoas, em especial para as mulheres americanas, durante muito tempo foi exaltada como a "mulher mais admirada do mundo".

Martin Luther King, Jr. (1929-1968), formado como ministro religioso, tornou-se o defensor mais contundente e eficaz da causa dos afro-americanos, em meados do século XX. Sua grande Marcha de 1963, em Washington, foi um marco na história do movimento dos direitos civis. Em consequência de sua decisão de concentrar-se em questões internas e internacionais mais amplas, sua posição como líder negro ficou mais tênue. Seu assassinato por um segregacionista enfurecido deixou uma lacuna de liderança que ainda não foi preenchida.

Margaret Thatcher (1925-2013) ascendeu de origens modestas para tornar-se primeira-ministra conservadora do Reino Unido, de 1979 a 1990. Como primeira-ministra, inspirou a reconfiguração fundamental das forças sociais, econômicas e políticas do país. O momento crucial de seu mandato foi sua liderança decisiva durante a Guerra das Malvinas, de 1982. Embora resistindo a laços mais estreitos com a Europa Ocidental, ajudou a forjar novas relações com os países do bloco ocidental.

Jean Monnet (1888-1979), economista e diplomata francês, desempenhou papel fundamental, ainda que principalmente nos bastidores, na reconstrução de seu país, depois das duas guerras mundiais. Bem relacionado com figuras empresariais e políticas, em ambos os lados do Atlântico, geralmente era considerado opositor "internacionalista" de Charles de Gaulle, de orientação mais nacionalista. Por causa de seus esforços de mais de meio século para reunir pessoas e países, Monnet é considerado o principal arquiteto da União Europeia.

Mahatma Gandhi (1869-1948) foi o líder político e religioso que guiou a Índia, sua terra natal, rumo à independência, na primeira metade do século XX. Pregou e praticou filosofia de vida ascética, que foi adotada por muitos de seus associados mais próximos. Sua abordagem inovadora à solução de conflitos – *satyagraha*, ou resistência não violenta – raramente prevaleceu na Índia depois de seu assassinato, mas inspirou ativistas e dissidentes políticos em todo o mundo.

Oriundos de vários países e de diversas origens sociais, com diferentes formações vocacionais, esses onze indivíduos se tornaram líderes no sentido em que estou usando o termo: *pessoas que, por palavras e/ou atos, sobretudo pelo exemplo pessoal, exerceram influência marcante sobre os comportamentos, pensamentos e/ou sentimentos de grande número de seres humanos* (aqui denominados *seguidores* ou *membros do público*). As vozes desses líderes afetaram seus mundos e, em última instância, nosso mundo.

As tensões resultantes da ligação desses indivíduos refletem as diversas topografias de seus principais empreendimentos. Em especial no começo de suas carreiras, Mead e Oppenheimer trabalharam principalmente em ambientes acadêmicos: grande parte de sua influência decorre da qualidade de suas pesquisas nos respectivos domínios específicos. Qualificaram-se no começo da carreira como líderes. Hutchins, Sloan, Marshall e o Papa João XXIII atuaram em instituições cada vez mais abrangentes, onde se comunicavam com indivíduos de diferentes antecedentes e perspectivas. Contudo, nas universidades, nas empresas, nos meios militares ou na Igreja, esses líderes ainda podiam assumir certos interesses comuns entre os respectivos seguidores.

Os demais líderes se dirigiam a públicos muito mais amplos. Roosevelt desempenhou papel especial na vida das mulheres, população em grande parte desprivilegiada nos Estados Unidos e em todo o resto do mundo. King assumiu função de liderança entre os afro-americanos, que foram submetidos a maus-tratos sem precedentes em vários países. De maneira mais ambiciosa, líderes como Thatcher se empenharam em oferecer direção a países inteiros, enquanto visionários como Gandhi e Monnet deliberadamente procuraram influenciar conjuntos de países, se não todo o mundo.

Uma palavra sobre o conteúdo deste livro. Refletindo a mudança no âmbito da liderança, de domínios específicos para países como um todo, dedico capítulos separados (4 a 12) a Mead, Oppenheimer, Hutchins, Sloan, Marshall, Papa João XXIII, Roosevelt, King e Thatcher, respectivamente. Uma breve reprise, depois do Capítulo 11, me permite rever o argumento. No Capítulo 13, analiso as atividades de dez líderes nacionais, cada um dos quais desempenhou papel decisivo no cenário mundial, durante a primeira metade do século XX. No Capítulo 14, indo além do Estado-nação conforme geralmente definido, examino as realizações de Jean Monnet e Mahatma Gandhi. Cada um desses homens procurou exercer liderança que se estendia ao mundo mais amplo.

## RELATANDO E PERSONIFICANDO HISTÓRIAS

Os líderes tornam-se eficazes principalmente por meio das histórias que relatam. Aqui uso o termo *relatar*, em vez de *contar*, porque expor uma história em palavras é apenas uma das maneiras de comunicar-se. Os líderes nas artes tipicamente inspiram outras pessoas pela maneira como usam os meios de expressão artística que escolheram, sejam as frases de uma sonata ou os gestos de uma dança; os cientistas lideram mediante a manipulação dos sistemas de símbolos predominantes em seus domínios específicos, sejam as equações matemáticas dos físicos teóricos ou os modelos anatômicos dos neurofisiologistas. Além de comunicar as histórias, os líderes *personificam* essas histórias. Ou seja, sem necessariamente relatar suas histórias mediante um encadeamento ou uma sequência de símbolos selecionados, líderes como Marshall transmitem suas histórias pelo tipo de vida que eles próprios levam e procuram inspirar seus seguidores através de exemplos.

A maneira como os líderes diretos conduzem suas vidas – a forma de personificar suas histórias – deve ser claramente perceptível pelas pessoas que pretendem influenciar. Se um líder militar como Stalin exorta suas tropas a serem corajosas, é importante que eles próprios se comportem com bravura. Do mesmo modo, se um líder religioso como o Papa João XXIII convoca os católicos para agir com generosidade em relação aos adeptos de outras religiões e de outras vertentes ideológicas, a maneira como se comportam no mundo real em relação aos pastores protestantes ou aos trabalhadores comunistas também é significativa. As pessoas que não praticam o que pregam são hipócritas e a hipocrisia acaba com a eficácia de suas histórias.

Em contrapartida, a vida pessoal dos líderes indiretos nada tem a ver com sua influência; em termos estritos, não importava, para os colegas cientistas, que Einstein amasse suas esposas, atormentasse seus filhos ou nunca falasse com os outros. Todavia, as personificações dos líderes indiretos são importantes. O que importa aos colegas cientistas são as *abordagens* específicas à ciência, personificadas pelo trabalho de Einstein. Da mesma maneira como foram influenciados pelas conclusões de Einstein, seus sucessores também foram afetados pelas maneiras como ele suscitava as questões e pelos modos como formulava, abordava e resolvia problemas. Ao mesmo tempo, os conceitos e métodos criados por Igor Stravinsky e Martha Graham impactaram sucessivas gerações de compositores e dançarinos criativos, respectivamente. Se esses criadores tivessem produzido suas obras por meios ilegítimos – por exemplo, manipulando dados ou plagiando colegas – sua liderança seria questionada.

É útil alinhar os líderes em termos do grau de inovação de suas histórias. O líder *comum*, por definição, que é também o encontrado com mais frequência, apenas relata a história tradicional de seu grupo de maneira tão eficaz quanto possível. O líder político comum, como Gerald Ford, ex-presidente dos Estados Unidos, ou Georges Pompidou, ex- presidente da França, ou um líder empresarial comum, como Roger Smith, da General Motors, não procura aumentar o grau de conscientização do público contemporâneo. Podemos descobrir as histórias corriqueiras de um grupo, examinando as palavras e a vida de líderes comuns; dificilmente seremos capazes de prever a maneira como o grupo evoluirá no futuro. Neste livro, não trato de líderes comuns.

O líder *inovador* começa com uma história latente na população, ou entre os membros de seu domínio específico, e desperta atenção renovada para a história ou promove uma virada vigorosa na história. No mundo contemporâneo, nem Thatcher nem De Gaulle nem Reagan criaram histórias totalmente novas. Em vez disso, a grande genialidade deles consistiu em identificar histórias ou temas que já existiam na cultura, mas que haviam perdido o vigor ou que tinham caído no esquecimento ao longo dos anos. Nas artes, as pessoas que, pelo estilo, se autodenominam neoclássicas, neorromânticas ou até neomodernistas também estão tentando reavivar temas e formas que entraram em desuso. Ao tentar captar a glória ou a inocência de uma época anterior, em confronto com correntes ou contra-histórias rivais coetâneas, esses líderes inovadores podem ser bem-sucedidos no esforço para reorientar seus tempos.

De longe, o tipo mais raro é o líder *visionário*. Não satisfeito com o mero relato de uma história em curso ou com a reativação de uma história extraída de passado remoto ou recente, esses indivíduos de fato criam uma nova história, algo até então desconhecido pela maioria das pessoas, e alcançam pelo menos certo grau de sucesso na comunicação eficaz dessa história a outras pessoas. Os grandes líderes religiosos do passado – Moisés, Confúcio, Jesus, Buda, Maomé – decerto se qualificam como visionários; ou, em escala mais modesta, vejo pessoas como Gandhi e Monnet como líderes visionários de nossos tempos.

A questão de onde traçar a linha divisória entre inovadores e visionários não é de fácil solução e, em todo o caso, tampouco é crucial para o presente estudo. Os leitores até podem contestar minha sugestão de que Thatcher é uma líder *inovadora*, enquanto Gandhi e Monnet merecem o epíteto de *visionários*. Além disso, uma história que pareça visionária para a maioria dos seguidores talvez seja considerada "meramente inovadora" pelos raros observadores esclarecidos. Conclui-se desse estudo que a liderança visionária é alcançada com muito mais rapidez em domínios específicos (como certas artes e ciências) ou em instituições específicas (como universidades ou empresas) do que na condução de toda uma sociedade. Com efeito, em qualquer século, talvez se encontrem apenas um ou dois líderes políticos ou religiosos eficazes que se destacam como visionários genuínos.

## LIDERANDO UM DOMÍNIO, LIDERANDO UMA SOCIEDADE

O espectro do líder visionário enseja uma distinção fundamental entre a liderança de um domínio específico e a liderança de uma sociedade mais ampla, diferenciação que exploro em todo este livro. Quando se trata de exercer liderança *dentro de um domínio ou disciplina tradicional*, pode-se assumir que o público já desenvolveu certa sofisticação quanto às histórias, às imagens e a outras personificações dessa área específica. Em termos simples, a comunicação é com experts. Sobretudo na era contemporânea, tipicamente "faminta", a visão é valorizada na maioria dos domínios específicos. E, portanto, embora não seja de modo algum fácil tornar-se visionário, esses indivíduos desfrutam da chance pelo menos razoável de reorientar com sucesso sua área de atuação.

Seis dos indivíduos que estudei em meu livro *Creating Minds*, de 1993, realmente criaram novas histórias – que, de fato, acabaram reformulando o campo em que trabalhavam. Sigmund Freud mostrou aos colegas (e, em última instância, ao mundo) uma nova maneira de compreender os indivíduos normais e neuróticos; Einstein concebeu o tempo e o espaço de modo radicalmente incomum, mas cientificamente produtivo; Stravinsky, Graham, Pablo Picasso e T. S. Eliot redirecionaram suas formas de arte de forma a princípio surpreendente, mas que acabou afetando as práticas de numerosos sucessores. Tanto suas obras em si quanto seus processos de criação se mostraram influentes. É muito possível que seus públicos estivessem "predispostos" ou "preparados" para seu aparecimento. Suas realizações revolucionárias, por seu turno, "predispuseram" ou "prepararam" os respectivos públicos para novos avanços promovidos por eles próprios ou por outros criadores visionários que surgiram depois deles.

Esses líderes de domínios específicos devem ser diferenciados nitidamente de outros indivíduos que, assim se presume, *reorientam* uma entidade política, como um país, ou uma grande instituição, como igrejas ou Forças Armadas. Nesses casos, os aspirantes a líder se relacionam não só com experts, mas também com indivíduos que participam do público imbuídos de uma mentalidade comum, relativamente indisciplinada. (Com efeito, mesmo que determinado integrante do público por acaso seja expert em algum domínio específico, essa expertise incidental geralmente não caracteriza as percepções dele ou dela como membro do país ou da instituição.) A eleitora Q. Public dificilmente será expert em política; como tampouco o eram Freud, Picasso ou Graham, quando atuavam meramente como cidadãos no exercício do voto. Da mesma maneira, ao menos como ponto de partida, o líder que reorientaria uma instituição deve ser capaz de dirigir-se ao público em termos de noções elementares de bom senso, que as pessoas comuns absorvem em virtude de viver em sociedade.

De modo geral, os membros de uma sociedade – exceto em tempos de crise – não estão à procura de histórias incomuns ou de novas formas de compreensão. Na verdade, a situação é quase a oposta. É como Richard Nixon um dia disse: "Quando você estiver escrevendo algo que já escreveu tantas vezes a ponto de ter vontade de vomitar, esse é o momento em que o povo americano o ouvirá." Dessa maneira, o cidadão comum é muito diferente dos especialistas em artes e ciências, que, pelo menos nos tempos modernos, estão sempre em busca de novas respostas e, igualmente, de novas questões. E, mesmo em tempos de crise, o líder visionário raramente alcança os efeitos almejados. E, portanto, embora visionários como Gandhi, Buda ou Cristo sejam temas fascinantes de estudo, também são raridades extremas – líderes mutantes, poderíamos dizer.

Em *Creating Minds*, concentrei-me em indivíduos que promoveram grandes rupturas artísticas ou científicas no século XX, mas não focalizei seus contemporâneos que representavam o *status quo* ou cujas tentativas de avanços não foram bem-sucedidas. Neste livro, como já observei, o foco converge para os líderes que podem ser denominados inovadores ou visionários – líderes que afetam profundamente outras pessoas. Esforço-me para compreender Hutchins, em vez de seu colega de Harvard, Nathan

Marsh Pusey; Sloan, não seu sucessor na General Motors, Harlow Curtice; Thatcher, em lugar dos primeiros-ministros Neville Chamberlain, James Callaghan ou John Major. Parte da diferença reside nitidamente nas mentes, personalidades e ambições dos líderes mais bem-sucedidos, não importa que operassem em domínios tradicionais ou procurassem dirigir-se a públicos diversos. No entanto, as necessidades e demandas dos públicos e a natureza dos tempos em que vivem os líderes e os públicos são, em última instância, fatores ao menos igualmente importantes para a determinação da eficácia dos líderes.

Como regra prática, artistas criativos, cientistas e experts em várias disciplinas exercem liderança indireta, por meio de suas obras; os líderes eficazes de instituições e países exercem liderança direta, por meio das histórias e ações com que se dirigem a um público. Todavia, essa distinção não é rígida. O líder de um país pode liderar indiretamente. Por exemplo, os escritos de de Gaulle representaram importante contribuição para o povo francês. Do mesmo modo, o líder de um domínio específico dificilmente será levado a sério pelos colegas, a não ser que demonstre criatividade na área – e, de preferência, o faça de maneira inovadora. Mead, por exemplo, foi presidente da American Anthropological Association por ser profissional muito respeitada na disciplina.

Além do foco em líderes com mensagens inovadoras, minha amostra também é diferente sob alguns outros aspectos. Os líderes que estudo alcançaram suas posições em sociedades democráticas, em grande parte por causa de sua capacidade de persuasão. Eu os denomino *líderes por escolha*. Além disso, com certas exceções notáveis, a maneira como viam seu público era tipicamente *inclusiva* – procuravam atrair mais pessoas para seu círculo em vez de denunciar ou excluir outras. Pela mesma razão, ainda que tenham procurado e desfrutado o poder, eram motivados, sobretudo, pelo desejo de efetuar mudanças, e não apenas pela ambição de mais poder. É possível que minhas conclusões sobre liderança não se apliquem, em igual medida, a indivíduos que, por exemplo, alcançaram suas posições pelo uso da força ou que nelas se sustentaram principalmente pelo ódio aos outros ou pela sede de poder absoluto. Minha análise dos líderes da Segunda Guerra Mundial ajuda a colocar em perspectiva as imagens profundas dos onze líderes que escolhi; o estudo do Capítulo 13 traz à luz algumas características de líderes obcecados pelo poder ou que auferem vantagens promovendo conflitos entre diferentes grupos.

Como em *Creating Minds*, deliberadamente me concentro aqui em indivíduos que viveram no século XX. Procurei pessoas sobre as quais havia material biográfico de pronta disponibilidade, cujas alegações de terem sido influentes eram incontroversas e cujas realizações e fracassos se situam em passado bastante remoto para que os historiadores já tenham alcançado o necessário distanciamento crítico. Como esses indivíduos viveram mais ou menos na mesma época, pude confiar no fato de que as diferenças entre eles não refletiam o fato de terem atuado em condições históricas contrastantes. Resta ver se a generalização daí resultante também se aplica a líderes de passado mais remoto, diretos, como Oliver Cromwell e Napoleão Bonaparte, ou indiretos (ou criadores), como Albrecht Dürer e Jane Austen.

## A HISTÓRIA COMO FATOR CENTRAL

Em última instância, o impacto do líder depende, acima de tudo, da história particular que ele ou ela relata ou personifica e da recepção dessa história por parte dos públicos (ou colaboradores ou seguidores). O que liga os onze indivíduos com que inicio esse estudo e as dezenas de outros deste século, cujos nomes poderiam substituir de imediato qualquer um deles, é o fato de terem adotado uma história que foi eficaz para eles e para seu público. Eles contaram histórias – em tantas ou quantas palavras – de si mesmos e seus grupos; sobre de onde vinham e para onde iam; sobre o que temer, contra o que lutar e com que sonhar. Portanto, o foco de minha análise da liderança são as histórias narradas por líderes representativos.

O público, porém, não é uma tábula rasa, à espera da primeira ou da melhor história, a ser lavrada em mentes virgens. Em vez disso, os membros do público já estão marcados por muitas histórias, que lhes foram contadas e recontadas em suas casas, no trabalho e na sociedade em geral. As histórias do líder – sejam antigas ou novas – devem competir com muitas outras subjacentes; e, para que sejam bem-sucedidas, as novas histórias devem, de alguma maneira, extirpar, suprimir, complementar ou, em maior ou menor grau, sobrepujar as histórias anteriores, assim como as "contra-histórias" contemporâneas que lhes fazem oposição. Em sentido darwiniano, os "memes", o equivalente aos genes no âmbito cultural, denominados histórias, competem uns com os outros pela sobrevivência, e apenas os mais capacitados têm chance de conquistar ascendência. Meu foco aqui são as histórias que deram certo, mas não negligencio as narrativas que se mostraram menos aliciantes.

Usei, de propósito, os termos *história* e *narrativa*, em vez de *mensagem* ou *tema.* Ao me referir a histórias, quero chamar a atenção para o fato de que os líderes apresentam uma perspectiva *dinâmica* a seus seguidores: não apenas uma manchete ou um instantâneo, mas um drama que se desdobra ao longo do tempo, em que ambas as partes – líderes e seguidores – são os protagonistas ou heróis. Juntos, embarcaram em uma jornada em busca de certos objetivos, e, no percurso, rumo ao futuro, é provável que deparem com certas barreiras ou resistências a serem superadas. Os líderes e os públicos transitam em muitas histórias, as mais básicas, porém têm a ver com questões de *identidade*. Nessas condições, é o líder quem consegue transmitir nova versão da história de determinado grupo, que tende a ser eficaz. Eficácia aqui envolve encaixe – a história precisa fazer sentido para os membros do público, em determinado momento histórico, em termos de onde estiveram e aonde querem ir. Veja a versão concisa da história de Eleanor Roosevelt – a de que uma mulher, comum em aparência e incomum em antecedentes e em recursos, conseguiu melhorar as condições de pessoas carentes. Essa história era adequada em meados do século; a mesma história talvez parecesse irrealista cinquenta anos antes e demagógica meio século depois.

À medida que se observam mais de perto exemplos individuais de liderança – tradicional ou visionária, direta ou indireta, inclusiva ou exclusiva, eficaz ou ineficaz – é preciso considerar não só as histórias particulares que já estão "no ar", mas também o nicho que o conjunto de histórias do líder acaba ocupando. Pela mesma razão, determinada personificação na vida do líder compete com inúmeras imagens e estereótipos anteriores que já abastecem a consciência dos membros do público. Em sua vida cotidiana, Roosevelt teve de refutar as noções de que apenas os homens podem liderar, que as pessoas privilegiadas são suspeitas e que somente os indivíduos com aparência e talentos extraordinários podem inspirar uma revolução. Para prevalecer, as histórias precisam de antecedentes, de detalhes e de textura suficientes, a fim de que os membros do público possam transitar confortavelmente dentro de seus contornos. Só quando esses atributos já são bem conhecidos, o líder pode contar com um público "para preencher o texto". No Capítulo 3, examino com mais detalhes a natureza das histórias relatadas pelos líderes e suas várias concretizações e personificações.

## ABORDAGEM COGNITIVA À LIDERANÇA

Resumindo o que foi dito até aqui: Nosso conhecimento da natureza e do processo de liderança provavelmente se ampliará à medida que compreendemos melhor a área em que necessariamente se manifesta a liderança – a saber, a *mente humana*. Talvez essa característica deva ser expressa no plural, como *mentes humanas*, uma vez que estou igualmente preocupado com a mente do líder e com as mentes dos seguidores (aos quais, às vezes, me refiro como *membros do público* ou *colaboradores*). Assim, este livro é uma análise consistente, primeiro, das maneiras pelas quais líderes de diferentes tipos alcançam vários graus de sucesso na caracterização e solução de importantes temas da vida nas próprias mentes e, segundo, de como, em paralelo ou por seu turno, tentam alterar as mentes de seus vários públicos para efetuar as mudanças almejadas.

Ao focalizar a mente e ao invocar o termo *cognitivo*, recorro deliberadamente a uma abordagem ao estudo da mente que se desenvolveu rapidamente nas últimas décadas. Em contraste com os comportamentalistas, que se concentraram apenas em ações abertas, e com os psicanalistas, cujo interesse se direcionou, principalmente, para a personalidade e para a motivação, os psicólogos cognitivos examinam como as ideias (ou pensamentos ou imagens ou representações mentais)* se desenvolvem e como se armazenam, se acessam, se combinam, se rememoram e (com muita frequência) se rearranjam ou se distorcem pelas operações do aparato mental humano. Muitos pesquisadores de tradição cognitiva estudaram estímulos relativamente elementares, como palavras isoladas ou formas geométricas simples; entretanto, o cognitivista consumado também aspira a explicar formas mais complexas e mais expressivas de informações, como histórias, cenários, sonhos e visões.

Quando se defronta com o fenômeno da liderança, um cientista imbuído de orientação cognitiva provavelmente fará perguntas como: "Quais são as ideias (ou histórias) do líder? Como são desenvolvidas? Como são comunicadas, compreendidas ou malentendidas? Como interagem com outras histórias, em especial, com contra-histórias concorrentes, que já impregnaram as consciências dos membros do público? Como as ideias-chave (ou histórias) afetam os pensamentos, sentimentos e comportamentos de outros indivíduos? São exatamente essas questões que nos interessam nas próximas páginas.

---

* *Nota do Tradutor*: Essas palavras são usadas rotineiramente pelos cognitivistas e, em geral, de maneira intercambiável.

Embora eu me sinta confortável ao descrever a abordagem como *cognitiva*, não quero despertar certas expectativas. Meu modelo não adota o método tradicional de processamento de informações, em que se rastreia a formulação ou a compreensão de uma história passo a passo (ou do input ao output). Ao contrário, o enfoque é cognitivo no sentido genérico: mentes ativas comparam as histórias entre si, destacam alguns atributos e negligenciam outros. Minha perspectiva cognitiva na análise da liderança enfatiza um conjunto de considerações que têm recebido pouca atenção na literatura sociocientífica sobre liderança, que, sob outros aspectos, é abrangente. Grande parte dessa literatura se enquadra em quatro categorias, em que cada uma deve ser levada em conta, mas que também pode ser enriquecida pela consideração das dimensões cognitivas.

Algumas autoridades abordam a liderança basicamente em termos da aquisição e da utilidade do *poder*. Toda sociedade exige um aparato político, e alguns indivíduos optam por ou são escolhidos para dirigir estruturas sociais e políticas. Nem por um momento subestimo a importância do poder como motivação ou força, por seus próprios méritos, mas insisto em que o poder, em si, – diferentemente do terror – não é capaz de acarretar mudanças significativas. O exercício do poder, contudo, independentemente de como foi adquirido, precisa ser atrelado a mensagens específicas – a histórias – capazes de direcionar e orientar um círculo interno e uma sociedade mais ampla. Esse princípio prevalece mesmo em relação a pessoas que conquistaram enorme poder no século XX, como Stalin, Hitler e Mao Zedong.

Sob perspectiva correlata, outros enfatizam a função de *políticas* específicas. Reconhecendo que o poder deve ser exercido, os proponentes dessa abordagem se concentram nas decisões a serem tomadas sobre essas políticas em si e sobre os respectivos processos de implementação, mais ou menos bem-sucedidos. Em situação extrema, essa orientação política minimiza o papel dos líderes políticos específicos; os grupos de interesse promovem as políticas de sua preferência, identificam os instrumentos ou veículos que os ajudam a instituir essas políticas e decidem de acordo com alguma espécie de cálculo racional.

Embora reconhecendo o papel das políticas, saliento que a busca de determinadas práticas ou iniciativas (promovidas por alguns eventos sociais ou grupos de interesse), em vez de outras, não é questão de chance; a formulação de políticas alternativas pelos líderes é elemento crucial na determinação do curso dos acontecimentos que, em última instância, se têm em vista. Assim, Reagan poderia muito bem ter expressado as visões dos sul-californianos ricos, que o induziram a entrar na política; mas sua própria habilidade, prioridade e capacidade de persuasão deixou marcas na América dos últimos anos do século XX. Reagan não era indiscernível do empreendedor e político Barry Goldwater nem do ator e político George Murphy.

Outra perspectiva que destaca a importância do líder específico se fundamenta no exame do *público*, ou *audiência*. Complementando aqueles que veem as políticas como tendo vida própria, outras autoridades focalizam as carências e temores da população em geral, ou de grupos específicos dentro da população. Nesta análise, a massa de cidadãos sente, com algum grau de precisão, seus objetivos mais importantes, que podem relacionar-se com políticas ou com insatisfações, objetivos e ansiedades. Embora o público, em última instância, talvez precise reunir-se em torno de uma espécie de figura central, a escolha de um líder específico é em grande parte acidental. O líder com maiores chances de êxito, portanto, é o que melhor capta e entrega o que o público já deseja.

Concordo que, às vezes, o líder bem-sucedido é o que percebe com mais acuidade os anseios do público potencial. Mas esse ato de intuição não libera o líder da necessidade de formular uma mensagem clara e convincente assim como de combater outros temas contrários que reverberam na cultura. Na década de 1920 e no começo da de 1930, a Alemanha talvez estivesse buscando desesperadamente uma nova ordem (e uma sociedade recém-organizada), mas o surgimento de outros líderes, além de Hitler, quase certamente teria mudado o curso da história mundial.

Um último ponto de vista é, nitidamente, o psicológico. Diferentemente das outras perspectivas, e mais próximo da abordagem aqui adotada, esse ponto reconhece o papel central desempenhado pelos líderes. Na maioria dos estudos psicológicos sobre liderança, porém, os pesquisadores focalizam a *personalidade* do líder; suas necessidades pessoais, seus principais traços psicodinâmicos, as primeiras experiências e os relacionamentos com outros indivíduos. No que se segue, geralmente adoto insights extraídos dessa abordagem complementar. Todavia, assim como com outros enfoques, a ênfase na personalidade não pode explicar o curso específico exortado pelo líder nem o grau de sucesso alcançado entre os vários públicos. Aqui, mais uma vez, a preocupação com o cognitivo – com as estruturas mentais ativadas nos líderes e seguidores – constitui a peça faltante do enigma.

Neste livro, falo relativamente pouco de como outras autoridades abordaram a questão da liderança. De maneira alguma, essa limitação teve o intuito de questionar a importância das contribuições anteriores para esse tópico tão estudado. Com efeito, como deixei claro nas notas de referência a esta e a muitas outras passagens, aprendi muito com as autoridades que sondaram os traços individuais e as histórias pessoais dos líderes, as diferentes formas de liderança e os papéis cruciais do público. Sou especialmente grato a meu próprio mentor, Erik Erikson, que, de muitas maneiras, inspirou este estudo. Todavia, a existência de muitos compêndios excelentes sobre liderança e meu próprio foco nas dimensões cognitivas da liderança me liberam da necessidade de fazer uma análise crítica de outras tradições acadêmicas neste campo.

Mais uma palavra sobre o estudo da liderança. Sob certo aspecto, meu trabalho é conservador; ele se baseia nas premissas de que algumas pessoas podem ser denominadas líderes, indivíduos que têm histórias e objetivos, que se empenham em realizá-los e que, às vezes, são bem-sucedidos nesse intento. Essa posição causará estranheza em outros estudiosos de estirpe mais radical, que questionam se os líderes de fato influenciam os eventos; se realmente se *deve* consentir que os líderes influenciem os eventos; ou se o conceito de liderança em si merece sobreviver. Embora reconhecendo o apelo retórico desses questionamentos, eu os considero inconvincentes à luz da biologia humana e da história humana. Convido os que questionam esse empreendimento a expor seu próprio relato do sucesso de proezas como o Projeto Manhattan, a deflagração do movimento dos direitos civis ou a consecução da independência da Índia, se não fossem os líderes.

## O PLANO DESTE LIVRO

Nos demais capítulos da Parte I, considero os componentes que possibilitam a liderança. Minha análise prossegue em duas vertentes, de início separadas. No Capítulo 2, analiso os atributos da evolução humana, que possibilitam o fenômeno da liderança. No Capítulo 3, considero a natureza da formulação de histórias, praticada pelos líderes, e delineio os principais tipos de narrativas por meio das quais se exerceu a liderança ao longo dos séculos. A combinação dessas vertentes evolutiva e narrativa facilita a investigação da liderança, conforme personificada nas vidas de vários líderes influentes do século XX.

Na Parte II, a mais extensa, aplico meu arcabouço, analisando a natureza da liderança em vários domínios específicos. Avançando dos domínios mais definidos para os mais difusos, apresento um conjunto de estudos de casos assim como considerações mais genéricas sobre os processos de liderança associados a cada domínio específico. Primeiro, examino a liderança nos domínios clássicos da academia, representados pela antropologia de Mead (Capítulo 4) e pela física de Oppenheimer (Capítulo 5). No começo das respectivas carreiras, essas pessoas exerceram o tipo de liderança que, tradicionalmente, é praticada por grandes artistas, como Picasso, Stravinsky e Graham, ou por cientistas excepcionais, como Einstein ou Darwin. Diferentemente desses líderes indiretos prototípicos, contudo, Oppenheimer e Mead acabaram procurando ampliar sua influência, primeiro assumindo papéis de liderança direta dentro de seus domínios acadêmicos e, em seguida, estendendo-se além de seus domínios acadêmicos, à maneira de líderes diretos de amplo escopo. Assim, ambos servem como exemplos da tensão central "Einstein-Heureca", analisada neste livro.

No Capítulo 6, começo com o exame da liderança dentro de instituições que se dedicam a missões específicas e que envolvem um conjunto de públicos imbricados. Entre as instituições desse tipo estão escolas, universidades e fundações. Meu veículo escolhido é Hutchins, que cultivou ambições espantosas para as várias instituições que dirigiu, mas que enfrentou dificuldades reveladoras, à medida que tentava implementar suas ideias centrais.

Nos Capítulos 7 a 9, ainda focado em domínios relativamente circunscritos, volto a atenção para três instituições clássicas, ou "estados": a empresa, os militares e a Igreja. Para muitos comentaristas, essas organizações são sinônimos de liderança; mas, como tento mostrar, os três "estados" apresentam interessantes semelhanças e diferenças em relação a instituições mais estreitas e mais amplas. Meus exemplos são Sloan (Capítulo 7), Marshall (Capítulo 8) e Papa João XXIII (Capítulo 9).

Nos Capítulos 10 e 11, analiso a liderança de grupos que, até agora, foram considerados não dominantes, marginais ou "dissidentes", para tomar emprestado o termo cunhado pelo historiador Bruce Miroff. Em meu estudo, os dois grupos selecionados são mulheres e afro-americanos. Ambos disseminaram líderes superdotados, durante pelo menos um século, mas nenhum líder individual foi bem-sucedido em conquistar e em preservar a consciência nacional, até a segunda metade do século. Embora o movimento feminista tenha carecido de uma figura central, Roosevelt, de muitas maneiras, desempenhou papel crucial na formação da consciência feminina, tanto nos Estados Unidos quanto em outros países (Capítulo 10). Sob quase todos os aspectos, King foi o mais importante líder da comunidade afro-americana (Capítulo 11).

No Capítulo 12, seguindo uma breve reprise, volto a atenção para o que geralmente é considerado o exemplo prototípico de liderança: a direção de um país. Essa área de liderança destaca em primeiro plano o desafio com os quais os líderes políticos se defrontam ao se dirigirem a numerosos públicos distintos, enquanto, ao mesmo tempo, dão voz e direção a uma entidade política reconhecida. Como epítome de meu argumento segundo o qual certos líderes devem formular e transmitir uma história inovadora para seus públicos sobressai-se Thatcher.

Ainda mais emblemáticos da liderança política, destacam-se os indivíduos que presidem grandes países em períodos de crise. A análise das pessoas que lideraram os respectivos países durante a Segunda Guerra Mundial fornece oportunidades para comentar sobre a liderança em épocas de "altos cacifes" e para considerar as formas de liderança mais perversas, bem como as mais heroicas. No Capítulo 13, considero brevemente não só os três líderes aliados da Cúpula Heureca, mas também Chiang Kai-shek, de Gaulle, Hitler, Vladimir Lênin, Mao Zedong, Benito Mussolini e Hideki Tojo. Esse estudo me dá a oportunidade de suplementar o conhecimento de líderes indiretos prototípicos, resultante de estudos em *Creating Minds*, com o conhecimento de líderes diretos prototípicos, extraídos da extremidade oposta do *continuum*. A análise também me fornece a chance de rever algumas das hipóteses sobre liderança que emergiram de estudos de casos anteriores, mais intensivos.

A Parte III amplia meu estudo de duas maneiras. No Capítulo 14, examino o que talvez seja a variedade de liderança mais importante, embora também mais rara e mais esquiva: a forma que vai além do Estado-nação e procura dirigir-se a todos os seres humanos. Ao longo da história escrita, a época em que mais emergiram lideranças desse tipo se desenrolou há cerca de dois milênios, quando despontaram várias das maiores religiões. Tentativas dispersas nos séculos mais recentes produziram impacto de longo prazo relativamente pequeno. Por essa razão, o caso de Gandhi é sobremodo revelador – menos, talvez, por causa de seu sucesso imediato do que em razão da promessa com a qual acena para os séculos vindouros. Em escala um tanto mais modesta, os esforços de Monnet apontam para os tipos de liderança que podem transpor as fronteiras e rivalidades nacionais.

No conclusivo Capítulo 15, avalio as principais descobertas que resultam do estudo. Aí se inclui um retrato de líderes exemplares, uma enquete sobre as generalizações concernentes à liderança e uma análise das constantes e das novas tendências em liderança. Como conclusão, apresento algumas sugestões sobre como facilitar o exercício da liderança eficaz.

## ALGUMAS PALAVRAS SOBRE O MÉTODO

Vamos comentar sobre o método que adotei no estudo das personalidades destacadas neste livro e sobre os tipos de conclusões que podem ser extraídas. Em geral, depositei grande confiança nas biografias publicadas dessas pessoas, assim como nas histórias gerais do período. Especialmente valiosos foram os relatos autobiográficos, disponíveis em quase todos os casos. Também consultei, quando necessário, documentos originais – em especial, discursos, escritos populares, fitas de áudio e videoteipes – em que os protagonistas contaram as próprias histórias, com as próprias palavras. Para melhor ou para pior, *Mein Kampf*, de Hitler, e *Autobiography: The Story of My Experiments with Truth,* de Gandhi, valem mais que muitas fontes secundárias.

Muitos trabalhos acadêmicos são escritos como se o estudo fosse basicamente indutivo (leem-se muitas biografias de líderes e espera-se – com olhos inocentes – pela apresentação de generalizações adequadas) ou como se fosse um exercício de teste de hipóteses (propõe-se um modelo de líder e, então, o submete-se a testes sistemáticos, examinando "os dados"). Seria enganoso incluir o presente estudo em uma dessas categorias. Começo com algumas ideias gerais sobre liderança – em especial, com a noção de que as histórias são importantes para todos os líderes e que os líderes desejosos de influenciar amplas audiências tenderiam a enunciar histórias simples. Com base em meu estudo anterior de personalidades criativas, eu também tinha em mente alguns fatores a monitorar: por exemplo, os tipos de famílias de que provieram os líderes; as forças cognitivas, ou "inteligências", exibidas pelos líderes; o papel crucial desempenhado pelo pessoal de apoio; e o tempo necessário para desenvolver e disseminar novas ideias.

No curso do estudo, porém, alguns desses temas diminuíram de importância, enquanto outros se destacaram como merecedores de mais consideração. Por exemplo, antes de começar os estudos de casos, eu não havia pensado muito sobre a contribuição para a liderança eficaz de fatores como viagens na juventude, disposição para desafiar autoridades, foco no começo da vida em questões morais e espirituais e a maneira como as figuras públicas distribuem seu tempo.

Embora não seja fácil (e, talvez, nem mesmo prudente) tentar captar essa oscilação entre expectativas e surpresas, acredito que parte de meu próprio processo de descoberta permeia este livro. Neste capítulo e nos demais da Parte I, exponho o suficiente de minhas ideias subjacentes para que os leitores possam abordar os estudos de casos com a mesma "predisposição mental" com que os trouxe a lume. Finalmente, na parte conclusiva do livro, volto-me mais explicitamente para os padrões e generalizações que emergiram do estudo.

Neste e nos próximos dois capítulos, descrevo um conjunto de distinções adotadas na abordagem cognitiva à liderança: fatores como formas diretas e indiretas de liderança, liderança no âmbito de um domínio específico ou na abrangência de vários domínios diferentes, tipos de histórias includentes e excludentes, a personificação de histórias, e resistências e contra-histórias. Alguns leitores refletirão sobre essas categorias de maneira crítica, enquanto outros talvez se sintam um tanto impacientes com o que possa parecer-lhes excesso de minúcias ou proliferação de jargão social-científico. Solidarizo-me com ambos os leitores, pois cultivo os dois tipos em minha mente. Às vezes, gosto de ler como se fosse um contador, esquadrinhando cuidadosamente todos os lançamentos em alguma espécie de livro razão. Em outras ocasiões, prefiro assimilar a informação como alguém na plateia, durante um concerto, permitindo que os temas analíticos funcionem da maneira como atuam em liberdade na minha imaginação.

Procurei acomodar ambas as perspectivas. Na Parte I, descrevo minhas categorias conceituais com tanta clareza quanto possível. Daí em diante, contudo, empenho-me na composição da criação de boa música, com apenas a apresentação ocasional de algumas notas sobre o programa. No intuito de satisfazer minhas próprias inclinações para a contabilidade, assim como com o objetivo de atender aos leitores que compartilham comigo essa proclividade atuarial, minha colaboradora e eu preparamos apêndices que definem as principais distinções de cada uma das figuras retratadas neste volume.

O mundo pode continuar mudando rapidamente, mas devemos fomentar a expectativa de compartilhar o planeta como o mesmo tipo de seres. Qualquer discussão esclarecida, em termos psicológicos, sobre a liderança humana deve começar com considerações sobre a índole e as limitações das espécies de que se compõem os líderes e os seguidores.

Capítulo 2

# Desenvolvimento humano e liderança

*Líder é alguém com capacidade para conseguir que outras pessoas façam o que não querem fazer e gostem de fazê-lo.*

Harry Truman

Os seres humanos são criaturas culturais, que crescem em sociedades formadas ao longo de séculos por outros seres humanos e que participam, com mais ou menos energia, de instituições que evoluíram também ao longo de períodos igualmente longos. Em grande parte deste livro, adoto uma perspectiva cultural, presumindo que os seres humanos se socializaram de maneira adequada, para que possam juntar-se a essas instituições, tipicamente como seguidores, mas, vez por outra, como líderes.

Conforme observei no Capítulo 1, minha abordagem é não só cultural, mas também cognitiva. Vejo a liderança como processo mental de indivíduos que vivem numa cultura – processo que acarreta a capacidade de criar histórias, de compreender e de avaliar essas histórias, e de apreciar o confronto entre histórias. Em última instância, alguns tipos de histórias tipicamente predominam – em especial, aquelas que proporcionam senso de identidade adequado e oportuno para os indivíduos que vivem dentro de uma comunidade ou instituição. Esse foco em histórias pressupõe que algumas pessoas estejam em posição de transmiti-las a outras pessoas, que outras pessoas talvez se identifiquem com tais histórias e, ainda, que várias pessoas se sintam incluídas ou excluídas, à medida que essas histórias se difundem.

Que espécie de criaturas podem participar dessa comunidade, entrar nesse mundo de narrativas e, por fim, assumir posição de seguidor, de líder ou, talvez, de ambas as condições? Que tipo de mente é necessário para sentir-se sustentado por pelo menos algumas espécies de histórias contadas por determinadas espécies de pessoas? Vejo em atuação quatro fatores principais, a serem expostos, respectivamente, nas próximas quatro seções. Dois podem ser resumidos em poucas palavras; dois exigem análise mais extensa.

## CONDIÇÃO HUMANA DE PRIMATA

O primeiro fator é nossa *herança primata*. Diferentemente da maioria das outras espécies, a ordem dos primatas se organiza em hierarquias, com *claras relações de dominância entre seus membros*. Os primatas reconhecem os membros individuais de suas espécies, competem uns com os outros por posições na hierarquia e, por fim, assumem relações específicas de dominância ou de submissão com os coespécimes.

Esse processo é mais pronunciado entre machos que vivem em savanas – de início durante as brincadeiras de criança e, depois, nas competições reais pelo controle da colônia, pela proteção da prole e pela conquista das fêmeas mais desejáveis. Mas também se encontram hierarquias de dominância entre as fêmeas das várias espécies de primatas. Em comparação com os machos não dominantes, os machos dominantes demonstram padrões característicos de neurotransmissores (substâncias que transmitem impulsos nervosos entre sinapses), como maior produção de serotonina e níveis mais baixos de estresse. Curiosamente, quando a posição do macho muda na hierarquia, também mudam os marcadores fisiológicos. Os primatas geralmente se organizam em endogrupos e exogrupos; talvez haja vantagem evolutiva em manter-se perto dos membros com que se tem maior semelhança genética.

O segundo componente importante de nossa herança primata é a *inclinação para imitar.* A decisão de que modelo imitar e de quando imitar torna-se crucial. A imitação quase sempre é unidirecional, ou seja, os primatas de status mais baixo imitam as ações dos coespécimes de status mais alto. Contudo, as escolhas dos comportamentos a serem imitados se baseiam em conjunto relativamente estreito de opções; faria pouco sentido, por exemplo, falar da divulgação de "histórias" sobre o grupo por primatas não humanos, capazes de ajudar coespécimes a desenvolver novo senso de identidade ou a reformular o conceito de propósito da vida.

Embora aparentemente distante do tema central deste livro, nossa herança primata é, na verdade, fundamental para a análise da liderança. Por exemplo, os "processos de dominância", observáveis em primatas não humanos, são evidentes mesmo entre pré-escolares. As crianças dominadoras controlam brinquedos, iniciam e organizam jogos, e ajudam a manter a coesão do grupo; as crianças menos dominantes se orientam com referência nas mais dominantes e passam boa parte do tempo imitando e tentando angariar favores das mais dominantes. Tamanho, força, habilidades, inteligência, atratividade e gênero são fatores que contribuem para a determinação dos organismos que ocuparão posições superiores na hierarquia social emergente.

De maneira geral, como primatas, esperamos uma estrutura social composta de líderes e seguidores. Também prevemos lutas por posições de domínio, e, frequentemente, consideramos nossas posições em várias hierarquias. Isso *não* significa dizer que somos escravos da condição de membro da espécie, ou de coespécimes. Também é possível constituir grupos de cooperação sem relações de domínio; mas quem espera que essas estruturas sem contornos nítidos surjam com facilidade e perdurem sem desafios não conhece a história nem a biologia humana.

## SOCIALIZAÇÃO INICIAL: AUTODEFINIÇÃO E IDENTIFICAÇÃO GRUPAL

O segundo dos quatro fatores oferece mais pistas das origens do senso de identidade grupal. Os pesquisadores que estudam a *socialização inicial das crianças humanas* documentaram a importância de se constituir no começo da vida vínculo de relacionamento forte e seguro entre infante e cuidador. Esse senso de confiança incipiente – ou (infelizmente) de desconfiança – caracteriza a maneira como as pessoas reagem à autoridade. A sensação de conforto na presença de outras pessoas ou, correlativamente, a impressão de estranhamento em relação ao próximo exerce forte influência sobre como cada um se relacionará no futuro com participantes do próprio grupo ou de grupos mais afastados.

Duas outras facetas da socialização inicial também são fundamentais para a compreensão do processo e do fenômeno da liderança. Um atributo é o surgimento gradual, no começo da infância, do *senso do eu*. Já na idade tenra de 18 meses, as crianças já se conscientizaram de que existem como entidades separadas. Essa conscientização se revela não só no uso exato de nomes e de outros rótulos que se referem a indivíduos, inclusive a si próprio, mas também no maravilhoso senso de afirmação, quando a criança se olha ao espelho e percebe que certa marca colocada disfarçadamente em seu rosto prejudicou sua própria aparência.

Outro aspecto de importância crítica na socialização inicial é a *apreciação de como se é parecido com algumas outras pessoas*. Embora os jovens naturalmente imitem muito do que observam no comportamento de coespécimes que por acaso morem nas vizinhanças, essa apreensão da semelhança logo transcende a pura imitação. Com efeito, desde Sigmund Freud, os pesquisadores se referem a um processo mais complexo denominado *identificação*: os jovens vão muito além de apenas reconhecer certas propriedades em comum com outros, passando a sentir afinidade, *em geral*, com um modelo mais velho ou com um conjunto de modelos. A criança pequena pode muito bem *imitar* uma pessoa na rua ou um boneco na televisão; mas a criança *se identifica* com um parente mais velho ou com o pai do mesmo sexo, a ponto de internalizar atributos cruciais daquele "modelo". (Com menos frequência, os jovens passam a identificar-se fortemente com outros mais ou menos da mesma idade.)

Quando essa identificação começa a consolidar-se, a criança não precisa monitorar diretamente todas as ações do modelo. Ao contrário, ele ou ela pode começar a imaginar o que o modelo *faria* em dada situação; aquele que se identifica pode sentir prazer, vergonha ou culpa, na medida em que ele ou ela consegue corresponder às expectativas – aos ideais – do modelo. Em última instância, os seguidores eficazes não mais exigem a presença regular do líder; podem prever as histórias deles, e eles próprios inspirarem outros membros potenciais do público.

Em geral, os jovens se identificam com outros em seu círculo imediato. Portanto, é de grande interesse quando uma criança começa a identificar-se com alguém mais distante – por exemplo, o líder de um grupo político ou religioso. "Marcador" fascinante de muitos líderes futuros é a capacidade de identificar-se com figura de autoridade mais distante. Essa identificação se manifesta tanto no esforço de emular o líder quanto na disposição de desafiar o líder em certas circunstâncias.

Dois processos sociais paralelos atuam nos primeiros anos. A criança desenvolve um senso cada vez mais complexo e diferenciado do eu como indivíduo; e passa a sentir afinidade com pessoas mais velhas, em especial, e com um ou mais grupos sociais, em geral. Esses processos continuam a evoluir durante toda a infância e, com efeito, durante boa parte do resto da vida. Na juventude, eles em geral são considerados parte da formação da identidade; na meia-idade, são vistos como componentes da cidadania; na velhice, são tidos como senso de responsabilidade pelas gerações subsequentes.

O produto final desses processos de autodefinição e de identificação é uma pessoa participante de um grupo, detentora de certas crenças, atitudes e valores, e praticante de determinados comportamentos. É atribuição específica do líder ajudar os outros a definir sua identidade pessoal, social e moral; em geral, os líderes inspiram os seguidores, em parte, pela maneira como resolveram suas próprias questões de identidade.

Os modelos, porém, como é óbvio, podem exercer ampla variedade de influências. A criança em formação pode desenvolver pensamentos e ações elogiáveis ou indesejáveis, e, como acontece com tanta frequência, admiráveis ou detestáveis. Além disso, o fato de os modelos a serem imitados não estarem presentes ou demonstrarem comportamentos inconstantes ou destrutivos pode gerar consequências diversas. Nesses últimos casos, o ser humano incipiente provavelmente carecerá de senso coerente e integrado de eu, ou de senso apurado de participação no grupo, do que provavelmente decorreriam ações amorais ou antissociais. Com muita frequência, essas pessoas tendem a ser atraídas por demagogos, não por santos.

## A MENTE DA CRIANÇA DE 5 ANOS

Em consequência de nossa herança primata e dos acontecimentos mais ou menos previsíveis dos primeiros anos de vida, é possível predizer a formação de um protótipo de criança de 5 anos - alguém que, surpreendentemente, já possua os ingredientes básicos necessários para participar de relacionamentos líder-seguidor (ou entre pares). Isso significa dizer que a criança de 5 anos já tem o senso de si mesma e do próximo, como pessoas e como membros do grupo. As crianças dessa idade podem avaliar histórias simples e, com efeito, até engendrar, elas próprias, narrativas baseadas em padrões elementares. Além disso, já assumiram posições (ainda relativamente flexíveis) em várias hierarquias de dominância e estão ficando eficientes em reconhecer sinais de liderança, seguindo os líderes ou se relacionando como iguais em interações de pares.

Graças a Sigmund Freud e a seus discípulos no movimento psicanalítico, muitos observadores desenvolveram pelo menos uma visão nítida da personalidade das crianças pequenas: Alguém movido por necessidades fortes, que sabe o que quer e se esforça para obtê-lo, com capacidade limitada de empatia com os outros, que demonstra rivalidade com irmãos ou irmãs, assim como sentimentos "edipianos" intensos e, não raro, contraditórios em relação à mãe e ao pai. Graças ao psicólogo suíço Jean Piaget e seus colegas pesquisadores cognitivos, muitos observadores também supõem que a mentalidade de uma criança pequena seja típica de quem percebe o mundo sobretudo por meio dos órgãos dos sentidos e de seus sistemas motores.

Freud e Piaget nos introduziram ao terceiro dos ingredientes básicos cruciais da liderança – *a mente da criança de 5 anos*. Mas essas autoridades renomadas discordam em relação a um ponto central. Embora ambos os teóricos acreditem que as crianças passem por "estágios" no início da vida, veem de maneira diferente a natureza desses estágios. Os estágios afetivos, ou emocionais, de Freud são cumulativos. Ou seja, mesmo que, aparentemente, tenha superado a fase edipiana, o indivíduo em crescimento continua a experimentar um conjunto semelhante de sentimentos em situações análogas. Por exemplo, é bem possível que reviva quando adulto seus afetos dos primeiros anos, ao deparar com um chefe exigente ou com um terapeuta empático. Diferentemente, Piaget sustenta que, depois de ter atingido estágio cognitivo mais avançado, a criança não mais tem acesso às cognições de uma fase anterior. Por exemplo, pense no que acontece quando uma criança torna-se capaz de compreender o princípio da conservação – quando sabe que a quantidade de líquido não varia apenas porque o conteúdo foi transferido para recipiente de forma diferente. De acordo com Piaget, a criança "mais desenvolvida" deixa de ter acesso ao estado mental anterior, em que a quantidade de líquido era avaliada por sua altura e largura aparente dentro do vaso transparente ("é mais porque parece mais alto"). Na verdade, a criança até demonstra incredulidade ao lhe dizerem que, no passado, negava o princípio da conservação.

Ocorre que nem Freud nem Piaget, os dois maiores estudiosos do desenvolvimento humano do século XX, estavam completamente certos – ou, em termos mais generosos, cada um estava certo em relação a seu interesse mais relevante. Como Freud pensava, as pessoas nunca perdem acesso às condições e às dificuldades emocionais da infância. Assim, mesmo líderes mundiais renomados e poderosos podem reativar os próprios sentimentos de onipotência (ou impotência) infantil, enquanto manipulam ou reativam a euforia ou a fúria que os seguidores experimentaram no começo da infância.

Da mesma maneira, Piaget descreveu corretamente mudanças fásicas em certas esferas cognitivas "universais". Conquistas como passar a compreender o princípio da conservação dos líquidos são basicamente permanentes; a não ser no caso de disfunções do sistema nervoso, preservam-se essas faculdades mentais mais sofisticadas para sempre. As pessoas mais velhas têm grande dificuldade em reconhecer que já tiveram opiniões diferentes sobre objetos ou situações do mundo – e, em geral, não conseguem ver o mundo da mesma maneira como uma criança pequena.

Esses dois exploradores da mente infantil, todavia, não conseguiram explicar de maneira adequada outro importante conjunto de fenômenos. Desde a mais tenra idade, as crianças demonstram interesse agudo por compreender o mundo que as cerca – os objetos físicos (entidades como átomos, carros e corpos celestes), objetos biológicos (entidades que estão vivas e entidades que se movimentam por força da energia metabólica alheia); e a mente (a existência de objetos mentais, como pensamentos e sonhos, assim como de receptáculos mentais que, metaforicamente, supõe-se que os abriguem, como as próprias lembranças ou imaginações).

Mesmo sem instrução formal, os jovens desenvolvem noções muito poderosas – em geral denominadas "teorias" – de vários fenômenos da natureza. Assim, por exemplo, as crianças acham que objetos mais pesados caem com mais rapidez que objetos mais leves; que as entidades moventes estão vivas, enquanto as inertes, ou incapazes de mover-se, estão mortas; que todas as pessoas têm mentes, mas que as mentalidades são mais ou menos parecidas, na medida em que os indivíduos se assemelham pela compleição ou fisionomia, são homônimos ou moram no mesmo bairro.

O grande mérito de Piaget foi sensibilizar os cuidadores para essas teorias incipientes de crianças sem educação formal. Porém, ele falhou na concepção de que esses equívocos se desfariam necessariamente. Em geral, já se estabeleceu que as noções iniciais dos jovens sobre física, biologia e psicologia são extremamente resistentes. Com efeito, mesmo alunos que cursaram essas disciplinas formais tipicamente continuam a acreditar – não obstante os fatos e apesar dos ensinamentos – que a massa dos objetos determina sua aceleração; que a evolução leva a espécies ótimas; e que certas crenças valorizadas necessariamente se correlacionam com o pertencimento a determinada família ou etnia. Com efeito, as únicas pessoas que, de maneira genuína e abrangente, parecem mudar suas opiniões sobre esses tópicos são aquelas que rotulamos como "especialistas". Apenas os físicos, os biólogos e os analistas sociais parecem ser capazes de superar de todo teorias espantosamente fortes e duradouras do começo da infância.

Da mesma maneira como desenvolvem "teorias do mundo", as crianças também cultivam noções coerentes sobre as atividades diárias. Crianças com nada mais que 2 ou 3 anos têm lembranças nítidas e confiáveis de uma série de eventos. Aos 4 ou 5 anos, a maioria das crianças já construiu grande quantidade de roteiros, isto é, "estereótipos" ou "cenários". Essas estruturas cognitivas captam não só os aspectos rotineiros, mas também os extraordinários, que marcam eventos repetitivos como festas de aniversários, idas ao supermercado ou refeições em restaurantes fast-food. Diante de evidências muito contraditórias, os "fatos" desses roteiros realmente mudam. Aceitam-se ou até esperam-se festas de aniversários que oferecem sobremesa de fruta em vez de bolo e sorvete; ou sequências em restaurantes em que se paga antes de pedir em vez de depois da refeição. No entanto, em geral, os primeiros roteiros, estereótipos e cenários se mostram extremamente resistentes à mudança.

Sob muitos aspectos, a mente de uma criança de 5 anos é maravilhosa e pode ser incrivelmente imaginosa. Demonstra aventureirismo, disposição para novas hipóteses, e abertura para práticas heterodoxas, atitude mais construtiva, recomendada a indivíduos mais velhos, no estilo dos Picassos e Einsteins da vida. Pelo menos às vezes, as crianças sondam a essência da matéria com profundidade inacessível a adultos mais judiciosos (*Criança diz cada uma!*). No entanto, em grande número de casos, seria possível afirmar que a criança de 5 anos já está com a cabeça feita. Suas teorias e roteiros já se consolidaram e, na falta de circunstâncias aliciantes que se repetem com frequência, a pessoa em crescimento demonstra pouca inclinação para mudar.

Essa situação se revela crucial para o estudo da liderança. Quando alguém lidera um grupo de especialistas em determinado domínio, a situação decorre do trabalho executado pelo líder – configurando, assim, a liderança indireta. No entanto, mesmo quando a liderança se manifesta por meio da comunicação *direta* e explícita de uma mensagem, é possível que o líder se dirija aos colegas de maneira sofisticada. Um físico em conversa com físicos pode assumir que os interlocutores compreendem os princípios da gravidade, da aceleração e da relatividade; um diplomata ou um analista social que fala para colegas de ofício também pode presumir que os circunstantes transcendem os estereótipos associados a diferentes grupos nacionais ou culturais.

O caso é completamente diferente, porém, para pessoas cuja liderança perpassa diferentes domínios. Quem se dirige a instituições mais abrangentes, por exemplo, religiões, ou a grupos diversificados e heterogêneos, por exemplo, os habitantes de um país, devem, pelo menos, partir da premissa de que os membros de seu público têm a cabeça bem sortida de uma criança de 5 anos. Caso se transacione basicamente com as teorias e visões já cultivadas por uma criança de 5 anos, só será possível promover pequenas mudanças. Portanto, quando o líder político salienta a importância de apoiar determinado grupo, enquanto outro líder enfatiza a necessidade de ajudar outros grupos, ambos podem nutrir expectativas de engajar a mente de 5 anos. Mas quando o líder procura vender uma história mais sofisticada – que exija, por exemplo, definição mais ampla do próprio grupo social – o sucesso exigirá que se instrua as mentes não escolarizadas do público. No que se segue, minhas referências frequentes à "mente não escolarizada" serve como rotulação de ideias que as crianças desenvolvem nos primeiros anos de vida.

## O DESENVOLVIMENTO DA EXPERTISE EM CAMPOS DE ATUAÇÃO

A criança de 5 anos avançou tanto quanto possível com base em informações acessíveis de imediato aos sentidos e aos sistemas motores, assim como por meio do conjunto de ideias e teorias desenvolvidas com mais rapidez (e de maneira não autoconsciente) pelos membros de nossa espécie usuária de símbolos. Todavia, a autoeducação não é capaz de ir além desse ponto. Não admira que a maioria das sociedades inicie algum tipo de educação formal nos anos seguintes à primeira meia década de vida. Os resultados desse processo de educação – *a consecução da expertise em vários campos de atuação* – constitui o quarto ingrediente crucial da explicação da liderança.

Nas sociedades analfabetas ou tradicionais, a aprendizagem é o método preferido de educação. Os mais jovens são colocados perto de "mestres"; por meio do exemplo, do exercício e de ocasionais testes explícitos, acabam adotando as características e as práticas da expertise. Nas sociedades alfabetizadas, as pessoas tendentes a exercer funções influentes quase sempre frequentam escola, onde adquirem conhecimentos básicos, desenvolvem determinados comportamentos, e, tanto quanto possível, cultivam habilidades que lhes permitem seguir as carreiras valorizadas na sociedade mais ampla. Quando trabalham de maneira confortável e produtiva com mestres e professores, os jovens tendem a identificar-se com eles, a sentir-se semelhantes a eles, e a esperar que, um dia, sejam capazes de exercer suas funções.

Os campos de atuação são muito variáveis. Piaget especializou-se no estudo de domínios considerados ao alcance de todos os seres humanos comuns – como a apreciação de como classificar objetos ou de como extrair inferências de uma cena ou história. O avanço em algumas esferas de ação é considerado praticamente obrigatório em determinadas culturas – por exemplo, numa sociedade industrial moderna, espera-se que todos frequentem a escola e que dominem pelo menos os conhecimentos elementares.

A maioria das culturas, todavia, também enfatiza alguns campos de atuação que não são imperiosos no âmbito universal nem cultural. As modernas culturas industriais, por exemplo, oferecem às pessoas a opção de dominar esferas de ação que levarão a carreiras profissionais bem definidas, como as de biólogo, advogado ou educador. E também destacam domínios que envolvem habilidades idiossincráticas, como enxadrismo ou floricultura.

A definição das pertenças ou disciplinas a serem dominadas por determinado indivíduo é tema complexo. A destreza nessas esferas de ação depende da cultura ou subcultura do indivíduo. Por exemplo, quase todos os jovens escolarizados na China são capazes de desenhar espécimes vegetais ou animais com tinta e pincel, assim como, tradicionalmente, a maioria dos garotos judeus da Rússia deviam tocar violino e ser pelo menos razoáveis no xadrez. No entanto, outros domínios são nitidamente opcionais, dependendo dos interesses e do andamento das famílias, da época do nascimento, ou das aptidões, interesses e habilidades demonstradas pela pessoa.

Tornar-se membro viável da cultura adulta envolve a identificação do campo de atuação em que se alcançará a expertise. Na maioria das culturas, em toda a história, as decisões eram espontâneas, conforme o curso dos acontecimentos, determinadas seja pelas circunstâncias do nascimento, seja por imposição dos pais ou do chefe. Nas sociedades modernas, a escolha da esfera de ação tende a ser feita pelas próprias pessoas, embora, frequentemente, com base na orientação de (e, talvez, pela identificação com) adultos esclarecidos. À medida que os indivíduos se tornam experts, também passam a ser capazes de avaliar as realizações dos mestres de seus campos de atuação, inclusive proezas suficientemente inovadoras para mudar a topografia da área. Essas pessoas sem dúvida transcenderam os limites da mente de 5 anos.

Contudo, nas esferas de ação em que não são experts, ou naquelas em que são consideradas parte do grupo heterogêneo, na maioria não escolarizado (inclusive não se incomodando de serem tidas em tal conta), essas mesmas pessoas tendem a descobrir (e a apreender) mensagens muito mais simples. A maioria dos indivíduos hoje lida diariamente com duas situações contrastantes: liderança indireta sofisticada em seus campos de atuação e mensagens relativamente "não escolarizadas" de líderes diretos de grandes instituições.

## EXPERTISE NO RELACIONAMENTO COM PESSOAS

Até recentemente, os observadores procuravam sinais precoces de talento em duas áreas diversas. Um grupo de jovens se destacava pelo potencial de realizações em atividades escolares; são as crianças culturalmente superdotadas, descobertas pelos professores ou, de uns tempos para cá, identificadas por meio de testes de inteligência ou de algum tipo de medida correlata de aptidão escolar. Outro grupo de jovens se sobressaía pelo talento incipiente em esferas de ação específicas, como música, xadrez, esportes ou matemática. Em consequência da acuidade na detecção de padrões, das habilidades mnemônicas ou da destreza física nesses domínios, em geral com a ajuda de pais ou mestres qualificados como instrutores e ambiciosos em relação aos pupilos, esses jovens são considerados "promissores" para realizações notáveis nessas disciplinas.

Certas sociedades costumam demonstrar interesse comparável por indivíduos que têm dotes especiais no relacionamento com o próximo (o que, em algum lugar, denominei "inteligências pessoais"). O que tenho em mente aqui são indivíduos extremamente sensíveis às necessidades e interesses alheios, e/ou indivíduos correlativamente sensíveis à própria configuração pessoal de talentos, necessidades, aspirações e receios. Até se poderia assumir, por exemplo, que as sociedades em busca de jovens, entre inúmeros candidatos, para o exercício, no futuro, de liderança militar, religiosa ou política (caso pertinente seria a seleção no começo da infância do futuro Dalai Lama, líder espiritual do Tibet) apuram a atenção e a sensibilidade na identificação de "marcadores" vaticinantes desses talentos.

Muitas organizações de nossa sociedade contemporânea têm o potencial de escolher as pessoas que podem acabar exercendo liderança, seja do tipo indireto, que opera, principalmente, no âmbito de certo domínio (como determinada ciência, arte ou ofício), seja da forma direta, que pode permear diferentes habilidades e conhecimentos (como a liderança de uma entidade política). Equipes de atletismo, tropas de escoteiros, grupos religiosos, várias modalidades de grupos extracurriculares, e até turmas de alunos em escolas são solos férteis para futuros líderes. Às vezes, a busca é explícita; com mais frequência, espera-se que surjam de maneira espontânea e sejam identificados por vias informais. E, certamente, instituições específicas – como as escolas independentes das elites no Reino Unido – há muito se consideram sementeiras de novos líderes: diz a lenda que a histórica Batalha de Waterloo foi vencida no campus da Eton College.

Embora as pessoas, em geral, raramente desenvolvam expertise em disciplinas e domínios diversos, é possível que se tornem experts na capacidade de compreender o próximo. Afinal, todos interagimos com os circunstantes desde a mais tenra idade, e, talvez, todos cultivemos habilidades significativas no âmbito das relações humanas. Considero razoável concluir que, à medida que amadurecemos, quase todos nos familiarizamos com certos roteiros mais complexos (como os que envolvem ambivalência, ciúmes ou altruísmo) e desenvolvemos alguma capacidade de apreciar as ideias e as motivações alheias. No entanto, numerosos estudos sociais e psicológicos revelaram que quase a maior parte de nós não é hábil em detectar embustes ou segundas intenções. Talvez, ainda mais problemático, a maioria das pessoas, nem de longe, é tão capaz quanto *supõe* nessa percepção do subjacente. Notoriamente, nem mesmo a expertise social pode ser alcançada na falta de dedicação obstinada.

Mas, de fato, certas pessoas parecem mais aptas a desenvolver a expertise social. Durante o Renascimento florentino, Lorenzo de Medici conduziu complexas negociações diplomáticas quando tinha apenas 14 anos. Outro exemplo reconhecido de imediato na história americana recente é o de Lyndon Johnson. Geralmente considerado gênio legislativo, o ex-presidente tinha a capacidade estranha de formar coalizões improváveis para apoiar projetos de lei controversos. Certa vez explicou como conseguira assegurar a aprovação da Lei dos Direitos Civis, em 1964. "O desafio era descobrir o que importava para cada um daqueles homens, identificar que questões eram importantes para quem e por quê. Sem essa percepção, nada é possível. O conhecimento dos líderes e a compreensão de suas necessidades organizacionais possibilitou que eu elaborasse meu programa legislativo de maneira a atender às necessidades deles e minhas." Infelizmente, essa habilidade não o ajudou na política externa.

## OS ANTECEDENTES DO LÍDER

No começo deste capítulo, analisamos os quatro fatores que propiciam os fenômenos de liderar ou de seguir na nossa espécie. Tanto quanto sei, contudo, poucos esforços sistemáticos foram empreendidos para apontar os primeiros marcadores da liderança. Alguns dos líderes potenciais que estudei desfrutavam de nítida popularidade e eram procurados pelos colegas desde a mais tenra idade; muitos outros, porém, na infância, se caracterizavam pela solidão, pelo isolamento e por comportamentos ostensivamente antissociais (se não criminosos). Churchill passava boa parte do tempo sozinho, e Mussolini foi expulso duas vezes da escola por apunhalar colegas. Alguns líderes futuros, nas respectivas esferas de ação, como Freud, relataram fascinação precoce por questões de poder e estratégia, enquanto outros, como Einstein, basicamente não se interessavam pelo mundo dos outros seres humanos.

Já foram propostas, porém, algumas generalizações promissoras. Os líderes futuros não raro ficaram órfãos quando crianças. De acordo com um estudo, mais de 60% dos líderes políticos britânicos perderam um dos genitores na infância, com mais frequência o pai. É possível que as crianças com pais sobreviventes sigam as pistas sociais decorrentes dos comportamentos e atitudes das mães e dos pais, enquanto os que logo cedo foram privados de um dos genitores são estimulados (ou se sentem pressionados) a formular os próprios preceitos e práticas nos domínios social e moral. A dependência precoce deles em relação a si mesmos talvez os deixe em posição favorável para direcionar os comportamentos de outras pessoas. O filósofo e escritor francês Jean-Paul Sartre alegou que, na falta do pai, a pessoa é forçada a fazer as próprias escolhas. Contudo, a dor associada à perda precoce parece perdurar, e muitos dos líderes que se enlutaram no passado relataram nunca ter superado o sentimento difuso de solidão.

Outro padrão recorrente entre os futuros líderes é um conjunto contrastante de relações com os pais. De acordo com o historiador James McGregor Burns, Gandhi, Lênin e Hitler mantinham relações positivas com um dos pais e relações negativas com o outro. No caso de Stalin, enquanto a mãe o mimava o pai o fustigava com violência. Em consequência, o jovem era afligido por sentimentos de ambivalência e, conjectura-se, o impulso de exercer poder decorreu de uma tentativa de resolver seus conflitos produzidos pela ansiedade. Do mesmo modo, tudo indica que a infância do presidente Bill Clinton foi infestada por tensões parentais. Ele não se dava bem, de modo algum, com o padrasto violento, e cada vez mais era chamado a mediar os conflitos entre os adultos da casa. Diz-se que começou a considerar a hipótese de seguir a carreira política quando descobriu, ainda garoto de escola, que era capaz de resolver conflitos entre os colegas.

Algumas pessoas possuem certos traços que os fazem destacar-se ainda em idade tenra. Pelo menos alguns líderes carismáticos, como Charles De Gaulle e John F.Kennedy, são dotados de aparência imponente, que atrai as pessoas. Outros, como Gandhi ou Hitler, são comuns ou até canhestros. O carisma deles talvez decorra da personalidade atípica ou da aparência insólita, e, não raro, de uma história de vida notável. A psicóloga Mihaly Csikszentmihalyi observou que alguns líderes se distinguiram exatamente porque reverteram as maneiras socialmente aceitáveis de alcançar os objetivos e, ainda assim – apesar de todo o desafio –, realizaram seus propósitos. Esses iconoclastas, portanto, surpreendem os observadores por desfrutarem de conhecimento privilegiado sobre o futuro, embora suas histórias não raro acabem conduzindo os seguidores por caminhos destrutivos.

Os estudiosos discerniram entre os líderes, desde a mais tenra infância, inclinação para correr riscos e disposição para persistir – muitas vezes desafiando contestadores ou opositores, inclusive em posição de autoridade – a fim de alcançar seus objetivos. A motivação para conquistar o poder – seja por si mesmo, seja para outros fins – sempre está presente. A propensão a assumir riscos decorre da confiança em que, pelo menos às vezes, se alcançará o sucesso; a obstinação em superar os obstáculos e as contestações do mesmo modo reflete a tendência para confiar em si mesmo e para não sucumbir às restrições e às reservas alheias.

Essa carapaça pode ser desenvolvida pelos líderes a custos consideráveis para si mesmos. Estes não raro exibem as cicatrizes das primeiras derrotas e se imbuem de tenacidade, às vezes até impiedosa, quase sempre de difícil compreensão para outras pessoas. Em sua biografia de John Churchill, Winston Churchill comentou:

*Os homens famosos em geral são produtos de infância infeliz. A grave pressão das circunstâncias, os espasmos de adversidade, as aguilhoadas das desfeitas e das ofensas, nos primeiros anos, são indispensáveis para evocar a fixação impiedosa no propósito e a sagacidade congênita sempre presente, sem as quais raramente se realizam grandes ações.*

Tanto os líderes indiretos quanto os líderes diretos que estudei parecem ter sobressaído desde cedo dentre seus contemporâneos. Sentiam que eram especiais e, ao menos em alguns casos, julgavam-se capazes de feitos além dos alcançados por pessoas normais. Nas situações em que esse senso de excepcionalidade não se manifestou desde cedo, podem-se identificar os momentos em que se manifestou a percepção de ter sido "escolhido". Para Martinho Lutero, ocorreu quando se sentiu esmagado pelos abusos flagrantes da Igreja; Para Martin Luther King, Jr., aconteceu quando descobriu que era capaz de liderar o boicote aos ônibus de Montgomery, Alabama. Para os indivíduos criativos – os líderes indiretos que atuam em domínios circunscritos – esse sentimento de "diferença" não precisa enfrentar nenhum problema específico. Os líderes diretos, contudo, devem sentir-se, ao mesmo tempo, à parte do contexto, mas em interação constante com os contemporâneos.

Minha teoria das inteligências múltiplas aponta para uma peça até então faltante, mas importante, do enigma. A maioria dos líderes, obviamente, tem dons especiais na área de inteligência social – sabem muito bem como alcançar e influenciar outros seres humanos. Esse conhecimento, porém, corre o risco de inibir-se e embotar-se, na falta de oportunidades de expressão. Como mostro nos capítulos subsequentes, quase todos os líderes são eloquentes na oratória e muitos são contundentes em seus textos. Não só dispõem de uma história promissora; também podem contá-la de maneira convincente. Marca do futuro líder é o grau generoso de inteligência linguística – a capacidade e a inclinação para usar bem as palavras. Quando essa inteligência linguística se associa a considerável inteligência pessoal, conjugam-se os fundamentos de um comunicador eficaz com as primícias de um líder promissor.

## ANTECEDENTES DO SEGUIDOR

Da mesma maneira como pouco se estudou da liderança notável, os atributos dos que se mantêm seguidores continuam envoltos em mistério. Evidentemente, o termo *seguidor* pode ser ampliado para abranger todas as pessoas que não são formalmente consideradas líderes, hipótese em que o "problema" de ser seguidor se evaporaria. Dessa maneira, é útil distinguir entre dois grupos: o dos que se mostram especialmente propensos a se alistarem como seguidores em determinada causa e o dos que ostentam a tendência de seguir, comum, ao menos de forma latente, em todos os seres humanos.

Evidentemente, todos os líderes notáveis têm seguidores; e, em alguns casos, é possível identificar pessoas que dedicaram a vida – que até deram a própria vida – em apoio à história proposta por "seus" líderes. Napoleão atribuiu metade de seu gênio como general ao fato de conseguir inspirar algumas pessoas a renunciar à própria vida para ajudá-lo em sua causa; a outra metade, teria ele dito, decorreria de sua capacidade de estimar com grande exatidão quanto tempo seria necessário para transportar uma manada de elefantes de Paris ao Cairo.

Duas possibilidades sobre o "dom" dos seguidores merecem consideração. De um lado, parece provável que os seguidores sejam talhados de tecido diferente do dos líderes – que, por exemplo, dediquem a vida à busca perene das mesmas figuras de autoridade rechaçadas pelos líderes. Muitos "crentes" migram de um grupo para outro, sempre à procura da comunidade perfeita, talvez inexoravelmente fadados a se decepcionarem. No entanto, os seguidores crônicos podem compartilhar algumas propriedades importantes com os líderes. Napoleão gracejou que se tornara grande líder por ter sido notável seguidor. Um prócere da Revolução Francesa ecoou: "Sabe, devo seguir as pessoas; não sou o líder delas?" E muitos líderes futuros, como o jovem George Marshall e Angelo Roncalli (quando era padre recém-ordenado, muito antes de sua eleição para papa), se inspiraram nos modelos de líderes que eles próprios "seguiram" ou com que se identificaram durante seus anos de formação. O que talvez enlace os líderes "inatos" e os seguidores "inatos" seja a necessidade comum de uma estrutura, de uma hierarquia e de uma missão – premências decorrentes da herança primata que talvez seja menos vinculante para aqueles capazes de "pegar ou largar" a associação a qualquer grupo.

Os seguidores podem diferir um dos outros nas atitudes em relação ao poder. Alguns, como o jovem Stalin ou Mao Zedong, são atraídos para movimentos conduzidos por líderes fortes, pois eles próprios, em última instância (ainda que inconscientemente), estão interessados em conquistar e em mobilizar o poder. Outros talvez prefiram o papel de seguidor, exatamente porque preferem ver (e sentir) as rédeas do poder nas mãos de outra pessoa. Richard Morris, médico que se tornou antropólogo, já afirmou que a maioria dos indivíduos não tenta exercer a liderança de um grupo social: "As pessoas, em geral, aceitam com serenidade qualquer situação que tenham conquistado... depois de atingirem certa idade, quase todas perdem o elã para continuar avançando." Ambos os grupos de seguidores provavelmente diferem dos que se revelam "socorristas", como as pessoas comuns, em nada excepcionais sob os demais aspectos, que, durante a era nazista, se arriscaram a graves penas, ao ajudarem quem consideravam terem sido injustamente condenados à perseguição.

Enquanto os seguidores crônicos talvez se sintam atraídos por uma sucessão de líderes díspares, a maioria dos seguidores potenciais se mostra mais discriminatória. Quanto às características que tornam aliciantes certos líderes, as crianças pequenas são atraídas pelos atributos ostensivos dos circunstantes: tamanho, força, charme e controle de recursos desejados. Na adolescência, outros aspectos se tornam importantes: poder das ideias (ou histórias), coerência, e adequação à conjuntura. E, do mesmo modo, certo conjunto de características pessoais pode reforçar o status do líder: aqueles que exibem carisma, espiritualidade e um amálgama enigmático de mediocridade e excepcionalidade cativam o próximo.

Dois últimos pontos quanto os seguidores: primeiro, alguns são cativados por certos atributos (por exemplo, capacidade de transmitir a sensação de força ou poder), enquanto outros são seduzidos por características muito diferentes (por exemplo, originalidade de ideias ou luminosidade espiritual). O carisma físico difere do carisma intelectual ou espiritual. Segundo, os líderes eficazes geralmente se distinguem pelo fato de exibirem uma mistura desses traços (Robert Maynard Hutchins era atraente do ponto de vista físico e cintilante sob a perspectiva intelectual) ou de serem capazes de cativar ao mesmo tempo diferentes tipos de pessoas (o estilo de vida de Margaret Mead magnetizava certos seguidores, enquanto suas ideias sobre investigações transculturais impressionavam outros).

## O LÍDER DESENVOLVIDO

Ao considerar os atributos que atraem os seguidores para os líderes, toquei no "estado final" do desenvolvimento – a questão do que significa ser líder pleno. Sob um aspecto, esse ponto talvez pareça prematuro; afinal, estou examinando vários líderes exatamente para identificar os atributos mais importantes. Além disso, nenhum líder chega a realizar-se em plenitude; no máximo, é possível observar indivíduos que se encontram em vias de desenvolver maiores habilidades e de alcançar eficácia elevada. No entanto, tendo em mente essas reservas, é possível identificar quatro fatores que parecem cruciais para a prática da liderança eficaz.

1. *Laços com a comunidade (ou público).* É truísmo a afirmação de que não há líderes sem seguidores. O que se precisa enfatizar aqui é que a relação entre o líder e os seguidores é contínua, ativa e dinâmica. Cada parte recebe pistas da outra; cada uma é afetada pela outra. Nos vários estudos de casos, observamos os tipos de preocupações, de necessidades e de histórias que animam os membros da comunidade; e notamos as maneiras como os líderes consideram essas mudanças e alteram suas histórias. Essas interações contínuas com os membros de um ou mais grupos são comuns em líderes tão diferentes quanto Robert Hutchins e Jean Monnet, de era anterior. Em última análise, para que os laços sejam duradouros, líderes e seguidores devem trabalhar juntos para construir alguma espécie de instituição ou organização que incorpore seus valores comuns.

2. *Certo ritmo de vida.* O líder deve manter contatos regulares e constantes com a comunidade. Ao mesmo tempo, contudo, o líder precisa conhecer a própria mente, inclusive suas próprias ideias, valores e estratégias cambiantes. Por esse motivo, é importante que o líder encontre tempo e meios para refletir, afastando-se da batalha ou da missão. Denomino essa tendência "subir a montanha", ressalvando-se que esse recuo (ou avanço) possa ocorrer literalmente – como no caso de Moisés – ou metaforicamente, como no caso de de Gaulle e suas caminhadas diárias. Períodos de isolamento – alguns diários, outros com a duração de meses ou até de anos – são tão fundamentais na vida dos líderes quanto o corpo a corpo nas multidões.

   A relação entre isolamento e imersão difere consideravelmente entre dois tipos de líderes. Para quem exerce a liderança indireta, por meio de seu trabalho em certo campo de atuação, quase todo o tempo é dedicado ao trabalho solitário ou em pequenos grupos; apenas vez por outra é necessário, ou aconselhável, que o líder se exponha diretamente às reações de um público mais amplo e mais diversificado. Em contrapartida, o indivíduo que lidera diretamente um grupo diversificado e cambiante precisa passar muito tempo em companhia dos seguidores; mas também esse indivíduo necessita de tempo e espaço para refletir. Quando alguém como Clinton aparentemente evita oportunidades de reflexão solitária, surge a possibilidade de que ele não queira conhecer a própria mente.

3. *Relação evidente entre histórias e personificações.* Ao longo de todo este livro, argumento que os líderes exercem influência de duas maneiras principais, embora contrastantes: por meio das histórias ou mensagens que transmitem e por meio dos traços que personificam. Às vezes, o mesmo líder muda de ênfase. Por exemplo, como primeiro-ministro, Churchill, primeiro, compôs uma história cativante sobre a necessidade de manter a glória do Reino Unido, e, então, personificou uma posição corajosa, por meio de suas atividades durante a Batalha da Inglaterra. Alguns líderes, como J. Robert Oppenheimer ou Ronald Reagan, atribuem grande ênfase às histórias que contam; outros, como George C. Marshall ou o Papa João XXIII, são valorizados mais pelos atributos personificados que pelas histórias relatadas, já estabelecidas, embora recentemente negligenciadas. Alguns aspectos, como a explicação dos fatores que acarretaram as dificuldades ou as oportunidades em curso, propiciam-lhes a narrativa de histórias; enquanto outros, como a importância da coragem ou da inovação, se transmitem com mais eficácia por meio da personificação.

   Muitas vezes desenvolvem-se tensões entre as histórias e as personificações. Com efeito, muitos líderes políticos enfrentaram problemas quando fatos da própria vida pareceram contradizer as histórias que transmitiam. Por exemplo, tornou-se difícil para Richard Nixon preconizar o tema "lei e ordem", quando seu próprio governo enfrentava ataques por práticas ilegais. Nas condições mais afortunadas, porém, histórias e personificações se reforçam mutuamente. Por exemplo, a história de Martin Luther King sobre a disposição para suportar sofrimento e críticas era exemplificada por suas próprias ações. Além disso, configura-se acesso de genialidade no exercício da liderança quando as histórias e as personificações parecem fundir-se ou amalgamar-se, como num sonho – quando, como diria o poeta William Butler Yeats, não há como distinguir dança e dançarina.

Quanto às possíveis interações de histórias e de personificações no começo da vida dos líderes, de novo é preciso especular. Infelizmente, esse tipo de informação não tem sido destacado na maioria dos relatos biográficos. Minha suposição é que as histórias individuais geralmente emergem das experiências de vida e, portanto, se personificam, naturalmente, nas apresentações do eu. Ademais, nas ocasiões em que as histórias individuais nitidamente se chocam com os comportamentos personificados, é provável que respostas hostis por parte de membros do público desestimulem essas disjunções ostensivas.

4. *A centralidade da escolha*. Numa horda de primatas, um organismo individual pode prevalecer na base da força bruta. Situação análoga também ocorre entre seres humanos, quando alguém se encontra em posição de liderança, por exercer controle total sobre os instrumentos de poder e/ou preservar sua condição mediante violência, terror e impiedade.

   Neste estudo, meu foco recai sobre as pessoas que conquistaram posições de liderança em situações nas quais elas e os seguidores exerciam alguma espécie de escolha e contavam com um indicador de estabilidade, sem a tentação ou a necessidade de recorrer a instrumentos de terror. Apenas nesses casos de "liderança por escolha" faz sentido pensar em contar histórias, em personificar virtudes e em mudar opiniões por meio de exemplos e de persuasão. No entanto, vale a pena lembrar-se dos Stalins e dos Saddams da vida, porque eles seguiram caminhos para posições de autoridade que, sob alguns aspectos, se parecem com os adotados por líderes menos brutais. Também eles tiveram de persuadir, de ajustar e de salientar ou atenuar nuances, dependendo das predileções e ansiedades das pessoas que pretendiam liderar. Nesses casos, contudo, a conquista do poder absoluto acabou corrompendo-os de maneira absoluta. E também vale a pena observar que alguns indivíduos que se mantêm em cargos temporários ou eletivos podem passar a considerar-se onipotentes e a agir de maneira condizente. O Presidente Franklin D. Roosevelt recuou (como no caso do esquema para subjugar a Suprema Corte) quando fora longe demais; Margaret Thatcher (como no caso de um imposto regressivo impopular) não agiu da mesma maneira.

## SÍMBOLOS E COMUNICAÇÃO

Nos primeiros anos de vida, os seres humanos adquirem conhecimento principalmente por meio de operações sensoriais e motoras – as únicas capacidades cognitivas com que contam outros organismos, inclusive primatas não humanos. O que nos distingue das outras criaturas, evidentemente, é nossa capacidade de mobilizar, de compreender e até de criar conjuntos e sistemas de símbolos.

Por volta dos 5 anos, contudo, as crianças, na maioria, já se tornaram especialistas em "simbologia". Alcançaram alto nível de apreensão de toda uma gama de sistemas de símbolos, inclusive de linguagem natural, de linguagem gestual, e daqueles que possibilitam representações pictóricas, sistemas numéricos, música e outros meios de comunicação praticados pela sociedade. Igualmente notável, desenvolvem essa mestria simbólica de "primeira ordem" quase sem tutela formal. Com efeito, como tem sido observado com frequência, se tivéssemos de compreender a natureza e o funcionamento da linguagem natural para ensinar as crianças a falar, a espécie de há muito estaria extinta ou ao menos seria muda.

Não é de modo algum exagero afirmar que, depois dos primeiros anos de vida, o desenvolvimento cognitivo passa a equivaler ao desenvolvimento simbólico. Além disso, o processo de uso de símbolos cada vez mais complexos prossegue com a mesma intensidade quando a criança entra na escola ou ingressa em outros ambientes educacionais. Em qualquer sociedade moderna, a atribuição básica das escolas é ensinar sistemas de símbolos de segunda ordem – notações escritas que se referem a sistemas de símbolos de primeira ordem, como linguagem falada e sistemas numéricos. Também é possível desenvolver sistemas de símbolos mais esotéricos, variando desde os adotados nas ciências físicas até os usados em notações de música, dança ou futebol. E, não importa que esteja em escola formal ou participe de outro tipo de aprendizagem, o discente passa a aprender as várias operações dos sistemas simbólicos a serem dominados.

Sistemas simbólicos são meios de pensar e de categorizar; também são formas de comunicar-se. Os primatas não humanos carecem desses instrumentos e, portanto, para influenciar, quase sempre recorrem à força bruta. Os seres humanos, diferentemente, têm a opção de exercer liderança. Como veremos mais adiante, o domínio do sistema de símbolos linguísticos é crucial para a maioria dos líderes diretos, uma vez que se preserva a liderança principalmente por meio do uso de histórias criativas. Muitos líderes – os que denomino "dotados de inteligência linguística" – se destacam desde cedo pela capacidade de contar histórias; e muitos outros adotam como objetivo precípuo o desenvolvimento da mestria nesse âmbito – seja pela oratória convincente, seja pela redação habilidosa. Já se disse que o destino político de de Gaulle:

*Sempre dependeu de palavras. O soldado – que se ergueu da obscuridade ao escrever um livro; o rebelde – que se converteu em líder de um país pela oratória; o homem de oposição – que sobreviveu politicamente em consequência de algumas entrevistas com a imprensa; o presidente, que governava pelo rádio e pela televisão; e, finalmente, o lobo solitário – em contato com a multidão fugidia apenas por meio das palavras.*

Por outro lado, pessoas que trabalham em domínios e disciplinas tradicionais não precisam ser mestres em linguagem natural ou prodígios em contação de histórias. Não importava quão bem Einstein falava alemão ou inglês ou quão bem Picasso escrevia em francês ou em espanhol. O relevante para esses líderes indiretos era o domínio do sistema de símbolos da física e da pintura do século XX, respectivamente. É até possível que ambos acabassem ficando famosos como pessoas; mas já eram conhecidos, indiretamente, porque seus processos e experiências mentais foram transmitidos pelas cadeias de símbolos – mais informalmente, pelas obras – que produziram. Tiveram a sorte de viver em culturas que desenvolveram vários modos poderosos de comunicação.

Os líderes também transitam com eficácia em outro tipo de comunicação – a que se processa por meio da personificação. Às vezes, os líderes se comunicam através dos símbolos mais elegantes e simples – Gandhi, enfrentando de peito aberto os inimigos; Churchill, ostentando o sinal desafiador da vitória; Martin Luther King, Jr., de pé, resoluto, atrás das grades. Alguém poderia perguntar se essa comunicação simbólica, se essa personificação de virtudes, se qualifica como história. Embora a resposta para essa pergunta seja, até certo ponto, semântica, sugiro que essas apresentações visuais, em si e por si, não são capazes de transmitir mensagens inequívocas. Essas imagens de batalhas atuam de maneira poderosa apenas porque essas pessoas já são reconhecidas, e suas causas já são compreendidas. Poderíamos dizer que, como as histórias já foram assimiladas, basta uma ilustração.

Qualquer acadêmico que produza um trabalho para publicação, por mais modesto que seja, está dando um lance pela liderança indireta. Eu não teria escrito este livro se não quisesse que minhas palavras afetassem a maneira como meus colegas – e o público em geral – consideram o fenômeno da liderança. Em especial, minha decisão de estudar o contínuo entre liderança indireta e liderança direta representa um esforço para mudar conceitos de liderança; para trazer à tona, por meio de um conjunto organizado de estudos de casos, o aparato de histórias e de personificações que ligam as realizações de um Einstein ou de um Picasso às proezas de uma Thatcher ou de um Monnet, que dão substância às palavras de Keynes, na epígrafe do Capítulo 1.

Embora eu tenha resistido à tentação de propor um "modelo" de liderança, abordei numerosos temas que nortearam meu pensamento. Neste capítulo, analisei as facetas do desenvolvimento humano que parecem ter mais a ver com a compreensão da liderança: a herança primata dos seres humanos; a emersão primordial do senso do eu e do próximo; a formação no começo da infância de teorias ou "roteiros" sobre o mundo; as marcas da expertise emergente nos campos de atuação valorizados pela sociedade; e o conjunto específico de traços que podem caracterizar o líder e o seguidor em formação. Podemos considerar esses elementos como os insumos básicos para a construção de um modelo abrangente de liderança.

Por mais que humanos e primatas tenham em comum diferentes facetas da liderança, a importância da comunicação simbólica se restringe basicamente à nossa própria espécie. Apenas nós, humanos, passamos boa parte do tempo transitando entre símbolos. Embora as culturas humanas abriguem ampla variedade de sistemas e de mensagens simbólicas, todas atribuem valor especial às sequências de palavras que denominamos histórias. Neste ponto de "minha história", é oportuno voltar-se para as histórias aliciantes que se situam no âmago da liderança.

Capítulo 3

# As histórias dos líderes

*Toda liderança consiste em comunicar ideias às mentes alheias.*

Charles Cooley

Em maravilhoso conto evocativo, a escritora cubana Isabel Allende desfia a história de Belisa Crepusculario, jovem mulher de grande beleza, oriunda de família muito pobre, que ganha a vida vendendo palavras. Vende versos memorizados por cinco centavos, melhora a qualidade de sonhos por sete centavos, escreve cartas de amor por nove centavos e, por doze centavos, inventa insultos a serem desferidos contra inimigos mortais.

A vida de Belisa muda drasticamente quando ela é aprisionada por um bandoleiro feroz, conhecido como "Coronel". Depois que os seus homens a sequestram e quase a matam, o Coronel explica as razões desse tratamento injustificado e ofensivo. "Quero ser presidente", declara. E explica que pretende tornar-se presidente não pela tomada violenta do poder, mas pela conquista persuasiva da maioria dos votos populares – em meus termos, quer tornar-se líder, exercer a autoridade por escolha. "Para tanto, preciso falar como candidato. Você poderia vender-me as palavras de um discurso?", implora.

Belisa tece uma tapeçaria de palavras que promete influenciar a mente dos homens e sensibilizar a intuição das mulheres. Ela, então, lê o discurso em voz alta, três vezes, para o coronel analfabeto, para que ele o decore e profira. E, assim, ele faz, inúmeras vezes, durante a campanha eleitoral, na tentativa de convencer os cidadãos a votar nele. Nas palavras do narrador de Allende: "Todos ficaram atônitos com a clareza das propostas e com a lucidez poética dos argumentos do Coronel, contagiados por sua promessa arrebatadora de corrigir os erros da história, esperançosos pela primeira vez na vida." No final feliz canônico da fábula, o candidato angaria o apoio dos eleitores e Belisa conquista o amor do Coronel.

Sintetizando a epígrafe deste capítulo, do sociólogo americano Charles Cooley, essa historieta capta verdades importantes de linguagem e liderança. Por meio do puro poder físico, é possível alcançar – e preservar – posição de autoridade sobre as pessoas. Era como o Coronel agia no passado. No entanto, se a intenção for persuadir os outros, o líder precisa convencê-los do próprio ponto de vista. Analfabeto e inarticulado ("Guerra é o que conheço", admite para Belisa), o Coronel se vê à mercê de uma mulher capaz de entrelaçar palavras de maneira aliciante. Manejando vocábulos, ela ganha legitimidade. Homero destacou essas teceduras e urdiduras complementares, ao decantar que seu guerreiro heroico, Aquiles, fora treinado como executor de proezas e construtor de discursos.

Nos anos recentes, os cientistas sociais passaram a valorizar o que as figuras políticas, religiosas e militares já reconheciam havia muito tempo: que as histórias (narrativas, mitos ou fábulas) constituem moeda extremamente valiosa no relacionamento humano. Muitos estudiosos questionam se a essência da história é a existência de um protagonista cativante, o posicionamento de planos e objetivos, o advento de uma crise a ser resolvida, o desenvolvimento inicial e a liberação subsequente de um sentimento de tensão em um membro do público ou a criação de uma voz narradora diferente. Muitos procuraram identificar a narrativa prototípica – a busca do herói; a jornada longe de casa, que culmina com o retorno às origens; ou o choque entre o bem e o mal. Também não faltou quem investigasse os recursos de que dispõem os contadores de histórias: lógica, retórica, caracterização, humor e manipulação do ânimo e das expectativas do público. Outros ainda investigaram o propósito básico das histórias – o reforço dos vínculos comunitários, o manejo de questões filosóficas e espirituais básicas, a atribuição de significado a uma existência do contrário caótica.

A explicação definitiva da natureza e finalidade das histórias, roteiros e/ou narrativas pode revelar-se esquiva. Conforme demonstrou o filósofo inglês Ludwig Wittgenstein, em sua análise do conceito de "jogos", os diferentes tipos de histórias podem envolver, no máximo, "parecença familiar" entre si. Para meus objetivos, essa situação é perfeitamente aceitável. Neste estudo, uso o termo *história* em sentido amplo. Embora me concentre em *narrativas* na esfera linguística, incluo *relatos inventados* em qualquer sistema de símbolos, desde nova forma de explicação em ciências físicas, até novo modo de expressão em dança ou poesia. Além disso, estendo-me entre os dois polos apresentados no Capítulo 2: o *relato ostensivo e expositivo*, proferido diretamente pelo líder, e a *visão de vida, personificada* nas iniciativas e atitudes do líder. Na verdade, eu poderia cunhar um termo diferente para cada uma dessas variantes de história. Todavia, essa alternativa não só complicaria a apresentação, mas também sugeriria, de maneira enganosa, que é possível, de imediato, diferenciar uma história de uma fábula, ou de uma sequência estruturada de dança; ou distinguir uma mensagem de uma personificação, ou de uma visão ou sonho.

Quero salientar uma alegação contrastante. Usando recursos linguísticos, assim como meios não linguísticos à sua disposição, os líderes tentam comunicar-se, convencendo outras pessoas de determinadas opiniões ou de certas visões da vida. Contar *histórias* é a melhor maneira de transmitir esse ponto. Argumento que as histórias são a forma básica de cognição humana; a criação e a articulação engenhosa de histórias representam ingredientes fundamentais da vocação do líder. As histórias falam a ambos os componentes da mente humana – razão e emoção. Sugiro, ainda, que são as *histórias de identidade* – narrativas que ajudam os indivíduos a pensar e a sentir quem são, de onde vêm e para onde vão – que constituem a arma em si mais poderosa do arsenal literário do líder.

## HISTÓRIAS AO LONGO DO CICLO DE VIDA

As crianças se comunicam com os cuidadores não raro de maneira admiravelmente sofisticada. Podem demonstrar necessidade, medo, surpresa, arrependimento e bem-estar emocional. Aos 5 anos, a criança já se tornou produtora e consumidora de histórias.

Essas histórias podem ser pungentes, envolvendo um único acontecimento, ou picarescas, abrangendo longa sequência de vinhetas sem coesão. Com toda a sua variedade, as histórias, nessa altura da vida, se caracterizam pela simplicidade. Em um enredo muito comum, que eu denomino trama "guerra nas estrelas", duas forças ou indivíduos (A e B) se opõem entre si, como nos filmes da série *Guerra nas Estrelas*. Talvez ocorra uma luta prolongada entre A e B. No final, A – geralmente identificado com o bem – quase sempre prevalece, embora haja casos em que B triunfa, porém, quase sempre, apenas durante algum tempo. Na maioria das vezes, a criança se identifica fortemente com os personagens e as causas da Força A.

Esse cenário de *Guerra nas Estrelas* ocupa lugar tão poderoso na mente infantil que até tende a impor-se a outras narrativas que compõem a consciência das crianças. Na forma inicial, a história pode apresentar três ou mais personagens, enredando um combate multifacetado, prolongado e incerto entre diferentes forças. Na hora da recriação ou da repetição da história, porém, a versão revisada tende a aglutinar-se de forma mais simples: os vários participantes se reduzem a dois (ou a duas "equipes" ou "forças"), e o conflito sutil e ambíguo se transforma em luta maniqueísta entre o bem e o mal.

Pode observar-se essa versão simples tanto no âmbito do imaginário quanto no raciocínio infantil sobre os eventos do dia a dia. As crianças de 5 anos, com suas *dualidades rígidas*, acalentam contos de fadas e outras aventuras mágicas, nas quais as forças das luzes e das trevas entram em choque. Elas podem identificar-se com a luz enquanto exploram as trevas e se sentem atraídas pelos seus mistérios. Ao mesmo tempo, quando lhes perguntam sobre situações da vida real, as crianças também manifestam essa forma de pensamento dualista, essa construção do mundo em termos de conflitos binários. Assim, quando questionadas sobre amizade, tendem a referir-se aos colegas como completamente benevolentes ou, com menos frequência, de todo malevolentes. Do mesmo modo, ao considerarem um dilema moral, quase sempre veem a questão em termos absolutos. Por exemplo, a decisão de roubar um medicamento para salvar a vida de alguém é vista, alternativamente, como ato heroico ou como crime hediondo, que merece punição draconiana.

Por que focar, porém, as inclinações narrativas das crianças pequenas, quando estou interessado, aqui, nas histórias contadas por líderes temáticos ou nacionais? A resposta é central para o meu propósito: os adultos nunca perdem a sensibilidade em relação a essas narrativas básicas. E, em geral, são os líderes capazes de explorar a sensibilidade universal a tramas tipo *Guerra nas Estrelas* ou de aproveitar o fascínio dos contos de fadas de Grimm – aqueles que falam sem intermediários à "mente não escolarizada" – que conseguem convencer o público dos méritos de seu programa, política ou plano. Decerto não foi por acaso que a Iniciativa de Defesa Estratégica do Presidente Ronald Reagan – proposta de meados da década de 1980 de construir um escudo que protegeria os Estados Unidos contra um ataque nuclear da União Soviética – logo ficou conhecida como "Programa Guerra nas Estrelas". A ideia de Ronald Reagan, geralmente ridicularizada como simplista pelos adversários políticos, foi considerada por Margaret Thatcher a decisão mais importante do presidente durante todo o seu duplo mandato de 8 anos.

Contudo, mesmo quem continua "não escolarizado" em vários domínios pode ir além da mente de 5 anos, o que, com efeito, muita gente consegue no âmbito da narrativa. Se a mente de 5 anos encara as questões em termos de preto ou branco, a mente de 10 anos tende a desenvolver visão muito mais comedida e imparcial dos eventos. De fato, a mente de 10 anos é *equânime*. Ao considerar dois personagens, aceita a possibilidade de que cada um apresente facetas de bondade e de maldade. A pessoa de 10 anos tipicamente considera a intenção subjacente à ação, assim como suas consequências.

Se a mente de 5 anos tende a caracterizar-se por rigidez impiedosa, e a mente de 10 anos costuma ser demasiado justa, o adolescente – aqui representado pela mente de 15 anos – é extremamente receptivo a uma multiplicidade de interesses e perspectivas. Se for para rotular, diríamos que a mente de 15 anos *cultiva o relativismo.* Por mais que se promova certa personalidade ou posição, a mente de 15 anos continua cética quanto a essa perspectiva. Os deuses têm falhas, os demônios revelam virtudes e a grama do vizinho sempre é mais verde. Se uma entidade se manifesta de determinada forma, ela também pode ser conceituada de maneira muito diferente. Os amigos são considerados capazes de muitos atos e a amizade é vista como relacionamento dinâmico e mutável. Qualquer ato aparentemente moral pode abrigar em seu âmago as sementes da iniquidade, da mesma maneira como todo ato aparentemente amoral pode justificar-se à luz de algum princípio até então não reconhecido.

Nem todos os adolescentes alcançam essa posição de relativismo. Alguns indivíduos continuam egocêntricos como a criança de 5 anos; muitos outros jamais transcendem a moralidade convencional da criança de 10 anos. Em nossa sociedade contemporânea, muitos adolescentes de 15 anos flertam com o relativismo, mas, não raro, regridem em poucos anos a uma forma anterior, menos fluida, de compreensão e raciocínio. As tendências nascentes para o relativismo são combatidas com muito rigor nas sociedades tradicionais ou totalitárias. A mente não escolarizada ou menos escolarizada sempre acena de maneira sedutora e persistente.

Vale mencionar, contudo, uma posição mais sofisticada em relação ao mundo, algo que podemos associar ao discernimento dos 25 anos ou à maturidade dos 50 anos. Essa mentalidade sintetizaria dois sentimentos aparentemente conflitantes: de um lado, a consciência da relatividade dos valores, de outro, a necessidade de assumir posturas e de adotar certas posições específicas como mais apropriadas, pelo menos em determinado contexto. Em seus discursos mais eloquentes, Cícero, grande orador e causídico romano, procurava apresentar a visão sintética de cada uma das posições em conflito, mas, no fim, sempre se posicionava ostensivamente em um dos lados da disputa. Denomino essa perspectiva *integração pessoal.*

Consideremos a atuação dessas quatro perspectivas em um único exemplo, o Coronel de Isabel Allende durante a campanha eleitoral. Suponha que ele esteja representando os interesses dos camponeses numa sociedade latino-americana, que, até então, fora dominada pelas proverbiais vinte famílias ricas. Ele pede, então, a Belisa Crepusculario que redija discursos para quatro diferentes públicos.

Ao apelar para a mente de 5 anos, do tipo Guerra nas Estrelas, o Coronel pinta os camponeses como torres de virtude, enquanto atribui às famílias ricas as fontes de todos os problemas do país. Em seu destampatório tosco e simplista, a única solução é os camponeses deporem os plutocratas, substituindo a Oligarquia Delituosa pela Democracia Deleitosa ou pela Ditadura do Campesinato. Observadores da história do século XX reconhecem essa história como a arenga típica de líderes totalitários da esquerda e da direita, tanto da estirpe Mao quanto da cepa Hitler.

Ao se dirigir à mente de 10 anos, que é "imparcial", o Coronel propõe que a riqueza do país seja dividida com equidade. Os bens dos ricos devem ser desapropriados e divididos equitativamente entre todos os camponeses. Ao mesmo tempo, enfatiza, é importante considerar os direitos e as obrigações anteriores das famílias ricas. E, assim, durante os dez anos seguintes, cada pessoa rica pode preservar o dobro das terras e do dinheiro dos vizinhos pobres (resíduos da democracia liberal no regime reformista – concessão política do tipo preferido por Franklin Roosevelt ou por Lyndon Johnson).

Agora, disposto a convencer as mentes adolescentes da república, o Coronel adota o esquema relativista. Para começar, reconhece haver mais de dois grupos de interesses no país e que cada um tem algo a ser dito a seu favor. Decerto, os camponeses foram espoliados de sua fatia justa na riqueza nacional, mas muitos deles não levavam a sério seus deveres de cidadania e nem mesmo exerciam o direito de voto. Por seu turno, muitas famílias ricas foram egoístas e exploradoras, mas algumas delas também foram caridosas, enquanto outras representaram o país com eficácia em fóruns internacionais. Além disso, outras partes interessadas, como a Igreja, o sistema educacional e os veículos de comunicação, devem ser levadas em conta em qualquer redistribuição de recursos.

Qualquer tentativa de mediação entre essas forças se revela empreendimento complexo – algo que testa a capacidade de solução de problemas de grande parte do público. Assim, depois de ampla descrição dos parâmetros, o Coronel propõe uma solução relativista sensata: No esforço para acatar as perspectivas especiais dos vários grupos de interesses, cada um terá o poder de vetar as medidas que afetarem as questões que lhes forem mais importantes. Ao estudar temas referentes a sexo e temperamento em diferentes sociedades, Margaret Mead procurou apresentar a seus públicos essas posições relativistas, pelas quais as múltiplas perspectivas eram respeitadas em conjunto, não se supondo que nenhum grupo detivesse o monopólio do estilo de vida apropriado.

Finalmente, o Coronel tem a oportunidade de dirigir-se aos sábios mais velhos da terra, homens e mulheres na faixa etária dos 27 aos 72 anos. Numa apresentação polifônica, ele aborda as graves injustiças que são notórias para a mente da Guerra nas Estrelas, a necessidade de justiça que anima a mente de 10 anos e o reconhecimento das reivindicações relativistas que dominam o pensamento do adolescente. Embora reconhecendo méritos em cada uma dessas perspectivas, ele enfrenta o desafio de apresentar uma integração pessoal, que, espera, atraia as mentes mais maduras da terra.

Nesse caso em especial, ele propõe uma forma de governo representativo que considera legítimas as pretensões de cada público. Ao mesmo tempo, contudo, defende uma transformação radical nos processos governamentais. De agora em diante, as reivindicações dos camponeses serão alvo de consideração especial, pois representam não só a maioria numérica, mas também o grupo que foi mais discriminado ao longo dos séculos. A situação de todos os outros grupos é determinada por cálculo análogo. Ao pronunciar esse discurso complexo, o Coronel abandonou totalmente a seara da política eleitoral; ele (ou, mais provavelmente, um escritor fantasma) está pronto para elaborar um documento nos moldes de uma constituição federal ou de um pacto filosófico, tornando-se, assim, o líder indireto de um domínio.

## HISTÓRIAS CONFLITANTES ENTRE SI

Esse estudo – e, a propósito, a vida em geral – seria mais simples se fosse possível avaliar uma história de cada vez. No entanto, tal cenário só teria factível se a mente fosse uma tábula rasa, se o cérebro pudesse concentrar-se em uma história isolada, ou se cada nova história revogasse ou apagasse todas as narrativas anteriores ou concorrentes. Mas nenhuma dessas condições prevalece.

Aos 4 ou 5 anos, a maioria das crianças já elaborou numerosos roteiros, com base em suas experiências diárias. Além disso, já ouviu dezenas de histórias dos mais velhos e, talvez, outras tantas dos veículos de comunicação predominantes em suas sociedades. Sem dúvida, o número de roteiros e de histórias continua a aumentar nos anos subsequentes; e, como já sugerimos, essas narrativas tornam-se cada vez mais complexas, mais sutis e mais ambíguas. Não seria surpresa se a maioria dos adultos nas sociedades ocidentais possuíssem uma centena ou mais de roteiros regulares e tivessem internalizado várias centenas de histórias. E, no país fabuloso habitado por Belisa Crepusculario e o Coronel – ainda rico em tradição oral – os habitantes, sem dúvida, carregariam em suas mentes aparato ainda maior de histórias.

O desafio com que se defronta o contador de histórias fica claro. Se criar uma narrativa familiar ou convencional, a história será de pronto assimilada. Ninguém a contestará, mas sua originalidade e capacidade talvez se revelem mínimas. Ao elaborar uma história inovadora, é possível que, de início, atraia a atenção; afinal, a nova narrativa será diferente das anteriores, impedindo que "passe" por uma de suas antecessoras.

No entanto, riscos inequívocos envolvem a criação de uma nova história, que pode muito bem ser mal interpretada; ou ser absorvida por outra história, com a qual deveria contrastar; ou ser vista como irrelevante ou até herege. Para ser concreto: Se o Coronel for o primeiro a sugerir que os componentes das vinte famílias mais poderosas sejam obrigados a prestar serviços comunitários, sua proposta provavelmente atrairá o interesse de jornalistas e de camponeses que se sentiram despojados. Mas ele corre o risco de ser mal interpretado, ao afirmar que as vinte famílias devem preservar seus privilégios, ou de sofrer ataques verbais ou físicos pelos componentes das principais famílias, que não gostam que lhes digam o que fazer, em especial um coronel emergente, até então analfabeto, do exército *deles*.

O que acontece quando várias histórias diferentes – e, com frequência, flagrantemente contraditórias – competem por atenção, aceitação e ascendência entre os vários integrantes de um público? Essa conjuntura se assemelharia à situação vigente na maioria das sociedades contemporâneas, inclusive as de que trata este estudo. A toda história correspondem *contra-histórias*, e toda história engendra resistências. As autoridades são muito diferentes em suas visões, dependendo da adoção de perspectiva cognitiva ou afetiva sobre a questão. Em síntese, o que acontece na luta entre a mente escolarizada e a mente não escolarizada?

Como adeptos da tradição racional, os cognitivistas tendem a acreditar que a história mais sofisticada prevalecerá. Ou seja, como a mente prefere funcionar em sua forma mais desenvolvida, as expectativas e explicações mais primitivas em geral são superadas pelas mais complexas e sutis. De acordo com esse argumento, os jovens que adotam a posição Guerra nas Estrelas geralmente mudam de opinião ao ouvirem um porta-voz da tolerância, mas poucos preconizadores da tolerância serão persuadidos por um apelo mais primitivo ao dualismo bom/mau.

A evidência mais forte em favor da posição cognitivista decorre de estudos experimentais. À medida que crescem, as crianças tendem a aceitar relatos mais sofisticados e a rejeitar os demasiado simplistas. De maneira mais dramática, quando crianças com diferentes níveis de sofisticação debatem algum ponto, a hipótese de que as menos sofisticadas venham a adotar o argumento mais sofisticado é mais provável que a hipótese oposta, ou seja, de que as crianças mais sofisticadas sejam persuadidas pelo raciocínio costumeiro das menos sofisticadas.

As considerações racionalistas, porém, nem sempre ganham o dia. As pessoas defendem suas posições por vários motivos, e suas posturas são determinadas por diversos objetivos. As defesas se compõem de argumentos implícitos e explícitos, assim como fatores inconscientes e conscientes influenciam as conclusões. As histórias apelam pelo menos com a mesma intensidade para as emoções e para os cálculos dos ouvintes. Os psicólogos sociais já demonstraram reiteradamente que o prestígio do porta-voz, que as identidades dos amigos e inimigos do orador, e que a exploração da nostalgia e das insatisfações orientam com mais intensidade as mudanças de atitudes que os méritos em si de um argumento racional.

Na hora decisiva, o argumento vitorioso pode ser muito bem o que exerce o apelo afetivo mais forte, não aquele que se mostra mais convincente no confronto. Para todo Abraham Lincoln, cujos discursos eram mais lógicos que os do rival Stephen Douglas, devemos admitir a possibilidade de um Adolf Hitler, que falou ao mínimo múltiplo comum da cidadania alemã e descobriu que seria capaz de dissolver a razão despertando paixões.

As limitações de uma análise puramente racional dos argumentos ficaram muito claras nos debates presidenciais de 1960, entre John F. Kennedy, candidato democrata, e Richard M. Nixon, candidato republicano. Nixon era um político mais experiente e, como debatedor treinado, empenhou-se em responder, ponto a ponto, aos vários argumentos de Kennedy. Quase todos os eleitores que ouviram o debate pelo rádio acreditaram que Nixon tinha vencido. Percepção muito diferente se constatou entre os que assistiram ao debate pela televisão e foram influenciados positivamente pela aparência e pelas maneiras cativantes de Kennedy, por sua capacidade de falar diretamente ao público e pela aptidão com que transmitia – na verdade, personificava – os pontos essenciais de sua visão de uma nova fronteira. Diferentemente, esses mesmos telespectadores demonstraram repulsa pela fisionomia abatida de Nixon, com "barba de fim de tarde", e se sentiram agredidos por seu estilo pedante e antagônico, ao contestar os argumentos de Kennedy: em consequência, não atentaram para o programa positivo de Nixon. Muito mais pessoas assistiram ao debate pela televisão; consideraram Kennedy vencedor e, por margem estreita, concederam-lhe a presidência.

Delineei resultados contrastantes do que pode acontecer quando as histórias competem entre si. De um lado, evidências extraídas do processo de desenvolvimento humano demonstram que os indivíduos mais velhos são capazes de aprender e de criar histórias mais complexas e multifacetadas que suas contrapartes mais jovens. Sob certas condições idealizadas, as histórias mais elaboradas e a mente escolarizada tendem a prevalecer. Assim, por exemplo, nos debates dentro da comunidade antropológica de Margaret Mead, as interpretações relativistas e as integrações pessoais podem prevalecer em relação às perspectivas baseadas no poder ou na justiça.

As condições racionais, contudo, não se sustentam sozinhas. As histórias podem ser atraentes por várias razões, e os ouvintes têm numerosos motivos para ouvir, apreender e agir. Em especial, quando a pessoa se aventura além de seu domínio ou disciplina, sobretudo quando o indivíduo se defronta com um público diferente numa instituição ou país, os aspectos referentes à formação pessoal se atenuam. Os líderes da Alemanha de Weimar talvez tenham oferecido proposta mais sofisticada de uma sociedade em operação, mas, para muitos cidadãos, essa visão não foi mais convincente que a imagem simples da superioridade ariana e da retaliação alemã transmitida por Hitler e por seus apaniguados nazistas.

Um último ponto: nos casos analisados até agora, as histórias são consideradas em conflito com outras, com uma delas prevalecendo no final. Alguns contadores de histórias são tão habilidosos, porém, que conseguem criar narrativas capazes de satisfazer a ambas as partes em conflito ou de funcionar com eficácia em mais de um nível de formação. Por meio da seleção de palavras, da escolha de exemplos, e do uso de pistas não linguísticas, o líder pode ser capaz de convencer adeptos de cada uma das perspectivas de que está do lado *deles*. A narrativa das histórias – por exemplo, parábolas bíblicas – pode ser suficientemente polifônica para agradar a indivíduos de diferentes idades, credos e níveis de sofisticação. Proezas desse tipo foram, de fato, realizadas por oradores extraordinários como Franklin Roosevent e Ronald Reagan, e por negociadores habilidosos, como Jean Monnet e Mahatma Gandhi.

Para resumir: durante toda a vida, as pessoas ouvem histórias e precisam avaliar seus méritos de maneira consciente e inconsciente. Sempre há a chance de uma história mais sofisticada prevalecer, em especial quando o narrador é qualificado e o público é sofisticado. No entanto, meu estudo fornece evidências fartas de que, com mais frequência, as histórias menos sofisticadas se arraigam – a mente não escolarizada triunfa.

## TEMA E CONTEÚDO DAS HISTÓRIAS

Criam-se histórias sobre todos os tópicos possíveis – e, com efeito, sobre alguns assuntos quase inconcebíveis! A própria ausência de história sobre determinado tópico é estímulo poderoso para que um narrador inato (ou forjado) engendre uma na hora.

Belisa se orgulhava de oferecer a todos os clientes as próprias palavras dele ou dela, a história singular dele ou dela, pois "não pretendia enganar os clientes com palavras empacotadas". Se o Coronel teria condições de encontrar uma história inovadora cativante é outra questão; como líder, o propósito dele não era ser original, mas, sim, convincente. Explorar histórias arraigadas já se mostrou meio eficaz para ser presidente ou primeiro-ministro; essa tática permite que líderes comuns (em comparação com inovadores) realizem seus objetivos.

Embora seja inútil tentar esboçar todas as histórias possíveis, é importante identificar os principais tópicos e tipos de narrativas explorados pelos líderes. De acordo com minha análise, essas histórias abordam as questões mais essenciais levantadas pelos seres humanos e buscam oferecer respostas abrangentes e satisfatórias para essas perguntas. Em geral, as origens das histórias remontam às preocupações do começo da infância, se referem a questões que elas próprias suscitaram na época e que perduram ao longo de toda a existência consciente – temas pertinentes ao eu, à identidade, à participação no grupo, ao passado e ao futuro, ao bem e ao mal. Em meados da década de 1960, o líder afro-americano Malcolm X resumiu bem a missão do contador de histórias, ao perguntar a seus seguidores: "Queremos saber o que somos? Como nos tornamos o que somos? De onde viemos? Como chegamos aqui? Quem deixamos para trás? Onde ficaram e o que estão fazendo lá, onde estávamos?"

Em 1992, Ross Perot, candidato a presidente dos Estados Unidos, descreveu em termos também pungentes as respostas procuradas pelo público: "Devemos explicar ao povo americano, em linguagem simples, onde estamos, para onde vamos e o que precisamos fazer. Então, temos de construir o consenso para fazê-lo." E, de seu ponto de vista diferente, a crítica literária Diana Trilling o expressou nos seguintes termos: "Essa é a questão não resolvida que as pessoas imaginosas sempre se farão, em todos os momentos da vida, em todas as partes do mundo: Onde me encaixo? E que preço pago pelo lugar que escolhi?"

Nas páginas seguintes, classifico as histórias em três grandes categorias: histórias sobre o eu, histórias sobre o grupo e histórias sobre valores e significado. Não sugiro que uma história se encaixe em apenas uma categoria, nem, de fato, que todas as histórias contadas pelos líderes se enquadrem nitidamente nessa taxonomia. Mas acredito que a maioria das histórias que os líderes contam são respostas à necessidade humana difusa de compreender melhor a si próprio, aos grupos existentes na cultura e além dela, e aos temas referentes a valores e significado. Com efeito, as histórias, no senso mais amplo – narrativas, visões, sonhos, personificações –, são mais eficazes quando fornecem ao mesmo tempo nutrição para a mente (ou compreensão), de um lado, e sentimento de pertencimento e segurança, de outro. Nesse sentido, qualquer que seja seu propósito e complexidade, as histórias dos líderes reconsideram a agenda básica com que se defronta cada criança pequena ao dar os primeiros passos rumo à comunidade mais ampla. Para cada tópico que estudo, os integrantes do público encontram histórias em muitos níveis de sofisticação. Essas histórias se defrontam umas com as outras, pressupondo-se que as versões menos escolarizadas (as que se destinam às mentes de 5 anos e de 10 anos) não serão de pronto substituídas pelas versões mais escolarizadas.

## O EU

De início, buscam-se pistas sobre a própria identidade, com base em informações prestadas pelos circunstantes mais próximos – pais, outros parentes ou representantes típicos das comunidades religiosas e sociais em que se vive. No entanto, em especial ao se aventurarem longe de casa, as pessoas também recorrem aos líderes de entidades sociais e políticas mais amplas (o chefe da Igreja, o líder do país, e assim por diante), e a outros com quem se identificam (incluindo, em geral, pessoas dos esportes e da mídia), na procura de indícios que esclareçam a pergunta perene: "Quem sou eu?"

A preocupação com os lineamentos da própria identidade não é, de modo algum, fenômeno novo. Os atenienses faziam um juramento em que afirmavam: "Herdo do passado de minha família, de minha cidade, de minha tribo, de meu país, várias dívidas, heranças, expectativas legítimas e obrigações. Esse legado representa os fundamentos de minha vida, meu ponto de partida moral." Também me lembro do desafio mais visionário de Diógenes a seus compatriotas: "Não sou ateniense nem grego, mas, sim, cidadão do mundo."

Ao se defrontar com histórias aparentemente mais cogentes e sofisticadas, muita gente considera reconfortante aderir às narrativas simples, em preto e branco. No entanto, como meio de transmitir os tipos de respostas que foram dadas às perguntas sobre identidade pessoal, podemos considerar diferentes níveis de sofisticação no desenvolvimento pessoal, com relação ao senso do eu:

- No caso das crianças pequenas, respostas em termos de atributos físicos e de traços psicológicos simples constituem o ponto de partida. Uma criança de 5 anos se vê como pessoa baixa (ou alta), de pele branca (ou negra), que se parece (ou não) com familiares ou membros da comunidade. Os estereótipos raciais ou étnicos são apreendidos com rapidez. Talvez compensando a estatura ainda baixa, essas crianças (ou indivíduos mais velhos que preferem as histórias para mentes de 5 anos) geralmente se veem como heróis fortes, para os quais os direitos decorrem do poder.
- Indo além dos atributos físicos manifestos, a identidade das crianças de 10 anos envolve traços psicológicos como honestidade, diligência e equidade. As crianças que frequentam escola consideram importante serem vistas como alguém que se comporta bem e ajuda os outros. Do mesmo modo, à medida que crescem, as crianças rejeitam as pessoas, inclusive aspirantes a líderes, que não preenchem esses atributos do "bom garoto" ou da "boa garota". É desconcertante considerar-se pessoa má, embora alguns indivíduos, inclusive futuros líderes com veia malévola (como o jovem Benito Mussolini, que esfaqueou colegas), possam extrair prazer perverso desse tipo de rótulo.
- Na adolescência, o indivíduo se torna capaz de desenvolver visão do eu muito mais diferenciada. A pessoa pode apresentar vários traços, inclusive alguns conflitantes entre si, como generosidade em certas circunstâncias e pungência em outras. Também é possível ter certos traços superficiais (ser alto) que são reforçados ou solapados por características psicológicas subjacentes (ser tímido ou ser durão). Também se pode oscilar entre identidades concorrentes, uma das quais é considerada

positiva pelo resto da sociedade, enquanto a outra é vista como antissocial ou excêntrica. O adolescente se surpreende com a constatação de que alguém, retratado de determinada maneira (digamos, o presidente dos Estados Unidos ou a rainha da Inglaterra) na verdade demonstra muitos atributos contraditórios, e que a mesma ambiguidade pode caracterizar o adolescente em si. Monnet enfrentou o desafio de convencer os cidadãos de países europeus belicosos que podiam considerar-se parte de uma entidade unificada mais ampla chamada Europa.

- Finalmente, na fase adulta, a variedade de traços se sintetiza para refletir certo tipo de pessoa. No caso mais feliz, a pessoa se sente integrada, em paz com o que realizou e com a maneira como é vista na comunidade. No caso menos feliz, a pessoa se sente frustrada ou desesperada, seja porque os traços de modo algum constituem uma síntese, seja porque configuram um tipo de pessoa pelo qual o próprio indivíduo sente pouca simpatia. Em ambos os casos, contudo, há pelo menos um esforço para formar uma identidade complexa. Os aspirantes a líder devem transmitir esse senso coerente para o público mais amplo e ajudar os participantes de seu círculo mais restrito a desenvolver o mesmo senso de integração. Como Stephen Skowronek diz em seu estudo sobre a presidência americana, todos os presidentes bem-sucedidos devem expor "uma narrativa coerente e convincente sobre seu lugar na história".

A esta altura, deve ser evidente que boa parte da tarefa de criar o senso de eu pertence ao indivíduo em si. E, sobretudo em sociedades propensas ao reconhecimento dos direitos e obrigações individuais, a atribuição de desenvolver uma identidade se revela primordial e exaustiva para a maioria das pessoas. Não é necessário, porém, que o indivíduo se empenhe em um esforço solitário. Os líderes que ajudam as pessoas a conceituar a identidade pessoal executam função crucial. Assim, quando Lênin se viu não como teórico em torre de marfim, mas, ao contrário, como estudioso da história, como responsável pela extrapolação de acontecimentos, e como homem de ação, passou a transmitir aos seguidores poderoso e capacitador senso do eu. Do mesmo modo, quando, em 1992, Bill Clinton se apresentou ao eleitorado como "novo democrata", que não repetiria os erros de seus colegas de partido malsucedidos, ele convenceu muitos eleitores a ver-se de maneira diferente e mais positiva, não só como pessoas com opiniões mais liberais que as dos republicanos rivais. Ainda mais memorável, quando Franklin D. Roosevelt declarou em seu primeiro discurso de posse que "a única coisa a temer é o medo em si", ele deu nova esperança a milhões de cidadãos que estavam afundados na depressão econômica e psicológica.

## O GRUPO

O senso de identidade de todas as pessoas se baseia em grande parte em seu lugar nos vários grupos. A maioria dos indivíduos pertence a diferentes grupos, cuja composição e missão nem sempre se superpõem. Parte significativa do início da socialização consiste na descoberta dos grupos a que se pertence, na determinação dos próprios sentimentos em relação aos vários grupos e, em última instância (ainda que idealmente), na coalescência dos participantes dos vários grupos em um todo coerente.

Lembrando-se de que as visões consideradas mais desenvolvidas nem sempre triunfarão na "competição darwiniana" entre as histórias, é possível considerar várias perspectivas na composição dos grupos:

- A criança de 5 anos, embora pouco consciente da participação em vários grupos, tem dificuldade em compreender as implicações dessas múltiplas identidades. É mais fácil para essa criança ver-se como menina, ou como membro da família Greenspoon, ou como residente na Georgia, que como alguém pertencente a numerosas coletividades distintas, mas parcialmente imbricadas. Do mesmo modo, a criança dessa idade tende a lidar com os componentes do grupo (e com os líderes do grupo) em termos estereotipados: as garotas são todas boas ou todas más; o papai Greenspoon não pode fazer nada errado (ou, com menos frequência, nada certo); os habitantes da Georgia herdarão o mundo ou irão para o inferno. O panfletário Tom Paine, do século XVIII, evocou esse sentimento na mente dos compatriotas americanos quando, em seu ensaio influente "Common Sense", retratou os ingleses como grupo de tiranos e argumentou, em interesse próprio, que "a causa da América é, em grande medida, a causa de toda a humanidade". Paine, decerto, não foi a última figura política a insistir nesse argumento "não escolarizado".

- Aos 10 anos, a criança pode avaliar com facilidade a existência de diferentes grupos e a possibilidade de composições imbricadas e de lealdades conflitantes. As pessoas desejam acreditar que os grupos dos quais participam são positivos, enquanto esperam que ter um mínimo de ligação com grupos estranhos ou antagônicos. No começo da Guerra Civil Americana, os sulistas se sentiram atraídos em duas direções: como patriotas americanos e como filhos leais do Sul. Muitos patriotas sulistas tiveram dificuldade em reconciliar as histórias rivais narradas por Abraham Lincoln e Jefferson Davis. Para manter o senso de segurança e de coerência intelectual, muitos tentaram resolver o conflito de lealdades, renunciando rapidamente a um conjunto de laços.

- O adolescente está consciente de que os grupos cultivam histórias longas e complexas e que nenhum grupo detém o monopólio da virtude ou do vício. Também aceita o fato de ser membro de diversos grupos e pode até sentir-se estimulado pelas notórias inconsistências entre eles e, com efeito, até de suas contradições em geral. (J. Robert Oppenheimer e Robert Maynard Hutchins não raro compraziam-se nessas contradições.) Os adolescentes também são capazes de imaginar os grupos em termos diferentes de suas atuais condições ou práticas. Contudo, esse dom de raciocínio hipotético ou visionário não raro é adquirido ao custo de idealizações injustificadas de certas práticas ou filosofias. O adolescente seria capaz de dar a vida por uma causa, com disposição que nem a criança nem o adulto de meia-idade tenderia a compreender. O mesmo adolescente capaz de apreciar, intelectualmente, os méritos das alegações das várias partes envolvidas na Revolução Francesa ou na Revolução Iraniana pode acabar adotando uma posição absolutista. Relativismo e absolutismo nem sempre são excludentes. O líder habilidoso de um grupo terrorista pode explorar a mistura de idealismo e cinismo do adolescente.

- Finalmente, o adulto maduro é capaz de distanciar-se dos membros do grupo e de conscientizar-se de que poderia muito bem ter pertencido a outro conjunto de grupos e, em consequência, ter cultivado filosofia de vida muito diferente. Todavia, em vez de defender cada conjunto de grupos como igualmente viável (como a pessoa com orientação relativista tenderia a fazer), esse adulto pelo menos tenta justificar o determinado conjunto de grupos a que efetivamente pertence.

E quanto aos casos em que o conjunto de grupos de que se é membro não compõe um todo aceitável? O indivíduo reflexivo se manteria alerta para o líder que oferecer diferentes opções de associação a grupos, inclusive a possibilidade de constituição de novos grupos. Sem dúvida, a experiência infeliz de ter sido cidadão alemão na Europa punitiva do pós-Primeira Guerra Mundial engendrou muitas escolhas políticas, desde a liberal República de Weimar, passando pelo regime comunista em estilo soviético, até a formação por Hitler de um novo Partido Socialista Nacional. A escolha feita por alguém refletia a disposição de ser mais ou menos inclusivo – de tolerar vários pontos de vista.

Embora seja tentador enfatizar as facetas positivas da participação em grupos, é preciso lembrar-se também das maneiras maldosas de usar as identidades públicas. Com reflexos no pós-Guerra Fria, quando o nacionalismo e o tribalismo ressurgiram como forças políticas poderosas, vê-se com muita clareza como a identidade de grupo pode ser explorada de maneira excludente. Em consequência da propagação dos mitos sobre o sistema de televisão controlado e operado pelo Estado na antiga Iugoslávia, por exemplo, os sérvios passaram a acreditar que, sistematicamente, eram alvos de campanhas de extinção, o que os levou a retaliar, tentando erradicar o grupo muçulmano rival. O romancista Kurt Vonegut escreveu sobre "Granfalloon" – invenção deliberada de grupos alienígenas hostis, como "aqueles liberais" ou "aqueles insiders de Washington". E o influente poeta russo Yevgeny Yevtushenko capta bem a ambiguidade da participação em grupos durante a era soviética. Ele saúda o símbolo do país:

*Adeus nossa Bandeira Vermelha*
*Tu foste nossa irmã*

Mas, em seguida, vocifera a decepção esmagadora do povo soviético:

*Mas, como uma cortina vermelha, tu ocultaste atrás de ti*
*O Gulag*
*Por que tu o fizeste, nossa Bandeira Vermelha?*

Uma das ironias de nossa época é que o fim da luta entre as duas superpotências tenha exacerbado as tensões entre os grupos, em vez de forjar identidades mais amplas.

## VALORES E SIGNIFICADO

A maioria das pessoas atribui valor e significado às ideias que desenvolvem, de maneira formal ou informal, sobre si mesmas e sobre seus grupos. Na verdade, é mais difícil – se não insólito – raciocinar quanto a esses temas sem conotações de valor do que atribuir significâncias ponderadas a ideias sobre si mesmo, sobre o grupo e sobre outros contextos.

Mas a maioria dos seres humanos também anseia por declarações de valor explícitas – uma perspectiva sobre o que conta ao ser verdadeiro, belo e bom. Tradicionalmente, essas visões são oriundas da arte ou da religião; mais recentemente, também decorrem da filosofia, das ciências ou de novos grupos seculares. A introspecção e as discussões também são fontes de sistemas de valores. Em épocas de estabilidade, adere-se às normas convencionais sem questionamento. No entanto, sobretudo em tempos de crise ou de mudanças cataclísmicas, almejam-se arcabouços explanatórios mais amplos. Presta-se atenção especial, talvez indevida, a quem pode oferecer algum tipo de orientação ampla, se não respostas definitivas, em relação a temas essenciais: propósito do trabalho, valor da oração, distribuição justa de recompensas e de punições, e posição a assumir em face da morte e de outras questões humanas derradeiras.

Mais uma vez, é possível discernir tendências no desenvolvimento da pessoa humana referentes a valores. As crianças pequenas esperam um panorama inequívoco do bem e do mal; atribuem todos os valores e julgamentos a alguma espécie de inteligência mundial sobrejacente e inquestionável. Ao ficarem um pouco mais velhas, conscientizam-se de sistemas de valores concorrentes; esperam que seja possível reconciliá-los. Na adolescência, a multiplicidade de sistemas de significado se torna evidente, e muitos jovens passam a descrer de qualquer tipo de síntese: Tendem a abandonar todo pretexto de filosofia coerente ou, como reação, adotam sem críticas a mais cativante no momento.

A síntese genuína – em parte pessoal, em parte mais ampla – torna-se menos implausível mais tarde na vida, e, sobretudo, quando o fim se aproxima. A maioria das pessoas acaba adotando alguma espécie de sistema religioso ou filosófico organizado, mesmo quando preservam a opção de conferir um toque pessoal a essa síntese já disponível. O desafio formidável com que se defrontam os líderes visionários é oferecer uma história e uma personificação que se baseiem na mais confiável das sínteses passadas, que se reformulem à luz dos interesses do presente, que deixem espaço para acontecimentos futuros e que permitam contribuições individuais dos participantes do grupo. As ideias de Martinho Lutero, por exemplo, se difundiram com tanta rapidez em parte porque ele se alicerçou nas forças do catolicismo, abordou as preocupações legítimas de uma comunidade piedosa com a iniquidade e concitou ideias e vocações pessoais. Líderes contemporâneos tão diferentes quanto J. Robert Oppenheimer, Papa João XXIII e Martin Luther King, Jr., todos procuraram criar uma visão de mundo adequada a seus tempos tumultuosos e significativa para seu público problemático.

## OUTROS TÓPICOS, OUTRAS HISTÓRIAS

Embora a área de relações pessoais sempre exerça atração especial, os seres humanos também demonstram enorme curiosidade por outros âmbitos: o mundo dos objetos físicos naturais, o mundo dos objetos manufaturados, o mundo dos seres vivos não humanos e os contextos de tempo, espaço, e das várias formas enigmáticas da realidade interior (como sonhos, medos e recordações). As crianças pequenas brincam, às vezes de maneira incansável, com as manifestações desses vários mundos. Ao atingir a idade escolar, passam a fazer numerosas perguntas sobre essas entidades e ponderam as respostas, em geral insatisfatórias e, às vezes, contraditórias, que recebem. Outras tentam dominar os sistemas explanatórios existentes nas respectivas culturas. E os adultos esperam que, um dia, venham a sintetizar as explicações oferecidas por suas culturas com mais respostas pessoais do que desenvolveram aos poucos com base nas próprias experiências e reflexões.

Na Pré-História e em grande parte da história escrita, as imagens do mundo expressas por diferentes indivíduos decorreram de duas fontes básicas: as próprias construções imaginárias e as oriundas da arte e da mitologia das respectivas sociedades. Embora nem sempre incompatíveis, essas linhas de explicação podem ser consideradas de maneira independente.

As construções imaginárias emergem de observações do senso comum: o mundo parece plano; as entidades semoventes parecem diferentes das não semoventes; não se pode recuar no tempo, na realidade mundana, embora seja possível fazê-lo em sonhos ou no cinema. Embora Piaget achasse que essas ideias tendiam a desaparecer com a idade, elas se revelam duradouras, inclusive entre cidadãos das sociedades contemporâneas complexas.

As explicações artísticas e mitológicas constituem depurações das ideias e experiências de pessoas que viveram em épocas passadas. Assim, os egípcios antigos acreditavam na vida depois da morte, nos próprios túmulos, enquanto os cristãos professam a imortalidade da alma, no céu dos bem-aventurados ou no inferno dos impenitentes. Os gregos antigos viam os seres humanos como criaturas singulares, enquanto os membros das sociedades pagãs circundantes discerniam maior continuidade entre humanos e natureza.

As várias disciplinas e especialidades acadêmicas que se desenvolveram nos últimos dois milênios levaram a uma concepção de conhecimento construído por comunidades de especialistas, sujeito a mudanças contínuas e a avanços esperados (ainda que não raro surpreendentes), à luz de novos dados e de novas teorias. Nas diferentes disciplinas, recorre-se aos principais teóricos e praticantes, em busca de "leituras" do atual estado da ciência sobre os vários mundos (e micromundos) em que vivem.

A maioria das pessoas se consome em questões profundas quanto à natureza e o futuro do mundo. Mas há um hiato, cada vez mais amplo, entre as perspectivas disciplinadas, adotadas pelos especialistas, e as opiniões não escolarizadas, sustentadas pelas demais pessoas. Considerando essa situação, os líderes diretos devem escolher entre diferentes opções. Precisam dominar as ideias das disciplinas, transformando-se eles próprios, no processo, em especialistas; ceder esse território aos especialistas, papagueando as descobertas deles, sem oferecer sua visão pessoal; ou, rejeitando o avanço aparente na compreensão das disciplinas, adotar filosofia mais tradicional ou mais pessoal.

Esta última escolha geralmente é seguida por aqueles de inclinação mais fundamentalista. Ignorando evidências científicas convincentes do processo de evolução natural das espécies ao longo de milênios, por exemplo, essas pessoas se aferram à ideia de um Criador que construiu o mundo em um momento, alguns milhares – ou, talvez, alguns milhões – de anos atrás. Quem não deseja ofender os fundamentalistas se reprime sempre que deparam com tensão entre crenças científicas e religiosas.

De maneira mais geral, os líderes se defrontam com um conjunto de escolhas quando entram em áreas em que se desenvolveu expertise disciplinar. Histórias sobre identidade – individual e grupal – são basicamente pessoais, para as quais os especialistas disciplinares não têm contribuições singulares a fazer. Mas as histórias tradicionais sobre os objetos e o curso do universo foram alteradas radicalmente pelo trabalho de estudiosos ao longo dos séculos. Especialistas em diferentes domínios, como Oppenheimer ou Mead, devem decidir agora sobre quanto promulgar dessas histórias baseadas em disciplinas ao se dirigir a públicos mais amplos. E os líderes que supõem liderar na extensão de diversos domínios devem situar-se com referência à expertise do domínio, de um lado, e quanto à esmagadora perspectiva não escolarizada de seu público, de outro lado.

## HISTÓRIAS CULTURAIS

Não importa que residam na bucólica Samoa, na China rural, na África tribal, ou em qualquer cidade industrializada moderna do Ocidente, as pessoas, de uma ou de outra maneira, se defrontarão com o conjunto de questões que acabei de analisar. Esses temas, porém, dificilmente serão encontrados de maneira explícita – em discussão aberta sobre questões como identidade, participação em grupos, espectro de valores ou ontologia do mundo. A maioria das pessoas evita teorias abstratas, e a maioria dos contadores de histórias se regozija no concreto – seja nos detalhes pitorescos de narrativas específicas, seja nas virtudes vívidas, personificadas por uma existência dramática. Encontramos temas de vida ou morte na televisão, no cinema, nas páginas dos jornais diários – mas não, basicamente, nas palestras de filósofos ou teólogos de notório saber.

Ao longo de milênios, os líderes e contadores de histórias criaram personagens, contextos e eventos para cristalizar esses temas e transmitir uma perspectiva sobre eles, por meio de sínteses que funcionam bem para membros imersos em determinada cultura. Como outras civilizações antigas, os gregos e os romanos construíram extensas mitologias, nas quais questões como vida ou morte, mundos físico e espiritual, identidades individual e grupal foram exploradas de maneira intensa. A religião cristã formal desempenhou muitas das mesmas funções durante quase dois mil anos no Ocidente, da mesma maneira como o budismo, o islamismo e o confucionismo realizou missões semelhantes nas grandes civilizações orientais dos últimos dois milênios. O Papa João XXIII desenvolveu a herança cristã, enquanto Mahatma Gandhi amalgamou várias tradições espirituais.

Cada nação tem seu próprio conjunto de heróis e vilões culturais. Nos Estados Unidos, grande parte da experiência política é interpretada à luz de George Washington, Benedict Arnold ou Robert E. Lee; na Alemanha, Otto Bismarck, Adolf Hitler ou Konrad Adenauer assumem funções simbólicas; na França, Joana d'Arc, Napoleão ou Charles de Gaulle constituem pontos de referência. Nos círculos intelectuais, artistas, escritores e pensadores (William Shakespeare, Isaac Newton, Virginia Woolf,

Martha Graham) atuam como figuras preponderantes comparáveis. Meras alusões a esses nomes são suficientes para evocar rico tecido narrativo. Um século atrás, nos Estados Unidos, até pessoas medianamente educadas eram capazes de citar longos trechos da Bíblia e das peças de Shakespeare. Em seus discursos e escritos, Martin Luther King, Jr. pressupunha a familiaridade do público com as narrativas bíblicas e com documentos básicos da formação dos Estados Unidos.

Em tempos mais recentes, um conjunto diferente de histórias culturais torna-se cada vez mais influente. As criações da mídia (a exemplo das personas transmitidas por astros do cinema, como Clint Eastwood e Marilyn Monroe) e os produtos bem-sucedidos da sociedade de consumo (como Coca-Cola ou tênis Nike) para muita gente passaram a materializar noções de heroísmo, beleza e boa vida. De fato, as crianças e jovens de hoje, em muitos países, transitam com mais facilidade nos mundos concebidos por Walt Disney, George Lucas ou Jim Benson do que nos reinos da mitologia clássica, da religião ou da literatura.

Em grande parte, as mensagens referentes a valores, que se incorporam nas interações diárias em todo o mundo, salientam as virtudes do próprio grupo e os vícios dos outros grupos. Nesse sentido, as mensagens se mesclam de maneira fácil demais com os preconceitos da mente não escolarizada. Assim, de especial interesse são as visões de mundo mais moderadas – as que reconhecem méritos no meio-termo; que discernem valor nos tons de cinza, assim como no preto e no branco; que valorizam a interpretação, a reflexão e a autoconsciência, em vez de a verdade absoluta ou a falsidade irremissível. Quem promove senso de identidade mais inclusivo sempre entra em choque com quem destaca o exclusivismo tradicional, profundamente arraigado. As perspectivas matizadas, pluralistas e "abertas" tornam-se sobremodo importantes quando, como veremos no Capítulo 4, voltamos a atenção para os líderes que aspiram a abordar os interesses do planeta.

## MÍDIA: OS VEÍCULOS DAS HISTÓRIAS

Tradicionalmente, as histórias são contadas pelos pais aos filhos, diante da lareira, ou, talvez, pelos líderes políticos ou religiosos aos seus rebanhos. Os líderes políticos contemporâneos procuram reconstruir essa atmosfera, ao falarem informalmente aos seus públicos, em contextos do tipo "conversa ao pé do fogo" e "café com a presidente", ou por meio de uma conversa "espontânea" com um repórter que, apenas por acaso, a está transmitindo em rede nacional.

Nos tempos recentes, dois fatores se conjugaram para tornar mais complexo, de maneiras fascinantes, a contação de histórias dos líderes para seus grupos. O primeiro foi a proliferação das mídias tecnológicas. Os primeiros megafones e microfones parecem meios de comunicação primitivos quando comparados com o rádio, com a televisão pública, com a TV a cabo, com o correio eletrônico e com outros pontos de acesso recentes na autoestrada de informação global. Gandhi pode ter desprezado os apetrechos da civilização ocidental, mas seus protestos teriam sido um fracasso retumbante se ele não os tivesse divulgado instantaneamente por telégrafo para todo o mundo. King assumiu que seus confrontos com autoridades racistas seriam vistos pelo mundo inteiro. Por meio de seus documentários encenados com grande habilidade, o cineasta alemão Leni Riefenstahl contribuiu decisivamente para a construção do mito em torno de Hitler e do nazismo. E as carreiras dos mártires contemporâneos – assim como dos terroristas do presente (que talvez se vejam como mártires) – seriam impensáveis sem o pronto acesso a meios de comunicação que transmitem suas mensagens inspiradoras ou nefandas por todo o planeta. As mídias visuais, obviamente, têm a tendência – talvez aproximando-se da compulsão – de reduzir a informação aos sons mais agudos e estridentes. Essa inclinação dificulta o manejo de questões de alguma complexidade, a não ser da maneira mais ridícula. E, para melhor ou pior, grande parte da mídia impressa começou a seguir os exemplos da mídia visual.

O segundo fator tem a ver com a construção e a manipulação da imagem do líder. Os líderes sempre tiveram assessores. Diz-se que os líderes ocasionais, como Moisés nas narrativas bíblicas, também têm porta-vozes (no caso, o irmão mais loquaz, Aarão). Hoje, contudo, esse trabalho envolve dezenas de "manipuladores" para compor todo o discurso e encenar todas as nuanças nas manifestações públicas dos líderes, de acordo com o que se supõe sejam os anseios coletivos. O papel das pessoas que constituem "grupos de foco" tornou-se tão importante que o destacado assessor de comunicação republicano Roger Ailes foi levado a gracejar: "Quando eu morrer, quero retornar com poder de verdade. Quero voltar como membro de um grupo de foco."

Assim, os integrantes do público já não sabem com clareza se estão vendo uma pessoa autêntica, expondo o que realmente pensa, ou um personagem criado pelos marqueteiros. Mais de um líder metamorfoseou-se na persona engendrada, de início, pelos especialistas em criação e transformação de imagens. O desejo de experiências autênticas – de contato direto com o líder genuíno, sem adornos – ainda é motivação positiva. Políticos como Perot ganham pontos ao afirmarem que *não* são produtos da mídia ou de sua profusão de conselheiros. No entanto, até a alegação de autenticidade pode ser fabricada (bons autores sabem fingir sinceridade), enquanto muitos indivíduos "autênticos" parecem canhestros ou amadores ao sentar-se diante dos refletores.

## TIPOS DE SÍNTESES

Ao se defrontarem com as várias histórias e narradores, assim como com o conjunto de mensagens e de personificações que povoam nossa sociedade, os integrantes do público sempre são chamados a fazer algum tipo de julgamento, a promover alguma forma de síntese. No começo da vida, convive-se facilmente com as contradições, pois ainda não se desenvolveu o senso de tensão entre a crença em "A" e a crença em "Não A", ou ainda se percebe de maneira tênue e fugaz. Contudo, com o desenvolvimento de maior sofisticação cognitiva, a maioria das pessoas experimenta pelo menos algum choque entre proposições ou esquemas aparentemente contraditórios, além de certo impulso para reconciliar essas perspectivas.

As pessoas diferem muito umas das outras, na medida em que assumem o desafio da síntese. Para começar, as culturas e subculturas nem sempre atraem atenção explícita para as consistências e/ou contradições, nem valorizam necessariamente os esforços para reconciliar essas tensões. Basta comparar por um momento uma sociedade cartesiana, que se orgulha da regulação pela consistência lógica, e uma sociedade hinduísta, em que se acumulam ao acaso, ou até de maneira produtiva, diferentes crenças, coexistindo sem entrechoques. Ou considere a diferença entre uma sociedade que censura os indivíduos por expressarem crenças contraditórias e outra que, com Ralph Waldo Emerson, despreza a consistência como "duendes de cérebros mesquinhos".

Além dos padrões culturais, porém, os membros da sociedade também se diferenciam na medida em que buscam a síntese e na extensão em que conseguem conviver com a contradição. De acordo com a psicologia, essas variações nos limiares constituem as "diferenças individuais". Algumas pessoas, do tipo que o poeta grego Arquíloco denominava raposas, gostam de mergulhar nos detalhes de muitos sistemas concorrentes; outras, que ele chamava de ouriços, preferem acreditar em "algo grandioso". Os indivíduos também são diferentes na extensão em que são capazes de tolerar ambiguidades. Mais uma vez, recorrendo aos arquivos da análise psicológica, podemos contrastar dois grupos. Os que alcançam alta pontuação na escala psicológica que mede tendências fascistas anseiam por ordem e organização acima de tudo; aqueles que apresentam pontuação mais modesta nesse contínuo se sentem à vontade com, ou até buscam, certo grau de caos, inconsistência e contradição.

Os líderes exemplificam e manipulam essas diferenças individuais. Quando mais não seja por também se distinguirem quanto à necessidade pessoal de síntese, eles próprios serão diferentes no grau em que tentam oferecer aos seguidores uma narrativa organizada e coerente. Alguns presidentes americanos, como Reagan, podiam jurar sua lealdade incondicional ao orçamento equilibrado, ao mesmo tempo que promulgavam, sorridentes, uma lei que, inevitavelmente, aumentaria o déficit. Outros presidentes, como os ex-engenheiros Herbert Hoover e Jimmy Carter, tinham consciência das aparentes contradições e procuravam ser coerentes sempre que possível, mesmo que ao custo de momentos embaraçosos e, em última instância, do fracasso na tentativa de reeleição.

Já chamei a atenção para a atração exercida pelas pessoas cujas histórias e personificações são consistentes entre si; essa síntese satisfaz ao senso estético de muitos líderes e seguidores. Neste ponto, é preciso reconhecer que essa coerência nem sempre é marca de sucesso. Muitos ouvintes, se não a maioria, prefere ouvir várias histórias que, em si, sejam atraentes, a obcecar-se com a possibilidade de inconsistência entre a história A e a história F. E numerosos ouvintes não se importam de ignorar personificações inconsistentes, desde que as considerem bastante atraentes, cada uma em si mesmo.

## QUESTÕES SOBRE HISTÓRIAS

É hora de um breve resumo. Argumentei que uma das chaves da liderança – talvez *a* chave –, assim como da arregimentação de seguidores, é a comunicação eficaz de uma história. Embora abrangente, minha definição de história chama a atenção para um núcleo comum. Sustento que as histórias básicas elaboradas pelos líderes dizem respeito a questões de identidade pessoal e de grupo. Os líderes que pretendem promover grandes transformações em toda uma população devem, de alguma maneira, ajudar os indivíduos e o público, em geral, a refletir sobre si mesmos e sobre quem são. À luz dessa análise, as principais características das histórias suscitam numerosas questões a serem pesquisadas.

Para começar, a elaboração das histórias dos líderes nem sempre é tarefa objetiva. Os líderes podem dizer muitas coisas, em muitas ocasiões; nem tudo o que se diz é uma história; nem todas as histórias do repertório são coerentes ou consistentes entre si. Neste estudo, com raras exceções, não considero declarações ou histórias que foram mencionadas apenas uma vez; ao contrário, busco histórias e personificações que se repetem com frequência, aquelas que, se poderia afirmar, definem a pessoa, pelo menos durante determinada época histórica. Como seria de esperar, também me interesso, sobretudo (mas não exclusivamente), pelas histórias que parecem eficazes no contexto. Meu argumento é que qualquer conjunto de juízes que examinasse os registros históricos e biográficos teria chegado a repertórios semelhantes. Além disso, caso se entrevistassem os associados dos líderes, também eles mencionariam as histórias e personificações que escolhi.

Um segundo ponto tem a ver com a maneira como as histórias são caracterizadas. Aqui tomo a liberdade de narrar as histórias em estilo tão elementar quanto possível, não raro usando palavras e imagens até mais básicas que as oferecidas pelos próprios líderes, tanto quanto possível não incluindo as mudanças de determinadas versões. Embora seja possível alterar cada história na extensão e no número de personagens, de episódios e de crises, espero que os leitores as completem com a textura do pano de fundo. Faço-o para discutir as histórias nos termos do arcabouço apresentado neste capítulo: o conteúdo específico (por exemplo, identidade ou participação em grupos), o nível de sofisticação (por exemplo, a luta entre o bem e o mal, a perspectiva relativista), e o tipo de sistema de valores que se personificam.

Minha abordagem me expõe a duas linhas de crítica. Primeiro, pode argumentar-se que o significado e o uso das histórias se situam principalmente na percepção dos ouvintes. Uma história sobre identidade evoca questões de valores, para certa pessoa, ou de participação em grupos, para outra; o que é simples para uma pessoa é complexo para outra. A ocasião em que se recorre à história, a identidade da pessoa que está contando a história e as condições do público que ouve a história se revelam pelo menos tão importantes quanto o conteúdo manifesto (literal) da história.

Em vez de rejeitar essa posição contextualizada –, quero adotá-la, embora com reservas. Não só as histórias sempre representam interações entre as palavras do narrador e os ouvidos do público, mas também muitos dos líderes mais habilidosos exploram essa ambiguidade, na esperança de que mensagens aparentemente singulares exerçam os efeitos almejados, embora diferentes, sobre diversos públicos. Decerto, os melhores discursos de Martin Luther King, Jr. foram elaborados para os ouvidos de numerosos públicos, como adeptos da segregação, trabalhadores comprometidos com os direitos civis, financiadores e políticos oriundos do meio do espectro ideológico. Longe de ignorar essa multiplicidade de objetivos e de significados, nós, analistas, devemos tentar compreendê-la. Ao mesmo tempo, devo afirmar minha própria conclusão, não pós-moderna: estudos acadêmicos com orientação humanista ficariam paralisados se não pudéssemos identificar significados nem transcender os contextos específicos em que se pronunciam as palavras e se transmitem as mensagens.

A segunda questão controversa sobre as histórias gira em torno de minha adoção de uma posição no sentido não só de que estou estudando o desenvolvimento de líderes (e de seus seguidores), mas também de que caracterizei determinadas histórias pelo nível de sofisticação, em termos de estágio de desenvolvimento.

Em minha opinião, muitos avanços nas ciências sociais decorreram da disposição dos estudiosos de observar os organismos e instituições em sua forma inicial e de rastrear suas continuidades e descontinuidades no curso de sua evolução para alguma versão de maturidade ou de desintegração. O potencial para ser líder (ou seguidor) se manifesta desde cedo para a maioria das pessoas; mas nunca se alcança a liderança plena – ela sempre está "em formação". Da mesma maneira, só por meio da preservação atenta de uma perspectiva desenvolvimentista podemos avaliar a dinâmica constante que se desenrola entre os líderes e os seguidores ao longo de períodos expressivos.

Mais controversa é a decisão de caracterizar as histórias como manifestações de diferentes níveis de sofisticação. Eu poderia observar e demonstrar que se trata de alegação empírica já confirmada. Em dezenas de estudos, os pesquisadores descreveram as diferenças comuns entre os esquemas e as visões de mundo das mentes de 5, 10 e 15 anos. Todavia, para ser justo, também devo salientar que esses estudos, na maioria, foram executados em sociedades ocidentais modernas e que, em geral, basearam-se em dilemas impostos em contextos de laboratório, não em trabalhos etnográficos conduzidos em ambientes naturais.

No entanto, quando adotei esquema descritivo desenvolvimentista, eu tinha outras razões. Essa abordagem ao menos proporciona maneira conveniente de analisar diferentes histórias, acredite-se ou não que o esquema se caracterize pela universalidade. (Assim, por exemplo, poder-se-ia usar o esquema, mesmo que, em sociedade recém-descoberta, se tenha constatado que as crianças assumiam posições relativas, enquanto os cidadãos seniores se destacavam pelo absolutismo.) De maneira correlata, o esquema possibilita a comparação de histórias que, não raro, concorrem e se chocam umas com as outras, pois tais relatos podem diferir não só no propósito e no conteúdo, mas também nos mecanismos cognitivos suscitados por sua compreensão e transmissão.

Meu principal objetivo ao adotar o esquema, contudo, é desafiar as teorias convencionais. Entre os desenvolvimentistas, em geral se assume, sem argumentação, que as pessoas passam por fases; que os estágios mais avançados se sobrepõem aos anteriores; e que, em qualquer competição, as formas mais desenvolvidas tendem a triunfar. Minha conclusão iconoclasta, já mencionada, é muito diferente.

Em minha visão, as histórias atuam de muitas maneiras e competem umas com as outras em muitos níveis, inconscientes e conscientes. A sofisticação crescente, decorrente do desenvolvimento, sob alguns critérios, é um fator, mas não o único. E, em muitos casos, se não na maioria, não é o fator determinante. Entre especialistas, decerto, razoáveis são as chances de que prevaleça a versão mais sofisticada.

Entretanto, quando se transpõem as fronteiras da expertise, e, com efeito, quando o expert em si é abordado como participante de uma comunidade heterogênea, tudo perde a lógica. Além dos diversos motivos que podem induzir os indivíduos a serem atraídos por uma história ou personificação, em vez de por outra, todos os líderes devem, de alguma maneira, enfrentar uma realidade poderosa: a força duradoura da mente não escolarizada. Em consequência desse fato, quem elabora relato mais sofisticado da identidade geralmente é superado por aqueles cujas histórias de identidade são mais simples, ou até simplistas.

No que se segue, não me empenho em categorizar cada história e contra-história em termos de nível de desenvolvimento específico – o que seria tanto injustificado quanto desnecessário. Em vez disso, refiro-me à sofisticação relativa das histórias que são narradas pelos líderes; e registro o destino delas, ao competirem com outras histórias na cultura e com outras histórias que são relatadas pelos rivais. Conforme se demonstrou reiteradamente, as narrativas mais sofisticadas sobre identidade, valores ou significado geralmente são sobrepujadas pelos relatos mais simples e de apelo mais amplo. O Apêndice I é um resumo conveniente das histórias e contra-histórias.

Chega de preliminares. Ao voltarmos nossa atenção, na Parte II, a determinados líderes, em determinadas situações, vemos em atuação os vários tipos de histórias aqui delineados em termos simples. Presenciamos como essas histórias lutam umas com as outras, nas mentes dos líderes aspirantes, não menos que nas mentes dos seguidores potenciais. E temos a chance de considerar o escopo das histórias criadas por esses líderes e em que medida líderes e seguidores sentem o impulso de integrar cada história numa espécie de estrutura geral coerente.

Conforme observei, este estudo específico evoluiu de estudo anterior sobre pessoas criativas, aquelas que conseguiram transformar os domínios em que trabalharam. Portanto, adequadamente, o presente estudo começa com dois líderes que, no começo da vida, foram incluídos entre os atores mais criativos nas respectivas esferas de ação. Margaret Mead, mesmo que não chegasse a equivaler-se a Sigmund Freud, mudou conceitos sobre a natureza humana; J. Robert Oppenheimer, ainda que não estivesse à altura de Albert Einstein, muito contribuiu para nossa compreensão do mundo físico.

Nem Mead nem Oppenheimer, porém, se satisfizeram em limitar-se a especialistas em suas disciplinas, dirigindo-se apenas às pessoas treinadas em certo campo de atuação. Seguindo caminhos que rastreio, ambos se voltaram para públicos cada vez mais amplos, a respeito de tópicos cada vez mais abrangentes. No fim de suas carreiras, ambos realmente completaram a transição da liderança indireta para a liderança direta. No apogeu de suas carreiras públicas, falavam diretamente sobre questões fundamentais referentes a identidade e a valores que afetam mais profundamente a condição humana. Portanto, embora se situem na extremidade de um contínuo de liderança, também personificaram durante a vida toda a extensão desse espectro.

# Parte II

# Estudos de Casos: de Domínios a Países

Capítulo 4

# Margaret Mead: Uma observadora de diversas culturas educa a si mesma

*Passei a maior parte de minha vida estudando as vidas de outras pessoas, de pessoas distantes, para que os americanos pudessem compreender melhor a si mesmos.*

Margaret Mead

Em setembro de 1929, um mês antes do crash da Bolsa de Valores de Nova York, Margaret Mead, antropóloga, ainda no fim da casa dos vinte anos, voltou aos Estados Unidos, depois de uma segunda viagem a campo. Ficou surpresa ao saber que, graças ao enorme sucesso de seu primeiro livro, *Coming of Age in Samoa,* estava ficando bem conhecida. O livro, de imediato, foi considerado de importância científica e de interesse sem precedentes para o público em geral. Mead conseguiu poupar parte dos ganhos com o livro, o que lhe proporcionou liberdade incomum para uma jovem acadêmica, em especial durante a Grande Depressão. Também se defrontou com uma decisão fatídica: Queria dedicar a vida à "pura" academia, dirigindo-se basicamente a outros especialistas no domínio da antropologia, ou preferia comunicar-se com o grande público americano?

Os jovens promissores são sempre muito mais numerosos que os jovens bem-sucedidos, principalmente já tão cedo na vida. Mead, contudo, parecia ter sido predestinada a grandes realizações. Conforme todos os relatos, inclusive os dela própria, Mead teve uma infância privilegiada. Os pais, ambos cientistas sociais, dedicaram-lhe especial atenção, como primogênita. Registraram os detalhes da infância dela em 13 cadernos, trataram-na desde a mais tenra idade como se fosse adulta, e transmitiram-lhe a expectativa de que ela realizaria algo importante na vida. A avó materna, professora, sempre a apoiou, além de representar para ela modelo de reflexão, de integridade e de vida equilibrada. De fato, boa parte da escolaridade de Mead ocorreu aos pés da "vovó" amada. Cheia de energia, brilhante, curiosa e ativa, Mead foi abençoada com muitas oportunidades, assim como com abundância de talentos sociais e artísticos. Alguém a comparou a um míssil poderoso, mas, de início, sem direção, à espera de ser lançado: "Ela, sem dúvida, seria algo importante; não importava tanto o que seria."

Uma das poucas vezes na vida em que Mead se sentiu a mais autêntica desajustada foi durante seu primeiro ano na DePauw University, em Indiana. Valorosa e intelectual, a jovem se viu totalmente perdida naquela vida de festas e de sons, revelando-se totalmente incapaz de se enquadrar no cenário. Embora, muito depois, tenha constatado que se beneficiara daquela experiência única como pária, a jovem Mead aproveitou a chance de transferir-se para o Barnard College, na cidade de Nova York. Naquele ambiente metropolitano, ela, como tantos outros jovens talentosos, encontrou um grupo de garotas inteligentes, imbuídas de mentalidade e espírito semelhantes – conhecidas como Ash Can Cats – e se apaixonou por aquela vida intelectual e artística que se desfrutava em Morningside Heigths e na já fabulosa Greenwich Village. Embora tenha viajado por todo o mundo, durante o resto de seus dias, ela sempre voltava à Cidade de Nova York.

Ao se formar, Mead casou-se com o primeiro de seus três maridos – um namorado da infância, Luther Cressman – mas não revelava muitas pistas de que, algum dia, a vida familiar ocuparia o centro de sua vida. Em vez disso, quando se revê a história de Mead, logo se tem a impressão de que, para ela, o casamento era algo que se empreendia em algum momento da vida, antes de partir para outros projetos e, talvez, para outros cônjuges.

De importância fundamental para a jovem Mead foram seus contatos iniciais com o renomado antropólogo germano-americano Franz Boas, então no apogeu da carreira como presidente do departamento de Antropologia da Columbia University, afiliada de Barnard. Boas era muito admirado pela mestria em todo o campo de atuação da antropologia e por suas contribuições específicas nas subespecialidades de linguística, arqueologia e antropologia física.

Ao longo dos anos, Boas desenvolvera considerações cada vez mais vigorosas sobre as questões controversas de raça e cultura. Tornou-se crítico ostensivo da alegação de que a natureza humana era determinada por fatores genéticos, assim como adversário implacável de todas as tentativas de interferir na evolução, por meio de políticas controversas de procriação eugênica. Para ele, os seres humanos eram formados em grande parte por determinados fatores históricos, sociais, experimentais e culturais, e estava decidido a reunir mais evidências em apoio a essa perspectiva, por meio de estudos comparativos de sociedades indígenas em todo o globo.

Mead deixou de lado o namoro inicial com a psicologia e, orgulhosamente, optou por tornar-se antropóloga. Com vinte e poucos anos, agora estudante de pós-graduação em Columbia, começou a trabalhar diretamente com Boas; também ingressou no círculo dos colegas talentosos de Boas, o linguista Edward Sapir e a antropóloga cultural Ruth Benedict. Mead admirava as realizações desses acadêmicos, e eles, por seu turno, estavam encantados com o entusiasmo, a energia e o brilho da jovem.

Logo ficou claro para Mead que não havia como tornar-se antropóloga importante sem se dedicar ao trabalho de campo e sem conquistar o próprio "povo". Boas, ele mesmo um americanista, preferia que Mead estudasse uma tribo indígena americana, mas o coração daquela jovem aluna obstinada já se decidira pelo trabalho nos Mares do Sul. Promovendo os próprios desejos com intensidade, como sempre fazia, Mead prevaleceu na escolha de um local. Surpreendentemente, com apenas 23 anos, partiu para Samoa.

O tema de Mead foi a criação de filhos em Samoa, com foco específico na adolescência das meninas. Dedicou-se durante um ano ao trabalho de campo, entrevistando muitos informantes e desenvolvendo numerosos estudos de casos sobre alguns samoanos. Conforme demonstrou durante toda a vida, Mead era incansável no trabalho, enchendo muitos cadernos e fazendo anotações cuidadosas de tudo o que atraía seu olhar sempre atento e afetava sua sensibilidade aguda.

Mas Mead tinha outra missão igualmente importante, oriunda de sua associação com Boas: contestar os argumentos do determinismo biológico. Os primeiros autores do século, em especial o psicólogo americano G. Stanley Hall, afirmavam que a adolescência era a fase da vida programada pela biologia, cujos "acessos e tensões" eram consequências inevitáveis da puberdade. Boas semeara na mente de Mead a ideia de que a rebeldia e o romantismo tão comuns entre adolescentes ocidentais talvez não se manifestasse em sociedades "primitivas". E orientou Mead a examinar de maneira crítica as experiências de vida das jovens em Samoa.

Com base em seu trabalho de campo, Mead concluiu que a infância e a adolescência em Samoa eram inteiramente diferentes da juventude vivida em sociedades ocidentais modernas e complexas. Em vez de crescer numa família nuclear, a criança samoana era criada por uma família estendida, de talvez 15 ou 20 pessoas. As relações entre crianças e adultos eram informais, múltiplas e difusas, em vez de restritas a um ou dois laços centrais, e sobrecarregadas de paixões fortes. Em geral, os relacionamentos familiares samoanos eram livres das culpas que afligem os ocidentais. Sobremodo interessante, a adolescência em Samoa era época de relaxamento de folguedos sexuais, sem questões embaraçosas e traumas duradouros. Não se identificavam, de imediato, pressões pelo celibato, nem visões de amor romântico, nem os ônus de complexos edipianos prolongados. Mead glorificava a atitude espontânea dos samoanos com as relações sexuais e a comparava favoravelmente com as tensões e remorsos que destruíam a vida de tantos jovens criados na tradição puritana. No final das contas, Mead rejeitou a ideia proclamada por Hall e outros, de que a adolescência tinha de ser um período turbulento, caracterizando a experiência samoana como "mais livre, mais fácil e menos complicada" que a do Ocidente.

Ao voltar para os Estados Unidos, Mead adotou a prática que manteria pelo resto da vida: descreveu suas experiências de campo na forma de monografia, antes de partir para nova expedição. Nesse caso, o produto foi *Coming of Age in Samoa* (*Adolescência, Sexo e Cultura em Samoa*), livro altamente evocativo, voltado tanto para o grande público quanto para seus colegas antropólogos. O manuscrito, de início rejeitado pela Harper's, foi aceito pelo publisher William Morrow. O editor dela, Thayer Hobson, fez a sugestão fatídica de que Mead acrescentasse dois capítulos conclusivos, em que consideraria as implicações de suas descobertas antropológicas para a criação de filhos nos Estados Unidos contemporâneos.

Esses capítulos conferiram ao livro sabor e viço especiais, transformando Margaret Mead em nome familiar entre os leitores americanos, quando ainda tinha 30 anos. Nas páginas finais, Mead compara favoravelmente a vida nos Mares do Sul com a existência nos Estados Unidos do século XX. Argumenta que os americanos, numa sociedade heterogênea, repleta de escolhas e em rápida transformação, paga alto preço em termos de crime e delinquência, conflitos interpessoais, neuroses e colapso de uma tradição coerente, que fomenta a expressão artística. Contempla, com nostalgia, o paraíso de Samoa, onde a vida é informal, onde não há tanta pressa, onde, tampouco, os reajustes psicológicos são tão intensos, e onde "o principal motivo para lágrimas, além da morte em si, é a viagem de um parente para outra ilha". Mead não exorta os leitores a adotar o estilo de vida de Samoa – sempre prática, sabia que essa opção era inexistente para seus concidadãos, muito menos para ela, com sua personalidade camaleônica e agitada – mas instou os compatriotas a extrair de suas pesquisas lições pertinentes sobre as maneiras alternativas como poderiam melhor criar os filhos e conduzir a própria vida.

Rememorando *Adolescência, Sexo e Cultura em Samoa*, 35 anos depois, Mead escreveu: "Este foi o primeiro trabalho de um antropólogo profissional sério, escrito para o leigo educado, em que toda a parafernália acadêmica, destinada a convencer colegas profissionais e a confundir o leigo desinformado, foi abandonada deliberadamente." De maneira consciente ou não, Mead havia escrito um livro direcionado a dois públicos distintos, que enriqueceu as respectivas experiências de leitura com expectativas diversas, permitindo-lhes extrair diferentes conclusões. Ao sondarmos o contraste entre liderança em domínio ou disciplina específico e liderança de público mais amplo e mais difuso, é importante reconhecer essas duas avenidas de comunicação distintas.

Vou começar delineando as expectativas dos colegas acadêmicos de Mead. Cientes de que Mead era aluna de Boas, seus semelhantes tinham todos os motivos para prever que ela executaria estudo etnográfico cuidadoso, em que relataria suas observações de uma sociedade até então relativamente desconhecida. Também cientes das fortes inclinações teóricas de Boas, podiam esperar que as conclusões dela seriam pouco confortáveis para aqueles mais propensos a explicar o comportamento dos samoanos em termos de fatores genético-hereditários, evolutivos, raciais e outros, de natureza biológica.

Mas Mead espantou os colegas. Conclusões tão contundentes e surpreendentes não eram previsíveis nem mesmo nos escritos de uma antropóloga ainda novata e inexperiente, mais jovem que quase todos os seus colegas leitores e, ainda por cima, participante de um grupo ainda muito pequeno – o das mulheres acadêmicas. Afinal, a academia, em geral, era (e continua sendo) conservadora, cultuando a qualificação e reverenciando os antecedentes. Sacudindo essas tradições conservadoras, Mead encarou aquele seu estudo de casos como suficiente para desmentir a concepção biológica da adolescência. Era como viria a se lembrar muitos anos depois: "Em antropologia, basta demonstrar uma única vez que certa cultura é capaz de, por exemplo, facilitar um período de vida difícil em todas as demais para demonstrar seu ponto."

A forma de apresentação de Mead também transmitia uma mensagem para os colegas. Não era necessário, conforme demonstrara seu exemplo, expor as próprias descobertas na linguagem técnica convencional da academia, com jargão, notas de rodapé e arcabouço teórico. Em vez disso, era possível expressar "dados" e conclusões em linguagem corrente – com efeito, até em estilo agradável. O primeiro capítulo substantivo de Mead foi intitulado "Um dia em Samoa", e começava com um trecho poético:

*A vida diária desperta na aurora, ou, se a lua brilha até o arrebol, já antes da alvorada é possível ouvir o alarido dos jovens nas colinas. Inquietos, à noite, repleta de fantasmas, eles agora gritam entre si, cheios de vigor, ao diligenciarem no trabalho.*

No entanto, o trabalho de Mead não podia ser descartado como ganha níqueis. Ela era observadora arguta da vida cotidiana e se sentia à vontade com questões conceituais em antropologia. A certa altura, descreve com detalhes refinados uma dança nativa; em seguida, aparentemente sem esforço, parte para a análise do significado da coreografia na educação e socialização das crianças samoanas. A descrição das maneiras como as garotas samoanas mais velhas cuidam dos irmãos estimula reflexões mais gerais sobre responsabilidade e autoridade. Como que se antecipando a possíveis críticas acadêmicas, Mead acrescenta ao livro nada menos que cinco apêndices, incluindo descrição da metodologia, mapas dos arranjos habitacionais nas aldeias, estruturas de parentesco e até uma análise de pessoas "com deficiência mental" na população.

Ao escrever seu livro nesses termos, Mead exibiu um comportamento que caracteriza grandes criadores e líderes: a disposição para assumir riscos e desafiar a autoridade. Demonstrou pouca hesitação em atacar os relatos antropológicos predominantes, que atribuíam diferenças culturais a fatores raciais ou que assumiam a existência de poderosas restrições biológicas na adolescência. Somente alguém com autoconfiança, só uma pessoa imbuída da certeza da própria capacidade, estaria disposta a dirigir-se tanto ao establishment antropológico *quanto* ao grande público. À maneira dos líderes indiretos, a jovem Mead desafiou os pares com seus escritos, não por meio de conversas diretas com o público. Se tivesse fracassado redondamente, só poderíamos especular se ela teria recuado para o mundo protegido das monografias empoeiradas ou se teria reagido com ainda mais energia. Considerando, porém, o sucesso espantoso de seu livro, a trajetória evolutiva de Mead para fóruns cada vez mais amplos decerto se estabelecera de vez.

Nos anos seguintes, alguns dos colegas antropólogos de Mead passaram a criticar, em geral, a popularidade dela, e, em especial, os métodos e conclusões de seu livro *Adolescência, Sexo e Cultura em Samoa*. É importante salientar, contudo, que a reação acadêmica a essa primeira obra foi, efetivamente, muito favorável: o pequeno volume foi reconhecido de imediato como trabalho importante, lançando nova luz sobre uma sociedade intrigante e também abordando questões científicas controversas, de maneira apropriada e construtiva. Acadêmicos notáveis, como o antropólogo americano Alfred Kroeber, o antropólogo inglês Bronislaw Malinovski, e o físico e cientista inglês Havelock Ellis, elogiaram o livro. Na época de sua publicação, o apelo popular de *Adolescência, Sexo e Cultura em Samoa* foi considerado algo positivo, em vez de fonte de irritação, na comunidade antropológica.

Embora conscientes, tanto quanto se supõe, de que o livro de Mead foi uma contribuição ao campo de atuação por ela escolhido, membros do grande público também se sentiram atraídos por outros fatores. O estilo literário elegante de Mead divulgou e esclareceu, de maneira geralmente associada às obras de ficção, os ritmos da vida numa parte do mundo que até então era conhecida principalmente pelos quadros de Paul Gauguin e pelas histórias de Somerset Maugham. As pinturas exóticas de jovens espairecendo-se no clima tropical, comendo frutas da terra, pescando e tecendo como meio de garantir sustento descontraído e confortável, despontavam em contraste fascinante com a industrialização e a comercialização crescentes dos Estados Unidos, que impunham ritmo de vida frenético e estressante. A vida menos disciplinada dos jovens samoanos parecia compatível com as ideias progressistas sobre educação, muito populares na época. (Se, naquele tempo, já houvesse minisséries de televisão, de pronto se imaginaria adaptação lasciva, talvez explícita, das crônicas de Mead.)

As imagens de Mead também se chocavam com os estereótipos do acadêmico. Não se enquadrando nos padrões do anglo-saxão empertigado nem da solteirona reprimida, Mead era uma jovem viçosa, atraente, aventurosa e corajosa. A "garota do bairro", que a maioria dos vizinhos provavelmente esperava que viria a trabalhar na loja da esquina, tornar-se professora ou, quem sabe, tentar romper as barreiras do cinema, ousara viajar sozinha para um canto remoto do planeta, viver entre selvagens (quem sabe alguns canibais, mas também outros de índole mais nobre), aprender línguas arcanas e descrever suas impressões em prosa empolgante e fluente. Não menos importante, a obra provocante de Mead acenava com a promessa de que era possível conquistar posições mais vantajosas na própria sociedade, por meio da vantagem comparativa fornecida pelo estudo de uma cultura contemporânea, mas decididamente diferente.

Nos dez anos seguintes, Mead prosseguiu na trajetória que havia iniciado com o estudo de Samoa. Fez uma série de viagens ao Pacífico Sul, onde realizou trabalhos de campo entre os povos manus, arapesh, mundugumor e balinês. Embora continuasse a estudar o desenvolvimento infantil e a vida familiar, ela agora concentrava a atenção no comportamento dos machos e das fêmeas em diferentes culturas. Não mais viajando sozinha, fazia-se acompanhar, um de cada vez, por dois outros antropólogos – Reo Fortune, seu segundo marido, e Gregory Bateson, seu terceiro marido. Com Bateson, em especial, ela foi pioneira em novos métodos de etnografia, fotografando e filmando para a posteridade a vida e a arte dos balineses.

A oportunidade de visitar numerosas culturas diferentes, algumas situadas em áreas muito próximas, embora nitidamente diferentes em suas práticas, ofereceu-lhe boas condições para analisar os "padrões de cultura". Embora a genialidade dela consistisse na observação cuidadosa e no estilo literário exuberante e alegórico, em vez de na investigação teórica sofisticada, ela trabalhou com Bateson (e com Fortune) para desenvolver análise sistemática das semelhanças e das disparidades entre as culturas que estudara. Essa análise levava em conta a interação entre duas dimensões universais: gênero (sexo) e temperamento. Evidentemente, cada cultura tinha de manejar essas dimensões, mas a maneira como eram padronizadas ou configuradas diferia nos diferentes contextos.

Analisando as culturas que haviam estudado, Mead e Bateson conseguiram delinear como cada uma se encaixava nessas dimensões-chave. E encontraram todos os padrões concebíveis dentro de seu esquema. Conforme a descrição de Mead, os mundugumor valorizavam homens e mulheres enérgicos e possessivos, ao passo que os arapesh preferiam homens e mulheres gentis e afetivos. Apesar dessas diferenças, cada uma dessas culturas esperava comportamentos semelhantes por parte de seus homens e mulheres. Outras culturas, todavia, demandavam um contraste mais acentuado entre os comportamentos dos machos e das fêmeas. Entre os Tchambuli, as relações esperadas entre homens e mulheres invertiam as encontradas em muitas culturas contemporâneas: as mulheres Tchambuli, ariscas e calorosas, gerenciavam os assuntos de negócios; os homens, enleados em malevolências e em rivalidades mesquinhas, exerciam apenas poderes nominais. Refletindo sobre as tribos de Nova Guiné, que ela e Bateson haviam estudado, e desafiando a ideia predominante de papeis universais para homens e mulheres, Mead proclamou uma de suas ideias mais incisivas e transcritas: "Somos forçados a concluir que a natureza humana é quase inacreditavelmente maleável, reagindo com exatidão e especificidade a tradições culturais contrastantes... as culturas são produções humanas, são feitas de materiais humanos."

A tipologia acarretava implicações para ajuste ou conflito dentro da sociedade. Quando os perfis de gênero e de temperamento do indivíduo eram compatíveis com as expectativas da sociedade, o crescimento prosseguia com muito mais tranquilidade que nas ocasiões em que os perfis se chocavam com as expectativas da sociedade. Tanto Mead quanto Bateson sentiam que eles próprios eram, até certo ponto, desvios das normas da própria cultura e agora compreendiam as formas de desajuste. Distribuindo as tribos que haviam estudado em quatro categorias, remapearam o esquema para que também se aplicasse à sociedade ocidental e, com efeito, às suas próprias combinações de gênero e temperamento. A possibilidade desse esquema de aplicar-se ao próprio mundo complexo deles, assim como às sociedades primitivas, talvez seja uma das razões por que eles sentiram que haviam feito uma descoberta histórica – tanto que se apressaram em comunicá-la por telégrafo a Boas. Eis uma história não só em que acreditavam mas também que ambos personificavam nos próprios seres. Que melhor prova haveria da validade da teoria que o fato de ter ajudado a explicar as vidas inusitadas de seus cocriadores?

O esquema desenvolvido por Mead e Bateson não exerceu influência assim tão poderosa sobre a antropologia. Com efeito, mesmo a filha do casal, Mary Catherine Bateson, também antropóloga, sugere que a proposta não era inteiramente coerente. Contudo, graças à série de estudos comparativos que executara, Mead realizou proeza de grande importância para seus futuros empreendimentos. Com base em sete sociedades das quais se tornava íntima, reuniu o que se poderia denominar arquivo mental de diferentes padrões de criação de filhos e de estilo de vida. Durante o restante da vida, Mead recorreria adequadamente a esses padrões, estabelecendo comparações e contrastes instrutivos entre várias culturas não industrializadas e, ao mesmo tempo, lançando luzes imprevistas sobre as culturas ocidentais familiares para seus leitores.

Para citar um exemplo, Mead estudou determinado estado de transe e demonstrou como aquela condição tinha origem em certo tipo de relação de mordacidade hostil entre mãe e filho. De início, aquela provocação recíproca suscitava riso histérico ou choro convulso por parte da criança, mas esta, aos poucos, aprendia a não responder ao assédio. O jovem balinês acabava recuando cada vez mais para dentro de si, desenvolvendo personalidade introspectiva e refratária. Como adultos, os balineses relutam em travar relacionamentos íntimos com outros indivíduos, preferindo recorrer aos rituais e às artes como veículos de expressão emocional mais individuais e mais controláveis. No estado de transe, porém, recriava-se a experiência da infância e alcançava-se de novo a liberação emocional almejada no passado. Mead passou a discutir em termos mais gerais as interações mãe-filho no começo da vida e as formas de padrões sexuais e ritualistas que emergem mais tarde na vida. Essas análises especulativas de imediato levaram os colegas dela a fazer novas observações e fascinaram o público leigo, que continuava ávido por informações sobre a vida em sociedades exóticas e sedento de ideias que pudessem aplicar em seu próprio meio.

Na década de 1930, Mead distinguiu-se por feitos extraordinários: executou trabalhos de campo pioneiros, escreveu etnografias vívidas que podiam ser apreciadas por leitores leigos curiosos, assim como por especialistas experientes, e contribuiu com ideias de importância teórica e metodológica para a antropologia. Sem dúvida, foi muito ajudada pelos dois maridos antropólogos e, em especial, pelo relacionamento sinérgico com Bateson. Todavia, com a mesma certeza, por meio de exemplos empolgantes e de estímulos persistentes, também contribuiu para o crescimento intelectual e profissional dos dois homens. Foi como um dia ela afirmou: "Reo tinha melhor ouvido que eu, e o de Gregory era ainda muito melhor, mas nenhum dos dois nunca soube de quem era o porco morto. Eu sempre soube de quem era o porco morto."

Se os acontecimentos prosseguissem no mesmo diapasão, Mead talvez continuasse agradando a gregos e troianos – mantendo-se no topo de sua disciplina acadêmica preferida e comunicando-se com um público cada vez mais amplo e apreciador de seu trabalho. Poderia ter sido líder indireta dentro de e além de domínios. Com efeito, muito mais que qualquer outro acadêmico que se tornou popular, Mead conseguiu durante toda a vida preservar posição de poder e de influência dentro de sua disciplina.

No entanto, numerosos eventos em fins da década de 1930 efetivamente deram fim a seus dias ativos de trabalho de campo antropológico. Depois de autoridades médicas lhe terem dito que ela não poderia ter filhos, deu à luz uma filha, em 1939, Mary Catherine Bateson. No mesmo ano, a Segunda Guerra Mundial eclodiu na Europa, e, dois anos depois, também nos Estados Unidos. Com outros colegas, Mead juntou-se ao esforço de guerra, direcionando a própria atenção para questões de planejamento de refeições e de nutrição. E, como outras figuras descritas neste livro, tornou-se frequentadora regular de Washington e membro de muitos círculos políticos influentes. Apesar de suas críticas à sociedade americana, sob as lentes dos Mares do Sul, manteve-se patriota autêntica e entusiástica durante toda a vida.

No fim da guerra, seu terceiro e último casamento chegara ao fim. Mead estava na casa dos quarenta e, talvez por causa do início precoce de sua carreira, já era considerada figura tradicional no domínio acadêmico da antropologia. Continuava a participar ativamente da vida intelectual de sua disciplina, mas, basicamente, na condição de participante de honra de conferências acadêmicas e como celebridade visitante de "suas" culturas. Mead conseguiu preservar essa situação tanto por meios indiretos – seus escritos instigantes – quanto mediante a disposição cada vez maior de assumir funções públicas diretas em eventos e em organizações profissionais. Enquanto isso, seu status como escritora, comentarista e personalidade pública em questões com que se defrontava a sociedade americana continuou em expansão ininterrupta até sua morte. Ela se transformava em líder direto, sem pasta, no cenário nacional.

Do meio para o fim da vida, as relações de Mead com a antropologia, de um lado, e com o público mais amplo, de outro, tomavam direções bem diferentes. Os especialistas em diversas disciplinas geralmente estabelecem distinções nítidas entre aqueles que continuam contribuindo ativamente para o campo de atuação e aqueles cujas contribuições cessaram completamente ou assumiram conotação mais derivativa. Depois da publicação de suas principais monografias sobre os povos do Pacífico Sul, Mead deixou de ser vista como pesquisadora de campo e como produtora de trabalhos pioneiros em disciplinas e subdisciplinas bibliográficas, como linguística, estrutura de parentesco ou análise de mitos. No entanto, continuou exercendo numerosas funções que se revelaram fundamentais para o progresso da antropologia.

Primeiro, Mead continuou a defender vigorosamente estudos que analisassem a infância, a vida familiar, a sexualidade e outras questões que até então eram praticamente ignoradas pela antropologia machista, oferecendo, para tanto, diretrizes cruciais. Essa linha de trabalho foi estimulada por sua monografia *Sex and Temperament in Three Primitive Societies* (1935) e por um livro mais popular, *Male and Female* (1950). Voltando, depois da guerra, a Nova Guiné, Samoa e a outras sociedades que visitara antes, Mead chamou a atenção para as mudanças que estavam ocorrendo na criação dos filhos e em outros relacionamentos pessoais. Também promoveu o uso de conceitos e métodos psicanalíticos, embora nunca tenha endossado integralmente poderosos conceitos freudianos, como a universalidade do complexo de Édipo. Ela queria mapear toda a amplitude das potencialidades humanas. Declarou que "as bases biológicas do desenvolvimento estabelecem limitações que devem ser avaliadas com honestidade", embora tivesse acrescentado que também podiam ser vistas como recursos que, de modo algum, tinham sido explorados em plenitude pela imaginação humana.

Segundo, Mead dedicava-se com energia e persistência aos estudos interdisciplinares e ao papel central da antropologia nessa interdisciplinaridade. O pós-guerra foi uma época em que os estudiosos, muitos dos quais haviam trabalhado como membros de equipes interdisciplinares para a solução de problemas práticos durante a guerra, reconheciam com nova disposição a necessidade de trabalhar ombro a ombro com estudiosos de outros campos de atuação. Mead gostava de colaborar com outros especialistas; alguém que a observava durante as conferências, comparou-a a uma criança numa colônia de férias. Ela dominava com facilidade outros linguajares e estabelecia ligações entre conceitos capazes de esclarecer questões de grande interesse. Além disso, tinha um jeito todo especial para promover conversas entre estudiosos de diferentes domínios e para mantê-los em rumos produtivos, muito embora não raro fosse dominadora. Mead foi pioneira no desenvolvimento de métodos que facilitavam a colaboração entre grupos no exame de culturas contemporâneas. Ao insistir em que esses grupos se estendessem por todos os aspectos da vida das pessoas na cultura, ela transcendia a mentalidade "nós/eles", no processo de ampliar o escopo e a validade da pesquisa acadêmica. Sobretudo na área de desenvolvimento humano, Mead inspirou colaborações de alta qualidade. E não hesitava em recorrer às disciplinas mais remotas, como cibernética e teoria das comunicações. Sob esses aspectos, Mead se assemelhava a outros líderes intelectuais cujos interesses naturalmente transbordavam para um conjunto de disciplinas.

Mais importante, Mead se tornou ótima embaixadora da antropologia - poderosa líder direta que promoveu e personificou a identidade de "antropóloga" dentro e além do domínio. Ao se transformar em figura pública, com pronto acesso à imprensa e à mídia em geral, não só chamou a atenção do grande público para a antropologia, mas também incutiu na população a importância de estudar culturas distantes, em rápida transformação (quando não em rápida extinção). O mesmo esforço tem sido empreendido, nos anos recentes, por estudiosos da biodiversidade, que se esforçam para impedir a perda iminente de espécies singulares da fauna e da flora. Popularizando conceitos extraídos dos estudos de Boas e de Benedict, Mead tornou o termo *cultura* e o conceito de "culturas" parte do léxico americano. Acima de tudo como implicação daí decorrente, sugeriu que os antropólogos desfrutavam de posições privilegiadas para descrever as questões humanas, em consequência do conhecimento íntimo de diversas culturas. E, de maneira um tanto semelhante à da estimada revista *National Geographic*, Mead também ajudou a conscientizar o público americano sobre a integridade e legitimidade de estilos de vida muito diferentes do *american way of life*.

Assim, Mead partiu de um enredo e de uma postura dentro de sua disciplina e, aos poucos, passou a adotar uma perspectiva diferente. De início, procurou convencer outros antropólogos de que a posição de Boas sobre o papel determinante da cultura era válida. Ao lado de outros representantes da escola da "cultura", combateu com sucesso a contra-história da versão biológica e a adoção implícita ou explícita de um relato único de todo o desenvolvimento humano e de toda a natureza humana. Então, seguindo a tradição de Benedict, ao trabalhar com Fortune e, em especial, com Bateson, Mead esboçou um conjunto de tipologias que abrangiam toda a gama de fatores de gênero e de temperamento. Também nesse caso as contra-histórias abraçavam uma visão única de desenvolvimento ou questionavam a possibilidade de discernir *qualquer* espécie de padrão.

Ambas as contribuições eram valorizadas na profissão, embora cada uma acabasse sob intenso escrutínio crítico (como ocorre com todas as posições influentes). Durante esse período inicial, que se estende de meados da década de 1920 até fins da década de 1930, Mead se destacara como membro pleno (embora com inclinação mais popular) da profissão. E suas histórias relativamente complexas falavam às mentes definitivamente escolarizadas da profissão.

Nos anos subsequentes, Mead afastou-se da corrente dominante dos antropólogos praticantes. Embora, antes, seu foco se concentrasse nas culturas dos Mares do Sul, com os Estados Unidos entrando apenas para propósitos comparativos, a tônica de seus escritos aos poucos foi mudando. Agora, agindo conforme a epígrafe deste capítulo, Mead tentava explicar a sociedade contemporânea a si mesma, usando suas experiências de campo como pano de fundo e material comparativo. Ela sempre fora extremamente rápida na apreensão de padrões em culturas exóticas; agora, usando com argúcia seu arquivo mental, em expansão constante, voltou sua intuição poderosa para sua própria sociedade, de maneira por muitos considerada eficaz.

Os antropólogos continuavam a valorizar Mead, sobretudo em razão de sua extraordinária sensibilidade quanto a problemas importantes e a métodos promissores, mas também por causa do reconhecimento público que conferira à disciplina a que todos se dedicavam, em conjunto. Mead ofereceu duas histórias de identidade a seus colegas antropólogos: Primeiro, considerando suas fontes de dados sem paralelo, a antropologia era disciplina de importância singular; e, segundo, os antropólogos dispunham de ponto de vista especialmente vantajoso de onde abordar questões referentes à própria cultura.

Seus colegas de disciplina viam com menos simpatia as simplificações de Mead, necessárias para dirigir-se a público não escolarizado, e a tendência dela de abordar quase todas as questões de um ponto de vista supostamente acadêmico. Muitos também se sentiam pouco à vontade com a ênfase dela no trabalho interdisciplinar. Para eles, essa propensão includente ameaçava a pureza e a singularidade da antropologia. Depois de estudar o desenvolvimento e a sexualidade dos seres humanos no Pacífico Sul, Mead se julgava com o direito de comentar não só a natureza humana em si, mas também quase todos os tópicos que interferiam nos assuntos mundiais. Os casos analisados neste livro sugerem que só é possível tornar-se líder direto no próprio domínio depois de se impor na disciplina por meio da liderança indireta; no entanto, ao se afastar demais da base comprobatória ou ao se ameaçar os valores centrais, corre-se o risco de perder credibilidade entre os pares.

Como muitos outros especialistas em disciplinas, que acabam tornando-se líderes diretos de um grupo mais amplo, Mead fora generalista antes de tornar-se antropóloga; e voltou à vontade – há quem diga muito à vontade – à condição de sábia de amplo escopo. Durante a Segunda Guerra Mundial, e no pós-guerra, lançou uma série de livros com conteúdo cada vez mais acessível – mais perto de sociologia popular que de antropologia profissional.

Para um país que estava tateando o caminho em busca de papel adequado para uma potência mundial, com laços e compromissos ativos em relação a todo o globo, Mead desempenhou função vital. Com habilidade, questionou muitas "verdades" não comprovadas e tentou transmitir ao público ponto de vista mais sofisticado. Em suas próprias palavras:

*Minha experiência como antropóloga me levou a pensar que, quando passamos a compreender melhor as leis do universo físico em que vivemos, também começamos a desenvolver – sobretudo no passado muito recente – um tipo de conhecimento que nos proporciona escolhas que os seres humanos nunca tiveram antes. Trata-se de nosso conhecimento sobre a própria humanidade – de nossa nova compreensão emergente sobre a natureza da natureza humana.*

Com base na área de sua expertise especial, Mead demonstrou não só os muitos tipos de funções diferentes que os indivíduos de cada sexo podem assumir, variando desde líderes mulheres até cuidadores homens, mas também a aceitação, em culturas remotas, de comportamentos proscritos em nossa própria cultura, desde experiências sexuais precoces até bissexualidade institucionalizada. Desafiando os estereótipos referentes à idade, afirmou que crianças pequenas podem assumir funções de responsabilidade, enquanto indivíduos mais velhos não raro continuam incapazes de aprender e de adaptar-se à mudança. Quanto a questões educacionais, salientou a grande maleabilidade das crianças pequenas e as virtudes de uma educação progressista, que explore essa flexibilidade incipiente. Mostrou que práticas aparentemente arcaicas, como feitiçaria, ainda eram viáveis, mesmo ao demonstrar que culturas à primeira vista simples podiam apresentar relacionamentos sociais e níveis de compreensão tão complexos quanto os que se desfiam diariamente nos divãs dos psicanalistas.

Na tentativa de mostrar a complexidade de certas noções comuns entre os leigos, Mead advertiu o público "do recuo assustado para algum padrão único que desperdiçará nove décimos do potencial da espécie humana". Dirigindo-se ao público ocidental sobre a questão universal referente à identidade, ou seja, "Quem somos?", combateu a crença difusa segundo a qual "somos" especiais e superiores a outros grupos culturais. E o fez indicando não só as maneiras como outras culturas haviam enfrentado com sucesso dilemas que nos afligem no Ocidente, mas também salientando que todos os seres humanos pertencem a uma espécie única. As histórias dela sobre pessoas eram inequivocamente includentes, de modo algum excludentes. "O que distingue os grupos humanos uns dos outros não é inato; é a maneira como cada um não só organiza e perpetua a experiência, mas também desbrava e preserva o acesso a outras tradições vivas", argumentou. Mead sustentou que os seres humanos não devem sentir-se culpados por certas práticas que adotam – por exemplo, divórcio ou bissexualidade –, mas, sim, dispor-se a vivenciar novos arranjos familiares, como casamentos experimentais ou criação de filhos em grupo. Da mesma maneira como muitos americanos estavam formando novas imagens visuais ecumênicas do planeta humano, em consequência de coleções de fotografias particulares, como *The Family Man* (1955), de Edward Steichen, Mead estava fornecendo novos textos sobre populações em todo o mundo, inclusive a dela própria.

As histórias relatadas por Mead nitidamente foram bem além das crenças da mente não escolarizada. Ela estava apresentando um ponto de vista inequivocamente relativista e, às vezes, uma integração pessoal que ia além do relativismo. Para conquistar credibilidade, essa perspectiva tinha de superar uma contra-história simples, segundo a qual há uma maneira correta de viver, e que os americanos (ou algum outro grupo) têm uma ideia privilegiada desse curso recomendado. Nessa missão, Mead contou com a repulsa do público pela versão nazista da superioridade racial e cultural, mas também soube explorar a força de sua argumentação e a eficácia de suas exposições escritas e orais.

Ao mesmo tempo que expunha certas narrativas e imagens ao grande público, Mead também personificava certas mensagens em si mesma. Essa mulher espirituosa, vigorosa e sensível podia viajar pelo mundo, fazer observações argutas e compartilhá-las de maneira franca e objetiva com outras pessoas. A infância, o trabalho de campo, os amigos, as viagens, a própria filha e depois a neta eram recursos que ela podia explorar, como de fato explorou, para comunicar-se com o amplo espectro dos seres humanos.

Com efeito, muitas de suas recomendações se inspiravam em sua própria vida – como criar filhos, como manejar os conflitos, e assim por diante. E, como a vida dela, sob muitos aspectos, era a melhor expressão da época, suas recomendações encontraram ouvidos receptivos, sobretudo entre leitores e telespectadores da classe média.

A necessidade de comunicar-se e de transmitir mensagens poderosas tornou-se o lema de Mead. Ela liderava indiretamente por meio de seus escritos e diretamente por meio de seus encontros com pequenos e grandes grupos. Proferiu centenas de discursos e escreveu centenas de artigos em que pregava o evangelho de uma natureza humana diversificada, mas única. Fazia amigos e cultivava relacionamentos sem dificuldade, e demonstrava simpatia especial pelos dissidentes. Ao contrário de muitas pessoas criativas, que desprezam os associados que já foram úteis, Mead tentava preservar a lealdade de todas as pessoas. Chegou a estimar que fazia uma nova amizade a intervalos de poucos meses e que raramente perdia contato com qualquer amigo. Tinha o dom do líder de falar para diferentes pessoas, muitas das quais discordariam entre si sobre questões específicas, mas, mesmo assim, deixava cada uma delas com o sentimento de que havia respeitado suas perspectivas. E tinha uma maneira tranquila de expressar novas ideias que as tornava agradáveis, em vez de alarmantes, a quem tenderia a recebê-las com hostilidade.

No entanto, Mead impressionava algumas pessoas pela personalidade impositiva, que tinha necessidade de dominar todos os intercâmbios e pôr os interlocutores nos devidos lugares. Não raro, mais parecia um executivo controlador, ávido por cuidar de todos os detalhes, que um líder zeloso, que fortalece e capacita os liderados. Ao mesmo tempo, tinha senso de responsabilidade autêntico. Em situações tensas ou difíceis, de pronto se apresentava como alguém disposto a ajudar. Incumbir-se e responsabilizar-se era como uma segunda natureza para ela. Ted Schwartz, colega com quem tinha estreito relacionamento, dizia que seria preciso "um projeto Manhattan para estudar a fonte da energia, da criatividade, da disposição e da capacidade dela de açambarcar a complexidade de tantas vidas dentro de sua própria vida e intelecto". Mas uma vez que ela, aparentemente, se subordinava às causas que abraçava, e, embora nem sempre gentil, se empenhava em demonstrar solidariedade, a maioria dos colegas se dispunha a conceder-lhe lugar mais perto do sol.

Embora parecesse aos circunstantes que primava pela objetividade, ela, de fato, fermentava, no âmago, numerosas tensões, que, na verdade, poderiam tê-la fragilizado, deixando-a em condição mais débil e menos empenhada. J. Robert Oppenheimer, como veremos, era menos capaz de lidar com tamanhas tensões. Sensível às várias demandas e pressões sobre ela, escreveu uma carta a seus entes amados, quando tinha cinquenta e poucos anos, para ser aberta na hipótese de morte prematura. Nesse testamento, confessou:

*Conscientizo-me cada vez mais da extensão em que minha vida está sendo segmentada, cada segmento compartilhado com pessoa diferente, mesmo quando, no tempo e no espaço dessa fatia, sinto que estou sendo eu mesma e toda eu nesse relacionamento específico... Diferentes partes do meu trabalho são compartilhadas com diversas pessoas, com interesses especiais... Depois do rompimento de meu casamento, parcela muito menor de minha vida tem sido dividida com outra pessoa, e inúmeros relacionamentos, colaborações, alegrias fugazes e momentos de alguma intensidade têm assumido o lugar de um casamento... A distância agora me separa de pessoas que um dia foram capazes de manter em suas mãos grande parte dos fios.*

Mead terminou a carta com um reconhecimento curioso: "Não foi por causa de meu desejo de ocultar alguma coisa que alguns de vocês foram deixados na ignorância de alguma parte de minha vida, que talvez parecesse, eu sei, de grande importância."

Freud nos admoestou a nos precaver contra as negações, e essa advertência é apropriada aqui. Mead, de fato, tinha facetas na vida que ela se sentia compelida a ocultar. Provavelmente a mais sensacional foi um relacionamento amoroso com seu mentor e amigo Benedict, que começara quando Mead era jovem e que prosseguiu durante os anos de seu casamento com Bateson. Também teve muitos outros amantes de ambos os sexos. Ainda havia a realidade de sua vida religiosa. Mead raramente falava ou escrevia sobre religiões organizadas ou sobre as próprias crenças religiosas. Essa filha transviada de pais não religiosos, porém, era episcopaliana praticante, que assistia aos cultos com regularidade e valorizava os rituais hieráticos. Além disso, embora muita gente conhecesse Mead como pensadora racional, ela negou essa condição, depois de lhe terem diagnosticado o câncer, o que a levou a procurar um curandeiro tradicional.

Se essas situações se tornassem conhecidas, a reputação de Mead como pessoa pública poderia muito bem ter sido solapada, seja entre seus colegas de orientação secular, seja em nichos opiniosos do público americano. Mary Catherine Bateson, filha dela, sugere:

*A carta que ela escreveu em 1955 pareceu-me manifestação do receio de que, em consequência de algum acidente, detalhes de sua vida fossem revelados em circunstâncias de escândalo ou notoriedade, hipótese em que ela não estaria presente para dar explicações e para tranquilizar as pessoas com que se importava.*

Mead escreveu sobre a grande diversidade humana e se aventurou muito longe na personificação dessa variedade nos capítulos de biografia. Tem-se a impressão de que a curiosidade e a experimentação iniciais acabaram adquirindo sabor mais compulsivo, à medida que Mead percebia a necessidade de desafiar a sabedoria convencional em quase todas as esferas de sua própria vida. A adesão persistente de Mead a certas práticas tradicionais sugere que ela nem sempre se regozijou numa vida de inovação deliberada. Em última instância, a personificação que ela se considerava obrigada a buscar cobrou seu preço.

Sem dúvida, Mead era líder no sentido em que uso o termo neste livro – alguém que influencia os pensamentos, os comportamentos e os sentimentos de numerosos indivíduos. Com efeito, como J. Robert Oppenheimer, ela é o epítome da pessoa que começa exercendo função central em sua disciplina, mas, depois, avança para a liderança de comunidades mais amplas. À força de seu trabalho de campo pioneiro e de seus numerosos livros, muito bem escritos, Mead se tornou antropóloga preeminente aos 35 anos, posição que manteria até a morte, em 1978. Sua liderança assumiu as formas indireta e direta, e, durante toda a sua vida ativa e envolvente, ela personificou o que falava e escrevia.

Os escritos de Mead quanto à importância da cultura como fator capaz de afetar o curso do desenvolvimento humano, sobre os padrões impostos pela cultura em questões de gênero e temperamento, e sobre a necessidade de colaboração interdisciplinar foram as maneiras pelas quais afetou a corrente dominante da profissão. A reconhecida liderança de Mead, conforme demonstra sua participação ao longo de décadas em inúmeros grupos e comitês, culminou com sua eleição, aos 60 anos, para a presidência da Associação Americana de Antropologia. Além dessa conquista, a capacidade de Mead de estender-se a outras disciplinas e públicos também impressionava os colegas, que não mediam o valor dos pares exclusivamente em termos de número de artigos publicados a cada ano em periódicos especializados. Sob a influência da história de Mead, referente à identidade do antropólogo contemporâneo, outros seguiram o exemplo dela, na tentativa de abarcar a disciplina e a comunidade mais ampla, embora poucos tenham emulado seu sucesso nesse empreendimento.

Mead também foi líder notória na academia em geral e na sociedade mais ampla. Quando se trata de liderança em ciências sociais, Mead se destaca entre as cerca de uma dúzia de pessoas que, depois da Segunda Guerra Mundial, com algum sucesso, procuraram legitimar a adoção de abordagem ampla e interdisciplinar no estudo da natureza humana. No esforço mais extenso de afetar a opinião pública americana a respeito das opções abertas às mulheres, crianças e famílias, poucos foram os concorrentes de Mead, se é que houve algum. Sua coluna mensal foi publicada pela revista *Redbook* de 1962 a 1979, e era lida por milhões de pessoas. Seus livros, desde os primeiros relatos sobre a vida nos Mares do Sul até sua autobiografia cativante, *Blackberry Winter: My Earlier Years* (1972), foram lidos e discutidos por ampla gama de leitores. Dirigiu-se a grandes públicos, espalhados pelo país e pelo mundo, que respeitavam e admiravam seu trabalho. Quando a televisão passou a ser o meio de comunicação dominante nos Estados Unidos, Mead tornou-se presença constante em programas de entrevistas e de debates empolgantes, às vezes nem tanto. Nenhum outro nome da academia era citado com mais frequência em eventos sociais que "Margaret Mead". Ela era o "símbolo da mulher intelectual da América". Muitas das posições referentes a sexo e estilo de vida que agora são dadas como certas foram expostas pela primeira vez ao público não acadêmico por Mead, e hoje são defendidas – ou atacadas – por pessoas que nunca ouviram o nome dela.

Mas em que consistiam, na essência, as histórias fundamentais que Mead transmitiu a seu público mais amplo? Encaro a mensagem de Mead como tendo emergido, inicialmente, de seus estudos de outros povos, mas dirigindo-se antes de tudo à própria sociedade americana. Na opinião dela, uma única natureza humana, quaisquer que fossem seus limites, era capaz de disseminar, no entanto, ampla variedade de culturas. Nenhuma dessas culturas tem o monopólio da sabedoria; nenhuma é inerentemente superior a todas as demais, em todas as dimensões. Devemos aprender com outras sociedades, da mesma maneira como elas podem aprender conosco. A consequência, asseverou Mead com otimismo, será um mundo em que a compreensão mútua pode ajudar a reduzir os conflitos.

Embora aparentemente inócua e, decerto, includente, essa mensagem foi inovadora em seu tempo. Ela se chocava, de um lado, com um tipo de relativismo leviano e insensato, pelo qual qualquer comportamento era necessariamente tão bom quanto todos os demais. Praticamente ninguém que vivesse à sombra do nazismo estava disposto a endossar postura tão hesitante sob a perspectiva cultural. Mead também pediu às pessoas que reconhecessem certas constantes e restrições da natureza humana – sobre gênero, temperamento, parentesco e criação – subjacentes à diversidade inquestionável. Essa aceitação das restrições, assim como das variedades de cultura, era ideia complexa, que exigia a síntese de aparentes antinomias. Como observamos, tratava-se de proposta suscetível de interpretações em vários níveis, que se aventurava bem além da mente não escolarizada.

Dentre todos os líderes considerados neste livro, Mead sobressai-se, em especial, sob um aspecto: Foi capaz de exercer liderança direta e indireta dentro e além de domínios específicos. Sem dúvida, Mead foi ajudada pelo fato de suas mensagens sobre natureza humana e cultura serem consonantes com tendências mais amplas em sua própria cultura. Ela também desfrutava da vantagem de suas histórias sobre identidade no âmbito de sua especialidade poderem ser apreendidas por pessoas fora do campo de atuação do antropólogo. Essa transferência imediata não seria possível em domínio mais arcano, como física quântica, que era a esfera de ação de Oppenheimer. Mas seria injusto não salientar também as habilidades incomuns de Mead em linguagem, comunicação pessoal e reconhecimento de padrões culturais.

Mead propôs muitas ideias que influenciaram outras pessoas. Todavia, parte da liderança decorre de ter um programa e de estabelecer uma estrutura ou organização que contribui para a sua execução. Isso ela não fez ou não quis fazer. Mead desenvolveu relacionamentos importantes com inúmeras pessoas, mas não os estruturou para lhe proporcionar maior eficácia em plano mais amplo. A atenção de Mead era inconstante e derivava de uma para outra área de interesse em muito pouco tempo; ela era impaciente e se destacava muito mais pela inspiração inicial que pela persistência duradoura. Movida pelo interesse compulsivo de otimizar cada minuto, raramente dava aos outros a chance de contribuir, de engajar-se e de capacitar-se. Desconfiava dos envolvimentos duradouros e, embora habilidosa em deflagrar a primeira centelha, raramente se mantinha ativa por muito tempo nos grupos ou organizações. (A participação dela na Associação Antropológica Americana talvez tenha sido seu compromisso mais prolongado com uma organização.) Com efeito, certa ocasião ela expressou alívio por ser mulher e por estar menos sujeita a ser convocada para assumir posições gerenciais. Preferia a liderança informal e transitória à liderança que demandava compromissos de longo prazo, como parte de determinada estrutura. De fato, em âmbito mais profundo, ela sentia que os americanos não eram sequiosos por líderes, e teria ficado espantada com a constatação de que tinha "seguidores".

Além de carecer de disposição organizacional, Mead tampouco dispunha de programa a ser executado. À exceção de mensagens muito genéricas (e louváveis) sobre razão, cooperação, relativismo cultural e respeito mútuo pela diversidade, ela não convocava o público para uma cruzada. Enquanto alguns de seus colegas dedicavam suas energias a uma única causa, como saúde, meio ambiente, direitos civis ou desarmamento nuclear, Mead se fixava em determinado tema durante um mês ou um ano e, então, passava para outro, igualmente sedutor. As mensagens dela eram mais as de um viajante e palestrante global polifônico que as de um especialista temático monocórdio. Ao envelhecer e, por fim, adoecer, seu foco dispersou-se ainda mais. Suas manifestações ficaram mais breves; a atenção, mais difusa; e a impaciência para fazer tudo antes que fosse muito tarde, mais intensa. É muito mais fácil constatar sua eficácia em conscientizar que sua capacidade de impactar em profundidade temas específicos.

Ainda mais surpreendente que ver o nome de Mead na primeira página do *New York Times*, em 31 de janeiro de 1983, cinco anos depois de sua morte, foi dar-se conta do contexto do artigo. Derek Freeman, antropólogo australiano que visitara Samoa pela primeira vez no começo da década de 1940 e que retornara para uma estada mais prolongada em meados da década de 1960, escrevera o livro *Margaret Mead and Samoa* (1983), contestando o trabalho de campo anterior de Mead.

De acordo com Freeman, Mead interpretara e expressara as condições de Samoa de maneira totalmente equivocada. Longe de ser o paraíso humano tropical que ela havia retratado, ele descreve Samoa como sociedade arrasada pelo conflito e pela ansiedade. Sistematicamente, Freeman aborda cada uma das alegações de Mead, e, qualquer que seja o tema, hierarquia, cooperação, agressão, religião, criação de filhos, costumes sexuais, adolescência ou etos, o antropólogo australiano chega a conclusões opostas às da antecessora. Ainda pior que refutar suas conclusões, Freeman questiona os métodos e as motivações de Mead (na opinião dele, ela não sabia conduzir trabalhos de campo). Na exposição de Freeman, um Boas relativamente aberto enviara Mead a campo para rechaçar as alegações de hereditariedade. Em capítulo gotejante de sarcasmo e insinuações, Freeman afirma: "Mead apresenta a Boas uma Resposta Absoluta." Assim se forjam e destroem as lendas antropológicas.

O ataque de Freeman desencadeou reações de defesa e contra-ataque enérgicas, com muitos acadêmicos de renome observando que os dados e fontes de Freeman eram tão enviesados numa direção quanto o trabalho anterior de Mead talvez o tivesse sido em outra direção. Uma imponente figura masculina, formidável e prestigiosa, estava tão sujeita a ser mal orientada por informantes quanto uma singela figura feminina, ainda desconhecida, com aparência totalmente inofensiva e despretensiosa. A opinião de Freeman, obsessivamente pessimista sobre a sociedade samoana, não era menos unilateral que o relato excessivamente positivo de Mead. No entanto, fosse como fosse, a autoridade duradoura de Mead havia sido solapada aos olhos do público. Para complementar esse revisionismo da lenda antropológica de Mead, estudos investigativos do começo da década de 1980, de Bateson e da biógrafa Jane Howard, apresentaram uma pessoa muito mais complexa e atormentada que a globe-trotter carismática, "avó de todos nós". De tudo isso, Mead emergiu como pessoa, embora louvável sob muitos aspectos, demasiado exigente em relação aos circunstantes, pouco sincera com os íntimos a respeito de diversas facetas da vida e pessoalmente relutante em enfrentar certas verdades a respeito de si mesma.

Até as mensagens de Mead para o mundo caíram em ouvidos menos simpáticos depois de sua morte. O enfraquecimento contínuo da família nuclear, o desempenho lastimável de várias instituições americanas, o aumento da violência nas ruas, e o ressurgimento do nacionalismo hediondo em todo o globo – questões com que Mead estava sintonizada – suscitaram ainda mais dúvidas sobre a visão otimista, ativista, progressista, do tipo "muitos povos um mundo", expressas por Mead. Não que se questionasse a desejabilidade em si das opiniões de Mead (embora fossem contestadas com frequência por porta-vozes mais conservadores); mas, sim, que elas passaram a ser consideradas improváveis, na melhor das hipóteses, e praticamente inalcançáveis e insustentáveis, em termos mais realistas. E, embora o exemplo pessoal de Mead como mulher acadêmica continuasse admirado, seus escritos passaram a ser interpretados como imbuídos de orientação mais individualista, mais preconizadores da "mística feminina" e com viés ainda mais biológico do que desejavam as feministas radicais.

Assim, nos anos recentes, passamos a discernir certos limites nas mensagens e nos exemplos pessoais de Mead. Em minha opinião, porém, o impacto da liderança dela continua forte. Mais que qualquer outra pessoa de sua época, Mead questionou, tanto para profissionais quanto para leigos, a crença de que só existe uma maneira de viver a infância e a adolescência. Embora ilustrando a variedade das culturas humanas, ela insistiu em que nenhum grupo tem todas as respostas e que a diversidade resulta de dimensões fundamentais da natureza humana. E, mais que qualquer um de seus contemporâneos, Mead demonstrou que um único cientista comportamental - com efeito, uma única cientista comportamental – podia falar diretamente a uma população ampla, tocar em pontos sensíveis e definir questões – se não respostas – de maneira duradoura. O fato de suas mensagens acadêmicas e pessoais terem sido consideradas coerentes é tributo duradouro à capacidade intelectual e comunicativa de Mead. Em consequência, tanto suas ideias quanto seus exemplos produziram efeitos prolongados.

## Capítulo 5

# J. Robert Oppenheimer: O ensino da física, as lições de política

*Todo poeta tem, em si, um pouco de Fuehrer; quer dominar as mentes pois é tentado a achar que sabe mais.*

Joseph Brodsky

Como reportagem de capa de sua edição de 10 de outubro de 1949, a revista *Life* destacou um rosto que, desde algum tempo atrás, passara a ser reconhecido por muitos americanos – o do físico J. Robert Oppenheimer, captado com expressão pensativa, cercado por livros e papéis.

Encarando diretamente o leitor, com um olhar penetrante, mas ao mesmo tempo estranhamente tranquilo, segurando com elegância um cigarro, "Oppie" ou "Opje" (como, em geral, era chamado), passou a simbolizar para o mundo um novo fenômeno: O cientista teórico imerso em assuntos públicos.

Oppenheimer foi o mago que concebeu o Projeto Manhattan – de longe o esforço coordenado mais grandioso empreendido até então na história da humanidade – em que ele e os colegas imaginaram e desenvolveram a bomba atômica. Agora, ao lado de outras eminentes figuras científicas e políticas, que atuavam em um conjunto imbricado de comissões, ele ponderava sobre as implicações da energia atômica para a guerra e para a paz. O elegante e ainda jovem homem de família assumira recentemente a direção do prestigioso Instituto de Estudos Avançados, em Princeton, New Jersey. Lá, nos termos do artigo principal da revista, este homem, com mente "da vinciana", presidiu com poder intelectual e charme pessoal um conjunto de acadêmicos brilhantes, dos quais o mais celebrado era o físico, seu colega, Albert Einstein.

Cinco anos depois, acusações de deslealdade foram assacadas em público contra o homem que, durante quase uma década, fora o mais influente cientista do mundo. O mesmo homem que contribuíra de maneira tão decisiva para a vitória dos Aliados era acusado de impor riscos à segurança nacional, alguém que não mais deveria participar dos segredos de seu país. E, de fato, depois de um estranho processo semijudicial, as regalias de Oppenheimer foram revogadas. Ele não mais poderia servir a seu país em qualquer posição em que tivesse acesso a dados confidenciais. Oppenheimer mais uma vez apareceu na capa dos principais periódicos de notícias e de opinião do país, mas, agora, por motivos muito menos afortunados.

Nos doze anos entre sua queda do poder e sua morte com câncer, Oppenheimer manteve a posição de diretor do Instituto de Estudos Avançados. Continuou dirigindo-se a vários públicos sobre os assuntos que lhe interessavam, embora, nunca mais, com a mesma segurança e influência. Em dezembro de 1963, pouco depois do assassinato de John F. Kennedy, Oppenheimer de certa forma foi reabilitado quando o presidente Lyndon B. Johnson o agraciou com o prestigioso Prêmio Enrico Fermi, concedido anualmente pela Comissão de Energia Atômica. Ao morrer, em fevereiro de 1967, era visto pelos amigos e admiradores como herói que fora cruelmente perseguido, à guisa de bode expiatório; mas também era considerado por muitos observadores e colegas uma figura ambivalente e ambígua, que contribuíra, mesmo sem intenção, para a própria queda; e, por anticomunistas inveterados, era encarado como um dos vilões da Guerra Fria, cujo nome devia ser pronunciado no mesmo tom com que se mencionava o do traidor condenado Alger Hiss, e até dos espiões executados Julius e Ethel Rosenberg.

Nascido na cidade de Nova York, em 1904, de uma família de judeus alemães, Oppenheimer desfrutou começo de vida pelo menos tão propício e privilegiado quanto o de Margaret Mead. A família era rica, educada e cívica. Os pais não poupavam recursos com o primogênito. Oppenheimer frequentou Fieldston, escola particular subsidiada, da Ethical Culture Society. Lá, seguindo os preceitos da sociedade e da própria família, passou a identificar-se intensamente com questões não sectárias, idealistas e humanistas.

O jovem Oppenheimer, cujo brilhantismo e precocidade eram singulares, sempre se destacou no topo da turma. Era leitor voraz e se lembrava de praticamente tudo o que lia. Ao entrar na Harvard College, matriculou-se em duas vezes mais cursos que os necessários e foi excelente em quase todos. Dominar línguas estrangeiras era brincadeira de criança para ele. Aprendeu sânscrito e gostava de ler trabalhos no original; ao visitar a Holanda, familiarizou-se tanto com o holandês que passou a dar palestras sobre física no idioma. Seus principais interesses acadêmicos vieram a concentrar-se em ciências, primeiro em química e depois em física; mas, inebriado pelo aprendizado em grande escala, não conseguia deixar de lado outras disciplinas, dedicando-se inclusive à poesia com o mesmo fervor.

Não é fácil ter alguma percepção da mente do jovem Oppenheimer, exceto para afirmar que ele era – e sempre foi – dono de personalidade muito complexa. Sob esse aspecto, puxara os pais. Elegantes na aparência, ambos pareciam ser pessoas tensas e problemáticas; o pai tinha de esforçar-se para ser agradável, enquanto a emotividade da mãe ocultava temperamento depressivo. Oppenheimer se lembrava de si mesmo como "bom garoto repulsivamente sonso". À semelhança de muitos jovens hipertalentosos, consta que foi solitário e enfermiço, mas tinha alguns bons amigos e era companheiro de seu irmão mais moço, Frank, que também acabou sendo físico.

A adolescência de Oppenheimer foi difícil. Por causa da saúde e do humor ruins, teve de passar um ano em casa e mais um verão fora de casa, antes de ser considerado apto para entrar na faculdade. Esteve à beira do suicídio em pelo menos uma ocasião – ele próprio se referia à tendência "crônica" para a autodestruição – e, em outra ocasião, tentou estrangular seu amigo próximo Francis Fergusson. Envolvia-se em situações estranhas e, às vezes, muito arriscadas, quando dirigia ou navegava, e tendia a exageros que, às vezes, lhe acarretavam problemas. Tinha dificuldade em manter relações com os pares, aos quais, às vezes, impressionava como insensível e arrogante. Mais tarde na vida, veio a confessar:

*Nos tempos de minha adolescência, que se prolongou quase que para sempre, eu dificilmente partia para a ação, raramente fazia ou deixava de fazer alguma coisa, que não despertasse em mim senso muito intenso de repulsa e de culpa.*

Quando a mãe morreu, em 1931, escreveu a um amigo, dizendo-se o homem mais solitário do mundo.

Enquanto fazia pesquisas no laboratório Cavendish, em Cambridge, Inglaterra, depois de sua formatura em Harvard, Oppenheimer procurou um psiquiatra, cuja conclusão fora a de que o jovem e brilhante cientista americano era esquizofrênico. Embora tudo indique que o diagnóstico tenha sido equivocado, ou pelo menos pouco fundamentado, percebe-se como a tendência de Oppenheimer de viver em um mundo interior, a incapacidade de manter relações sociais comuns com outras pessoas, a compulsão para controlar as situações e sua disciplina e concentração quase sobre-humanas poderiam ter levado à mesma conclusão. Mais de uma vez na vida, Oppenheimer chegou à beira do colapso. Também se constatavam sinais de neurose, que chegavam às raias da psicose, em outros membros da família. Em comparação com personalidades relativamente fortes (talvez até sem maiores problemas), como Margaret Mead e Robert Maynard Hutchins, Oppenheimer teve de dedicar considerável energia, durante toda a vida, a rechaçar a depressão e a preservar o equilíbrio psicológico.

Oppenheimer foi resgatado da incerteza quanto a sua futura carreira e da melancolia aguda em sua vida pessoal pelo envolvimento crescente com a física. A disciplina havia sido inserida em posição de destaque no mapa das ciências pelo trabalho de Einstein na virada do século. Agora, as descobertas ainda mais recentes sobre complementaridade, indeterminância e outros fenômenos mecânicos quânticos atraíram as melhores e as mais brilhantes mentes científicas jovens. Oppenheimer sem dúvida ocupava lugar de destaque nessas fileiras. Seus primeiros relacionamentos profissionais foram com membros típicos desses círculos talentosos: Percy Bridgman, em Harvard; J. J. Thomson, em Cavendish, Cambridge; e Max Born, em Goettingen; em companhia de gigantes como Werner Heisenberg, Wolfgant Pauli, Eugene Wigner, Herman Weyl e John von Neumann (dentre os quais vários vieram a tornar-se seus colegas no Instituto de Estudos Avançados).

Como jovem acadêmico, Oppenheimer escreveu trabalhos importantes sobre relatividade e mecânica quântica, ampliando a perspectiva da mecânica quântica para áreas até então inexploradas. Ao voltar da Europa para casa, recebeu ofertas de emprego de Harvard, do Instituto de Tecnologia da Califórnia e da Universidade da Califórnia, em Berkeley. Acabou aceitando as duas últimas propostas, dividindo seu tempo entre as universidades do norte e do sul da Califórnia, durante toda a década de 1930.

Em Berkeley, Oppenheimer finalmente encontrou uma comunidade intelectual e uma casa. Era muito respeitado como importante físico teórico, como acadêmico de visão ampla e como professor brilhante. Embora um pouco impaciente com mentes menores e incapaz de evitar certa arrogância e afetação, Oppenheimer desenvolveu extraordinária habilidade para transmitir conceitos físicos difíceis a estudantes promissores, instigando-lhes o interesse e inspirando-os a realizar excelentes trabalhos.

Oppenheimer começava a mostrar que era capaz de exercer poderoso fascínio sobre outras pessoas, em especial jovens estudantes. Suas cartas salientam avanço inequívoco na aptidão para manejar situações sociais; nelas, demonstra considerável empatia por outras pessoas, sejam superiores, amigos ou alunos. Lembrando outros jovens criativos, como Sigmund Freud e T. S. Eliot, Oppenheimer demonstrava apurada sensibilidade sobre como manter relações cordiais com pessoas de diferentes status sociais e de diversos pontos de vista. Pessoalmente, mostrava-se capaz de prever as necessidades e desejos dos circunstantes. Talvez Oppenheimer sempre tivesse estado sintonizado com o lado humano, ainda que essa sensibilidade houvesse sido mascarada, nos primeiros anos, pela própria timidez e por sérias dificuldades pessoais; talvez apenas agora estivesse desenvolvendo as novas habilidades que lhe eram tão necessárias.

Para alguém com a capacidade e as ambições de Oppenheimer, porém, talvez lhe faltassem alguns elementos cruciais indispensáveis para a grandeza científica. Embora não superado por qualquer um dos colegas em puro brilhantismo e capacidade de compreensão, Oppenheimer não se tornaria um dos astros internacionais da física nem tinha estofo para o Prêmio Nobel. Ninguém pode apontar com certeza as razões desse fracasso: talvez fatores banais, como oportunidade ou sorte; talvez a fraqueza relativa em experimentação e em trabalhos de laboratório; talvez a veia depressiva ou o temperamento cético; talvez o diletantismo compulsivo, que o estimulava a estender-se com mais amplitude que a sondar com mais profundidade.

Meu palpite é que o maior obstáculo isolado à imortalidade de Oppenheimer como cientista puro foi sua falta de nervo científico – uma ambivalência em relação a correr riscos ou a assumir posições controversas que acabassem comprometendo sua capacidade de liderança. Ele era melhor em conversar, traduzir, lecionar e compreender as ideias alheias que em aventurar-se cada vez mais longe em ramificações teóricas de sua própria lavra. Essa pessoa outrora isolada transformava-se em animal cada vez mais social. Preferia fazer perguntas a dedicar a vida – e a arriscar a carreira – no esforço para resolver apenas uma delas. Seu colega e amigo I. I. Rabi, físico ganhador do Prêmio Nobel – dizia que, apesar de todo o brilhantismo, Oppenheimer não tinha índole para dedicar-se à solução de um enigma científico, qualquer que fosse o rumo das pesquisas, sem considerar as consequências. Rabi certa vez afirmou a respeito de Oppenheimer: "Ele não era original. A maioria das ideias inéditas era de outros, mas ele conseguia abrir portas e apresentá-las." E Rabi sentia que Oppenheimer tendia a romantizar mistérios, em vez de empenhar-se em resolvê-los.

Com base nos registros disponíveis, não está claro até que ponto Oppenheimer enfrentava problemas decorrentes de sua incapacidade de promover grandes avanços científicos. É evidente, contudo, que, na década de 1930, enquanto Mead deixava suas pegadas científicas, Oppenheimer descobria mundos além da pura ciência. Foi a época em que os Estados Unidos estavam preocupados com os danos impostos pela Grande Depressão e com a ascensão do fascismo no exterior. A namorada de Oppenheimer, Jean Tatlock, seu irmão, Frank, e, depois, a própria esposa, Kitty, eram participantes ativos da política de esquerda da década de 1930, e Oppenheimer veio a compartilhar seus interesses e preocupações. Em suas próprias palavras, como mais tarde se lembrou:

*Meus amigos, tanto de Pasadena quanto de Berkeley, eram, principalmente, professores, cientistas, classicistas e artistas. Eu estudava e lia sânscrito com Arthur Ryder. Lia muito, principalmente clássicos, romances, peças e poesias; e ainda lia coisas de outras áreas das ciências. Não estava interessado e não lia nada sobre economia ou política. Estava quase totalmente alienado da cena contemporânea do país. Nunca lia jornais nem revistas, como* Time *ou* Harper's*... Estava interessado no ser humano e nas suas experiências, mas não compreendia as relações do homem com a sociedade.*

Oppenheimer observou, contudo, que, "em fins de 1936", seus "interesses começaram a mudar". No fim da década de 1930, Oppenheimer se tornara pessoa diferente. Ao seu brilhantismo como especialista em física acrescentavam-se a sensibilidade em relação a pessoas menos privilegiadas e o domínio da cena política no país e no exterior. Sua grande capacidade em linguística e em lógica foi enriquecida pela mobilização crescente de suas inteligências pessoais. Associando as preocupações da Ethical Culture Society de sua juventude com a ansiedade cada vez maior em relação ao agravamento da instabilidade mundial, Oppenheimer tornou-se inequivocamente uma pessoa da esquerda. Devorava os principais textos marxistas, abraçava ideais socialistas, demonstrava sensibilidade para com a injustiça, apoiava causas radicais e empenhava-se em construir uma ordem social melhor.

Sempre impressionara os circunstantes como alguém especial, e sua reputação agora se espalhava para além das ciências. Já na condição de líder direto e indireto no domínio da física, ele começava a influenciar as ideias e crenças de quem se preocupava com a situação política no país e no exterior.

Mesmo antes da eclosão da Segunda Guerra Mundial, os físicos já estavam cientes da possibilidade de produção de armas poderosas por meio da liberação da energia nuclear. Em uma carta de 1939, hoje famosa, na verdade redigida pelo físico Leo Szilard, Einstein alertara o Presidente Roosevelt para essa possibilidade. Logo se lançaram várias iniciativas com objetivo de produzir armas atômicas, e Oppenheimer foi incumbido de função de liderança nas pesquisas de Berkeley sobre as reações de nêutrons rápidos. Uma de suas atribuições era coordenar os cálculos teóricos sobre reações nucleares básicas com dados experimentais; competia-lhe estimar a massa crítica de material necessária para a fissão e avaliar a eficiência da arma proposta. Os líderes científicos nacionais nessa fase da pesquisa sobre armas nucleares – Arthur Compton, James Conant, de Harvard, e Ernest Lawrence, colega próximo de Oppenheimer em Berkeley – reconheceram a acuidade científica de Oppenheimer e sua capacidade de executar tarefas desafiadoras com rapidez.

No entanto, ainda era grande a distância entre Oppenheimer, importante pesquisador acadêmico da Costa Oeste, e Oppenheimer, líder do que, em tese, se constituía no mais importante empreendimento científico e militar da história humana. Não era de modo algum conclusão inevitável que Oppenheimer seria convidado para chefiar a missão científica do Projeto Manhattan. Sem dúvida, ele era totalmente capaz de compreender as questões técnicas referentes à construção de uma arma atômica, contava com o respeito dos colegas cientistas, e estava disposto – na verdade, ansioso – para assumir compromisso em tempo integral com o projeto. No entanto, contra ele, alinhavam-se sua juventude relativa (ele ainda não tinha 40 anos); sua falta de experiência na direção de qualquer espécie de instituição; sua reputação de teórico, não de experimentalista; e sua estatura como cientista, que se situava pouco abaixo da dos melhores. As bem conhecidas inclinações esquerdistas de Oppenheimer decerto foram motivo de hesitação no establishment de defesa do país. Foi como se lembrou, duas décadas depois, o General Leslie Groves, incumbido de supervisionar todo o projeto: "Ninguém com quem conversei mostrou muito entusiasmo em relação a Oppenheimer como possível diretor do projeto." Além disso, refletindo as lealdades políticas esquerdistas de Oppenheimer, Groves afirmou: "Aquilo não era de modo algum de nosso gosto."

Por fim, no começo de 1943, Oppenheimer foi nomeado líder científico do Projeto Manhattan. Apesar de suas dúvidas iniciais e da inequívoca falta de entusiasmo por parte de vários de seus consultores, Groves convenceu-se de que, entre as pessoas disponíveis, Oppenheimer reunia a combinação ótima de qualidades pessoais e intelectuais. Groves considerava Oppenheimer um gênio científico – à parte de todos os demais – e também passou a gostar dele pessoalmente. Cotejando as alternativas, ficou claro para Grove que, dificilmente, qualquer outra pessoa seria tão capaz quanto ele de presidir um conjunto tão díspar de cientistas e técnicos, levando-os a trabalhar juntos, sem sobressaltos e com eficácia. E, assim, Oppenheimer, até então basicamente líder indireto em domínio tradicional, de repente tornou-se líder direto de empreendimento muito mais amplo.

Por consenso, Oppenheimer revelou-se grande sucesso como diretor científico do Projeto Manhattan, conjugando todas as virtudes almejadas. Compreendia o material técnico perfeitamente, podia assimilar novas descobertas imediatamente, e era capaz de explicar questões cruciais a pessoas de diferentes campos de atuação e de formação profissional, e, por fim, era trabalhador incansável. Assumindo a responsabilidade de cuidar das condições de vida nas instalações isoladas de Santa Fe e Los Alamos, Oppenheimer tomava conta de tudo, desde salários, passando por atividades sociais, até qualidade das refeições. Selecionava (geralmente era mais como a sedução de um parceiro relutante) o pessoal de alto nível mais talentoso (com idade média de 25 anos, o mais velho com cerca de 40) e mantinha relacionamento pessoal estreito com eles e com suas famílias desalojadas; e também se mostrava impressionantemente solícito com o pessoal de apoio. O grande físico Hans Bethe relatou:

*O sucesso de Los Alamos se deve, em grande parte, ao trabalho em equipe e à liderança de seu diretor. Não é função básica de um diretor de laboratório fazer contribuições técnicas. O que se exigia do diretor de Los Alamos na época era conseguir que muitas primas-donas trabalhassem juntas, compreender o trabalho técnico em andamento, fazer tudo se encaixar, e decidir entre [sic] várias linhas de desenvolvimento possíveis. Nunca vi ninguém que desempenhasse essas funções com tanto brilhantismo quanto Oppenheimer.*

Essa caracterização positiva foi repetida por quase todos os observadores. O físico Victor Weisskopf aludiu à "presença contínua e intensa [de Oppenheimer], que reforçava o senso de participação direta em todos" os cientistas. Paul Horgan, amigo de longa data de Oppenheimer, referiu-se a ele como "manipulador e intérprete de primeira classe da imaginação". Rabi tachou Oppenheimer de "líder inato... [que, com o Projeto Manhattan] criou uma atmosfera de vibração, de entusiasmo e de elevado propósito intelectual e moral, que ainda perdura entre os participantes como uma das maiores experiências de suas vidas". E o físico Edward Teller matutava: "Não sei como Oppenheimer desenvolveu essa facilidade para lidar com pessoas." A resposta talvez tenha sido dada por outro velho amigo, o escritor Haakon Chevalier:

*Desde a mais tenra idade, imagino, a necessidade de destacar-se talvez tenha persistido nele. Durante longo tempo, provavelmente, na escola e na faculdade, o exercício de função de liderança lhe teria ocorrido como uma espécie de dever natural. Ele sobressaía acima dos colegas de maneira tão inequívoca que ninguém desafiava sua liderança, a ponto de ele passar a encarar a situação como a ordem natural das coisas.*

Em Los Alamos, Oppenheimer enfrentou desafio sem precedentes. A fim de montar uma bomba de fissão assim que o material estivesse disponível, teria de construir em segredo enorme aparato de pesquisa científica e tecnológica, e manter o interesse, a cooperação e o moral de 4.500 trabalhadores. Tinha de atender às demandas da liderança militar para a construção o mais rápido possível de uma arma nuclear sob condições de máxima segurança. Para a maioria dos cientistas, contudo, trabalho secreto em projeto alheio entrava em contradição com a maneira irrestrita e francamente egoísta com que costumavam trabalhar.

Oppenheimer insistia na maior abertura possível em Los Alamos, cumpridas as compreensíveis exigências de segurança. Resistia ao impulso dos militares de limitar o conhecimento dos participantes sobre o projeto. Mantinha contato regular com cientistas de todo o país e, na verdade, até de partes da Europa. Planejava eventos em que os cientistas pudessem relaxar e interagir com espontaneidade. Estimulava os debates e participava das discussões, não só como moderador, mas também como debatedor. Ao se defrontar com um colega difícil e competitivo, como Teller, mostrava flexibilidade e imaginação; permitiu que Teller atuasse como "chato", questionador e exigente, perseguisse algumas de suas ideias sobre uma "superbomba" (como a de hidrogênio), e crescesse intelectualmente. Ao mesmo tempo, impedia que Teller interferisse no trabalho de outros cientistas e garantia que as missões básicas do laboratório continuassem a ser perseguidas com obstinação e intensidade.

Com grande sucesso, Oppenheimer controlou seu temperamento e ocultou suas tendências até então notórias para a arrogância e a dominação. Realizando proeza delicada e difícil, distinguiu-se ao mesmo tempo como líder inquestionável de um esforço científico e colega solidário de todas as horas, sempre disposto a assumir responsabilidades e atribuições junto com todos os demais, raramente recorrendo à autoridade ou expressando desprezo.

Nos termos deste estudo, Oppenheimer transitou com eficácia de líder indireto, atuando numa faixa estreita (embora essencial) da física, para líder direto de uma organização científica vultosa e heterogênea. No papel de cientista, lidava com especialistas e discutia temas teóricos de física nuclear, em toda a sua complexidade. Ao mesmo tempo, contudo, como líder direto de homens e mulheres com elevada qualificação, ele também expunha história de identidade muito mais elementar: Nós, cientistas e técnicos, somos dotados de conhecimentos e de habilidades especiais. Como patriotas, devemos trabalhar juntos com eficácia, da maneira menos egoísta possível, tendo em vista o objetivo de produzir uma arma capaz de ajudar os Aliados a vencer a guerra. Com base em todos os indícios, Oppenheimer acreditava totalmente nessa história, e suas ações personificavam suas crenças. É difícil imaginar líder mais eficaz de uma missão científica de alto nível.

Mesmo uma história de cooperação científica durante a guerra enfrentará bolsões de resistência. Entre as contra-histórias com que se defrontou Oppenheimer encontravam-se narrativas que salientavam a divisão entre "ciência pura" e aplicações práticas, ou entre "ciência pura" e "ciência politizada". A necessidade de segredo também ia de encontro ao credo científico que preconizava o compartilhamento irrestrito de todo o conhecimento. À medida que o desenvolvimento de armas espantosas se tornava mais provável, os cientistas manifestavam dúvidas crescentes sobre os usos a que se prestariam. Um líder menos habilidoso do que Oppenheimer poderia muito bem ver sua própria história sobrepujada por essas agendas concorrentes.

Liderar Los Alamos não era uma empreitada sem custos. Oppenheimer empenhou-se à exaustão, comprometeu a saúde, tornou-se macilento, fumava e tossia o tempo todo. Em consequência de encontros casuais, na época, com velhos amigos esquerdistas, as suspeitas sobre a lealdade pessoal de Oppenheimer reaqueceram-se entre as forças de segurança; às vezes, os investigadores o interrogavam exaustivamente depois de um esfalfante dia de trabalho. Ele enfrentou mais de uma crise pessoal quanto à sua capacidade de coordenar os trabalhos e de exercer a liderança necessária. Em várias ocasiões, em 1943 e 1944, declarou que renunciaria à posição. Oppenheimer, contudo, manteve-se como timoneiro e continuou crescendo em habilidades e realizações, até a conclusão climática de sua tarefa espantosa, no verão de 1945.

Quando as primeiras armas atômicas foram detonadas, de início como teste, no deserto perto de Alamogordo, Novo México, e, depois, com consequências fatídicas, nas cidades japonesas de Hiroshima e Nagasaki, Oppenheimer estava no auge da carreira. Havia liderado com êxito um empreendimento de complexidade e importância sem iguais, ao mesmo tempo que mantinha o respeito dos colegas e subordinados. Conseguira transpor a enorme distância entre expertise científica e liderança institucional. Da mesma maneira como Mead se defrontara com escolhas inesperadas ao retornar de sua segunda viagem a campo, também Oppenheimer se deparou com inúmeras opções, desde voltar ao mundo da física acadêmica até entrar na arena política.

Enquanto a maioria dos colegas cientistas voltou, não raro com alívio indisfarçável, a seus laboratórios e universidades, Oppenheimer preferiu continuar presente no cenário da política nacional. Em razão da capacidade inquestionável em energia atômica, da familiaridade crescente com o ambiente político e da intimidade crescente com muitos líderes e formuladores de políticas, passou a transitar com facilidade em posições de influência. Nos anos imediatamente seguintes à guerra, exerceu várias dessas funções, como membro do Comitê Científico da Comissão de Energia Atômica dos Estados Unidos, como presidente do Comitê Consultivo Geral da Comissão de Energia Atômica dos Estados Unidos, como membro do Comitê Consultivo Científico do Escritório de Mobilização da Defesa, desincumbindo-se muito bem de todas essas atribuições. Um colega que serviu com ele afirmou: "Ele era líder tão natural de nosso grupo a ponto de ser impossível imaginar que não estivesse nessa função." Alice Kimball Smith e Charles Weiner observaram:

*De fato, Oppenheimer tornou-se uma espécie de Grand Pooh-Bah da energia atômica: como ele resumia as discussões com tanta concisão e geralmente ficava em Washington para outra reunião no dia seguinte, os demais participantes lhe delegavam de bom grado a redação dos relatórios; às vezes isso significava que Oppenheimer redigia relatórios para Oppenheimer.*

Esse foi o Oppenheimer, homem de meia-idade, no apogeu de seus poderes e influência, que despontou como capa da revista *Life*, no outono de 1949.

Oppenheimer, porém, tinha um lado mais problemático. Mesmo antes da montagem e da detonação das bombas, Oppenheimer e os outros cientistas estavam conscientes das consequências tenebrosas do uso de armas tão poderosas. Muitos membros da comunidade científica já tinham sentido que as bombas jamais deveriam ser lançadas – que seria preferível detonar uma "arma de demonstração" diante do inimigo, ou que as armas atômicas deveriam ser internacionalizadas ou proscritas. O próprio Oppenheimer parecia fazer restrições à decisão de lançar as bombas sobre o Japão, mas ele não encabeçara nenhum tipo de oposição aberta, com base em escrúpulos morais, como teriam desejado alguns de seus colegas cientistas. Com efeito, Oppenheimer havia interceptado uma petição na qual se propunha que se fizesse, de início, uma "demonstração experimental" da bomba. Em vez disso, ele parecia estupefato – se não imobilizado – pela tragédia da situação, e até citara, em momento famoso, uma passagem do Bhagavad Gita: "Se o brilho de mil sóis irrompesse nos céus de uma só vez, seria como que o esplendor do Todo Poderoso... Tornei-me a morte, aniquiladora dos mundos." Também expressou sua própria opinião: "E, no sentido mais objetivo, que nenhuma vulgaridade, nenhum humor, nenhum exagero pode extinguir, os físicos conheceram o pecado; e esse é um conhecimento que não podem perder."

Depois da guerra, Oppenheimer muito se esforçou para representar a voz da racionalidade nos círculos de influência; mostrou-se a favor do controle internacional da energia atômica, do uso pacífico da energia nuclear, e dos processos de desarmamento graduais. Pessoalmente, recomendou cuidado e expressou ceticismo sobre a construção de armas mais poderosas, como a bomba de hidrogênio (ou "superbomba"). Mas, em geral, se via em minoria, quando cercado por representantes dos círculos de defesa, e também testemunhou um movimento aparentemente inexorável para o conservadorismo e o chauvinismo no cenário político americano.

Assim, Oppenheimer enfrentava um dilema. Para manter sua influência nos corredores do poder, ele, em geral, tinha de subjugar suas crenças pessoais e alinhar-se com uma maioria mais militante. Impelido pela culpa decorrente de sua estreita associação com a bomba atômica, pela incerteza resultante de sua posição comprometida com questões de segurança, e pela cobiça inegável – ainda que ambivalente – de manter-se perto dos centros de poder, Oppenheimer era, de muitas maneiras, um homem atormentado, mais reminiscente do ego jovem que do líder confiante, que tanto sobressaíra no começo da década de 1940.

Embora seu nome estivesse ficando conhecido em todo o país, Oppenheimer nunca se sentia à vontade ao palestrar para o grande público heterogêneo. Diferentemente de Mead, que curtia as oportunidades de aparecer na mídia de massa, Oppenheimer, no âmago, continuava sendo um acadêmico introvertido e um líder intelectual, mais à vontade ao dirigir-se aos colegas com quem compartilhava conhecimento técnico e valores culturais. Todavia, por causa de seu nicho em expansão nos Estados Unidos de meados do século, Oppenheimer precisava falar para pelo menos quatro diferentes comunidades ou públicos, sobre as quais também tinha de exercer algum grau de liderança.

Primeiro, Oppenheimer ainda era especialista nos aspectos técnicos da física. Com efeito, poucos de sua geração se rivalizavam com ele na mestria de vários campos de atuação, na capacidade de manter-se a par de novas descobertas e na habilidade de estimular novas linhas de trabalho vibrantes, como vinha agindo em sua nova posição no Instituto de Estudos Avançados, cujas atividades se concentravam nas questões mais fundamentais da existência: De que é feito o universo? Como compreender melhor a matéria e a energia? Como surgiu o universo e qual será o seu destino?

Oppenheimer continuou sendo fonte de inspiração para seu grupo de colegas cientistas. No último dia de seu trabalho em Los Alamos, proferiu palestra tão brilhante que sua leitura ainda é leitura instigante. Muito valorizado era o seu dom de ajudar os físicos a divisar o "panorama mais amplo" – como um problema ou domínio da física se relacionava com outro; como a física se conectava com as demais ciências, com as diferentes áreas de conhecimento, e com o mundo das escolhas pessoais. Reconheceu as ligações poderosas que existiam entre os cientistas, como cientistas; viu nessa afinidade a base para um mundo mais racional, em que se buscasse, se compartilhasse e se explorasse o conhecimento para fins positivos.

Oppenheimer acrescentou a esses públicos básicos três outros grupos. Sentia-se à vontade ao dirigir-se à comunidade acadêmica mais ampla – estudiosos de outras disciplinas no instituto de Estudos Avançados e acadêmicos de áreas diversas em outros centros de estudos. Para eles, Oppenheimer representava o intelectual erudito, interdisciplinar, igualmente em casa nos laboratórios de outras ciências, nas galerias de arte e nas bibliotecas de história e de literatura. Muito mais que Mead, Oppenheimer era um intelectual de intelectuais. Demonstrava interesse profundo pela natureza do conhecimento – e da ignorância – em todos os setores acadêmicos. Gostava de especular em voz alta sobre os mistérios da mente e do universo, e se deleitava com a mesma intensidade tanto ao lançar questões amplas (do tipo "De que maneira pode a moralidade humana ser codificada numa cadeia de DNA?") quanto ao considerar as soluções propostas por seus colegas acadêmicos. Desse público escolarizado, assim como de seu público básico de físicos, Oppenheimer podia esperar certo nível de expertise e um mínimo de lealdade em relação a seu empreendimento cognitivo.

Público mais desafiador com que se relacionar eram os formuladores de políticas que recorriam a Oppenheimer em busca de explicações sobre as complexidades da energia atômica e de conselhos sobre o que fazer com os instrumentos de destruição em massa. Essas pessoas queriam saber sobre os potenciais, para o bem ou para o mal, dos novos armamentos que haviam sido criados; buscavam, às vezes, insights técnicos, e, outras vezes, liderança moral. Embora alguns admirassem as sutilezas da mente de Oppenheimer, outros ficavam impacientes com sua inclinação para levantar questões, em vez de propor respostas. Oppenheimer entrou em conflito lamentável com o presidente Harry Truman, que se aborreceu com a autorrecriminação crônica de Oppenheimer. "Não me traga mais aquele cara aqui", Truman teria dito a seu secretário de Estado, Dean Acheson. "Afinal, tudo o que ele fez foi produzir a bomba. Fui eu quem a detonou."

Finalmente, apesar de suas dúvidas pessoais, Oppenheimer não se escusou a dirigir-se ao grande público, na tentativa de esclarecê-lo. Reconhecendo a distância que separava o cientista profissional do leigo interessado, dedicou-se com entusiasmo ao trabalho de explicar e justificar o mundo da ciência. De maneira que parece difícil de compreender hoje (porque quase todos que nascemos na era atômica tendemos a dar como certos as mudanças e os avanços da época), Oppenheimer teve de combater em público as questões impostas pelo novo papel dos cientistas como criadores e detentores de poder – como aqueles que brincam de Deus.

Ao falar para os formuladores de políticas e para o público em geral, Oppenheimer esforçou-se para simplificar as questões, sem desorientá-los. Nessas condições, via-se cercado de inúmeros paradoxos, que tentava resolver com paciência: Como podem os cientistas apreciar intercâmbios abertos e, ao mesmo tempo, envolver-se em pesquisas altamente secretas? Como tentar descobrir a verdade e, então, defrontar-se com o fato de que as respostas são capazes de destruir o planeta? Quais serão as consequências, de um lado, de compartilharmos o know-how tecnológico com os inimigos, e, de outro lado, de não divulgarmos nossas tecnologias e, em consequência, deflagrar uma corrida armamentista? Como lidar com a realidade de que a mesma tecnologia que produz armas atômicas também pode gerar grandes benefícios para a humanidade? Ao enfrentar esses dilemas, Oppenheimer lutava para ampliar sua abordagem, de questões disciplinares essenciais sobre a natureza da matéria para indagações universais metafísicas sobre a identidade da espécie humana. Também se constata o deslocamento de uma visão excludente e maniqueísta, sob a perspectiva militar, do mundo político (os Aliados contra as potências do Eixo) para uma visão includente e matizada de toda a humanidade.

Oppenheimer não raro recorria às ideias fundamentais da física para explicar seu enigma – *nosso* enigma – para o mundo mais amplo. Partindo da descoberta momentosa da complementaridade pelo físico dinamarquês Niels Bohr, Oppenheimer comentou:

*Aos poucos, estamos tomando consciência do fato de que dizer a verdade é muito mais árduo do que gostaríamos de imaginar. É difícil até ser franco, caso não se disponha de uma vasta comunidade de experiência e conhecimento, em termos do que se pretende discutir. Em política, as grandes iniciativas e as grandes personalidades são as que revelam as relações e a harmonia entre visões, generalizações e ideais, que, à primeira vista, não parecem compatíveis nem relevantes. Decerto se precisa dessa condição hoje, ao lidar com questões referentes ao papel do indivíduo na sociedade – os indivíduos são instrumento da sociedade ou meio da sociedade. Não se pode ignorar nem a alma humana, como algo a ser poupado, nem o homem, como parte da sociedade; não é fácil considerar esses dois conceitos sem algum senso de que cada um complementa o outro. Temos sido alertados para essa espécie de dualidade por nossa experiência na ciência.*

Nessa tentativa de compartilhar com um público mais amplo as contradições e os paradoxos que encontrara ao longo da própria vida, Oppenheimer tocou em alguns dos grandes temas que ocuparam muitos outros líderes do século XX, em especial os que aspiravam a posições de liderança no mundo das ideias. Oppenheimer pedia aos habitantes do mundo que se juntassem a ele no manejo das relações entre conhecimento, poder e abertura; do equilíbrio entre pureza e inocência, de um lado, e poluição e ceticismo, de outro; da proporção adequada entre segredo e abertura na sociedade, em especial da que se compromete com a liberdade de expressão; e das dificuldades de se tomarem decisões sábias sobre a vida humana, quando parcela tão grande do conhecimento contemporâneo é de tal maneira técnica que somente os especialistas de boa-fé têm condições de enfrentá-las.

Conforme já observado, Oppenheimer gostava de temas complexos, sentia-se atraído por enigmas e deixava-se seduzir pelo misticismo. A principal história que transmitia a seus públicos era a da integração pessoal de elementos do conhecimento científico, de circunstâncias históricas, e da fragilidade humana. Oppenheimer era fiel à sua natureza, ao expor seu fascínio pelo enigmático e pelo paradoxal:

- "É muito mais difícil compreender um tema quando ninguém mais o compreende."
- "Os povos do mundo devem unir-se sob pena de perecerem. A guerra que assolou com tanta intensidade a Terra inscreveu essas palavras. A bomba atômica as iluminou para que todos a compreendessem."
- "Dedicamos esforço, estudo, reflexão e dinheiro à busca de segurança militar... No entanto, provocamos a mais terrível insegurança já conhecida pelo homem em toda a história de que se tem registro."
- "Ninguém deve sair de nossas universidades sem o senso da realidade de que, não por sua culpa, mas pela natureza das coisas, continuará ignorante, assim como todas as outras pessoas."
- "Fizemos algo formidável, a mais terrível das armas... E, ao fazê-lo... Suscitamos mais uma vez a questão sobre se a ciência é boa para a humanidade, ou se é bom tentar compreender o mundo."
- "A bomba atômica... Que deveu todo o seu sucesso e a própria existência à possibilidade de discussão aberta e de pesquisa livre, pareceu um estranho paradoxo, o de ser também algo secreto e instrumento sem igual de coerção."

Ao expor suas reflexões mais profundas sobre o mundo, Oppenheimer procurava compartilhar suas ideias com vários públicos. Vê-se como os físicos e outros estudiosos apreendiam e talvez simpatizassem com as tentativas de Oppenheimer de estender os paradoxos da física aos enigmas da vida contemporânea. Essas mensagens, porém, não eram de pronto acessíveis à mente não escolarizada: lembravam muito mais reflexões sobre a relatividade (física ou cultural), ou tentativas de alcançar uma grande síntese pessoal, que relatos diretos do certo e do errado. É fácil ver como os públicos não especializados de Oppenheimer – leigos, assim como políticos ou militares – se sentiam confusos, frustrados ou alienados pelas questões complexas que ele tentava transmitir.

No final da década de 1940 e no começo da de 1950, os Estados Unidos, incitados pelo senador demagogo de Wisconsin, Joseph McCarthy, enfrentou paroxismos de sentimento anticomunista. Qualquer pessoa com os mais remotos tons de associação com causas socialistas ou comunistas tornava-se alvo dessa caça às bruxas dos últimos dias. Oppenheimer havia muito era vítima de rumores e cochichos sobre suas tendências esquerdistas e sobre suas simpatias por ideias e instituições comunistas. Conforme já observamos, ele estava sob vigilância desde meados da guerra. Quando chegou a hora da renovação de seu acesso privilegiado a instalações e a informações confidenciais, os inimigos decidiram atacá-lo – e as causas não militantes a que se associara. Em dezembro de 1953, colegas da Comissão de Energia Atômica informaram a Oppenheimer que suas prerrogativas referentes a segurança não seriam renovadas se ele não se submetesse a um inquérito.

Ansioso para limpar seu nome e eliminar quaisquer suspeitas remanescentes de deslealdade ao país, Oppenheimer requereu que fosse submetido a um inquérito, o que lhe foi concedido, em abril e maio de 1954. Esse inquérito, sob o título "A respeito de J. Robert Oppenheimer", foi a experiência mais estressante de sua vida adulta. Os interrogatórios que lhe foram impostos mais se assemelhavam a processo criminal que a "inquérito" administrativo, e, ainda assim, ele e seu advogado não fizeram jus aos direitos e salvaguardas que são assegurados em procedimentos judiciais formais.

Oppenheimer ficou tão chocado com esse ataque pessoal a seus comportamentos e motivações que não se saiu bem como depoente em defesa de si próprio. Mostrou-se evasivo e, não raro, entrava em contradição. Seu desempenho deslustroso atiçou os críticos que o acusavam de indiscrição – se não de deslealdade ostensiva – durante a guerra; de opor-se indevidamente ao desenvolvimento da bomba de hidrogênio depois da guerra; e de não ter cooperado como testemunha em inquéritos anteriores sobre seus amigos e familiares. Os mais sintonizados com os tempos problemáticos e com o tom inquisitorial do inquérito não se surpreenderam quando, em 28 de junho de 1954, a Comissão de Energia Atômica cassou, formalmente, suas prerrogativas de segurança.

Poucos incidentes na recente história política e intelectual americana foram mais esquadrinhados que o "caso Oppenheimer". Produziram-se histórias, romances, peças e até um filme para a televisão, cada um reabrindo questões sobre o próprio Oppenheimer e sobre temas mais amplos, referentes a ciências, conhecimento e abertura – temas que ainda são o *leitmotiv* de nossos tempos. O destino de Oppenheimer a esse respeito provavelmente já estivesse selado; talvez nem ele nem outros pudessem ter dito algo que tivesse evitado o que ele, depois, rotulou de "farsa".

Minha conclusão, contudo, é que Oppenheimer era um agente, embora, sem dúvida, não intencional, que precipitou a própria queda. Homem de grande sutileza e complexidade, que se regozijava no paradoxo e na ambiguidade, Oppenheimer não foi capaz de desempenhar outro papel – necessário para a vitória no inquérito político. Do ponto de vista tático, Oppenheimer tinha duas escolhas: poderia ridicularizar as acusações e reagir com indignação, a ponto de suscitar dúvidas sobre os motivos de seus perseguidores. Ou poderia reconhecer que, como tantos outros seres humanos, havia cometido certos erros de julgamento (como, de fato, os cometeu), mas que todos foram tentativas bem intencionadas e inofensivas de proteger parentes e amigos, décadas atrás, e que sua lealdade e patriotismo comprovadamente estavam acima de qualquer suspeita.

Nenhuma dessas posições era compatível com o temperamento de Oppenheimer. Ele era um homem extraordinário, capaz de manejar questões teóricas muito complexas. Além disso, já demonstrara ter condições de se erguer à altura da ocasião, em situações de perigo, em especial quando se convencia de que a causa era justa. O que o derrubou foi a pouca aptidão para conectar-se com pessoas comuns, com mentes menos sutis, que preferem ver os eventos em branco e preto, em vez de em variações quase imperceptíveis nos tons de cinza. Foi como o historiador George Kennan, colega de Oppenheimer no Instituto de Estudos Avançados, observou: "Por mais curiosa que fosse a mistura [em Oppenheimer] de cientista, de acadêmico e de esteta, ele não estava bem preparado para aquele tipo de combate burocrático."

Aqui, o contraste entre Oppenheimer e alguns de seus colegas torna-se instrutivo. Um de seus mais leais defensores no inquérito foi seu velho amigo Rabi, que, como nova-iorquino ladino, conseguiu ridicularizar os detratores e mantê-los com firmeza na defensiva; dispondo-se a assumir riscos para defender a si mesmo e aos amigos. O crítico mais perigoso de Oppenheimer no inquérito foi seu ex-amigo, agora adversário, Teller, o autointitulado "pai da bomba H", que, havia muito, duvidava da lealdade de Oppenheimer. Conforme demonstraria reiteradas vezes em quarenta anos de influência sobre a política de defesa americana, Teller tinha a capacidade de conversar com políticos e generais, na própria língua deles. Escolhendo as palavras com cuidado, Teller tinha poucas dúvidas de que o destino dos Estados Unidos não deveria continuar sob o controle escorregadio e inconfiável de Oppenheimer. A visão maniqueísta, os Estados Unidos como mocinho e a União Soviética como bandido, revelou-se contra-história eficaz; acabou prevalecendo sobre o ponto de vista mais nuançado, que buscava oportunidades de diálogo, rejeitando a retórica chauvinista e a mentalidade estereotipada.

Não acredito que as acusações contra Oppenheimer merecessem crédito. Mas não estou tão convencido de que Oppenheimer se considerasse totalmente inocente, e essa ambivalência lhe custou caro. Tenho dúvidas sobre se Oppenheimer se sentia em paz consigo mesmo, quando não se via cercado de cientistas e intelectuais, pelos quais sentia profunda simpatia. À exceção do extraordinário período de dois anos do Projeto Manhattan, Oppenheimer demonstrava dificuldade de relacionar-se com outras pessoas como iguais. Às vezes, mormente na juventude, essa condição assumia a forma de imposição de humilhações, em que fazia "gigantes parecerem baratas".

Certa vez, desconsiderou Philip Graham, o poderoso publisher do *Washington Post* e da *News Week,* observando que Graham provavelmente não teria lido algo no original em sânscrito. Não raro, em especial na presença de políticos e de militares poderosos, Oppenheimer se mostrava submisso e bajulador, na tentativa de angariar apoio. Sua vida familiar era problemática: a esposa bebia muito, a filha, Toni, suicidou-se, e o filho se afastou totalmente dos olhos do público. Acredito que, apesar da sensibilidade ao próximo em seu círculo estreito, Oppenheimer era incapaz de colocar-se no lugar dos acusadores (e de observadores desinteressados) para apreciar o que talvez fizesse sentido para eles e o que os levaria a dispersar-se.

Oppenheimer conquistou a admiração e o respeito de muitos colegas acadêmicos. Era brilhante, versátil, bom conversador, bom ouvinte e defensor leal dos princípios fundamentais da academia. No entanto, em vez de impressionar os colegas acadêmicos pela serenidade, destacava-se mais como um Svengali hipnótico, que inebriava os outros acadêmicos e intelectuais, com os olhos penetrantes, com o conhecimento incrivelmente amplo e minucioso, com o senso de contradição jocoso e com o domínio das questões e problemas que absorviam os participantes do público. A maioria dos acadêmicos tinha a impressão de que nunca haviam conhecido ninguém como Oppenheimer, e se sentiam um tanto desconfortáveis pela intensidade com que se deixavam fascinar por seu encanto. Um de seus colegas, em Berkeley, Wendell Latimer, atribuía a influência que Oppenheimer exercia sobre os outros a "elementos de mística". Rabi se referia a certo "atributo espiritual", cuja "sensibilidade e insight atingiam profundezas ainda não reveladas". John Mason Brown, eminente crítico literário, observou: "O poder da personalidade dele é ainda mais forte por causa da fragilidade de sua pessoa. Ao falar, ele parece que cresce, seu entusiasmo mental se afirma com tanta intensidade que até se esquece a pequenez do corpo." Vê-se com facilidade como esse tipo de apelo podia parecer menos potente entre generais e políticos, para os quais o tamanho físico e a percepção de poder não raro são mais valorizados que a empolgação, a sutileza e o mistério da mente.

Reconheço aqui um paradoxo: Oppenheimer não era dessas pessoas incapazes de adotar a perspectiva alheia; com efeito, em várias circunstâncias, e, em especial, durante o Projeto Manhattan, ele demonstrava estranha capacidade de pôr-se no lugar dos outros. Essas demonstrações de inteligência pessoal, porém, talvez fossem habilidade adquirida, algo que nunca se tornou para ele como que uma segunda natureza (como era o caso, por exemplo, de Franklin D. Roosevelt); ou, talvez, não passassem de polidez ou amabilidade cultivada, em vez de senso instintivo do que era capaz de convencer os circunstantes. Algo na personalidade de Oppenheimer guerreava contra uma simpatia natural em relação a quem se situava além de seu círculo estreito – possivelmente, algum motivo poderoso para manter o controle ou certo senso inato de diferença, de superioridade ou até de inadequação. Como ocorria com Hutchins (ver Capítulo 6), essa inaptidão fundamental para alinhar-se com alguns de seus públicos teria consequências fatídicas.

Oppenheimer talvez tenha sido, em parte, vítima do tempo. Imediatamente depois da detonação da bomba, desenvolveu-se certa simpatia nos Estados Unidos pelo uso limitado do poderio nuclear e, talvez, até por um sistema de controles internacionais das armas nucleares. Se Oppenheimer precisasse defender-se naquela época, ele provavelmente teria enfrentado um público mais simpático. No começo da década de 1950, porém, a União Soviética já havia explodido uma bomba de hidrogênio, e a maioria dos americanos acreditava que a luta entre os Estados Unidos e a União Soviética não permitia posições intermediárias: a entonação contida de Oppenheimer caía cada vez mais em ouvidos moucos.

Profundamente abatido pelo inquérito e por suas conclusões finais, Oppenheimer nunca mais se dirigiu ao grande público nos Estados Unidos. Manteve-se como diretor exemplar do Instituto de Estudos Avançados, onde recrutou mentes superiores como membros permanentes do corpo docente, estimulou os jovens acadêmicos que frequentavam a instituição durante breves períodos e encorajou um nível de diálogo sem igual, em comparação com outros centros de estudos mundiais, entre o staff e os visitantes. Pronunciou muitos discursos para públicos eruditos, nos quais refletia com imaginação, humildade e argúcia sobre questões científicas e éticas da época, sobre a expansão (e sobre os dilemas) do conhecimento, e sobre os muitos enigmas contínuos da vida. Nas décadas de 1950 e 1960, poucos foram os oradores mais eloquentes sobre esses temas.

Demonstrando admirável contenção, Oppenheimer nunca comentou em público sobre o inquérito. Os mais próximos afirmam que, de alguma maneira, essa experiência terrível na verdade o fortaleceu, levando-o a concentrar-se em áreas em que sua capacidade era inquestionável e sensibilizando-o para as fragilidades humanas. Mesmo quando agraciado com o Prêmio Enrico Fermi – decerto uma espécie de retratação pública que ninguém em sua posição esperaria receber – ele se limitou a uma observação sucinta e elegante: "Admito, senhor presidente, que demandou-lhe alguma caridade e coragem conceder-me esse prêmio hoje. Isso me parece bom augúrio do futuro de todos nós."

Companheiros implausíveis, Mead e Oppenheimer eram parecidos sob alguns aspectos, mas extremamente diferentes sob outros. De um lado, um homem, de maneiras europeias, físico teórico, introvertido, com tendência para o pessimismo reflexivo, comentarista contido e preconizador de especializações elitistas. De outro, uma mulher, americana patriota, antropóloga cultural extrovertida, entusiástica e otimista, ativista instintiva, publicista inveterada e especialista em culturas populares. Decerto, quase nunca teriam buscado as mesmas experiências e poucas vezes teriam desfrutado a companhia um do outro por muito tempo.

Quanto à liderança, contudo, Mead e Oppenheimer representam figuras exemplares paralelas. Quando jovens, ambos demonstraram dons intelectuais formidáveis, além de sensibilidade e curiosidade, e facilmente se destacaram entre os pares. Na faculdade, não se sabia ao certo que campos de estudo lhes atrairiam a atenção – cada um deles, supõe-se, seria bem-sucedido em numerosas áreas acadêmicas, assim como, talvez, em várias outras profissões.

Ao escolherem as respectivas especialidades, facilmente atingiram o topo de suas profissões. Poucos físicos e antropólogos de 35 anos tinham mais potencial que

Oppenheimer e Mead, respectivamente. Ambos também demonstraram capacidade de liderança – indireta e direta – nas respectivas profissões: Oppenheimer como professor e sintetizador; Mead como pesquisadora de campo, escritora e organizadora. Os eventos da Segunda Guerra Mundial, porém, de diferentes maneiras, os impeliram para arenas mais amplas. Oppenheimer tornou-se diretor de um projeto de importância inestimável, e Mead se empenhou em compreender os costumes de sua própria sociedade e em transmitir seus insights para um público americano cada vez mais atento.

Depois da guerra, Oppenheimer e Mead tiveram de falar e de atender a públicos contrastantes, que variavam desde acadêmicos tradicionais, com sua linguagem técnica; passando por certas audiências que acalentavam pretensões acadêmicas, mas careciam de expertise; até o público letrado mais amplo. Os dois líderes acadêmicos enfrentaram de maneira diferente esse desafio. Mead afastou-se da corrente dominante da antropologia e, por fim, depois da morte, foi até questionada como autoridade confiável sobre Samoa. Evitou filiar-se a associações formais e não fundou nenhuma escola. No final das contas, seu público passou a ser representado por leitores e por telespectadores americanos, em busca de informações exóticas e, talvez ainda mais, de orientação sobre o próprio cotidiano. Passou a ser valorizada como intelectual acadêmica, capaz de dirigir-se sem desconforto ao público mais amplo; e, mesmo que algumas de suas soluções agora pareçam datadas, ela ajudou a definir questões culturais durante décadas.

Oppenheimer continuou envolvido basicamente com a física, embora como professor e como intérprete, não mais como cientista de bancada e lousa. Era convidado cada vez mais para falar a públicos mais amplos. Fazia-o com sucesso quando se defrontava com acadêmicos sérios dessas disciplinas ou com leigos dotados de sólidos fundamentos intelectuais, além de imbuídos de inclinações pessoais para os temas. Mas nunca foi capaz de – e, talvez, nunca tenha de fato almejado – comunicar-se diretamente com o público mais amplo. Por causa de seus problemas de segurança e em razão da época cada vez mais polarizada em que vivia, alcançou muito menos sucesso que Mead no relacionamento com líderes políticos e com seus constituintes. Continuou empenhado em abordar as questões à luz de toda a sua complexidade e sutileza, atitude altamente escolarizada que se mostrou atraente na academia, mas insustentável nas ruas. Seu colega e nêmesis, Teller, conquistou maior sucesso duradouro, trabalhando de maneira direta e indireta com líderes políticos e militares, assim como criando histórias mais simples e menos includentes.

Mead e Oppenheimer personificaram diferentes mensagens em suas formas de apresentação. Mead se extrovertia para tocar as pessoas e elas se extrovertiam em retribuição. A comunicação era seu tema central, no que ela era brilhante. Oppenheimer, reservado e contido, não dava tapinhas nas costas nem vadeava as multidões; tampouco aderia de maneira convincente ao que denominava "discurso comum". Ele próprio enquadrou esse problema, em discurso de 1960, em Berlim:

*Preocupo-me muito com o fato de neste mundo termos perdido em tamanha extensão a capacidade de conversar uns com os outros. Na enorme sucessão de grandes descobertas, afastamo-nos um dos outros na tradição e, até certo ponto, mesmo na linguagem. Não temos tempo nem aptidão nem disposição para dizer uns aos outros o que aprendemos, tampouco para escutar nem para ouvir nem para receber de bom grado o enriquecimento da cultura e da compreensão comuns. Temos fome de dignidade: as raras palavras e ações que harmonizam simplicidade e verdade.*

Como compreender o mundo em sua complexidade e sutileza e, ainda assim, comunicar-se diretamente com indivíduos dispersos, de escolaridade limitada, talvez seja a questão fundamental com que hoje se defrontam os líderes. Cada um à sua maneira, Oppenheimer e Mead abordaram essas questões e serviram como modelos – inspirando e incomodando – de como especialistas disciplinares podem transcender os próprios campos de atuação. Mead estendeu o senso comum; talvez de maneira característica, Oppenheimer intitulou sua coletânea de trabalhos *Uncommon Sense* (Senso incomum). Se Oppenheimer, espírito inquieto e poético, expressou com mais eloquência o dilema da comunicação em nosso tempo, Mead, basicamente à vontade consigo mesma, mostrou com mais aptidão como pode ocorrer a comunicação eficaz.

Ao apresentar os casos de Mead e de Oppenheimer, iniciei meu estudo do contínuo da liderança. Tanto Mead quanto Oppenheimer eram pessoas criativas, cuja influência, a princípio, emergiu de suas ideias e escritos. Assim, ambos representam o polo do contínuo da liderança representado por Albert Einstein – o acadêmico (ou artista) solitário, com pouca inclinação para a liderança direta. Ao partirem para o exercício de liderança mais aberta, dentro de suas disciplinas, e, depois, ao aventurar-se além das fronteiras disciplinares, Mead e Oppenheimer personificaram duas mudanças importantes: da liderança indireta para a liderança direta, e da liderança no domínio para a liderança da sociedade não escolarizada mais ampla. No entanto, continuaram muito longe dos líderes políticos na extremidade oposta do contínuo da liderança – os que representam o país em fóruns internacionais, como na fabulosa Cúpula Heureca.

Nos próximos quatro capítulos, prosseguindo nessa jornada, analiso líderes que se situam explicitamente no topo de instituições circunscritas – primeiro, a pequena organização de uma universidade americana; depois, a organização maior e mais complexa de uma empresa global; e, finalmente, as enormes organizações do Exército dos Estados Unidos e da Igreja Católica Romana.

Capítulo 6

# Robert Maynard Hutchins: Trazendo "o aprendizado superior" para a América

*O poder do presidente é o poder de persuadir.*

Richard Neustadt

*Quase todas as pessoas educadas seriam capazes de proferir uma palestra intitulada "Os objetivos da Universidade". Mas quase ninguém se disporia a escutá-la por vontade própria. Para a maioria, as palestras sobre o tema e os ensaios congêneres não passam de exercícios bem-intencionados de retórica social, com pouco conteúdo prático. Os esforços para gerar orientações normativas sobre os objetivos da universidade tendem a definir propósitos insensatos ou duvidosos.*

Michael Cohen e James March

No transcurso da Segunda Guerra Mundial, também se travava outra batalha menos momentosa – a batalha pela alma de uma instituição de aprendizado superior. Robert Maynard Hutchins, presidente, havia muito, da Universidade de Chicago, viu-se em conflito com grande parte do corpo docente. Hutchins e colegas tentavam desenvolver uma instituição educacional ótima no nível de graduação. A visão purista, abraçada por Hutchins, pela maioria de seus administradores escolhidos à mão e pela minoria do corpo docente, sustentava que os alunos deveriam seguir determinado curso: estudariam disciplinas clássicas, transmitidas em "grandes livros", e receberiam grau de bacharel em artes, assim que demonstrassem aptidão intelectual. Contra essa posição, mobilizava-se uma visão mais pluralista – ou, ao menos, mais prática – que preconizava vários currículos viáveis. Os proponentes dessa segunda posição defendiam que os alunos seguissem diferentes caminhos, de sua escolha, para as respectivas graduações, e que uns se especializasse em ciências, outros em humanidades, e ainda outros em ciências sociais ou artes.

No começo da década de 1940, Hutchins, que havia sido nomeado presidente da Universidade de Chicago antes dos 30 anos, já era figura de renome e muito respeitada na educação pública americana. Veterano de muitas universidades e de numerosos debates nacionais, era muito considerado como proponente de altos padrões intelectuais e de certa espécie de educação liberal, com base filosófica. Hutchins, porém, perderia essa batalha contra o corpo docente, ao fechar um acordo insatisfatório, tanto quanto fracassaria em outras tentativas de reforma da universidade e, mais tarde, em outras instituições que dirigiu.

Talvez pareça estranho que um presidente de universidade não conseguisse vender suas ideias ao próprio corpo docente, em especial quando suas propostas já haviam sido amplamente comentadas, em termos favoráveis, e até adotadas em outras universidades. Parte do problema se situava nas circunstâncias específicas de Chicago – principalmente na governança autoritária e na personalidade impositiva de Hutchins. Entretanto, em minha opinião, problema mais arraigado era a dificuldade de dirigir uma instituição circunscrita.

Supõe-se que os membros de uma universidade tenham um único propósito comum – afinal, são conhecidos, de maneira abrangente, como professorado. Ao contrário do antropólogo, contudo, que fala a outros antropólogos, ou ao físico, que se dirige aos colegas de física, o chefe de uma universidade deve ser capaz de convencer um grupo geralmente insubmisso de representantes de diferentes disciplinas, que cultivam lealdades conflitantes, que aspiram a diferentes objetivos educacionais, e que, ainda por cima, quase sempre são rebeldes e indisciplinados. Todos são, inegavelmente, escolarizados e especialistas, mas cada um deles atua apenas nas respectivas disciplinas acadêmicas. Quando se trata de questões gerais de educação, talvez não sejam mais esclarecidos ou confiáveis que outras pessoas. Tampouco ajuda, como um sabichão já gracejou, o fato de cada membro do corpo docente estar convencido de que ele ou ela é a pessoa mais inteligente na sala.

As qualificações intelectuais e a presença imponente de Hutchins renderam-lhe a presidência de uma universidade, quando ainda era jovem, e, por fim, também a diretoria de outras instituições. No entanto, ele perdeu muito mais batalhas do que venceu e, no final das contas, foi alvo mais de simpatia que de emulação. Ao compreender melhor sua trajetória inusitada e suas agruras derradeiras, desenvolvem-se ideias e insights sobre as dificuldades consideráveis de dirigir uma instituição relativamente pequena e circunscrita – aparentemente menos complexa que uma empresa, uma igreja, um exército ou um país.

Se, algum dia, um americano nasceu predestinado à liderança futura, esse afortunado foi Hutchins. Nascido em lar tradicional da Nova Inglaterra (o pai era ministro presbiteriano, que também presidiu uma faculdade e chefiou uma fundação), Hutchins era alto, elegante, ambicioso, assertivo e decididamente brilhante. A família, pelo menos tão amorosa e solidária quanto as de Mead e de Oppenheimer, estava comprometida com o trabalho árduo, com elevados padrões éticos e com a autocrítica implacável. Embora não tivesse compromissos pessoais com atividades religiosas, o jovem Hutchins foi muito influenciado pela retórica religiosa, e até admitiu a hipótese de tornar-se missionário.

Hutchins, de início, frequentou o Oberlin College, instituição protestante evangélica, durante dois anos. Oberlin enfatizava o vínculo entre busca do conhecimento e uso do aprendizado em serviços públicos, filosofia que exerceu influência profunda sobre Hutchins. Depois, em seguida a um período de serviço militar no Exército, Hutchins concluiu o curso de graduação no Yale College, onde facilmente se firmou como uma das figuras mais importantes no campus, ao demonstrar excelência em quase todas as atividades, exceto atletismo. Entre seus colegas estavam os futuros publishers Henry Luce e William Benton, assim como o teatrólogo Thornton Wilder, que viria a tornar-se grande amigo de Hutchins durante toda a vida.

Nos tempos de faculdade, Hutchins exibiu notáveis habilidades como orador e como debatedor. Talvez seguindo o exemplo do pai, pregador eloquente, discursava com clareza, sem emoções e histrionices indevidas, e evocava, sem recorrer a anotações, fatos relevantes e exemplos vívidos. Dotado de argúcia admirável e expedita, capaz de provocar sem ofender, e imbuído de senso de ironia sempre presente, ele de pronto entrava em sintonia empática com o público.

Depois de breve experiência pouco prazerosa como professor de ensino médio, Hutchins recebeu um convite que mudou sua vida. James Angell, presidente da Universidade de Yale, o chamou para atuar como secretário da Yale Corporation, grupo de luminares responsável pela operação da universidade. As principais atribuições de Hutchins seriam levantar fundos e manejar a publicidade para Yale, no que veio a tornar-se eminente arauto da instituição. Um de seus biógrafos, Harry Ashmore, relata que "nesses pronunciamentos públicos, Hutchins dava asas a uma inteligência inquieta e cética, mas sua argúcia e charme eram tão insinuantes que suas observações cáusticas não despertavam protesto, tanto que veio a tornar-se homem de relações públicas de grande sucesso".

Ainda no Yale College, Hutchins começou a estudar Direito. Enquanto trabalhava para a Yale Corporation, avançava nos estudos, na Yale Law School, onde mais uma vez se distinguiu. Lá concluiu que a faculdade de Direito era o melhor lugar de uma universidade americana para quem quisesse alcançar excelência em expressão literária. Considerado o aluno mais tendente a ser bem-sucedido pelos colegas, Hutchins, que se formou *magna cum laude*, imediatamente foi convidado para integrar o corpo docente da Yale Law School. Lá, lecionou Direito Processual Civil e Direito Administrativo, e, ajudado pelo reitor Charles Clark, instituiu algumas reformas na educação legal.

Hutchins mal teve tempo para estabelecer-se como membro do corpo docente: Clark renunciou para servir num tribunal de recursos, e Hutchins foi nomeado reitor interino. No novo cargo, imediatamente dedicou-se a um turbilhão de atividades, mexendo nas políticas e normas internas, assim como nas descrições de funções, remanejando e admitindo pessoal, e revelando jeito especial para lidar com a rotina de orçamentos, currículos e reuniões de professores. (Sem dúvida, ele havia sido "preparado" pela experiência na Yale Corporation.) Também tocou dois projetos especiais: estimular a pesquisa psicológica no que se aplicava às provas judiciais e levantar recursos financeiros para um Institute of Procedure. Em dezembro de 1927, os membros da Yale Corporation o elegeram reitor permanente.

Geralmente ficamos impressionados com quem se revela prodígio em certos domínios – música, xadrez ou matemática, por exemplo. Como todas essas atividades são computacionais ou algorítmicas, os jovens que a elas se dedicam podem progredir com rapidez, se descobrirem as leis ou os padrões vigentes. Esses luminares não precisam de muita experiência no relacionamento interpessoal, pelo menos enquanto não pretenderem atuar em níveis mais elevados.

Raramente, mesmo numa sociedade que sempre valorizou a juventude, alguém se destaca como líder direto – na verdade, como líder institucional – ainda tão jovem quanto Hutchins. Mesmo considerando os modelos de Hutchins na própria família, assim como suas habilidades e traços singulares, outras pessoas em Yale sem dúvida poderiam exercer as posições tão ambicionadas, para as quais Huthins foi escolhido. Parte do sucesso de Hutchins se explica por sua excelente química com o presidente Angell. Mesmo hoje, os presidentes de universidades, quando bem conceituados, desfrutam de considerável liberdade para preencher posições de alto nível. Obviamente, seu porte atraente e elegante, além de suas maneiras aristocráticas, foram vantagens inequívocas. O segredo da ascensão meteórica de Hutchins, porém, decorreu de sua curva de aprendizado espantosamente rápida, numa área em que a maioria demora anos para aprender a manipular as cordas e muitos meses para recuperar-se dos erros. Em menos de dez anos, Hutchins notoriamente desenvolvera a expertise administrativa que se esquiva de tantas outras pessoas mais maduras.

Não só Hutchins pareceu a pessoa certa para o cargo, desde o momento de sua nomeação para reitor da faculdade de Direito, como também foi capaz de avaliar a situação, de identificar as necessidades e de realizar os objetivos de maneira eficiente e eficaz. Como outros líderes "naturais" precoces, inclusive alguns examinados neste livro, ele se caracterizava por uma combinação rara e profícua de inteligências: a capacidade lógica de identificar opções, a habilidade linguística de convencer os circunstantes, oralmente e por escrito, e a aptidão interpessoal para apreciar o que tendia a funcionar com certos elencos, em determinada situação.

Isso não significa dizer que Hutchins era secretário, professor ou reitor impecável. Ao contrário: cometia erros. Geralmente, era melhor em prometer que em cumprir, tinha mais entusiasmo que conhecimento técnico, e, não raro, subestimava as necessidades de recursos para executar as decisões. Além disso, muitas vezes agia com ingenuidade e a impetuosidade dos jovens, além de carecer de filosofia coerente e de metodologia razoável.

Entretanto, na Yale Law School, sob a liderança de Hutchins, era nítido o senso de empolgação, o sentimento de que as coisas aconteciam, a convicção de que a escola era *o* lugar. Hoje, o destaque da agenda era o programa de homenagens; amanhã, nova atividade de integração com a escola de Medicina; no dia seguinte, um programa de realismo legal, que, de alguma maneira, sobrevive até hoje. "Não nos importamos muito com o sucesso de todos os nossos experimentos", sempre dizia. "Ficaremos satisfeitos se outras faculdades de Direito lucrarem com nossa experiência, mesmo que seja apenas evitando nossos erros. Afinal, a grande vantagem da universidade é a possibilidade de experimentar." Hutchins podia desafiar a autoridade e o dogma, mas sabia quando ser modesto e quando rir de si mesmo. Infelizmente, alguns de seus atributos autodepreciativos tão cativantes se tornaram menos manifestos com o passar do tempo.

Uma das características do mandato de Hutchins à frente da Yale Law School é digna de menção especial. Ele nitidamente se alinhava com os progressistas do corpo docente. Queria que os alunos pudessem escolher; estimulava-os a participar da comunidade mais ampla. Também criticava a insipidez e a previsibilidade do estudo de casos; os aspectos profissionalizantes e não intelectualizados da escola de Direito; e seu isolamento em relação à universidade como um todo. Além disso, forjou forte aliança com as novas ciências comportamentais e sociais em desenvolvimento. Hutchins achava que as descobertas das ciências sociais seriam relevantes para as decisões judiciais; a psicologia, por exemplo, deveria ser usada para avaliar a credibilidade das provas, a eficácia das normas, e a adequação das penas. Dessa maneira, estimulava – e procurava obter recursos para – o desenvolvimento de instituições que associassem o Direito a dados empíricos.

Assim, à medida que sua reputação aumentava nos meios jurídicos e universitários, Hutchins se destacava cada vez mais como inovador progressista, prático e prospectivo. Naquele personagem de fins da década de 1920, identifico poucos indícios – se é que percebo algum – do teórico educacional conservador que, em breve, tanto impressionaria o país.

Mais uma vez, a oportunidade acenou para Hutchins. A Universidade de Chicago, uma das mais celebradas instituições educacionais do país, procurava um novo presidente. William Rainer Harper, fundador e presidente, na virada do século, fora líder educacional jovem e inovador, que conferira muito prestígio, apoio e força intelectual ao campus, em especial à escola de pós-graduação; mas seus sucessores foram decepcionantes. Os *trustees* (agentes fiduciários) da universidade estavam sobremodo interessados em encontrar alguém que reacendesse a vibração da era de Harper e que atraísse atenção e recursos para os programas de graduação.

Em abril de 1929, Hutchins compareceu perante um comitê de recrutamento e seleção. Embora nitidamente muito jovem e pouco experiente, causou impressão muito positiva nos avaliadores, sobretudo no mais influente dos trustees, Harold Swift, rebento da família controladora da empresa de processamento de carnes. Depois que as consultas aos colegas de Yale renderam opiniões positivas, embora um tanto contidas, o jovem Hutchins recebeu e aceitou a proposta para assumir a presidência de uma das principais instituições de ensino superior do país – na época com 14 mil alunos, 780 professores e orçamento de US$7,4 milhões por ano.

Hutchins levou para Chicago a mesma empolgação ou turbulência (dependendo da tolerância de cada um ao caos) que o cercava em Yale. Seus primeiros anos de lua de mel se caracterizaram por uma torrente de inovações que arrebataram a imaginação de quem se interessava pela educação superior, inclusive a dos próprios fundadores: membros do corpo docente nomeados exclusivamente para o College, admissão de juniores do ensino médio para o College, programas de dois anos e de quatro anos, agrupamento dos departamentos em divisões sobrejacentes, e inclinação nítida para cursos interdisciplinares (não especializados). Hutchins acreditava na controvérsia, estimulava o debate e demonstrava considerável capacidade para promover as causas que lhe pareciam mais importantes e prioritárias. Conforme resumiu um de seus biógrafos, Mary Ann Dzuback: "A graduação avançou dos bastidores para o proscênio da universidade; de currículo em grande parte eletivo, que oferecia três bacharelados, para curso totalmente prescrito, que conferia um bacharelado, e de cursos isolados de dez semanas para cursos interdisciplinares de um ano, que se integravam na programação total."

No entanto, enquanto as mudanças organizacionais eram parte importante – embora controversa – do programa, a nova filosofia educacional de Hutchins tornou-se sua principal contribuição para o debate em curso, sobre a missão da universidade. Essa parte da história não pode ser contada sem a introdução prévia de Mortimer Jerome Adler, judeu de Nova York, que estudara filosofia e psicologia na Universidade de Columbia e que também participara do fabuloso seminário Great Books (Grandes Livros), de John Erskine. Adler foi fortemente influenciado pela experiência deste último, segundo a qual pequenos grupos de alunos liam e discutiam em profundidade importantes textos do pensamento e da literatura ocidental, trabalhos que hoje seriam considerados "canônicos". Autodidata por inclinação e renegado por temperamento, Adler não se sentia à vontade com muitas das tendências intelectuais e culturais da época. Recorria às eras clássicas da Grécia e de Roma, para encontrar os fundamentos da civilização, e à organização do conhecimento e à relação entre as instituições da Idade Média, para formar sua visão da sociedade.

Hutchins e Adler se encontraram pela primeira vez no final da década de 1920, em Yale, onde foram atraídos um para o outro, por força de seus interesses mútuos por psicologia e direito. Embora antípodas virtuais em formação e personalidade – Hutchins era elegante, reservado e, ao menos na superfície, conciliador, enquanto Adler era abrupto, autopromotor e mal-humorado – os dois entraram em sintonia imediata e continuaram associados próximos durante o meio século seguinte. Com efeito, em Chicago, conduziram juntos seminários Great Books durante 18 desses 50 anos. Mais que qualquer outra pessoa, Adler moldou as ideias de Hutchins sobre educação geral. E essas ideias giravam em torno da leitura e da discussão dialógica de textos clássicos e se baseavam na tentativa de incorporar na própria vida as principais ideias e processos exemplificados nesses livros.

Em 1936, Hutchins publicou *The Higher Learning in America*, conjunto de palestras em que expôs ao público mais amplo suas novas ideias sobre educação. Essas ideias eram conservadoras na substância, mas radical no tom, pois envolviam importante reorientação das instituições e dos valores da educação superior americana.

Hutchins começou o libelo com ataque vociferante às faculdades de ensino superior americanas, como instituições ocas, que não demonstravam nem ideais nem coerência. "O fato mais impressionante sobre a educação superior nos Estados Unidos", declarou, "é a confusão de que é vítima". Criticou a ênfase na diversão, o vocacionalismo, as ideias equivocadas de progresso e utilidade, e as tentativas canhestras de moldar diretamente o "caráter". Além disso, condenava a falta de padrões, a total dependência em relação ao dinheiro, a hegemonia dos esportes, o anti-intelectualismo acachapante, e a premissa não questionada de que todas as pessoas merecem educação, não importa que se dediquem ou não ao processo.

Em lugar desses falsos deuses, Hutchins, com Adler inclinando-se figurativamente sobre seus ombros, preconizou a educação centrada no desenvolvimento da mente. "Um intelecto disciplinado adequadamente, um intelecto habituado apropriadamente, um intelecto capaz de funcionar bem em todos os campos", argumentou. Hutchins não tergiversava. Afirmava que "o princípio unificador da universidade é a busca da verdade a bem da verdade." Em frases confiantes e lapidares, prosseguia: "Educação implica magistério. Magistério implica conhecimento. Conhecimento é verdade. A verdade é a mesma em todos os lugares. Portanto, a educação deve ser a mesma em todos os lugares. Não ignoro as possibilidades de diferenças na organização, na administração, nos hábitos e nos costumes locais. Mas isso são detalhes."

Com base em um currículo de grandes livros – obras que resistiram ao teste do tempo –, Hutchins endossava um curso de estudo que destacasse as artes da leitura, da escrita, do raciocínio, da oratória e da matemática. Esse programa engendraria um estoque comum de ideias e métodos comuns para lidar com as disciplinas. Os pensadores sistemáticos do passado, mormente Aristóteles e Tomás de Aquino, emergiam como os faróis norteadores desse empreendimento.

O mais interessante e o mais controverso, Hutchins argumentava que o currículo tinha de ser coerente e que o fundamento dessa coerência devia ser a metafísica. Para Hutchins, metafísica significava a área de conhecimento que trata dos primeiros princípios e das causas básicas do mundo, de nossa existência e de nossa individualidade. Grandiloquente, observava: "Assim, a metafísica, na condição da mais alta das ciências, ordenou o pensamento no mundo grego, do mesmo modo como a teologia disciplinou o conhecimento na Idade Média... Sem teologia e metafísica, a universidade unificada não pode existir." De maneira mais concreta, por meio da imersão na metafísica, os alunos passam a compreender a natureza das várias disciplinas e de suas relações umas com as outras.

E, assim, não importa que estejam estudando física, política ou poesia, os estudantes passam a compreender os princípios subjacentes aos conceitos e práticas dessas disciplinas e, talvez, até a discernir as semelhanças e diferenças entre a visão científica e a visão humanística do mundo. Do mesmo modo, ao comparar as ciências naturais, as ciências sociais e a metafísica, o aluno aprende que essas áreas "lidam com as mesmas proposições e fatos, mas com base em diferentes referências finais". Hutchins concluiu que "os problemas fundamentais da metafísica, das ciências sociais e das ciências naturais são os próprios temas do ensino superior".

Muito mais do que se poderia prever em um país atolado na Grande Depressão, as ideias de Hutchins conquistaram a atenção do público educado. Suas propostas foram muito discutidas e debatidas. Adotando posição deliberadamente provocativa, o mais jovem dos presidentes das grandes universidades havia aberto o debate sobre a natureza da universidade. Quem admirava essa convocação às armas, assim como quem ansiava pela cartografia mais nítida do conhecimento, tão comum em época anterior, sentia-se sobremodo entusiasmado. Ecos desse evento intelectual ainda se fizeram ouvir cinquenta anos depois, quando Allan Bloom, filósofo arraigado nos clássicos e também encastelado na Universidade de Chicago, publicou *The Closing of the American Mind* (1987). Embora o diagnóstico e a terapia de Bloom não fossem semelhantes às propostas de Hutchins, apelavam para os mesmos públicos e evocavam críticas análogas.

As ideias de Hutchins decerto não agradavam a todos. Havia quem estivesse satisfeito com o *status quo* ou que relutasse em reorientar as práticas predominantes de maneira radical. Também não faltava quem admirasse sua visão em abstrato, mas considerasse a proposta de Hutchins impraticável ou financeiramente inviável. As críticas mais acrimoniosas, porém, provinham de quem discordava da substância das ideias de Hutchins e expunham suas próprias contra-histórias. Quem mais sobressaía nesse grupo era um dos membros do próprio corpo docente de Hutchins, o economista Harry D. Gideonse, que, um ano depois, publicaria *The Higher Learning in a Democracy* (1937).

O catalisador das objeções de Gideonse foi a ênfase dele na palavra *democracia*. Depois de atacar a exposição de Hutchins pela falta de objetividade e de especificação – "O que é metafísica hoje, e quantas metafísicas diferentes haveria?", perguntou com contundência –, Gideonse refutou o argumento de Hutchins como inerentemente elitista, reacionário e antidemocrático. Sustentou que os americanos viviam numa época em que a ciência solapara muitas verdades estabelecidas, muitos conhecimentos emergentes estavam em desenvolvimento, e as explicações, em geral, eram consideradas provisórias e cambiantes. Muitas maneiras de estudar o mundo e de organizar o conhecimento estavam em evolução. "A unidade imposta pela autoridade é apenas outro termo para uniformidade", declarou Gideonse. Também argumentou que a educação tem mais de um propósito: expor ao discente as ideias, os problemas e as condições de vida em curso e educar toda a pessoa são tão importantes quanto cultivar a mente ao longo de certas linhas predeterminadas. O Hutchins reformista, de Yale, talvez tivesse admitido essas ideias; o Hutchins tradicionalista, de Chicago, decerto as considerou anátemas.

Contra o monismo de Hutchins, Gideonse propôs as opiniões mais dinâmicas e pragmáticas de John Dewey, renomado filósofo da educação. Já uma lenda na década de 1930, como estudioso que exercera grande impacto sobre a educação pré-universitária nos Estados Unidos, por meio de suas visões progressistas, Dewey se destacava como contraforça poderosa e confiável à escolástica adotada por Hutchins, Adler e seus copatriotas. Gideonse citou o seguinte trecho, extraído da Gifford Lectures, de Dewey: "[Essa visão progressista]... descarta as ideias tradicionais da subordinação intrínseca da ação ao conhecimento e da preferência pelo constante ao mutável; envolve a convicção de que a segurança resultante do controle ativo é mais valiosa que a certeza oriunda da teoria." E, por fim, o próprio Dewey entrou na controvérsia:

> *Eu não insinuaria que o autor [Hutchins] tem alguma simpatia pelo fascismo. Mas, basicamente, a ideia dele quanto ao curso adequado a ser tomado é semelhante ao questionamento da liberdade e à atração daí resultante por* alguma *autoridade fixa, que agora está assolando o mundo... Tanto quanto percebo, o presidente Hutchins evadiu completamente o problema de quem determinará as verdades definitivas que constituem a hierarquia.*

E assim se estruturou um debate educacional cujas reverberações se estendem até hoje, quase sem interrupção.

O que poderia ter sido um debate paroquial entre educadores com orientação filosófica efetivamente transbordou para questões mais amplas. Hutchins criticava o sistema universitário (posição que angariou amplo apoio) e definia como deveria ser a educação (visão que suscitou muito escárnio). Plenamente consciente da competição, participava de um jogo para tornar-se a principal voz na educação superior dos Estados Unidos. Devemos tentar discernir a mensagem, seus públicos e seu destino.

Na história inovadora que Hutchins contou aos colegas e à comunidade mais ampla, nós, na educação superior americana, perdemos o rumo. Seguimos muitos deuses falsos – esportes, vocacionalismo e eletivas no estilo menu – que até podem levar a sucessos passageiros, mas que acabam produzindo uma existência vazia. O que se precisa é de uma nova visão séria – ou, talvez, do retorno à visão clássica – focada e coerente. A versão recomendada por Hutchins se baseava na convicção de que a educação deve concentrar-se com intensidade na vida da mente; de que a leitura e a discussão de grandes livros é o caminho preferencial; e de que essa educação generalista deliberada produziria cidadãos educados que, no estilo de Oberlin, seriam incumbidos do bem público.

Conforme sugeri, o relato de Hutchins tinha de enfrentar várias contra-histórias. Algumas delas não abrigavam nenhuma alternativa de visão positiva: seus adeptos estavam chafurdados no *status quo*, seja porque o preferiam, seja porque a situação vigente, por mais falha que fosse, parecia muito difícil de alterar. Mas as contra-histórias de Dewey e de ouros educadores progressistas adotavam visão nitidamente diferente. O conhecimento era considerado experimental, pluralista, dinâmico e em constante mutação; era mais tendente a derivar de observações do mundo natural e do mundo artificial e de interações com diversos indivíduos que do estudo intenso de clássicos, escritos centenas ou até milhares de anos atrás. Os proponentes dessa abordagem afirmavam que muitas eram as trajetórias educacionais merecedoras de consideração, além da prescrita pelos filósofos de Chicago. Embora nenhuma dessas visões fosse completa, apenas pequena minoria dos educadores americanos se alinhavam explicitamente com a posição abraçada por Hutchins, e esse estado de coisas perdura até hoje.

A questão de qual história era mais sofisticada ou mais "escolarizada" continua controversa. À primeira vista, a história de Hutchins parece mais objetiva, com base em ideia clara do que é certo, importante e valioso. A história progressista, de Dewey, requer visão mais pluralista e mais relativista do conhecimento. Na prática, porém, a implementação do programa de Hutchins – de conteúdo altamente intelectual e de argumentação sofisticada – imporia grandes demandas aos alunos e professores. Por outro lado, o programa progressista, de Dewey, poderia ser usado de imediato como pretexto de uma atmosfera permissiva, desprovida de padrões, muito fácil de implementar. Talvez o fato de as duas histórias apresentarem aspectos de complexidade e aspectos de simplicidade ajuda a explicar por que ambas continuam a lutar entre si ao longo de décadas, nenhuma delas triunfando de maneira decisiva.

Ainda que a posição defendida por Hutchins fosse muito nítida, o papel que representava mostrou-se menos claro de caracterizar-se. Enquanto Dewey (como protótipo do líder indireto) preferia lecionar e escrever, e, quase sempre, evitava debates públicos acalorados, Hutchins era figura pública natural e espontânea. Atraente, elegante, eloquente e convincente, quase sempre surpreendia e desarmava quem o supunha rabugento e troglodita. Como o Hutchins da década anterior, ainda valorizava a experimentação e o debate; nesse sentido, continuava ativista e conquistava a admiração dos jovens em espírito. Mas, agora, defendia um credo diferente, que se chocava com a orientação sociocientífica prática que preconizara na Yale Law School. Era, como declarou seu associado de longa data e biógrafo, Milton Mayer: "O defensor ardoroso da abordagem científica em Direito passou a ser visto, quase da noite para o dia, como inimigo implacável da ciência."

Parte do charme de Hutchins situava-se em sua mensagem clara, mas outra parte também decorria de sua atratividade natural e de suas maneiras aristocráticas gentis. Destacava-se como o preferido de pessoas que se sentiam fascinadas por um ou outro desses atributos e como o franco favorito de quem, na condição de admiradores retardatários de pregoeiros do conservadorismo americano, como William F. Buckley ou George Will, se deixavam encantar por ambas as qualidades: indivíduos que encontravam conforto na Tradição. Como geralmente acontece com líderes fascinantes e impulsivos, Hutchins era mais admirado por pessoas distantes que por aquelas com as quais convivia no campus universitário. Os conflitos dele com o corpo docente, contudo, envolviam mais que questiúnculas locais. Muitos professores sentiam sinceramente que Hutchins incorria em grandes excessos de simplificação ou até que as ideias dele estavam redondamente equivocadas. Do ponto de vista desses acadêmicos, as posições dele, não as antagônicas, é que deviam ser consideradas não escolarizadas e não matizadas – e, talvez, fosse por isso que atraíam pessoas afastadas dos cânones e das práticas diárias da academia.

É tentador concluir que o outrora liberal Hutchins se convertera à filosofia educacional escolástica por influência do mefistofélico Adler e seu séquito, que incluía o crítico literário Richard McKeon, o historiador Stringfellow Barr, e o filósofo Scott Buchanan. Mas esse veredito distorceria a realidade. Para começar, Hutchins imediatamente se simpatizou com Adler e com suas ideias iconoclastas. Além disso, os próprios antecedentes familiares de Hutchins e os fundamentos de sua educação foram conservadores, sob alguns aspectos, e ele, por índole, era um homem institucional, não um rebelde contracultural, como Adler. Reconhecendo (e, até certo ponto, lamentando) essa situação paradoxal, Hutchins certa vez explicou a Adler que não era possível ser, ao mesmo tempo, presidente de universidade e filósofo da educação.

Sem querer acusar Hutchins de insinceridade, eu diria que ele era suscetível ao oportunismo, atraído pela busca de uma "história eficaz". Sugiro que Hutchins estava sempre alerta, em busca de novas maneiras que lhe permitissem, de um lado, definir sua instituição, e, de outro, imprimir marca própria na consciência do público. Em Yale, o avanço para o realismo legal parecia recomendável; em Chicago, a proposta de uma educação geral afigurava-se oportuna. Também acho que ele foi atraído para a certeza de Adler – o evangelista em Hutchins procurava uma plataforma forte da qual fazer suas pregações. Às vezes, tinha-se a impressão de haver uma disjunção entre o experimentalista vibrante e positivo dos dias de Yale e o conservador zeloso e convencional em que veio a converter-se. As palavras de Hutchins nem sempre combinavam com seu estilo. No entanto, não vejo Hutchins como alguém tão aferrado a certa filosofia da educação a ponto de defendê-la, não importa como suas mensagens soassem para o público. Ao contrário, eu o encaro como idealista com traços de pragmático, que gostava de preconizar e sustentar posições vigorosas, e como alguém capaz de defender numerosos roteiros possíveis.

De início, conhecido no país como arauto convincente de temas de educação, Hutchins, em breve e, talvez, de bom grado, assumiu o papel que tipicamente se confere a americanos em posições de destaque: passou a tratar de ampla gama de assuntos de interesse público. Durante boa parte de sua vida profissional ativa, recebia, por ano, mais de mil convites para proferir palestras, e aceitava cerca de cem. Além disso, era apresentador de um programa radiofônico semanal, o *Chicago Roundtable*. Em estilo que associamos mais a políticos que a presidentes de universidade, mais a líderes diretos que a líderes indiretos, Hutchins falava sobre os grandes tópicos do dia, desde liberdades civis até natureza da democracia, passando por questões de guerra e paz. Apesar das opiniões conservadoras sobre educação, quase sempre se posicionava no lado social-democrático do debate público: defendia vigorosamente a Primeira Emenda, abrangendo a liberdade de imprensa e os direitos civis de vários grupos minoritários. Era expositor articulado e defensor enérgico da Constituição, e inimigo corajoso do engodo vermelho.

Em discurso de 1932, extremamente bem recebido, inspirou os Jovens Democratas (Young Democrats), facção jovem do Partido Democrata dos Estados Unidos, reforçando rumores de que poderia ser nomeado para a Suprema Corte ou até concorrer à vice-presidência do país. No entanto, quaisquer expectativas que por acaso acalentasse em relação a cargos eletivos ou de confiança (e Hutchins não tentou abafar esses rumores) provavelmente foram sufocadas por suas fortes opiniões isolacionistas. Nos anos e até nos meses anteriores à Segunda Guerra Mundial, Hutchins se manifestou reiteradamente em público contra o envolvimento dos Estados Unidos na Guerra da Europa.

Hutchins se considerava defensor dos interesses duradouros dos americanos contra o fascínio efêmero da retórica chauvinista. Ele dizia que os americanos deviam promover a democracia em casa antes de tentar exportá-la para outros países; estabelecia altos padrões para o que denominava "guerra justa". Afirmando que "o caminho para a guerra é caminho falso para a liberdade", Hutchins propunha, ao contrário, a criação de nova ordem no país. Pensou em escrever um artigo com o título "Where Hitler is Right" (Onde Hitler está certo). E, em afirmação de que viria a arrepender-se, tachou Hitler de "meio certo", ao exortar seu povo a perseguir um ideal mais elevado que a acomodação.

Depois do ataque a Pearl Harbor, a campanha antibelicista de Hutchins se tornou irrelevante. "Os objetivos duradoudos devem ser sacrificados ao propósito imediato de ganhar a guerra... Devemos fornecer tudo de que o país precisa", dizia. Como se veio a constatar, os laboratórios científicos da Universidade de Chicago foram cruciais para o esforço de guerra, e Hutchins garantiu que todos os recursos da universidade estivessem à plena disposição do país.

Orgulhou-se do desencadeamento, pelos cientistas da universidade, da primeira reação atômica em cadeia, em 2 de dezembro de 1942; e observou que a Universidade de Chicago manejara mais projetos militares que qualquer outra instituição educacional isolada.

Mesmo durante a guerra, Hutchins prosseguiu em sua campanha pela reforma educacional. Em discurso controverso de janeiro de 1944, estarreceu sua própria comunidade educacional, ao propor a abolição da estabilidade e o pagamento do corpo docente com base nas necessidades, em vez de na antiguidade. Hutchins se disse chocado com a reação hostil ao seu discurso, mas, evidentemente, atacara os professores nas áreas mais sensíveis, representadas pela posição organizacional e pela segurança financeira. Não se sabe ao certo se a proposta surpreendente de Hutchins refletiu ingenuidade, insensibilidade ou uma estranha mistura das duas.

Depois da guerra, Hutchins, mais uma vez, dedicou-se integralmente para questões da universidade, em especial para o arremate da reestruturação do currículo, que ele havia lançado na década de 1930. No entanto, os tempos não lhe eram favoráveis. Os membros do corpo docente estavam cansados de ser tratados durante tanto tempo de maneira que consideravam arrogante, sobretudo em relação a questões de nomeação e de currículos, que os professores consideravam da competência *deles*. Os filósofos questionavam a estreiteza de suas opiniões adlerianas sobre educação; os cientistas sociais se ressentiam de seu desdém pelo trabalho empírico deles; os cientistas naturais rejeitavam suas visões absolutistas a respeito da natureza do conhecimento. E quase todos os participantes do corpo docente – quaisquer que fossem suas cores disciplinares e ideológicas – reagiam contra as ameaças ocasionais de mudar as regras fundamentais do trabalho e do emprego na universidade. Os jovens que voltavam da batalha e que agora entravam na universidade eram mais velhos e mais sintonizados com o avanço profissional e com a retomada da vida pessoal; a educação filosófica no estilo torre de marfim não era para eles, e acorreram para instituições que pudessem ajudá-los a reintegrar-se na sociedade mais ampla. Durante esse período sensível, Hutchins manteve-se como presença civil e, em grande parte, desistiu de confrontos acrimoniosos. Para evitar a derrota completa, porém, Hutchins teve de render-se na maioria das questões que mais importavam para ele – e sua personalidade de protestante evangélico não se sentia gratificada quando recebia meia porção.

Hutchins também estava pessoalmente cansado. Pediu que lhe dessem o título de chanceler da universidade, para que se liberasse das tarefas administrativas, afastou-se da universidade durante um ano, em 1946-47, na tentativa malsucedida de salvar o casamento, e apresentou renúncia logo depois (que não foi aceita). Dedicava mais da metade de seu tempo a atividades externas, como a diretoria da *Encyclopaedia Britannica*, e a várias iniciativas para promover a causa dos grandes livros junto ao público meio intelectualizado e menos educado. Com efeito, para uma proporção crescente desse público, passou a ser associado mais às causas educacionais de Adler, além dos muros da universidade, que às da Universidade de Chicago. Depois da guerra, confessou a um amigo: "As seivas vitais secaram. Os ânimos estão baixos. Estou inventando todos os tipos de desculpas para mim mesmo." Finalmente, em 1951, depois de duas décadas na roda do leme, Hutchins renunciou à presidência da universidade.

Julgar o mandato de Hutchins em Chicago sucesso ou fracasso depende do ponto de vista. Alguns programas e políticas de Hutchins foram de fato adotados, e poucos sobreviveram à sua partida da universidade e continuam em vigor até hoje. A coragem dele, sobretudo ao defender membros do corpo docente acusados de comunistas, despertava muita admiração. A disposição para nomear pessoas de qualidade, mesmo quando não endossavam suas ideias, também era muito apreciada. E, apesar de suas próprias dúvidas sobre a prática da ciência como atividade intelectual meritória em si e por si, fez o possível na década de 1940 para que a universidade se tornasse um dos principais centros de pesquisa científica do mundo.

No âmbito interno, reconhece-se que ele transformou a Universidade de Chicago em instituição onde os debates sobre o propósito da educação eram essenciais, onde a tarefa de educar os jovens era levada a sério e onde havia pelo menos algum espaço – mesmo que não tão central quanto desejavam Hutchins e Adler – para grandes livros, para cursos interdisciplinares e para temas metafísicos. Durante o mandato de Hutchins, Chicago era considerada uma espécie de universidade especial, que atraía determinado tipo de professor e de aluno – sérios, comprometidos e interessados em ideias. Destacava-se, no dizer de Hutchins, como "instituição especializada para homens não especializados... cidadãos que, idealmente, seriam capazes de transferir-se de uma especialidade para outra, na medida em que seus interesses e as necessidades da comunidade o recomendassem". Quando, em 1993, a universidade foi classificada em último lugar em pesquisa de opinião sobre a oferta de entretenimento, entre 300 instituições de educação superior nos Estados Unidos, a alma de Hutchins deve ter baixado no campus.

Os pressupostos de um ponto de vista mais amplo confirmam a condição singular de Hutchins. Entre os líderes americanos da educação superior, na primeira metade do século XX, Hutchins conquistou o título de "o último dos titãs" – gigantes que presidiram o próprio campus com autoridade e visão pessoal, e que também falaram à nação. Hutchins era admirado em todo o país como preconizador assertivo e persuasivo da educação superior. Qualquer que tenha sido o destino dos programas específicos endossados por Hutchins, Chicago era considerada, em contexto mais amplo, instituição defensora da excelência educacional e opositora do modismo intelectual. A lista de graduados na era Hutchins (e no imediato pós-Hutchins) é impressionante. E para quem almejava o privilégio da educação Hutchins-Adler, Hutchins contribuiu com seu prestígio para numerosos empreendimentos. Por todo o país, disseminaram-se programas Great Books e Paideia, em escolas de ensino médio e em faculdades; e, como legado duradouro e monumento perene, construiu-se o campus de St. John's College, em Annapolis, Maryland (e, mais tarde, instituição irmã em Santa Fe, Novo México), que desenvolveu seu currículo de quatro anos em torno da leitura e discussão de grandes livros.

Depois de deixar a presidência da universidade, em 1951, Hutchins assumiu sucessivas posições influentes. De 1951 a 1954, atuou como diretor associado da nova e afluente Ford Foundation, com a atribuição especial de desenvolver projetos nas áreas de publicação, educação e tecnologia. De 1954 a 1977, presidiu o Fund for the Republic, instituição criada pela Ford Foundation com o intuito de estimular e premiar atividades nas áreas de direitos civis e de liberdades civis. Também trabalhou, de 1959 a 1973, e, de novo, de 1975 a 1977, como presidente fundador do Center for the Study of Democratic Institutions (Centro de Estudos de Instituições Democráticas), onde docentes permanentes e professores visitantes debatiam e escreviam sobre os grandes temas do dia. Nas horas vagas, Hutchins ainda era chairman do Conselho Consultivo da *Encyclopaedia Britannica*, de 1947 a 1977, além de manter sua longa sequência de palestras, publicações e seminários, inclusive quatro ambiciosas conferências Pacem in Terris, inspirada pela influente encíclica papal de João XXIII.

Seria de imaginar que, livre do encargo de dirigir uma universidade, de angariar recursos e de lidar com um corpo docente não raro segmentado, Hutchins levaria vida maravilhosa. Mas, como uma vez brincou Edward Shils, sociólogo da Universidade de Chicago, Hutchins, depois de 1951, era como um "príncipe no exílio". Continuava sendo pessoa carismática, que inspirava lealdade, que jorrava ideias cintilantes, e que falava e escrevia com grandiloquência sobre questões mundiais. De uma maneira que mais lembrava o reitor aventuroso de uma faculdade de Direito do que o presidente tradicionalista de uma instituição universitária, apoiou uma série de causas essencialmente liberais.

As ideias de Hutchins no período pós-Chicago, que sempre expressou com clareza e propriedade, atraíam a quem tinha índole liberal. Todavia, exceto as referentes à educação, que já eram bem conhecidas, as opiniões e ideias de Hutchins pouco se diferenciavam das de outros líderes intelectuais e políticos, como Adlay Stevenson, Padre Theodore Hesburgh, Margaret Mead ou Eleanor Roosevelt. Como figura pública, Hutchins não era muito inovador; e, à proporção que enfrentavam oposição cada vez mais intensa, no transcurso dos anos 1960 para os anos 1970, suas ideias se tornavam anacrônicas, já antes de sua morte, em 1977.

Enquanto envelhecia, Hutchins também oferecia novas evidências de que estava mais interessado em contribuir para a controvérsia pública que em sustentar ponto de vista consistente. Por exemplo, no rescaldo da detonação das primeiras armas atômicas, Hutchins advertiu sobre a possibilidade de destruição do mundo e liderou as reivindicações por um governo mundial. Ao mesmo tempo, porém, exaltou as maravilhas da energia atômica (ela "promete fertilizantes e reguladores de solo mais poderosos que qualquer coisa conhecida hoje") e afirmou que a energia nuclear "poderia introduzir nova era de paz e de fartura". Mas Hutchins também receava que essa nova riqueza viesse a ser fonte de "enfado e de tendências suicidas". Para surpresa de ninguém, invocou a educação como solução para todos esses problemas.

Constatou-se, surpreendentemente, que o espaço no mundo das ideias para um *enfant terrible*, em processo de envelhecimento, com amplo espectro de opiniões, que se estendiam desde a altamente previsível para a aparentemente contraditória, era muito limitado. Hutchins supôs que as instituições filantrópicas lhe garantiriam liberdade, mas descobriu que mesmo as grandes fundações – e, talvez, sobretudo a Ford Foundation – tinham suas próprias agendas, assim como medo condicionado de quase qualquer controvérsia. Enfrentava conflitos constantes nos conselhos de administração e nos conselhos de agentes fiduciários. Como o lançamento de novas instituições era e é dispendioso, Hutchins, que jamais foi muito eficaz no levantamento de fundos, via-se constantemente de chapéu na mão diante dos ricos. Assim, passou a considerar-se um fracasso, e a toda hora repetia: "Colina abaixo com Hutchins".

Talvez ainda mais trágico, Hutchins nunca encontrou (nem construiu) o ambiente educacional que seria eficaz para ele *e* para outros. O centro de estudos que fundou e que presidiu, isolado nas colinas luxuriantes do Sul da Califórnia, era extremamente promissor: em esquema semelhante ao dos gregos antigos, esperava-se que grandes mentes conjugassem esforços; debatessem questões importantes; e, instigados pelo magnetismo de Hutchins, formulassem recomendações decisivas. Mas Hutchins jamais conseguiu atrair corpo docente permanente à altura de suas expectativas, e muitos dos eméritos visitantes nem sempre compartilhavam as ideias dele, em debates e em ações. As dificuldades e problemas se sucederam sem interrupção. Infelizmente, a maioria de suas publicações mais lembravam clichês jornalísticos que importantes documentos públicos, clamando por debate nacional (recendente aos discursos presidenciais satirizados por Michael Cohen e James March, na epígrafe deste capítulo). Da mesma maneira como a Universidade de Chicago pós-Hutchins decaiu sob muitos aspectos, o centro de estudos não sobreviveu de nenhuma maneira significativa, depois da doença e morte de Hutchins, em fins da década de 1970. Foi como declarou a biógrafa Mary Ann Dzuback: "No final das contas, orientando o Centro tão em confronto com a vida acadêmica e com a organização das instituições de ensino superior modernas, ao arrepio das necessidades do público, Hutchins inadvertidamente promoveu a própria derrocada."

Sem nunca ter revelado isso a ninguém, Hutchins talvez tenha concluído que o tempo ou as circunstâncias não eram apropriadas para seus planos. Mas também precisamos admitir a possibilidade de que o próprio Hutchins não estivesse certo. Hutchins era pessoa inteligente e inspiradora, mas não era analista nem acadêmico. Tinha dificuldade de se aprofundar nas questões, de dominá-las no nível de especialista e de criar arcabouços intelectuais inovadores e duradouros. Como ele próprio sugerira em *The Higher Learning in America,* tinha percepção do panorama geral, não dos detalhes. E, diferentemente da visão popular, não era homem de construir e cultivar instituições. Destacava-se pelo dom de, a princípio, eletrizar as pessoas e envolvê-las nas questões, mas, como Margaret Mead, era impaciente e logo queria avançar para outros projetos e novas ideias. Talvez a ascensão dele tenha sido meteórica demais; ele nunca chegou a dominar as muitas etapas necessárias para converter visão em realidade.

Ainda mais deletério, Hutchins se envolvia demais com Hutchins. Conforme sugeriu John Gardner, observador arguto de líderes e ele próprio servidor público emérito, Hutchins era brilhante demais e arrogante demais. Apreciava as ideias alheias, mas não tanto quanto as próprias; gostava do debate, mas em seus próprios termos; conseguia ouvir de maneira superficial, e talvez até com certo carisma, mas se preocupava acima de tudo em ser ouvido. De acordo com Shils, "sempre argumentava como alguém que tentava explicar de maneira razoável algo óbvio a cabeçudos". Apaixonado pela razão, tinha pouca sensibilidade para as dimensões irracionais e espirituais das relações humanas. Gostava de opor-se ao contexto e aos padrões, mesmo quando essa inclinação acabava solapando seus próprios objetivos. Referia-se a diálogo, debate, controvérsia e concessão, mas esses conceitos nem sempre eram compatíveis com sua índole e atuação, de início assertivas e, aos poucos, cada vez mais autoritárias.

No cômputo final, Hutchins merece ser considerado líder – líder durante vinte anos de importante instituição educacional e líder, durante ainda mais tempo, da opinião pública americana esclarecida, nas áreas de educação e política públicas. A liderança dele se mostrou mais eficaz em duas condições: quando se voltava para um público disposto a apreciá-la (que, quase sempre, se compunha de cidadãos meio letrados, meio intelectualizados, em vez de seu próprio corpo docente, talvez educado demais e crítico demais); e, segundo, quando as mensagens que transmitia eram compatíveis com as personificadas por suas características e iniciativas pessoais.

Hutchins, como estudioso de grandes livros ou como defensor dos direitos civis, era convincente porque procurava honrar essas causas em sua própria vida. Mas Hutchins, como modelo de debate, de construção de consenso e de processos democráticos, era menos eficaz, em consequência das próprias posições, inequivocamente ambivalentes nessas questões. Subjacente a tudo isso, ele era alguém que se mantinha à parte – um elitista com roupagem democrática.

Com efeito, refletindo sobre as três figuras retratadas até aqui neste livro, identifico três estilos diferenciadores no relacionamento com o público mais amplo. Mead era acumuladora, simplificadora e direcionadora – alguém que procurava reunir as pessoas sob um único tema consensual. Oppenheimer era complicador – alguém que estava mais interessado em expressar e em desfrutar enigmas que em resolvê-los de vez. Não obstante todo carisma e apesar de todos os atributos de liderança, Hutchins era basicamente um divisor - alguém que gostava de contrastes intensos e, de maneira excludente, aliava-se aos anjos e associava os adversários ao diabo. Certa vez, manifestou sua filosofia vigorosa a esse respeito:

*Passei a ver os educadores como causa perdida. Percebi que a única chance é convocar o público do qual os educadores têm medo mortal. Quando sou conciliador, ninguém presta atenção... quando sou severo e ameaçador, os professores ao menos precisam responder às perguntas de seu público.*

Com efeito, às vezes, como em relação aos méritos da ciência ou aos usos da energia atômica, ele não conseguia resistir nem mesmo a debater em público consigo mesmo.

A tarefa de construir e de liderar uma instituição é complexa e difícil, mesmo no caso de organização relativamente pequena e circunscrita, como uma faculdade ou universidade. Embora todos os membros da comunidade sejam acadêmicos, suas predileções e visões sobre educação nem sempre são compatíveis entre si. A tarefa torna-se ainda mais árdua quando se reconhece que as instituições de ensino superior nos Estados Unidos tiveram de mudar constantemente ao longo do século. Outrora bastiões de patricinhos afluentes, redutos confortáveis de futuros profissionais, e ilhas da fantasia em meio aos problemas urbanos, as "multiversidades", hoje, servem a muitos públicos nacionais, suprem as carências de inúmeros segmentos sociais e proveem educação pós-secundária universal.

Nessa heterogeneidade histórica, poucas figuras realmente se destacam: a primeira geração de gigantes, como Charles Eliot, de Harvard, que introduziu o sistema eletivo e facilitou a transição do "College" (faculdade) para a "University" (universidade); os experimentalistas, como Harold Taylor, de Sarah Lawrence, que lançou cursos artísticos e práticos no currículo de artes liberais; os criadores de pequenos arranjos educacionais valiosos, como Frank Aydelotte, em Swarthmore, que constituiu um sistema tutorial para o corpo discente; os construtores das grandes universidades e multiversidades nacionais de hoje, como Herman Wells, da Universidade de Indiana, John Hannah, da Universidade do Estado de Michigan, e, principalmente, Clark Kerr, da Universidade da Califórnia.

Quase todos esses construtores acabaram enfrentando problemas que não puderam resolver a contento – esse talvez seja o destino de todos os líderes inovadores. No entanto, quando mais se mostraram eficazes, tiveram de executar com sucesso duas tarefas importantes, mas não necessariamente confluentes: primeiro, criar uma história que fizesse sentido para vários públicos, desde agentes fiduciários encruados até futuros alunos impressionáveis; segundo, oferecer direção e apoio suficientes às pessoas sob sua responsabilidade, para que a instituição operasse com eficácia no curto e no longo prazos. A primeira incumbência exigia presença pública com alguma clareza de expressão; a segunda demandava a capacidade de manter-se na retaguarda, de oferecer recompensas e sanções, quando necessárias, e o desenvolvimento de lealdades duradouras à instituição, se não ao líder.

Durante boa parte da vida, Hutchins conseguiu criar uma história eficaz para alguns membros da instituição e para muitos outros cidadãos do país inteiro. No longo prazo, mostrou-se menos eficaz na construção de instituições capazes de realizar com entusiasmo a missão dele. (A Harvard, de Eliot, e a Swarthmore, de Aydelotte, talvez tenham sobrevivido com menos transformações que a Chicago, de Hutchins.) Mas é possível que Hutchins tenha alcançado algo ainda mais importante: propor visão fecunda da educação – uma variante de formação geral ampla, de altos padrões, para os cidadãos sérios de uma democracia – elegante o bastante e atraente o suficiente para permanecer válida até hoje, mesmo que seja lembrada mais pela inobservância que pela observância.

Capítulo 7

# Alfred P. Sloan, Jr.: O negócio da América

*Hoje, está claro que todo homem, mulher e criança, inclusive de gerações ainda a nascer, têm interesse no poder da General Motors.*

Alfred P. Sloan, Jr.

No século XIII, a sociedade feudal europeia, até então estreitamente entrelaçada, começou a esgarçar-se, desmembrando-se, aos poucos, em numerosos setores diferentes. Três deles, geralmente denominados "estados", assumiram a cena: a nobreza, o clero e o povo – este composto de mercadores. Embora, de início, os estados apenas oferecessem conselhos ao soberano, eles logo conquistaram influência. E ainda que a participação em determinado estado não fosse, de modo algum, opção para os indivíduos livres, muito menos para os servos, a prole acabou vindo a exercer alguma escolha quanto ao estado a que pertenceria. Portanto, numa família com vários filhos, um talvez acabasse no clero, enquanto os outros ingressariam na classe dos mercadores.

Hoje, não mais recorremos à linguagem dos estados, mas, sim, reconhecemos grandes arranjos ou grupos de profissões. Até agora, neste estudo, consideramos três pessoas, que optaram por juntar-se às fileiras acadêmicas – seja como profissional de determinada disciplina, como física ou antropologia, seja como presidente de importante instituição de aprendizado superior. Essas pessoas, como já observei, começam exercendo liderança indireta, dentro de uma disciplina específica; desenvolvem eficácia como líderes diretos, na medida em que são capazes de dirigir-se com convicção a seus colegas acadêmicos; e sua influência pode difundir-se além do ambiente universitário, se suas histórias "falarem" ao público educado mais amplo.

Neste capítulo, concentro o foco em Alfred P. Sloan Jr., líder do "estado" contemporâneo das organizações de negócios, ou empresas. Nos dois capítulos seguintes, analiso líderes de dois outros estados de nossa época – George C. Marshall, das Forças Armadas, e João XXIII, da Igreja Católica. Constatam-se semelhanças curiosas entre os três líderes. Cada um emergiu de origens modestas, nas últimas décadas do século XIX. Cada um demonstrou entusiasmo em idade precoce, mas levaram algum tempo para assumir posições de autoridade em instituições estabelecidas. Todos se caracterizavam por temperamento um tanto contido, mas se dispunham a enfrentar líderes formais em questões importantes. Os três contribuíram para a definição de suas instituições na era moderna. E todos ajudaram os seguidores a compreender a natureza evolutiva das respectivas instituições. Apesar da organização hierárquica das instituições, os três lideravam basicamente por meio da persuasão, não pelo apelo à autoridade; também assumiam posição includente em relação aos outros. Nenhum deles, porém, evitou totalmente a aura de competição; afinal, empresas, exércitos e igrejas competiam uns com os outros.

Finalmente, embora cada um dos três estados contemporâneos governe apenas algumas facetas da vida das pessoas, todos almejam ser mais abrangentes que a área acadêmica. Diferentemente dos líderes de domínio, os três líderes aqui considerados dirigiram-se a públicos mais amplos e diferenciados e elaboraram mensagens compreensíveis até por não especialistas no domínio. A ordem de tratamento, aqui, segue a amplitude crescente das esferas de influência, com a empresa representando o domínio mais restrito e a Igreja afetando (pelo menos em potencial) as esferas mais profundas e mais difusas da vida das pessoas.

Nos primórdios da história da indústria automobilística, predomina a saga de Henry Ford. Inventor brilhante e empreendedor, Ford concebeu o automóvel homônimo, o chamado Modelo T, veículo barato e funcional que superou por ampla margem as vendas de veículos concorrentes, no começo do século XX. Com efeito, no começo da década de 1920, a Ford Motor Company produzia de 50% a 60% de todos os carros fabricados nos Estados Unidos.

Ford, que tinha pouca educação formal, formava suas opiniões com base na experiência pessoal. E, assim, desenvolveu ideias distintas e, não raro, idiossincráticas sobre a maioria dos assuntos, de política nacional a organização empresarial. Empenhou-se em garantir que todas as pessoas pudessem adquirir um automóvel. Ford se opôs vigorosamente aos sindicatos trabalhistas. Pagava salários generosos aos empregados e dirigia a empresa de maneira personalista; nos termos deste estudo, personificava suas opiniões na maneira como lidava com os outros. E encarava com grande desdém os concorrentes que tentavam adotar estratégias organizacionais em suas empresas, declarando a certa altura:

*Em minha opinião, não existe mentalidade mais perigosa que a por vezes descrita como "gênio da organização". Daí resultam, em geral, grandes organogramas... [Em consequência] a mensagem de alguém que esteja num retângulo no canto inferior esquerdo do gráfico demora cerca de seis semanas para chegar ao presidente da empresa.*

Apesar das convicções e do carisma, Ford apostou no modelo errado de consumidor e no modelo errado de empresa. Em fins da década de 1920, a hegemonia da Ford Motor Company se desvanecia; na época da Segunda Guerra Mundial, a fatia de mercado da Ford se reduzira de 60% a 20%, enquanto a da rival General Motors saltara de 12% para 50%. Por volta de 1950, a GM era a maior e a mais rica empresa do mundo. Essa mudança radical da sorte resultou de muitos fatores e dos esforços de muitas pessoas, mas o protagonista inquestionável foi Alfred P. Sloan, Jr., que presidiu a GM de 1923 a 1946 e chefiou o conselho de administração até 1956.

Sloan nasceu em New Haven, Connecticut, em 1875. Seus antepassados foram ministros religiosos e professores escolares. O pai era atacadista de chá, café e cigarro.

Diferentemente dos nossos três acadêmicos precoces, a infância e os primeiros anos da juventude de Sloan foram obscuros. Pouco depois de formar-se em engenharia elétrica pelo Massachusetts Institute of Technology, foi trabalhar na Hyatt Roller Bearing Company of New Jersey. Nos anos seguintes, um rolamento antiatrito da Hyatt Company tornou-se importante componente do automóvel.

Quando do ingresso de Sloan, a Hyatt era empresa pequena que empregava cerca de 25 pessoas. Sloan logo tornou-se gerente geral da empresa e rapidamente familiarizou-se com o mundo dos negócios, constatando, antes de tudo, o crescimento explosivo da indústria automobilística. Sob a liderança astuta e exigente de Sloan, a Hyatt cresceu com rapidez e logo fornecia produtos e prestava consultoria a vários fabricantes de carros. Com efeito, a certa altura, a Hyatt era o único fornecedor de rolamentos da Ford.

Em 1916, William C. Durant, que chefiava a General Motors Company, procurou Sloan e perguntou se a Hyatt Company estava à venda. Sloan concluíra que sua empresa, embora lucrativa, não mais poderia manter seu tamanho e forma; tampouco gostava da atmosfera de crise, em que a demanda por seus produtos variava de maneira abrupta e imprevisível, de uma para outra estação. Depois de alguma hesitação e muita negociação, Sloan vendeu a Hyatt para a GM por US$13,5 milhões. Durant incumbiu Sloan da gestão de um conglomerado denominado United Motors; em poucos anos, Sloan se tornou membro do comitê executivo que dirigia a GM.

A mudança de Sloan para a GM ocorreu em época de enormes transformações na indústria automobilística e no setor industrial dos Estados Unidos, de maneira mais geral. Até fins do século XIX, os mesmos indivíduos, geralmente integrantes de uma família, eram proprietários e gestores da maioria das empresas americanas. Apenas poucas empresas, como usinas e plantações, eram subdivididas em seções, e, ainda assim, tendiam a ser supervisionadas por um único gerente ou mestre, ou, no máximo, por um pequeno grupo.

Essa maneira de fazer negócios mudou drasticamente, em consequência do surgimento das ferrovias; do crescimento da economia industrial urbana, com a demanda sem precedentes por bens; do deslocamento para novas formas de energia, como carvão e petróleo, e para novos produtos, como tinturas sintéticas; e da substituição do artesão pelas máquinas-ferramentas. No início do século XX, os Estados Unidos já eram dominados por número relativamente pequeno de grandes empresas, geralmente monopolistas, como Standard Oil Company, United States Steeel Corporation, e American Tobacco Company. Em vez de confiar em agentes autônomos para executar várias funções auxiliares ou atividades-meio, essas empresas tentavam controlar todas as fases dos respectivos processos de produção, desde o abastecimento de matéria-prima até a comercialização de bens de consumo. Para tanto, contratavam especialistas para cuidar de funções como contabilidade, vendas e produção. E, imbuídos do experimentalismo americano, tentavam diferentes estruturas organizacionais, que se refletiam nos mais variados organogramas – criação de divisões, gestão por comitês, formas de centralização e descentralização. Alfred Chandler, historiador das empresas americanas, disse que "a maior inovação da economia americana entre 1880 e a virada do século foi a criação da grande corporação na indústria". E, com efeito, por volta de 1900, a grande empresa – abrangendo compra e produção de materiais e componentes, finanças e marketing, tudo com a mesma infraestrutura – se convertera na unidade industrial básica.

Em comparação com os setores petrolífero, siderúrgico e fumageiro, a incipiente indústria automobilística ainda era muito aberta. Em 1900, só se venderam 500 automóveis; o número aumentou para 65 mil, em 1907; em 1915, quase um milhão de veículos de passageiros foram comprados. O mercado se dividia entre grande número de empresas, cujos nomes (Buick, Ford) sobreviveram até hoje, enquanto outros (Maxwell, Oakland) há muito foram descartados no ferro velho da história. As pessoas associadas a essas empresas tendiam a ser, igualmente, amadores, especuladores, inventores meio loucos, e titãs dos negócios; as fontes de financiamento eram, em geral, esparsas e idiossincráticas; os financistas de Wall Street ainda não haviam entrado em cena.

Durant foi um dos mais vigorosos e visionários magnatas dos primórdios da indústria automobilística. Começando com a bem-sucedida organização Buick, conseguiu construir e combinar empresas com alta dose de instinto e talento, e era bastante ousado para assumir riscos em empreendimentos que, em geral, geravam retornos positivos. Sua General Motors Company – que, em breve, seria renomeada como General Motors Corporation - foi constituída por meio da fusão de várias fábricas importantes da época, como Buick, Cadillac, Oldsmobile e Oakland.

Ao contrário de Ford, que preferia a centralização extrema, Durant era mais propenso à descentralização: deixou as várias empresas sob o controle da GM em grande parte por conta de si mesmas. Enquanto a Ford se expandia internamente, aperfeiçoando a linha de montagem e racionalizando todos os aspectos da produção, Durant recorria às compras externas para atender às demandas da fabricação de automóveis. Depois de observar Durant em ação, seu novo associado, Sloan, concluiu:

*Eu tinha duas ideias a respeito de Mr. Durant. Admirava seu gênio automotivo... [E] sua lealdade à empresa era absoluta... Mas considerava seu estilo gerencial muito desregrado, e ele se sobrecarregava... Receava, em especial, que tivesse expandido demais a GM, entre 1918 e 1920, sem métodos gerenciais explícitos com que controlar as várias partes da organização.*

Sloan tentou influenciar a forma de atuação de Durant. Embora, por natureza, não fosse questionador, não tinha medo de criticar as políticas da empresa e até as iniciativas de Durant. Este, porém, mesmo reconhecendo a capacidade de seu associado mais jovem, tendia a seguir as próprias intuições, em vez das recomendações alheias.

No fim da Primeira Guerra Mundial, a GM quase afundou, em consequência da expansão excessiva e rápida promovida por Durant, quando teve de lançar como prejuízo baixas contábeis de US$100 milhões, e o próprio Durant devia pessoalmente US$40 milhões. Precisava-se fazer alguma coisa com urgência. No outono setentrional de 1920, depois de algumas semanas de negociações tensas, Durant, que havia perdido fortuna pessoal superior a US$100 milhões, foi afastado da empresa. Promoveu-se, então, uma mudança de rumo abrupta – que reformularia radicalmente não só a empresa, mas também, em última análise, a vida empresarial americana.

Nos primeiros anos da GM, Durant procurara apoio além da comunidade financeira de Nova York, recorrendo aos du Ponts, de Delaware. A família du Pont, proprietária de empresa altamente bem-sucedida de químicos e explosivos, tornou-se grande investidora da GM, detendo, em 1919, 29% da empresa. E Pierre du Pont, presidente da Du Pont Company, se tornara figura importante no Conselho de Administração da GM, por força desse investimento expressivo.

Du Pont havia presidido a conversão de uma empresa familiar em conglomerado do porte, embora não do tipo da United Motors e da GM. Como Sloan, du Pont fora aluno do MIT e combinava conhecimentos de processos científicos e de engenharia com o interesse pela estrutura organizacional. Ambos eram construtores de organizações, não gênios excêntricos, em contraste com Ford e Durant. Com efeito, como diria Sloan, os dois preferiam "o processo lento de reunir todos os fatos disponíveis, de analisá-los tão profundamente quanto permitia nossa experiência e capacidade, e decidir sobre o curso de ação". A questão, no momento, era qual estilo prevaleceria na GM e, de maneira mais genérica, em toda a indústria automobilística do futuro.

Na época da crise da GM – acarretada pelo colapso econômico externo e pela má gestão interna – era essencial que a GM parecesse estar em mãos capazes. "Pierre du Pont era a única pessoa na GM que desfrutava de prestígio e respeito capaz de oferecer confiança à organização, ao público e aos bancos", lembrou-se Sloan. Nos três anos seguintes, du Pont, Sloan, dois outros membros do conselho de administração e uns poucos assessores importantes trabalharam intensamente para alinhar a GM; só em 1921, realizaram-se mais de 101 reuniões. Du Pont e Sloan tendiam a concordar um com o outro, mas Sloan mantinha suas opiniões e prevalecia nas contendas.

As principais ideias para a reorganização da GM eram de Sloan, que, efetivamente, havia divulgado suas propostas em memorando de 1919. Sloan estava tão desanimado com as condições da GM, na época, que havia pensado seriamente em demitir-se, para trabalhar na empresa bancária de Lee Higginson and Company. Praticamente o primeiro ato do novo conselho de administração foi adotar o plano de Sloan na totalidade: assim, nos termos da ata da reunião, aprovava-se "uma organização para a General Motors Corporation que, definitivamente, distribuiria a autoridade por toda a ampla organização e, ao mesmo tempo, coordenaria cada unidade operacional, de modo a não comprometer a eficácia com que as atividades até então vinham sendo executadas".

Na visão de Sloan, o grupo de empresas e o conjunto de capacidades da GM se defrontavam com grande desafio: como melhor combinar de maneira ótima os atributos tanto da descentralização quanto da autoridade e do controle centralizados. Em especial, Sloan sentia a necessidade de alguma forma de controle das divisões operacionais autônomas, que incluíam as que produziam marcas de carros e as que fabricavam componentes e acessórios específicos. A solução dele foi permitir que os gestores das diferentes divisões desfrutassem de considerável autonomia em suas operações diárias, mas não demandassem ao mesmo tempo um escritório central vultoso, composto de executivos (presidente, vice-presidentes de operações e de finanças e executivos de grupos) e diretores de áreas de apoio, atuando como especialistas internos. Além disso, cada divisão era responsável pela geração de resultados, de modo a possibilitar a avaliação de suas contribuições para o desempenho da empresa como um todo. Por mais surpreendente que pareça, esse corte do nó górdio, relativamente elementar, se mostrou revolucionário no mundo empresarial. Seus efeitos foram duradouros na GM. O conceito em si foi copiado por muitas outras organizações, pequenas e grandes. A jogada de mestre de Sloan, no exercício da liderança indireta – a construção de uma estrutura organizacional viável –, gerou reverberações nacionais.

A década de 1920 assistiu à rápida expansão (na verdade, rápida demais) da economia americana como um todo e ao crescimento ainda mais acelerado da indústria automobilística; a GM desempenhou papel central em ambas as tendências. Depois de alcançar o propósito declarado de trazer estabilidade para a GM, du Pont renunciou à presidência, no começo de 1923, e entregou as rédeas a Sloan. No auge do poder, Sloan implementou uma organização inovadora e eficaz na GM.

Ainda mais significativo, Sloan e seus associados mais próximos concluíram que, inequivocamente, não havia algo do tipo "melhor carro", como padrão. Em vez disso, empenharam-se em estudar o mercado e em lançar um espectro de produtos que, em conjunto, atenderiam às necessidades e desejos da ampla gama de consumidores. "Carros para todos os bolsos e para todos os propósitos" –, apelo à "massa" e à "classe" – converteu-se em lema. Além disso, reconheciam a necessidade de uma faixa de produtos para cada segmento do mercado, e julgavam a qualidade do produto mais importante que algumas centenas de dólares a mais no custo – inclinação para o "topo do mercado". Sloan o descreveu como "plano abrangente pelo qual a organização entraria no mercado com um carro bem projetado, para cada faixa de preço, da mesma maneira como um general mobiliza suas forças em cada ponto da linha de frente, para não ceder espaço ao inimigo".

Ford, por outro lado, almejava a economia acima de tudo e, um dia, soltou o gracejo que se tornaria famoso, ao afirmar que os clientes podiam escolher qualquer cor, "desde que fosse preto". Ford seguiu sua intuição, que, presumiu, coincidiria com a da maioria dos consumidores. Sloan e associados prosseguiram, estudando cuidadosamente o mercado e as alternativas. Nas palavras do historiador Alfred Chandler, a política de Ford, sua contra-história, se preferir, "se revelou um dos erros mais crassos da história das empresas americanas".

Muitas são as outras facetas das realizações de Sloan na roda do leme do que se transformava rapidamente na nau capitânia dos negócios americanos. A GM muito se empenhou para adotar abordagens de propaganda e venda capazes de saturar um mercado grande, mas volúvel. A formação de um quadro de revendedores capazes e leais foi crucial nessa campanha. Desde logo se reconheceu a importância do carro usado, e a atenção dedicada a esse aspecto da indústria automobilística se revelou outra maneira eficaz de oferecer ao mercado as mais variadas alternativas. Como o volume de compras não podia aumentar indefinidamente, o crescimento deveria ocorrer principalmente por meio da competição dentro do setor. Dessa maneira, a GM adotou a prática de lançar todos os anos novas linhas de produtos, diferenciadas tanto quanto possível das do ano anterior, induzindo os consumidores a trocar seus veículos usados. Além disso, cultivou a reputação de excelência em serviços.

As iniciativas proliferaram. Constituíram-se organizações à parte para financiar as compras de automóveis (com pouca entrada ou sem entrada), para promover a solidariedade entre executivos e para facilitar as ligações entre revendedores. Iniciou-se a prática de previsões anuais como meio de efetuar ajustes rápidos às mudanças no mercado. Criou-se e fomentou-se divisão de pesquisa poderosa e autônoma, embora, depois de alguns fracassos custosos, Sloan tenha tomado providências para impedir-lhe de impor políticas à empresa. E, muito antes da Ford, fez as pazes com os sindicatos trabalhistas, dos quais o principal era o United Auto Workers. Em poucas décadas, as iniciativas revolucionárias de Sloan converteram-se em características constantes da indústria automobilística.

E aqui nos defrontamos com a questão de Sloan como líder – pessoa que influencia os pensamentos, comportamentos e sentimentos de outras pessoas. Sob certa perspectiva – que poderíamos denominar perspectiva de Ford – o trabalho de alguém na posição de Sloan é fácil. Tem autoridade. Preside um conselho de administração – em especial, seu comitê executivo –, e suas opiniões prevalecem em quase todos os casos. Sob o jugo de personalidades como a de Durant, arranjos desse tipo facilmente se tornam autocráticos. E, sem dúvida, uma das primeiras iniciativas de Sloan depois de ascender à presidência foi aumentar em muito o poder do diretor de operações no âmbito de toda a empresa.

No entanto, Sloan concebeu suas atribuições de maneira muito diferente e, talvez, mais moderna. Na visão dele, a intimidação não era estilo de gestão desejável. Ele comentou: "Nunca minimizei a autoridade gerencial do CEO quando ocupava a posição. Exerci essa função com discricionariedade; conseguia melhores resultados vendendo minhas ideias que dizendo às pessoas o que fazer." Sloan contratou o mais competente grupo de alto nível que conseguiu reunir, atribuiu aos seus integrantes funções de responsabilidade, tratou-os com equidade, oferecia-lhes boa remuneração e os organizou em comitês, em que discutiam as questões e as escolhas em profundidade e tentavam chegar a um acordo. "Nossas decisões sobre políticas administrativas resultam de debates nos comitês de governança e nos grupos de políticas", observou Sloan. Assim, a GM operava sobretudo por meio da administração por comitês e da decisão por consenso.

Evidentemente, nada pode estropiar mais rapidamente uma organização que o excesso de comitês hesitantes e procrastinadores, que apenas se reúnem e não decidem. Com efeito, no início da década de 1920, Henry Ford maldosamente ridicularizou o modo de operação da GM. "As empresas e fábricas da Ford não têm organogramas, nem descrições de funções, nem linhas de sucessão ou de autoridade; os títulos são poucos e as conferências são raras." (A organização por comitês também foi responsabilizada, na década de 1990, pelo enfraquecimento de grandes empresas americanas, como a IBM e a própria GM.) Sloan evitou essa inércia, definindo cuidadosamente os objetivos e a composição dos comitês, atribuindo-lhes funções específicas, monitorando seu progresso e, em certo momento, orientando-os na tomada de decisões. "Boa parte de minha vida na GM, observou, foi dedicada ao desenvolvimento, à organização e à reorganização periódica desses grupos de governança." Lembrando, sob certos aspectos, a abordagem de Margaret Mead no estudo das culturas contemporâneas, os comitês da GM, deliberadamente, eram compostos de indivíduos de diferentes divisões organizacionais e esferas de ação – equilibrando o entusiasmo do gerente de vendas com a objetividade do estatístico – de modo que esses colegas se educassem uns aos outros e passassem a compreender seus problemas, perspectivas e oportunidades individuais e coletivas. Sloan monitorava esses procedimentos com cuidado, intervindo quando necessário. Referia-se com frequência ao principal enigma: "Como poderíamos exercer controle permanente sobre toda a empresa, de maneira compatível com a estrutura organizacional descentralizada. Nunca deixamos de atacar esse paradoxo."

A liderança envolve dimensões humanas cruciais e indispensáveis. Sloan pode ter sido pioneiro, talvez até gênio, na construção de estruturas organizacionais, mas essa "expertise em domínio específico" não foi o principal componente de seu sucesso. Sloan personificava as virtudes que ele procurava nos associados, sempre se destacava em todas as informações disponíveis. Pedia estudos sobre questões-chave, dominava dados e detalhes, e se baseava explicitamente às conclusões dos respectivos relatórios para tomar decisões. A participação dele nos grupos influenciava as considerações que julgava importantes e a convergência das decisões para as alternativas que lhe pareciam preferíveis. Durante anos, ele próprio redigiu os relatórios anuais da GM.

Ele ainda se empenhava em conhecer os associados – não só os mais altos executivos, mas também outras pessoas não tão no topo da pirâmide hierárquica, que atuavam em outras áreas da empresa. Convidava-os para falar, escrevia e respondia a incontáveis memorandos e os visitava no local de trabalho:

*Adotei a prática, durante toda a década de 1920 e no começo da de 1930, de fazer visitas pessoais aos revendedores. Equipava um vagão ferroviário particular como escritório e, acompanhado de vários associados, ia a quase todas as cidades dos Estados Unidos, visitando de cinco a dez revendedores por dia. Reunia-me com eles nos próprios locais de trabalho e lhes pedia sugestões e críticas a respeito das relações deles com a empresa, das características dos produtos, das políticas da empresa, das tendências da demanda, de suas visões do futuro e de muitas outras questões de interesse do negócio. Tomava notas cuidadosas de todos os pontos importantes e, ao chegar em casa, os estudava com atenção.*

Esse interesse não foi em vão. Quando Sloan se aposentou, os revendedores o homenagearam, contribuindo com mais de US$1,5 milhão para a pesquisa do câncer.

Como os demais líderes considerados até aqui, Sloan deve ser visto em dois contextos. De um lado, foi especialista em um domínio: o de organizar e depois dirigir uma empresa industrial complexa, talvez a mais complexa que o mundo havia conhecido até então. Sua expertise decorria não só do treinamento formal na universidade, mas também de sua experiência na Hyatt, na United Motors e na GM Corporation. Ao executar essa parte do trabalho, Sloan atuava como especialista: era fundamental que outros membros do domínio pudessem apreciar e apreender sua mensagem – sua "história". Nessa variedade de liderança indireta, não importava o que Sloan fosse como pessoa, ele poderia ter exercido influência, mantendo-se completamente nos bastidores ou, com efeito, atuando como autor de livros (no estilo, digamos, do hoje popular consultor e autor Peter Drucker).

Como chefe da GM, Sloan também era líder direto da instituição. Dessa plataforma, transmitiu uma história de identidade definitiva para os milhares de empregados. Parte da história era geral: todo empregado da GM é parte da empresa mais importante e dinâmica dos Estados Unidos, talvez do mundo. Mas outra parte era específica: a GM não é apenas mais uma empresa; trabalhadores e gestores são integrantes da mais progressiva e da mais poderosa organização do mundo. A empresa convidava todos os seus membros a participarem dela ativamente, não importa quão humilde fosse sua posição, para garantir a preservação da qualidade inigualável de seus produtos. A GM era uma família, com Sloan como patriarca benigno. Ele personificava as virtudes de seu trabalho incansável pela empresa, e esperava que todos na organização agissem da mesma maneira.

Sloan também era figura pública, líder direto de milhões de americanos que atuavam no mundo dos negócios. Não era apenas o grande executivo da GM, empresa de capital aberto, com centenas de milhares de empregados e mais de um milhão de acionistas; era o bastião da indústria americana, observado nas épocas cruciais (como durante a Segunda Guerra Mundial), aplaudido por muitos de seus colegas industriais e sujeito a fortes críticas de outros empresários, escritores, celebridades e segmentos do grande público. Seu sucessor, a "máquina" Charlie Wilson, teria declarado, em tom revelador: "O que é bom para a GM é bom para o país."* E, ainda que tenha evitado essa verve grandiloquente, Sloan tinha consciência (e orgulho) do lugar sem igual que "sua" empresa assumira na vida americana.

Qual foi, então, a história que Alfred P. Sloan, Jr. contou a todo o país: Primeiro, as empresas tinham tanto poder quanto os políticos, talvez fossem o mais poderoso dos estados contemporâneos. John D. Rockefeller e seus colegas "barões ladrões" haviam demonstrado o poder das empresas americanas; Sloan e colegas podiam comprovar que as empresas eram bem organizadas e dirigidas com responsabilidade, conscientes de seus deveres perante o público, e dispostas a exercer a liderança em tempos de crise e de facilitar a prosperidade dos trabalhadores americanos. Os críticos do capitalismo estavam malinformados ou eram malevolentes. A GM resistira à depressão e se tornara o principal fabricante de material bélico do país durante a Segunda Guerra Mundial. Seus líderes eram faróis da comunidade e filantropos por conta própria. Personificando esse ponto, Sloan devolveu a própria fortuna ao país, por meio de grandes doações filantrópicas. "A história financeira da General Motors é uma história de crescimento", declarou Sloan. E acrescentou: "Fizemos um trabalho muito meritório

---

* *Nota do Tradutor*: Wilson, na verdade, afirmou: "Nós, na GM, sempre achamos que o que era bom para o país também era bom para a General Motors." É instrutivo que a citação distorcida, em vez de a autêntica, tenha entrado para o folclore empresarial americano.

para os acionistas, sem negligenciar nossas responsabilidades perante os empregados, clientes, revendedores, fornecedores e a comunidade."

E assim Sloan estava ajudando a definir o país, talvez pela primeira vez na história humana, em termos de negócios e, sob esse aspecto, em termos das gigantescas empresas nacionais e internacionais. Como americanos, dizia, pertencemos a uma sociedade que acredita e fomenta as empresas – negócios em que o tamanho pode ser vantagem, não desvantagem, e na qual a prosperidade das empresas pode caminhar de mãos dadas com o progresso do país como um todo. Da mesma maneira como se considerava o automóvel fonte ímpar de privacidade e mobilidade, também se encarava as empresas que produzem automóveis como importante fator da prosperidade pessoal. Não admira que os olhos de todo o país se voltassem para Detroit quando, em cada outono setentrional, se lançavam os novos modelos.

A influência de Sloan, obviamente, se expandia cada vez mais. Seu público cresceu de uma empresa para todo um setor e, depois, para o país inteiro (veja a epígrafe deste capítulo). E sua mensagem também se ampliou. Começando com o tema de o que significava trabalhar em certo tipo de empresa, ele acabou sugerindo que as empresas americanas fossem a base de uma vida de bem-estar. Embora essa mensagem não abrangesse todos os aspectos da vida – nela não se enfatizavam nem a dimensão política nem a dimensão religiosa, por exemplo –, ela efetivamente fornecia uma visão da identidade moderna. E, embora fosse história inovadora, não era história ameaçadora, pois sugeria que todos poderiam beneficiar-se com o sucesso do capitalismo.

Realmente, o gênio do capitalismo foi a mensagem mais difusa de Sloan. Ele se referia ao "desenvolvimento de uma indústria que impulsionaria as condições econômicas e sociais da humanidade, mais que qualquer outra". Sobre o automóvel, ele afirmava: "A humanidade jamais ansiou por nenhuma outra máquina com tanta intensidade quanto... por esta." Também enaltecia o estilo de vida capitalista: "A ambição... situando-se no topo das realizações materiais, é não só objetivo altamente valioso, mas também, pelo fato de, até recentemente, ter sido considerada nesses termos, sem dúvida tem sido importante fator contributivo para o desenvolvimento da América e para a consecução do mais alto padrão de vida." E perguntou retoricamente: "Será que alguém veria algo indesejável ou algo contrário ao interesse público em processo que possibilita e estimula o aproveitamento da capacidade e da diligência natural dos indivíduos incomuns?" Sloan combinou a própria história com a da empresa, ao refletir:

*Jamais ninguém no setor teve tamanha oportunidade de desenvolvimento quanto eu, ao tornar-me presidente da General Motors... Nessa condição, dei-me conta de que nossas ideias afetavam diretamente a vida de centenas de milhares de pessoas e influenciavam o bem-estar econômico de muitas comunidades importantes.*

Ao se referir a empresas e a automóveis, Sloan (assim como seus colegas e sucessores na GM) podiam invocar uma retórica includente. Tanto a indústria automobilística quanto a comunidade de negócios como um todo continuavam a crescer indefinidamente. Na condição de líder, Sloan desfrutava da vantagem de a história que contava em sua própria instituição ser transferível de pronto para públicos muito mais amplos em todo o país. No entanto, também havia uma dimensão competitiva no setor. O sucesso da GM acarretaria, necessariamente, algum custo para os outros concorrentes. Os primeiros prejudicados, menos visíveis, foram as muitas empresas menores, que a GM comprou ou sufocou, demonstrando as consequências deletérias do capitalismo monopolista, na versão bruta. A vítima mais visível foi a Ford Motor Company, que, em intervalo extremamente curto, perdeu tanto seus mais altos executivos quanto a fatia do leão do mercado para a rival GM. Os sindicatos trabalhistas, de tempos em tempos, chegavam ao impasse em disputas com a equipe gerencial liderada por Sloan. E, à medida que o país passava a ver-se como um conjunto de empresas lucrativas (e nem tanto), decerto ocorriam outras perdas mais sutis.

Da mesma maneira como o poderio da GM gerou baixas, também outras histórias sofreram perdas, quando a saga predominante era a da "empresa grande e beneficente". Em tempos idos, os americanos queriam demonstrar interesse por outras questões que não fossem dinheiro e sucesso material – altruísmo, espiritualidade, filantropia, e uma vida de objetivos comunitários e pessoais modestos. Embora não questionando diretamente esses componentes da identidade, Sloan expressava opiniões que enalteciam o porte, o poder e a dominância. Sloan tentava abordar questões de caridade e, pessoalmente, era filantropo, mas o ponto de vista ancorado na competição capitalista tendia para o autoengrandecimento. Talvez por se tratar de história mais simples e mais egoísta, a versão materialista prevaleceu em grande parte durante muitos anos. Em épocas de prosperidade, todos os barcos pareciam subir com a maré montante; mas, em tempos de dificuldades econômicas, as realizações das pessoas ou das empresas tendiam a ocorrer em detrimento do próximo ou dos concorrentes.

Sloan aposentou-se da presidência do Conselho de Administração da GM em 1956 e viveu mais dez anos. Uma de suas principais atividades durante esse período foi escrever sua instigante e influente autobiografia, *My Years with General Motors*, importante recurso para trabalhos subsequentes sobre a empresa. O longo livro de Sloan é quase que uma crônica pura do sucesso e um hino de louvor ao empreendedorismo americano. (O mais fascinante para mim é que seu índice de dezenove páginas não inclui um único verbete com o nome "Japão".)

O cenário empresarial nacional e internacional mudou quase totalmente desde o lançamento da cartilha de Sloan. Nos Estados Unidos, as ferrovias são tratadas com desdém; os aviões são cada vez mais os veículos preferidos para viagens de qualquer extensão; serviços e informações, em vez de indústria pesada e produtos comerciais, são vistos como os negócios do futuro; e a indústria automobilística americana enfrentou uma série de revezes, em grande parte por causa da maior competitividade de veículos fabricados no Japão e em outros países estrangeiros. A GM (como a IBM e algumas outras empresas) passou a desempenhar o papel de gigante decadente, de empresa que não percebeu o que estava acontecendo no mundo mais amplo. Hoje, os magos de empresas de computação – Steven Jobs, da Apple e da NeXT; William Gates, da Microsoft; e Mitch Kapor, da Lotus – é que são considerados os oráculos da nova competitividade americana, mais enxuta e mais refinada. Embora Sloan, durante toda a vida, sempre tenha sido tratado com respeito, beirando a veneração, um de seus sucessores, Roger B. Smith, tornou-se alvo de um filme-libelo *Roger e Eu,* de Michael Moore.

Se Sloan (ou seu clone contemporâneo) poderia ter escrito um capítulo mais feliz para a GM de hoje é objeto de especulação. Pelo que sabemos do desenvolvimento cognitivo do ser humano, é improvável que uma pessoa idosa, que acreditava totalmente na GM de 1930 ou de 1950, pudesse identificar no cerne da empresa as sementes de sua própria destruição, passando a dedicar-se à sua erradicação. Nesse caso, o planejamento adequado incluiria a capacidade de raciocinar em nível metaestratégico, sobre questões que se estenderiam desde os financiamentos de curto prazo até as operações em geral e os nichos específicos da empresa nos próximos dez ou vinte anos. Nos dias de Sloan, a GM era dirigida como as Forças Armadas ou o governo: um fluxo de informações, subindo e descendo a hierarquia, com incontáveis pesos e contrapesos; nada poderia estar mais distante do empreendedorismo intuitivo de Henry Ford ou Thomas Edison. Evidentemente, o jovem Sloan percebia a debilidade da empresa que havia sido alinhavada por Durant. No entanto, não se sabe ao certo se o treinamento no MIT ou a aprendizagem na United Motors lhe permitiriam organizar uma empresa capaz de progredir no fim do século. Ao se aproximar o desfecho de sua vida empresarial ativa, Sloan estava mais preocupado com os estilos dos modelos do ano seguinte. Talvez a vivência no mercado de títulos podres de Wall Street e no frenesi de fusões e aquisições da década de 1980 ou os milhares de horas gastas como hacker durante os anos de faculdade constituam melhor preparação para o CEO de hoje e de amanhã.

Com efeito, já se levantou explicitamente a questão da utilidade das "histórias" no mundo de negócios de hoje. Quando foi contratado no começo da década de 1990 para socorrer a IBM, o gestor de empresas Louis Gerstner declarou: "A última coisa de que a IBM precisa agora é de visão: necessita, isto sim, de custos mais baixos e de mais foco no mercado em todas as divisões." E Gates, da Microsoft, ecoou esse sentimento: "Ser visionário é fácil. Ser CEO é difícil." Poderia contestar-se que a negação da importância da visão por Gerstner é, em si, uma história – talvez uma história de negócios pós-moderna. Mas talvez seja melhor ouvir o próprio Gerstner, um ano depois: "[Mudar a cultura] não é algo que se faz escrevendo memorandos. É preciso mexer com as emoções das pessoas. Elas precisam comprar a mudança com o coração e com as crenças, não apenas com a mente." E, assim, armados com uma nova história sobre "mercado, execução e trabalho em equipe", ele percorreu o país e contou aos empregados uma nova história de identidade: "Eu sou um de nós agora."

A própria história de Sloan salienta mais uma vez o efeito poderoso das habilidades certas nas circunstâncias certas. Em 1920, a GM precisava desesperadamente da mestria em estrutura organizacional e da disposição para agir que du Pont e Sloan eram capazes de fornecer. Nas três décadas seguintes, à medida que a vida agrária continuava em declínio, tanto as empresas quanto o país como um todo ansiavam por uma história que explicasse o mundo moderno a seus habitantes – o mundo dos transportes e da comunicação de massa, dos ciclos econômicos de bonança e recessão, dos períodos de guerra, depressão e prosperidade. Durante pelo menos esse breve lapso da história americana, os cidadãos do país queriam ouvir uma história centrada nas empresas, na indústria automobilística e na GM, em especial. Essa história poderia ter sido contada por outros, personificada por outros e, com efeito, pessoas como Ford, du Pont e os membros da família Rockefeller carregaram a tocha das empresas com suas próprias marcas de eficácia.

Em meados do século, porém, por força da concatenação das circunstâncias aqui narradas, Sloan e sua empresa foram, provavelmente, os mais influentes roteiristas dessa história. Apenas quando as forças escapavam ao controle das empresas – as ameaças impostas pelo fascismo e pelo comunismo, a ascensão da Ásia e do chamado Terceiro Mundo, e o reconhecimento dos problemas cruciantes da economia e da psique americana – ficou muito claro para muita gente que o negócio da América não podia ser apenas negócios.

Capítulo 8

# George C. Marshall: A personificação do bom soldado

*Minha própria definição de liderança é esta: A capacidade e a vontade de arregimentar homens e mulheres com um propósito comum, e o caráter que inspira confiança.*

Marechal de Campo Bernard Montgomery

O tenente-coronel (temporário) George C. Marshall era conhecido como homem moderado e comedido. O herói dele era o General John J. "Black Jack" Pershing, comandante em chefe da Força Expedicionária Americana na Europa durante a Primeira Guerra Mundial. No entanto, em outubro de 1917, em seu primeiro encontro com o formidável general, Marshall contestou Pershing ostensivamente. Pershing viera observar um exercício militar e não gostou do que vira. Repreendeu o general comandante e seu chefe do estado-maior. À vista das condições no front, Marshall considerou injusta a repreensão e contestou Pershing em público, em termos inequívocos. Derramou uma "torrente de fatos"; e, então, quando Pershing, surpreso, se referiu aos problemas que ele estava enfrentando no quartel-general, Marshall retorquiu: "Sim, general, mas nós os enfrentamos todos os dias, e eles devem ser resolvidos antes do anoitecer."

Mais de vinte anos depois, em novembro de 1938, Marshall se viu diante de um comandante em chefe ainda mais graduado – o Presidente Franklin D. Roosevelt. Este expôs um ambicioso conjunto de planos, para a produção de dez mil aviões de combate. Marshall ficou chocado com o fato de Roosevelt aparentemente não ter programa para recrutar pessoal e fazer a manutenção dos aviões. Depois da apresentação, Roosevelt circulou entre os ouvintes e perguntou a Marshall se seus argumentos em defesa do programa haviam sido convincentes. Marshall respondeu sem meias palavras: "Lamento, senhor presidente, mas não concordo de modo algum com o senhor." Todos os participantes ficaram chocados com a resposta, pois Marshall, tanto quanto se sabia, nunca antes tinha participado de uma reunião com o presidente. Com efeito, depois da reunião, o secretário do Tesouro, Henry Morgenthau, procurou Marshall e disse: "Bem, muito prazer em conhecê-lo."

Numa terceira ocasião, em maio de 1940, Marshall (agora chefe do estado-maior do Exército) teve um confronto público com seu superior. O tema da conversa foi a mobilização de homens e de aviões para antecipar-se à possível participação dos Estados Unidos na Guerra da Europa. A reunião prosseguia sem conclusões, quando Roosevelt demonstrou pouco interesse pelo que Marshall tinha a dizer sobre o tópico.

Algo no em geral comedido Marshall se ativou, e ele pediu três minutos. Eis o que narra seu biógrafo, Ed Cray:

*Vinte anos antes, ele havia enfrentado o general Pershing nos campos enlameados de Gondrecourt; agora, ele desafiava o presidente dos Estados Unidos... As palavras jorravam, precisas, de início; aos borbotões, em seguida. Barracas, rações, armas, faltava tudo. Novas armas de artilharia e canhões antiaéreos já tinham sido projetados, mas não estavam em produção... os alemães tinham um milhão de homens em 140 divisões, mobilizadas no Ocidente. O que eram cinco contra essa horda? E prosseguindo, sem interromper, bem além dos três minutos que tinha pedido, o chefe do estado-maior apontava as deficiências do exército.*

Desta vez, Morgenthau reagiu de maneira diferente. Escreveu em seu diário: "Ele [Marshall] ergueu-se à altura do presidente".

Como interpretar quando alguém, quase sempre reticente, que controla cuidadosamente seus comportamentos, adverte a todos quanto à necessidade de cautela e enfrenta em público seus superiores? Não é provável que o admoestador esteja deliberadamente sacrificando sua carreira, embora se suponha que tenha consciência dos riscos de rebaixamento e até de demissão. Tampouco é plausível que o desafiante esteja avaliando erroneamente a situação e suponha que os participantes esperem que ele se manifeste alto e bom som nessa conjuntura tensa.

Parece que Marshall se manifestava dessa maneira quando tinha o domínio dos fatos, quando sinceramente se considerava certo e, acima de tudo, quando ninguém mais se mostrara disposto ou capaz de expor a posição que ele defendia. Em cada uma dessas situações, Marshall se defrontou com um executivo aparentemente esclarecido, que deveria ter sido capaz de tomar as decisões certas, mas que, ao contrário, agia de maneira aparentemente equivocada. Na falta de qualquer tipo de objeção, o comandante tenderia a prosseguir no caminho errado. Marshall apostava que uma exposição concisa das próprias convicções, com base em fatos e números, poderia afetar a decisão ou pelo menos propiciar julgamento mais fundamentado, à luz da compreensão mais completa da situação. Até se diria que estivesse agindo por interesse próprio, mas também poderia ser com certo *desinteresse* – com base na convicção de que sempre se deveriam considerar alternativas de ação.

E há ainda outra consideração. Ao se manifestar, Marshall realmente deixava claro que se considerava igual a todos os outros participantes da reunião, inclusive o comandante de direito. E, assim, proclamava uma nova comunidade – um novo "nós" – composta de todos que eram esclarecidos e responsáveis. Enfim, ele estava indicando que se julgava capaz de exercer função de liderança – na verdade, estava desempenhando papel de liderança por palavras e atos. E deixava em aberto para os superiores a opção de ampliar o círculo de liderança, nele incluindo o intruso representado por ele próprio. Nos casos de Pershing e Roosevelt, essa pretensão de Marshall foi exatamente o que transpirou.

Um dos atributos mais intrigantes de pessoas que consideramos extraordinárias é o fato de elas próprias não se darem conta do quanto são notáveis. Em estudo de 1992, de pessoas que demonstravam responsabilidade moral incomum, os psicólogos do desenvolvimento Anne Colby e William Damon relataram que essas pessoas frequentemente não viam nada de inusitado no que estavam fazendo; alguém muito pobre, por exemplo, assume que qualquer pessoa adotaria uma dúzia de crianças, como ela tinha feito. Em meu próprio estudo de criativos prodigiosos, encontrei reiteradas evidências de que esses indivíduos esperavam que *qualquer* pessoa que trabalhasse em seus domínios se empenharia em ser original, em desafiar as práticas vigentes e em fazer afirmações que seriam lembradas muitos anos depois. E pressupunham que a maioria das pessoas se disporia a organizar a própria vida, assim com a de outras pessoas ao seu redor, para ajudá-las a conquistar a imortalidade em certa área de trabalho.

Neste estudo, surpreendi-me com a extensão em que os futuros líderes, desde a infância, se veem como membros de um grupo de elite; quase sempre, se julgam capazes de entabular conversa com pessoas situadas no topo da hierarquia. Esses indivíduos autoconfiantes se sentem articulados e convincentes. Margaret Mead e J. Robert Oppenheimer, por exemplo, não tinham escrúpulos em participar de debates com, respectivamente, os principais antropólogos ou físicos de seu tempo. Mesmo na juventude, Robert Maynard Hutchins interagia a qualquer hora com os administradores da universidade. Alfred Sloan, Jr não hesitava em expressar suas opiniões a William Durant ou Pierre du Pont, e, como vimos, Marshall se julgava com o direito de questionar seus superiores hierárquicos, no contexto militar e político. Angelo Roncalli, que viria a tornar-se papa, era circunspecto no que dizia e a quem dizia; no entanto, durante toda a carreira demonstrou capacidade de pensar com independência e de demonstrar, mesmo que apenas nas páginas de seu diário, que não se deixava intimidar pelas pessoas e pelas normas com que não concordava (ver Capítulo 9). Talvez esses futuros líderes considerem natural o que estão fazendo e não avaliem – ou talvez só o façam mais tarde – como de fato foram ousados.

Marshall apresentava poucos indícios em sua formação ou no começo da vida que sugerissem um futuro promissor como qualquer tipo de líder. Nascido em 31 de dezembro de 1880, em Uniontown, Pensilvânia, Marshall foi o terceiro filho de uma família relativamente próspera. Infelizmente, o jovem parecia menos capaz e mais esquisito que o irmão e a irmã mais velhos e cresceu se sentindo inadequado e vítima, sobretudo em questões acadêmicas. O pai, proprietário de uma empresa de coque e fornos, nitidamente preferia o filho mais velho, Stuart, e Marshall recorria à mãe para protegê-lo da raiva e das surras ocasionais do pai. Marshall ansiava desesperadamente por mais proximidade com o pai, mas a mãe talvez tenha sido mais importante e motivadora das ambições e do forte senso de integridade do filho. Quando Marshall tinha 10 anos, a família sofreu grave revés financeiro; essa virada inesperada da sorte ajudou a transformar Marshall em jovem extremamente cuidadoso e frugal.

Marshall foi motivado pela infância difícil. Não tolerava perder nem se considerar fracassado. Quando os irmãos ou os jovens do bairro tentavam tirar vantagem dele, pensava de maneira estratégica e encontrava defesas eficazes. Os adultos geralmente se lembram das experiências importantes da infância. Marshall gostava de contar a história de como um grupo de meninas não cumpriram o acordo de pagar por um passeio de balsa e de como ele, de repente, retaliou, virando a balsa em que estavam flutuando. "Nunca me esqueço disso, porque tinha de fazer alguma coisa e de pensar com rapidez, e aquela iniciativa restabeleceu minha condição de dono da situação."

Marshall decidira desde cedo que queria seguir a carreira militar. Carecendo de dons acadêmicos e de ligações eficazes para garantir o ingresso em West Point, nem mesmo se candidatou àquela instituição, tornando-se cadete no Instituto Militar de Virginia (Virginia Military INstitute – VMI). Continuou a ser estudante medíocre, distinguindo-se apenas em história, mas, em breve, também se destacava por outras virtudes militares. Era considerado excelente em exercícios, disciplina, decisões e liderança; sempre foi o oficial sênior da turma. Também angariou respeito entre os alunos e professores, quando, depois de trotes demasiado embaraçosos e dolorosos, recusou-se a denunciar os agressores e manteve a compostura.

Marshall já começava a manifestar os atributos que o marcariam como adulto maduro. Decerto não era nem acadêmico nem intelectual, e não seria considerado detentor de inteligência acadêmica; suas forças se situavam mais no âmbito das "inteligências pessoais", em julgamentos ponderados sobre as pessoas e os acontecimentos. Extremamente trabalhador, era muito disciplinado e sensato, e esperava encontrar essas qualidades também nos outros. Cultivou a arte do comando e aprendeu que não poderia tornar-se íntimo demais das pessoas que teriam de obedecer as suas ordens e que talvez tivessem de ser punidas ou até demitidas.

Marshall tinha um humor que podia irromper com violência, mas ele aprendeu a controlá-lo; com efeito, impressionava os outros, sobretudo as mulheres, como charmoso, arguto e persuasivo. Era modesto, mas, de modo algum, tímido na busca dos próprios interesses. Por exemplo, em abril de 1901, pouco antes da formatura pelo VMI, irrompeu na sala do presidente William McKinley, sem agendamento prévio, com o pedido de submeter-se a exame especial para ser comissionado como segundo tenente. Marshall talvez impusesse respeito quando falava, *exatamente* porque os circunstantes conheciam ou sentiam seu comedimento habitual. Por ser, em geral, pessoa tão controlada, era de inferir que estava sendo autêntico ao se expressar e que não o faria se não dominasse os fatos da situação e não se sentisse comprometido com as palavras proferidas.

Marshall se formou pelo VMI em junho de 1901 e se casou com Elizabeth Carter Coles no ano seguinte. Nos trinta anos subsequentes, exerceu diversas funções, em várias partes do mundo. (Sob esse aspecto, a carreira dele apresenta nítidas semelhanças com a de outro líder institucional – o então futuro Papa João XXIII.) Em 1902, foi nomeado segundo tenente de infantaria nas Filipinas. De 1906 a 1908, cursou a Cavalry School e o Army Staff College, em Fort Leavenworth, Kansas. Lá, estudou com diligência estratégia militar, teve oportunidades de lecionar e de liderar, e concluiu o curso no topo da turma. Entre 1913 e 1916, depois de ocupar posições de instrutor nos Estados Unidos, voltou às Filipinas. Foi, então, promovido a capitão e escalado para integrar a Força Expedicionária Aliada na França, durante a Primeira Guerra Mundial.

Sob certa perspectiva, Marshall estava seguindo carreira militar bem-sucedida. O jovem oficial galgou com rapidez as fileiras e era muito respeitado como excelente professor e líder eficaz. Sabia selecionar pessoas para cargos-chave, inspirar os liderados a trabalhar juntos, e delegar autoridade, ou, quando necessário, centralizá-la em si mesmo. Ao mesmo tempo, revelava-se excelente expositor. Entrosava-se bem com civis e militares. No entanto, talvez por causa da ampla apreciação de seus talentos e do próprio reconhecimento de suas habilidades especiais, Marshall se sentia frustrado com o rumo e com o ritmo de sua carreira. Por exemplo, embora Marshall fosse capaz de planejar manobras militares em grande escala, ele se viu responsável nas Filipinas por menos de cem homens. Em 1916, manifestou insatisfação com a lerdeza de seu avanço funcional.

*A total estagnação das promoções na infantaria me levou a elaborar planos de contingência para demitir-me tão longo melhorem as condições dos negócios... As perspectivas de avanço no Exército são tão limitadas pela lei e pelo acúmulo de grande quantidade de candidatos de quase a mesma idade em todos os níveis que não me sinto bem ao desperdiçar os melhores anos de minha vida numa luta inglória contra dificuldades insuperáveis.*

Apesar de todos os perigos, a eclosão da guerra representa oportunidade singular, almejada por soldados ambiciosos. E, com efeito, as promoções se sucederam rapidamente para Marshall, depois da irrupção da Primeira Guerra Mundial: foi promovido a major e, depois, a tenente-coronel. Por causa de uma pequena lesão, porém, e em consequência do fato de ainda não estar em posição para comandar tropas, Marshall viu outros oficiais, como Douglas MacArthur, ultrapassá-lo em hierarquia e em responsabilidade. Marshall pediu transferência para as linhas de frente europeias, mas a reivindicação foi negada, sob a alegação de que ele era valioso demais e deveria ser poupado. "A aptidão especial do tenente-coronel Marshall é trabalho de apoio", declarou o General Robert Lee Bullard, comandante de divisão. "Duvido que nessa área, no ensino ou na prática, hoje haja alguém igual a ele no Exército."

Nessa posição de apoio, Marshall exerceu papel crucial no planejamento da complexa e delicada ofensiva Meuse-Argonne, no outono setentrional de 1918, em que 500 mil homens e 2.700 canhões foram mobilizados em menos de duas semanas. O feito lhe rendeu o epíteto "o mago" da "mais magnificente operação de apoio da guerra" – mas ele ainda não experimentara o calor da batalha. E, assim, apesar dos serviços de qualidade inquestionável, Marshall perdeu a oportunidade, no rescaldo da Primeira Guerra Mundial, de tornar-se astro militar dos Estados Unidos.

Apesar, ou, talvez, por causa de seu encontro ríspido com o General Pershing, Marshall foi nomeado principal ajudante do general, depois que Pershing se tornou chefe do estado-maior do Exército, em Washington, no começo da década de 1920. Os dois homens, parecidos em antecedentes, temperamento, pontos fortes e deficiências, desenvolveram afeição profunda e duradoura um pelo outro; Pershing se tornou a figura paternal que Marshall não tivera. Marshall aprendeu muito sobre liderança eficaz com um mestre:

*Nunca conheci ninguém capaz de ouvir tantas críticas... Você podia dizer o que quisesse, desde que fosse crítica construtiva e objetiva... O General Pershing como líder sempre dominou qualquer reunião de que participasse. Era um tremendo indutor, se necessário, alguém muito gentil e amável, fora do ambiente de trabalho, mas muito rigoroso no exercício de suas funções.*

Depois de um período de cinco anos com Pershing, Marshall serviu no 15° Regimento de Infantaria, na China, em meados da década de 1920, e, então, ocupou uma série de posições nos Estados Unidos, durante os primeiros anos da Grande Depressão. No começo da década de 1930, serviu com brilhantismo como chefe de um departamento acadêmico numa escola de infantaria, em Fort Benning, Georgia. Chegou ao posto de coronel, em 1933. Em meados da década de 1930 foi nomeado chefe do estado-maior da 33ª Divisão, com base em Chicago. Seu último posto antes de Washington foi o de general comandante da 5ª Brigada, em Vancouver, de 1936 a 1938.

No entanto, Marshall ainda esperava o reconhecimento que ele e outros consideravam que lhes era devido. Enquanto isso, sofreu numerosas perdas dolorosas, inclusive a morte, em 1927, de sua esposa amada. Continuou atuando como professor exemplar – ninguém conseguia resumir melhor uma batalha complexa em poucas frases. Além disso, ajudou a modernizar e a simplificar os métodos de instrução de recrutas sobre procedimentos militares e desenvolveu um séquito impressionante de oficiais mais jovens, cujas carreiras monitorava no famoso "Black Book" dele. Entretanto, numa época de preocupação sem precedentes com os assuntos internos e com a escassez de recursos, não se exerciam pressões para a promoção de militares.

Paradoxalmente, Marshall finalmente recebeu a promoção tão almejada pela mesma razão por que lhe fora negada durante tanto tempo: política. Enquanto as decisões sobre nomeações fossem tomadas pelos seguidores de MacArthur, Marshall continuaria confinado no segundo escalão; embora nenhum dos dois jamais o tivesse admitido, havia muito fermentava certa hostilidade entre os dois. (Quando MacArthur finalmente foi dispensado do comando durante a Guerra da Coreia, ele, como sempre, culpou Marshall, embora o então secretário de defesa de fato tivesse argumentado contra a remoção de MacArthur.) Mas quando, em fins de 1935, Malin Craig, "homem de Pershing", sucedeu a MacArthur como chefe do estado-maior do Exército, um de seus primeiros atos foi nomear Marshall general de brigada, concedendo-lhe, assim, a cobiçada estrela pela primeira vez.

A crucial mudança na sorte, por que Marshall tanto ansiara, com paciência ou impaciência, dependendo das circunstâncias, finalmente acontecia. Agora, em plena casa dos cinquenta, a menos de uma década da reforma, ele finalmente se encontrava nos corredores do poder. Em julho de 1938, foi nomeado chefe do estado-maior assistente; em outubro de 1938, chefe do estado-maior adjunto. E, em abril de 1939, vasculhando a fundo as fileiras dos generais mais graduados, o Presidente Roosevelt escolheu Marshall como o próximo chefe do estado-maior do Exército. Recairia sobre seus ombros preparar o Exército para o maior esforço militar da história da humanidade e depois assumir o principal papel no planejamento das campanhas para derrotar os inimigos do Eixo. Com efeito, o exército de 200 mil, em 1939 (o sétimo maior do mundo), viria a ampliar seu poderio para 8,3 milhões, em 1945. Quando Marshall foi nomeado general de cinco estrelas, em dezembro de 1944, a promoção não foi surpresa para ninguém.

Não obstante os esforços bem motivados dos historiadores modernos (e pós-modernos) para ampliar o alcance e transcender os limites dos relatos tradicionais, a história continua sendo basicamente um registro dos vitoriosos. Juntamente com as outras potências Aliadas, os Estados Unidos ganharam a Segunda Guerra Mundial, e, assim, os nomes de americanos como Franklin Roosevelt, Harry Truman, Douglas MacArthur, Dwight Eisenhower, George Patton e George Marshall se revestem de um esplendor que, do contrário, não teriam atingido. Cada um desses indivíduos foi sem dúvida líder e cada um contribuiu à própria maneira para moldar a vitória dos Aliados. À exceção do comando nominal, porém, que competia ao presidente, e aos triunfos extraordinários nos campos de batalha, que couberam aos generais de campo, Marshall foi, inegavelmente, o americano que mais contribuiu para a vitória dos Aliados – como disse Winston Churchill, "o verdadeiro organizador da vitória".

Nas primeiras fases de seu mandato como chefe do estado-maior, Marshall foi basicamente responsável por alertar o povo americano dos perigos da ameaça nazista e da necessidade de rápido esforço de mobilização. Esse foi o momento de sua vida em que a criação e a promulgação de uma "história" foi o principal fator crítico. Os americanos nunca se interessaram muito por conflitos que se travavam além de suas fronteiras, e forte sentimento isolacionista predominava no Congresso e entre o grande público. Além disso, os Estados Unidos eram oficialmente neutros no conflito.

Marshall revelou-se à altura da tarefa de arregimentação. Trabalhando nos bastidores e em depoimentos públicos no Congresso, Marshall foi capaz de incutir na maioria dos compatriotas a necessidade de aumentar o efetivo do Exército, de oferecer treinamento adequado aos novos quadros, de autorizar amplo fornecimento de aviões e de blindados e de apoiar os demais países que se opunham aos nazistas. Ao mesmo tempo, opôs-se a operações mal concebidas, sempre explicando as razões. Certa vez, declarou: "Tenho somente um propósito e uma missão, que é a construção do exército mais eficiente do mundo."

A história da necessidade de uma força de defesa poderosa não era novidade, mas era algo que os americanos de uma nova geração tinham de aprender. Em Marshall, a combinação dos atributos de domínio dos fatos, de clareza de exposição e de crença profunda na necessidade de mobilização se mostrou de eficácia inédita. Marshall, considerado corretamente não partidário, foi capaz de dramatizar as carências do arsenal americano e de definir os passos necessários para supri-las. Soube apelar para o idealismo dos membros do Congresso, enaltecendo os que superavam o partidarismo e admoestando com habilidade os que colocavam as causas pequenas dos próprios constituintes à frente dos interesses nacionais. Com efeito, Marshall em breve atuava como arauto mais eficaz da mobilização que o próprio Roosevelt.

Em breve, a denominada guerra "faz de conta" se tornava real, em consequência das blitzkrieg de Hitler na primavera setentrional de 1940; e, depois que o ataque japonês a Pearl Harbor, em dezembro de 1941, arrastara os Estados Unidos para a batalha, Marshall foi incumbido de presidir o prosseguimento do esforço de guerra. Para tanto, conceituou as várias frentes, computou as necessidades de pessoal e de material e se empenhou em que fossem supridas da maneira mais eficiente e judiciosa possível; participou ativamente de decisões sobre táticas e estratégias; garantiu que as disputas inevitáveis entre os comandantes americanos se mantivessem dentro de limites manejáveis; e defendeu intensamente o ponto de vista americano nas negociações com os líderes das outras potências aliadas. E quando a vitória parecia certa, nos últimos meses de 1943, Marshall se dedicou à tarefa igualmente difícil de planejar o "fim do jogo" e preparar o país para o que estava destinado a ser uma paz perigosa.

Nessa iniciativa, evidentemente, Marshall foi ajudado por dezenas de associados próximos, por milhares de especialistas em áreas de apoio e, finalmente, por milhões de homens e mulheres, inclusive pessoas que serviram em outras Forças Armadas e combateram por outros países. Muitos associados dividiram a tarefa de coordenar o processamento de informações e o desenvolvimento de planos complexos. Reunir essa equipe foi trabalho hercúleo. No entanto, como disse o Presidente Truman, alguém tinha que segurar a "peteca"; e, no caso do envolvimento dos Estados Unidos na Segunda Guerra Mundial, esse alguém foi Marshall, em sua mesa escrupulosamente arrumada.

Os líderes exercem influência por meio das histórias que contam e da maneira como personificam essas histórias. No caso de Marshall, as histórias eram familiares, ou, ao menos, não eram assim tão originais; a missão dele era explicar às Forças Armadas e ao país por que era necessário mobilizar-se para entrar na guerra. No Exército, Marshall contava ao pessoal que tinham de agir como profissionais desinteressados, não como políticos; deviam estar prontos para qualquer coisa que pudesse acontecer no âmbito militar. Aos outros americanos, Marshall explicava o papel dos militares na democracia do século XX e enfatizava que os militares tinham de empenhar-se na vitória de maneira compatível com os valores democráticos do país.

Nenhuma dessas histórias era desconhecida, mas cada uma tinha de competir com contra-histórias que se caracterizavam pela simplicidade e que apelavam para vários públicos. Os americanos isolacionistas pintavam as batalhas na Europa como distantes e estranhas aos interesses nacionais; do ponto de vista deles, fazia sentido permitir que os países europeus (e, depois, os asiáticos) batalhassem uns com os outros. Muitos militares acreditavam que, se fossem arriscar a vida, teriam o direito de participar do processo político e de opor-se àqueles com quem tinham diferenças ideológicas. E, depois da eclosão da guerra, muitos cidadãos e políticos se mostraram inclinados a buscar a vitória a todo custo. Só porque ele contou essas histórias com extraordinária persuasão e porque personificou essas mensagens de maneira tão transparente na própria vida, Marshall foi capaz de influenciar a opinião americana de maneira tão notável.

Depois que os americanos se convenceram da necessidade de aumentar as Forças Armadas para o caso de guerra, Marshall teve de contar histórias mais matizadas e mais refinadas. Um dos temas era concernente à natureza do Exército. O Exército, afirmava, não mais podia ser um sortimento aleatório de pessoal alistado; tinha de representar amplo naco da vida americana. Para tanto, seria necessário adotar processos de convocação basicamente equitativos. Os oficiais do Exército precisariam de boa escolaridade e teriam de dirigir as operações com a melhor mentalidade militar. A tecnologia seria a mais avançada possível e a pesquisa mobilizaria as melhores mentes, para definir os futuros cursos de ação. Os oficiais que se tornassem obsoletos seriam afastados e substituídos por pensadores mais jovens e mais atualizados. Marshall retratava um novo Exército, que descartaria os regulamentos obscuros, as atitudes burocráticas ultrapassadas e "o treinamento monótono que, para ser honesto, promovia a obediência em detrimento da iniciativa, excluindo o 'pensamento' de qualquer espécie".

Outra história abordava a natureza do serviço militar. Os soldados, disse Marshall, serviriam ao país, aos líderes e aos demais cidadãos, de maneira desinteressada, acima das querelas políticas. E ele, como chefe do estado-maior, exporia os fatos de maneira imparcial e faria recomendações quando fosse solicitado; de modo algum, porém, se envolveria em política partidária.

Marshall personificava essas histórias da maneira mais simples e mais eficaz. Tornou-se o soldado número um do país, o militar ideal. Extremamente bem informado, conhecia os oficiais, o pessoal e as necessidades militares. Como Alfred Sloan, Jr., podia responder a quase qualquer pergunta sobre a complexa organização militar; e, se não dispunha de respostas imediatas, de pronto encomendava um estudo capaz de elucidar a questão. Compreendia as complexidades globais do esforço de guerra, ao mesmo tempo que dominava os detalhes mais sutis das nomeações e das promoções. O "livro negro" dele continha informações sobre todos os oficiais promissores com que se encontrava e o conhecimento incomparável das redes de relacionamento se mostrou indispensável para a coordenação do empreendimento gigantesco de cuja liderança fora incumbido. Com efeito, as escolhas de oficiais de alto nível por Marshall, geralmente baseadas em relacionamentos diretos, desenvolvidos em Fort Benning, no começo da década de 1930, basicamente eram à prova de erros; quase nunca tinha motivos para se arrepender de uma nomeação. (O contraste com o rápido turnover, decorrente das nomeações políticas dos anos mais recentes, não poderia ser mais evidente.)

Marshall representou o modelo definitivo de integridade. A honestidade pessoal e o senso de honra dele estavam acima de qualquer suspeita. Todos o consideravam abnegado, sem qualquer traço de autopromoção ou de autopiedade. Não poupou esforços para evitar qualquer tipo de favores especiais para ele ou para os associados próximos. Com efeito, rechaçou qualquer tratamento especial para os filhos da segunda esposa, um dos quais acabou morrendo em combate; e foi igualmente implacável quando lhe pediram para conceder privilégios a Kay Summersby, motorista e suposta amante do General Dwight D. Eisenhower.

Apurando as habilidades linguísticas, Marshall se tornou expositor extraordinário. Dirigia-se com eficácia a qualquer público, respondia a todas as perguntas, antecipava-se às preocupações e dirigia a atenção do público para as questões relevantes. Raramente recorria a anotações e, com o apoio apenas da memória rápida e incisiva, conseguia falar durante horas. Era o mais frequente depoente no Congresso. Seus depoimentos viraram lenda, à medida que, reiteradamente, se dirigia a comitês céticos e os cooptava como aliados. Marshall sabia abordar os congressistas orgulhosos em pé de igualdade, nunca condescendendo com eles e sempre levando a sério as preocupações deles. Correspondia às expectativas dos congressistas quanto à maneira de agir e falar de um líder autêntico. Um observador que ouvira os discursos de muitos presidentes no Congresso disse: "Nenhum deles se comparava ao General Marshall quando queria induzir as pessoas a fazer algo."

Um dos motivos de tamanha eficácia de Marshall talvez tenha sido a atitude não partidária. Estabelecendo o padrão, nem mesmo votava, e expressava forte discordância quando os militares brincavam de político, candidatando-se a cargos eletivos ou de alguma outra maneira se intrometendo no processo político. Conseguia manifestar discordância com as políticas públicas vigentes, embora jamais com desrespeito, mesmo quando expressava simpatia em relação a pontos de vista não muito conhecidos nem apoiados. Como presidente da Câmara dos Representantes, Sam Rayburn certa vez observou que Marshall dizia a verdade, mesmo em prejuízo da própria causa.

Marshall se mostrara capaz de relacionar-se bem com seu superior, o Presidente Roosevelt. Tensões houve desde o início, como se constata pelo primeiro confronto entre os dois, já narrado, e pela observação de Marshall, quando Roosevelt lhe ofereceu o cargo de chefe do estado-maior: "Tenho o hábito de dizer exatamente o que penso, característica que, como o senhor sabe, nem sempre é agradável." Com efeito, o temperamento explosivo, a confiança na intuição e a tendência à improvisação de Roosevelt se chocava com o apego de Marshall aos organogramas, às linhas de autoridade e às atribuições rígidas.

Os dois homens, contudo, passaram a conhecer-se e a respeitar-se profundamente. Há evidências de que Roosevelt tinha certa inveja da grande influência de Marshall sobre o Congresso e da capacidade dele de convencer os outros de que atuava de maneira completamente desinteressada; evidentemente, Roosevelt – o grande político de sua era – tirou todo o proveito das habilidades de Marshall. De sua parte, Marshall admirava a capacidade de Roosevelt de angariar apoio político e de tomar e executar decisões difíceis. No entanto, tipicamente, Marshall mantinha distância do presidente, para que não se sentisse inibido ao oferecer conselhos, sobretudo os que pudessem irritar seu superior.

Marshall demonstrou que se importava com a dimensão humana do soldado. Por mais ocupado que estivesse – e seus dias eram programados minuto a minuto – ele sempre encontrava tempo para se reunir com os subordinados, para presentear um associado e para ser solidário nas perdas pessoais. Enquanto foi possível, Marshall respondia pessoalmente a todas as cartas recebidas. (Depois, ainda selecionava a correspondência diária, cuidando de umas ele mesmo e delegando as demais para os auxiliares.) Marshall viajava por todo o país e pelo mundo para conversar com oficiais e soldados na linha de frente. Lembrando-se do confronto inicial com Pershing, anotava com cuidado as reclamações. Acreditava que as pessoas se impunham, cultivando respeito, não inspirando medo. E valorizava "o efeito do bom exemplo, dado pelos oficiais; a compreensão inteligente por todos os escalões das razões de uma ordem e de por que devem ser executadas; do senso do dever, do *esprit de corps*". Um dia comentou: "Baixar instruções e regulamentos provavelmente é mais prejudicial que proveitoso. O trabalho deve ser pessoal, deve ser executado aos poucos."

No entanto, Marshall era famoso – ou infame – como capataz. Exigia muito de si e era igualmente rigoroso com os circunstantes. Não tolerava de bom grado os tolos. Certa vez, declarou: "Não tenho condições de me dar ao luxo de ter sentimentos... Devo cultivar a lógica fria." Como o mentor, Pershing, era severo com os despreparados ou interesseiros, mas procurava aprender com quem discordava dele, quando o dissidente se mostrava respeitoso e preparado. Ao fim da primeira semana como chefe do estado-maior do Exército, censurou o pessoal de alto nível que o cercava por jamais *discordarem* dele. Na verdade, detestava os oficiais que o bajulavam para serem promovidos e gostava daqueles que defendiam pontos de vista que lhes pareciam importantes. "Ao encontrar pessoas que demonstram capacidade e certo grau de dissidência", afirmou certa vez, "sempre me interesso em conhecê-las pessoalmente e em senti-las sem intermediários".

Marshall, contudo, compreendia bem a cadeia de comando e não brincava com ela. Crescera numa organização hierárquica e acreditava na necessidade da hierarquia. O bom soldado precisa ser capaz de equilibrar a dimensão humana solidária com o imperativo da disciplina e autoridade; e, como o melhor soldado, Marshall mostrava aos outros como alcançar e sustentar esse equilíbrio. A capacidade dele de respeitar a autoridade, sem se acovardar nem se intimidar, personificava mensagem importante para os demais soldados, para o comandante em chefe e para os cidadãos em geral.

Talvez tenha sido esse comportamento exemplar de Marshall como soldado que lhe custou o prêmio mais cobiçado da guerra. Na época da conferência de Teerã (ou Cúpula Eureca), em novembro de 1943, os Aliados haviam concordado com a Operação Overlord, o complexo desembarque maciço nas praias da França, a ser realizado o ano seguinte, que permitiria aos Aliados atacar o flanco ocidental da Alemanha. Restava escolher o general que comandaria as forças aliadas, o qual, por acordo, seria americano. Só havia duas escolhas viáveis, Marshall ou Eisenhower, e a decisão competiria a Roosevelt.

Roosevelt sofreu com a decisão. De um lado, quase todos esperavam que ele escolhesse Marshall, que não só se situava em nível hierárquico superior ao de Eisenhower, mas também era o homem que conquistara o direito de comandar aquela que, sem dúvida, seria a mais importante e memorável batalha da guerra – se não de toda a história conhecida. Mas Roosevelt podia dispensar a proximidade Marshall como principal assessor militar, e sabia que este estava muito mais afastado dos campos de batalha que Eisenhower, mais jovem, que também demonstrara têmpera extraordinária como comandante no Norte da África e no Mediterrâneo.

Seguiu-se complexo encadeamento de eventos. Roosevelt deu a Marshall a opção de selecionar o comandante; Marshall disse que não poderia exercer a opção – tratava-se de decisão a ser tomada exclusivamente pelo comandante em chefe. A maioria dos observadores acredita que Roosevelt queria manter Marshall em casa e apostou que o sempre modesto e soldadesco chefe do estado-maior lhe concederia essa escolha. Pouco se questiona que Marshall ficou pessoalmente decepcionado com a decisão; de fato, desapareceu durante várias horas, sem explicação, depois da escolha de Eisenhower e, em seguida, decidiu abandonar a comitiva presidencial no Cairo e fez uma viagem de volta ao mundo. Todavia, na opinião do público, Roosevelt tomara a decisão difícil, mas certa. Foi como ele teria dito a Marshall: "Acho que não conseguiria dormir à noite com você fora do país." Marshall nunca questionou a escolha de Roosevelt e ofereceu a Eisenhower o mais irrestrito apoio nos anos vindouros.

Mesmo sem o comando da Overlord, a responsabilidade de Marshall era opressiva. Competia-lhe conciliar os diferentes interesses políticos e militares nos Estados Unidos; e ainda cabia-lhe gerenciar todo o esforço de guerra e promover negociações diplomáticas com autoridades aliadas, inclusive com Churchill, com quem não raro se chocava, e com Stalin, que o tratava com superioridade e condescendência. Enquanto os comandantes ingleses, Visconde Bernard Montgomery e General Alan Brooke, e os comandantes americanos, Patton e MacArthur, planejavam táticas de batalha, Marshall tratava do relacionamento entre esses exércitos e se defrontava com o orgulho dos homens que os lideravam. Quando o Presidente Roosevelt morreu de hemorragia cerebral um mês antes da vitória na Europa, Eleanor Roosevelt imediatamente recorreu a Marshall para cuidar dos funerais. Pouco admira que o povo americano, ao ser pesquisado sobre o principal responsável pela execução bem-sucedida do esforço de guerra, tenha escolhido George C. Marshall, não Franklin D. Roosevelt.

Aos 65 anos, Marshall já tinha todo o direito de aposentar-se como chefe do estado-maior e passar o resto da vida com a amada segunda esposa, praticando jardinagem e relaxando na casa de Virginia, caiada de branco, em estilo federal. Mas a aposentadoria tranquila não viria a concretizar-se. Mal passara poucas horas como aposentado quando o Presidente Truman lhe pediu que fizesse uma expedição especial à China. Marshall lá permaneceu durante um ano, até ser chamado a Washingou para servir como secretário de Estado. Depois de importante cirurgia, renunciou ao cargo em 1949, mas, um ano depois, com o início da Guerra da Coreia, concordou mais uma vez em servir no gabinete do presidente, dessa vez como secretário de defesa. Exerceu essa função delicada durante as hostilidades na Coreia e no período tenso em que MacArthur foi demitido do comando por insubordinação e, ainda assim, foi recebido com exaltação e admiração por boa parte do povo americano.

A carreira diplomática de Marshall no pós-guerra não foi coroada com a mesma sucessão de êxitos da carreira militar. (Como Oppenheimer e outros que exerceram a liderança em diferentes circunstâncias, ele era mais propenso ao sucesso quando a função era inequívoca, quando o bem e o mal se definiam com clareza, quando podia dedicar-se integralmente a uma história clara e quando a política partidária se calava.) Sua expedição à China rendeu poucos frutos; os comunistas prosseguiram em marcha inexorável para a dominância. O Exército para cuja construção e fortalecimento tanto lutara se desmobilizava e se desmoralizava a passos largos. Marshall se opôs com tenacidade ao reconhecimento do Estado de Israel pelos Estados Unidos, mas o Presidente Trumam o desautorizou. A Guerra da Coreia não correu tão bem. A insubordinação de MacArthur foi muito dolorosa para Marshall, e ele foi responsabilizado em grande parte – embora injustamente – pela demissão do general amado pelo povo.

Ainda com mais crueldade, Marshall foi um dos servidores públicos aviltados por Joseph McCarthy, o impiedoso senador de Wisconsin. McCarthy tentou destruir a reputação de Marshall como personagem da história ao se referir ao "Recuo americano da vitória: a história de George Catlett Marshall". Comparando Marshall ao sanguinário Macbeth, o senador acusou o general de ser parte de "uma conspiração tão imensa e de uma infâmia tão indigna que supera qualquer outra ignomínia da história da humanidade". Marshall recorreu ao General Eisenhower, que em breve seria eleito presidente, para defendê-lo, mas "Ike", porém, mais interessado em conseguir votos que em fazer justiça, não se manifestou. Afrontado pelas palavras venenosas de McCarthy, Marshall apenas respondeu: "Se, a essa altura, tenho de explicar que não sou traidor dos Estados Unidos, a única conclusão possível é que não vale a pena tentar."

No entanto, apesar de todas as vicissitudes da presidência de Truman e do papel de Marshall nela, o período do pós-guerra foi uma época de realizações tão grandes que chegam a rivalizar-se com a vitória na Segunda Guerra Mundial: a reconstrução da Europa Ocidental, abrangendo os países vitoriosos e derrotados, muitos dos quais foram devastados pela guerra. Esse empreendimento tinha de ser concebido e financiado pelos Estados Unidos, única potência remanescente, com disposição e meios para supervisionar o processo.

Em discurso de importância histórica, proferido na Universidade de Harvard, em junho de 1947, Marshall delineou as dimensões da iniciativa:

*É lógico que os Estados Unidos devem fazer o possível para ajudar a restabelecer a saúde da economia mundial, sem o que não podem subsistir nem a estabilidade política nem a garantia de paz. Nosso programa se direciona não contra qualquer país ou doutrina, mas contra a fome, a pobreza, o desespero e o caos. O propósito deve ser a recuperação da prosperidade econômica no mundo, a fim de permitir o surgimento de condições políticas e sociais em que as instituições livres sejam capazes de sobreviver.*

Embora Marshall tenha compartilhado a conceituação do plano e a redação do discurso com outras pessoas, entre elas os especialistas em política externa George Kennan e Dean Acheson, o esforço logo foi denominado (com a bênção de Truman) Plano Marshall. O reconhecimento foi apropriado. Em parte, o epíteto se destinava a conquistar o apoio bipartidário para as ideias de alguém que, repetindo, era mais popular que o presidente dos Estados Unidos. No entanto, o esforço de reconstrução também se relacionava com a filosofia pessoal de Marshall. Idealista pragmático que acreditava nas instituições da sociedade democrática e na capacidade de mobilização do povo para propósitos construtivos, Marshall propusera um plano para a Europa que representava o melhor dos instintos americanos. Pedia-se às pessoas, em nome de um servidor público exemplar, que olhassem além de seus interesses imediatos estreitos. Da mesma maneira como Marshall ajudara os americanos a responder à pergunta de como agiriam em tempos de guerra, o plano que recebera seu nome também contribuiria para que os americanos respondessem à indagação de como atuariam em tempos de paz.

Na história em que seria mais enaltecido no pós-guerra, Marshall proclamou que a recuperação tinha de seguir-se à guerra e que vitoriosos e derrotados precisavam trabalhar juntos, cooperativamente, para esse fim. Marshall pediu aos americanos para irem além da defesa militar das próprias fronteiras e dos próprios valores e concentrassem energia e recursos para a reabilitação do mundo. Como essa história convocava as pessoas para se superarem, para suspenderem velhas rivalidades, para se considerarem cidadãos do mundo, era uma narrativa que exigia sofisticação – que merecia ser chamada "visionária". Para prevalecer, o programa de Marshall tinha de contrapor-se a histórias mais primitivas, que buscavam glorificar o poderio americano e castigar quem não apoiara, ou não apoiava, completamente as causas americanas. O fato de essa história magnânima perdurar por tanto tempo é um tributo ao poder de Marshall - a seu nome e a seu exemplo.

Demitindo-se do serviço público para sempre, em 1951, Marshall sobreviveu à derrocada de McCarthy e continuou a ser muito reverenciado. Em 1953, recebeu o Prêmio Nobel da Paz, experiência singular para alguém cuja fama, de início, decorrera de sua participação na guerra mais destrutiva da história da humanidade. O comitê do Prêmio Nobel se referiu ao "mais construtivo trabalho pela paz... Neste século". Nos anos seguintes, enfrentou problemas de saúde, vindo a falecer no Walter Reed Hospital, em outubro de 1959.

Marshall se destaca entre os líderes de meu estudo – e, na verdade, em toda a galeria de líderes americanos – pela excelência da liderança direta de uma instituição militar, o Exército, e pela inequívoca liderança direta na sociedade mais ampla, como membro do gabinete, com duas pastas sucessivas. Assumiu o poder pelo desempenho de papel de destaque numa instituição, mas redefiniu a instituição pela maneira como exerceu a função. Suas mensagens tinham matizes diferentes para os vários públicos, mas os atributos com que as personificou – com integridade e apartidarismo – serviram-lhe bem perante os diferentes públicos. Marshall também tinha aptidões de liderança indireta; por exemplo, seus relatórios sintéticos eram muito valorizados. Mas foi como pessoa capaz de falar diretamente com outras, geralmente em modo de persuasão, mas, às vezes, em estilo de confrontação que deixou seu timbre característico.

Poucas vezes, ou nunca, na história americana alguém foi mais celebrado pela vasta maioria dos compatriotas e por grande parte dos cidadãos de todo o mundo. Truman o descreveu como "o maior militar que este país já produziu – ou até qualquer outro país", e concluiu: "Quanto mais me encontro e converso com ele, mais me convenço de que ele foi o grande personagem desta era". O secretário de Guerra Henry Stimson declarou: "Já vi muitos grandes soldados em minha vida, e vós, senhor, sois o melhor que já conheci." A revista *Time* duas vezes o escolheu como "Homem do Ano". E quase todos os líderes militares e diplomatas americanos que escreveram suas autobiografias se lembram do efeito sem igual que a pessoa e o exemplo de Marshall exerceram sobre a vida deles.

Em 1953, Marshall foi convidado pelo Presidente Eisenhower para representar os Estados Unidos na coroação da Rainha Elizabeth II, a nova jovem soberana do aliado dos tempos da guerra. Ao entrar na solene Abadia de Westminster, Marshall percebeu que todos os presentes, representando a *Commonwealth* (Comunidade de Nações, composta das ex-colônias britânicas), se levantaram. Ao perguntar o que estava acontecendo, o vizinho disse que a assembleia se erguera para homenagear o emérito enviado dos Estados Unidos. Primeiro Churchill, depois Brooke e, então, Montgomery, com os trajes de lordes do Reino, abriram caminho em meio à multidão para apertar a mão de Marshall.

Churchill, com quem Marshall tantas vezes se desentendera, de pronto o elogiou, chamando-o de "o mais nobre dos romanos dentre todos". No fim da guerra, ele enviara a Marshall uma mensagem simples: "Muito obrigado". Ao término do verão de 1945, com mais tempo para escrever, Churchill acrescentou: "Não lhe coube comandar os grandes exércitos. Sua missão foi criá-los, organizá-los, inspirá-los... Ao longo de todos esses anos de exaustão mental, cresceram em meu peito respeito e admiração por sua coragem e força maciça, fontes de grande conforto para seus companheiros de labuta, dentre os quais espero que para sempre fique registrado que me incluo."

Por ter personificado, como Churchill, numerosos atributos que os outros seres humanos tanto admiram, Marshall influenciou os compatriotas, construtivamente, na paz e na guerra.

Capítulo 9

# Papa João XXIII: Redescobrindo o espírito da Igreja

*Todas as culturas humanas têm infinitamente mais em comum... Oculto nas profundezas de suas fontes e fundações.*

Vaclav Havel

Eleito apenas na décima segunda votação, já com 77 anos, Angelo Giuseppi Roncalli era um papa improvável. Depois do longo reinado de Pio XII, cuja influência deveria durar cem anos, a maioria dos observadores previa a superveniência de mandato interino breve e monótono, que não deixaria legado. No diário dele, o homem que optou por ser chamado João XXIII refletiu sobre essa situação paradoxal:

*Quando, em 28 de outubro de 1958, os cardeais da Santa Igreja Romana me elegeram para assumir a suprema responsabilidade de governar o rebanho universal de Jesus Cristo, aos 77 anos, todos estavam convencidos de que eu seria um papa provisório, de transição. No entanto, já estou às vésperas do quarto ano de meu pontificado, com imenso programa de trabalho pela frente, a ser executado diante dos olhos de todo o mundo, que está observando e esperando. Quanto a mim, sinto-me como São Martinho, que "não temia morrer nem se recusava a viver".*

Embora tenha durado menos de cinco anos, o papado de João foi tudo, menos monótono. Quando de sua morte, em 3 de junho de 1963, ele havia questionado muitas das premissas inquestionáveis da Igreja e tinha lançado programas que prometiam mudar a presença da Igreja em todo o mundo. Iniciara o primeiro Concílio Vaticano em mais de oitenta anos e promulgara duas encíclicas momentosas. Também tomara iniciativas importantes para promover a reaproximação das superpotências antagônicas. E, talvez mais importante, influenciou a vida e o espírito de milhões de pessoas comuns, inclusive muitas que não tinham vínculos formais com o catolicismo romano. Como poucas outras figuras de nossa época – Madre Teresa e Nelson Mandela logo vêm à mente – Angelo Roncalli realmente foi amado além das fronteiras nacionais e religiosas.

Roncalli não tinha maiores pretensões ao papado que qualquer outro católico romano que crescera em fins do século XIX. Nascido em 1881, em Bérgamo, era o mais velho de uma família de treze filhos, que ganhava a vida na condição de meeira, e vivia em grande pobreza. Trinta parentes moravam juntos em ampla família. Roncalli se lembra da infância como época feliz e, em especial, se recorda da generosidade dos pais:

*Nunca houve pão em nossa mesa, só* polenta*; no entanto, quando um pedinte aparecia à porta de nossa cozinha, no momento em que as crianças, vinte delas, esperavam impacientemente pelas tigelas de* minestra, *sempre havia lugar para o forasteiro, e minha mãe se apressava em acomodar o estranho ao nosso lado.*

O jovem Angelo não gostava muito da escola. Sob forte influência do tio Zaverio e do pároco local, padre Rebuzzini, preferia muito mais a igreja. Participava da missa matinal todos os dias e recebeu a crisma em 1889. Mais tarde, afirmou que não se lembrava de época em que não quisesse ser padre. Portanto, ninguém se surpreendeu quando, às vésperas do décimo segundo aniversário, entrou no seminário de Bérgamo.

Angelo agora se afastara do resto do mundo. O seminário era conservador, tradicional, e contrarreformista no tom. Seu objetivo declarado era converter jovens em membros modelares da Igreja e protegê-los de toda e qualquer tentação mundana. Aos 14 anos, Roncalli iniciou um diário que se prolongaria por toda a vida, com base no qual sabemos que ele levava extremamente a sério o processo de "formação espiritual".

As primeiras oitenta páginas do diário são um registro dos pensamentos e experiências de Roncalli durante os anos de permanência no seminário de Bérgamo. No diário, intercala citações de importantes passagens da Bíblia e de outras fontes irrepreensíveis, listas de resoluções, momentos de epifania ou graça, registros de falhas triviais ou de deslizes momentâneos e manifestações diretas de amor a Jesus e à Imaculada Virgem Maria. Roncalli relatava em tempo real tudo o que lhe entrava na consciência e tentava desenvolver um conjunto de hábitos que poderiam perdurar pelo resto da vida. O retrato que daí emerge é o de um jovem sério que quer, desesperadamente, pensar e agir da maneira certa.

Para os leitores pouco acostumados a alguém de todo absorvido pelo crescimento espiritual, o diário pode parecer enfadonho, até insípido. É tedioso ler listas de comportamentos a serem praticados todos os dias ("Meditar durante pelo menos quinze minutos", "ler alguma passagem do devoto Tomás de Kempis em latim"), todas as semanas ("Ser diligente ao participar das reuniões da Irmandade e dos círculos de estudos", "Jejuar às sextas-feiras e aos sábados, em honra à Paixão de Jesus Cristo e de Nossa Senhora"), todos os meses ("Ler essas pequenas Regras várias vezes, e será bom fazer isso na companhia de outros, para verificarmos a observância delas uns pelos outros"), todos os anos ("Antes de deixar o seminário para as férias, conferir com o diretor espiritual sobre a melhor maneira de passá-las com o Senhor"), e todo o tempo ("Ter amor especial pelos companheiros, sentimento que deve provir de Deus e tender a Deus", "Ninguém deve encostar as mãos no próximo", "Não usar o 'tu' íntimo ao falar com os outros, não usar termos dialetais nem, pior ainda, expressões de impudor; caso as escute, proferidas por outros, afaste-se, demonstrando que não participará dessas conversas", "As más companhias precisam ser evitadas como vespas", "Não se deve ler nenhum livro com os mais remotos indícios de lascívia", "Não assistir a espetáculos públicos").

O que leva alguém a elaborar um documento destes? A filósofa Hannah Arendt, comentarista perspicaz do Papa João XXIII, demonstrou pouca paciência. Ela descreve o diário como "opúsculo inusitadamente decepcionante e fascinante... Por páginas e páginas, parece um compêndio elementar sobre como ser bom e evitar o mal... Compõe-se de infindáveis arroubos e autoexortações de devoção repetitivos... Com raras referências a acontecimentos reais". Com base nessas constatações, Arendt conclui que "o que quer que e quem quer que tenha sido o Papa João XXIII, ele não era nem interessante nem brilhante, e isso sem considerar que foi estudante um tanto medíocre e que mais tarde na vida não se destacou por nenhum interesse intelectual ou acadêmico, qualquer que fosse".

Embora seja provável que Roncalli não tivesse capacidade de discursar de maneira convincente sobre questões filosóficas, é ilusório considerá-lo desinteressante ou até, como insinua Arendt, "um tanto néscio, não que fosse simples, mas, isto sim, simplório". Muitas são as evidências de que o jovem Roncalli demonstrava curiosidade sobre as coisas mundanas e de que até teve problemas decorrentes de leituras e pensamentos considerados muito aventurosos por seus superiores na Igreja.

No diário, vislumbramos o esforço obstinado de um adolescente sério para fazer-se – para construir-se – indivíduo que ele próprio respeitasse, da maneira como grandes líderes religiosos, como santos ou como devotos comuns impõem respeito. Parte dessa jornada foi orientada pelo regime por que passam todos os seminaristas; mas a maior parte da missão deveria ser assumida pelo próprio Roncalli – ele precisava empreender a "aprendizagem da espiritualidade". Era como escreveu, em 1922: "A vida do espírito... É a formação gradual de hábitos de pensamento e ação, à luz dos princípios mais elevados que aos poucos se revelam à alma. É uma vida a ser estudada e praticada como ciência exata, a ciência dos santos."

Talvez haja milhares, se não milhões, de jovens seminaristas em todo o mundo – assim como muitos não seminaristas – que se dedicaram a esforço semelhante, ao se refazerem como indivíduos com atributos espirituais altamente desenvolvidos. A maioria desses jovens, porém, seguiu outros destinos. Muitos desistiram da jornada, desesperançados ou equivocados, e partiram em busca de desideratos mais seculares; percorreram os caminhos da piedade, mas se tornaram céticos (embora, talvez, não tenham enfrentado o próprio cinismo); ou, quem sabe, se mascararam de puritanos detestáveis, que, primeiro, estragaram a própria vida e, depois, contaminaram a vida das pessoas próximas.

Roncalli sobressai por nunca ter desistido, nem se tornado cínico, nem virado pessoa dogmática e sentenciosa. Conforme observa Arendt, ele conseguiu transformar-se em pessoa espiritualizada, em paz consigo mesmo, e, portanto, capaz de iluminar o próximo. Autenticamente se inspirava na vida de Cristo, na simplicidade e na humanidade divina do Filho. Roncalli sinceramente acreditava que era preferível ser desconhecido e pouco estimado. O treinamento dele para a vida espiritual se estendeu pelos dez anos proverbiais, e as escolhas dele se renovaram diariamente nos dez anos subsequentes. Ao converter-se na espécie de pessoa a cujas posições tanta gente aspira de inicio mas a que tão poucas ascendem na realidade, ele se tornou um dos participantes de um círculo minúsculo de indivíduos que personificam espiritualidade e que, portanto, à maneira do líder, influenciam públicos mais ou menos amplos.

Apesar de tanta santidade e devoção, Roncalli se cansou de Bérgamo ("entediado ao extremo com os sermões e leituras") e ficou feliz de receber o "estímulo" de Roma. Conheceu monsenhor Giacomo Radini Tedeschi, cânone de São Pedro. Tedeschi, líder dinâmico, fomentava a ação social da Igreja, como a construção e manutenção de albergues e o fornecimento de sopas para os pobres. Roncalli se sentiu assediado pelo desejo de exercer papel mais ativo na comunidade. Ao liberar-se de Bérgamo, redescobriu o interesse pelo aprendizado. "Sinto a necessidade e o desejo intenso de estudar... O anseio incessante de conhecer tudo, de estudar todos os grandes autores, de familiarizar-me com o movimento científico em todas as suas manifestações", escreveu. E se referiu, positivamente, ao "movimento da cultura católica para a frente e para cima".

Também se constatava forte tendência manifesta para moderar, para mediar, para evitar a adoção de posições radicais. Numa página do diário, em dezembro de 1903, Roncalli escreveu:

*Estudarei novos sistemas de pensamento... As críticas para mim são luzes... Mas sempre tentarei introduzir nessas discussões, em que se expressam, com tanta frequência, entusiasmos irrefletidos e opiniões enganosas, grande moderação, harmonia, equilíbrio e serenidade de julgamento... Sobre questões muito duvidosas, preferirei manter-me em silêncio, como alguém que não sabe, em vez de apresentar propostas arriscadas que possam diferir, por mínimo que seja, da ortodoxia da Igreja.*

Ainda bem que Roncalli buscava posições intermediárias e preferia a moderação ao modernismo. Eis o que afirmou, no começo de 1904: "No dia do julgamento, não nos perguntarão o que lemos, mas, sim, o que fizemos; não quão bem falamos, mas, sim, quão virtuosamente vivemos." E ainda bem porque, como o novo papa, Pio X, entrara em cena, e, como antimodernista convicto, Sua Santidade não tinha paciência com o ativismo social. Dissolveu-se, assim, o grupo de ação social católico, dando origem, em consequência, "ao momento mais difícil da vida de seu capelão, Radini Tedeschi" – acontecimento a que Roncalli viria a referir-se como algo que "irrompeu como trovão em céu aberto". Ironicamente, Tedeschi foi renomeado bispo da diocese provincial de Bérgamo, e Roncalli, agora com 24 anos, foi designado como seu secretário.

Da mesma maneira como Alfred Sloan Jr. aprendera sobre a América empresarial enquanto trabalhou na Hyatt e na General Motors, e George Marshall imergiu na liderança militar como adjunto do General Pershing, Angelo Roncalli familiarizou-se com a liderança clerical enquanto atuou como secretário de Tedeschi. O aprendizado espiritual, em âmbito pessoal, foi complementado pelo aprendizado material, em âmbito público, com um jovem bispo. Roncalli gostava muito de Tedeschi, a quem sempre se referia como "meu bispo". E o observou com extremo interesse, enquanto Tedeshi assumia o feudo bergamasco, com segurança e autoridade. Na nova posição, Tedeschi resolveu retomar o ímpeto da ação social católica. Visitava todas as igrejas da região e defendia os direitos dos trabalhadores. Na opinião judiciosa de Roncalli, contudo, "ele não se empenhou em executar reformas com o mesmo ânimo com que se esforçou para manter as tradições gloriosas da diocese e para interpretá-las em harmonia com as novas condições e necessidades da época".

Essa afirmação transmite importante insight de Roncalli, algo que, com efeito, fermentou dentro dele e inspirou o próprio papado de João XXIII, meio século depois, levando-o a concluir que os católicos devem manter-se leais à Igreja e às tradições, e, ao mesmo tempo, considerar as mudanças históricas e as circunstâncias contemporâneas. Mas não viu necessidade de adotar retórica reformista agitadora. No futuro, a pedra de toque do *aggiornamento* – termo em geral traduzido como "renovação" ou "atualização" – representou um esforço para refletir essa sutileza da continuidade na mudança.

Nessa época de debate intenso dentro da Igreja sobre a aceitação de novas ideias, sobretudo as referentes a mais ativismo social, Roncalli passou pelo teste mais rigoroso de suas próprias posições. Assumindo atitude intransigente contra os novos ventos intelectuais, Pio X promulgara uma encíclica intitulada *Pascendi*, que ameaçava com excomunhão instantânea qualquer pessoa que aparentasse tons de modernismo. Roncalli, bem consciente dessa política, recuou, refugiando-se no estudo da história, onde talvez encontrasse precedentes de esforços de reforma. E, talvez em busca de inspiração, dedicou-se durante dez anos ao estudo de São Carlos Borromeu, que presidira a renovação religiosa, na esteira do Concílio de Trento, do século XVI.

Entretanto, Roncalli não escapou ileso dos entrechoques do modernismo com o antimodernismo. Grande rebuliço cercou os escritos do historiador francês Louis Marie Olivier Duchesne, cujo *Histoire ancienne de l'Église* fora atacado violentamente por um associado de Pio X e depois incluído no índex das leituras proibidas. Membros da diocese de Bérgamo foram considerados simpatizantes de Duchesne, e o próprio Pio X declarou: "Em nenhuma outra diocese, o livro de Duchesne foi tão difundido e elogiado". Roncalli recebeu advertência do Cardeal Gaetano De Lai, auxiliar próximo de Pio X, para que fosse cuidadoso no ensino das Escrituras.

Roncalli não lecionava as Escrituras e supôs que tivesse ocorrido algum erro de identidade. Mas, ao protestar com De Lai, este revelou ao jovem Roncalli o verdadeiro motivo da repreensão:

*De acordo com informações de que tive conhecimento, soube que você foi leitor de Duchesne e de outros autores rebeldes, e que, em certas ocasiões, demonstrou inclinação por essa escola de pensamento, que tende a esvaziar o valor da tradição e da autoridade do passado.*

Roncalli ficou extremamente chocado. Escreveu muitos rascunhos de uma possível resposta a De Lai. Finalmente, postou uma carta em que negava sob juramento todas as acusações contra ele:

*Nunca li mais de 15 ou 20 páginas, e, mesmo assim, apenas como amostra... Portanto,* jamais li uma única linha *da história de Duchesne, traduzida por [Nicola] Turchi, e nunca a tive nas mãos ou entre meus livros... Nunca li um único livro, panfleto ou revista modernista, exceto* Il Santo, *de Fogoazzoro, que folheei antes de ter sido condenado.*

Roncalli aprendeu desse atrito com uma autoridade punitiva que precisava ser cauteloso e manter em segredo quaisquer opiniões menos ortodoxas. Confrontos diretos no estilo Pershing-Marshall eram inconcebíveis na Igreja da época. Eis como Roncalli se expressou no diário, poucos anos depois: "É de minha natureza falar demais... Serei cada vez mais cuidadoso em controlar a língua. Preciso manter mais reserva na manifestação de minhas opiniões, mesmo com pessoas de minha própria casa." Ao mesmo tempo, não conseguia ocultar como condenava os denunciantes ferozes e implacáveis das opiniões alheias. Nas palavras dele: "A verdade e toda a verdade tinha de ser dita, [mas] eu não compreendia por que acompanhar-se dos raios e trovões do Monte Sinai, em vez da serenidade de Jesus à margem de um lago ou no alto das montanhas." Na opinião dele, cada um deveria encontrar maneiras de apontar os erros, sem destruir quem os cometeu.

Refletindo sobre essa conjuntura difícil, Roncalli procurou um meio-termo mais harmonioso. Não se identificaria com pessoas sentenciosas, como De Lai, nem com iconoclastas, como Duchesne. Em vez disso, manteria os valores tradicionais e, ao mesmo tempo, demonstraria tolerância por quem escolhesse caminho menos convencional. Eis o que escreveu em 1938: "Posso seguir meu próprio estilo, ou seja, o estilo da Igreja, que é ao mesmo tempo mestra de todos e sempre moderna, de acordo com as exigências dos tempos e dos lugares."

Os anos que se seguiram ao mandato em Bergamo foram tormentosos para o mundo, e, como a maioria dos contemporâneos, Roncalli foi profundamente afetado pela Primeira Guerra Mundial, pela depressão mundial, pela ascensão do fascismo na Itália e na Alemanha, e pela Segunda Guerra Mundial. Durante as primeiras décadas do século, Roncalli exerceu uma série de funções. Na Primeira Guerra Mundial, foi, primeiro, sargento do corpo médico e, depois, capelão. Continuou em Roma no começo da década de 1920, como historiador em tempo parcial e como diretor de uma organização para o apoio de missões estrangeiras. Recorrendo a talentos que havia cultivado, conquistou reputação, na época, como orador vigoroso e como líder potencial. Roncalli foi designado arcebispo na Bulgária, de 1925 a 1935, e, em seguida, mandado para a Turquia e a Grécia, durante a Segunda Guerra Mundial. Em 1944, recebeu a incumbência delicada de servir como primeiro embaixador pós-fascista do Vaticano na França, posição em que lidava com bispos que haviam sido colaboradores nazistas. Em 1952, assumiu o que teria sido, presumivelmente, sua última missão, como patriarca de Veneza.

Com base nas especificações de suas várias atribuições, infere-se algo da maneira como Roncalli era considerado pela hierarquia do Vaticano. Sem dúvida, não era tido em conta de prodígio; seu posto na Bulgária era missão remansosa, e lá ele permaneceu durante longo período. Turquia e Grécia demandavam consideráveis habilidades diplomáticas, sobretudo durante os anos de guerra, quando as áreas dos Bálcãs e do Mediterrâneo foram objeto de conflitos ferozes. Sem dúvida, o sucesso de Roncalli com as várias facções – ou, em todo o caso, a capacidade de evitar desastres – foi fator crítico da designação para a frágil nunciatura de Paris. Também veio a calhar o fato de, quando se supunha que a carreira dele se aproximava do fim, Roncalli tenha sido nomeado para a atraente Veneza, perto de sua cidade natal.

Considerando o desempenho medíocre e retraído da Igreja Católica no prenúncio e no transcurso da Segunda Guerra Mundial, surge a questão da posição e das atividades de Roncalli nessa época. Os registros não são completos. Acho justo afirmar que

Roncalli tinha pouca ou nenhuma dúvida sobre Mussolini e o fascismo, e que ficou perplexo com a ascensão de Hitler, com a eclosão da guerra total e com o esforço para exterminar os judeus.

Tanto quanto se pode apurar, Roncalli não se aventurou além da posição da Igreja como um todo. Talvez tenha ajudado a salvar a vida de grande número de judeus na Turquia, possivelmente nada menos que 24 mil, durante a guerra. Mas também consta que receava não ter condições de fazer mais e que acreditara demais no diplomata alemão Franz von Papen. Mais tarde, teria dito um tanto desolado:

*Será que eu não poderia, será que eu não deveria, ter feito mais, dedicando-me com mais afinco e superando as inclinações de minha natureza? Será que a busca por tranquilidade e paz, que eu considerava ser mais compatível com o espírito do Senhor, talvez não tenha mascarado certa relutância em empunhar a espada?*

Em geral, parecia propenso a se consolar e a se refugiar por trás da persona religiosa: "Como eu detesto política! E o nacionalismo é verdadeira maldição para um país, quando a religião atua como ferramenta! Nós, católicos, somos abençoados por encontrar na religião incentivo ao patriotismo, mas não pretexto para a dominação de outros povos."

E quanto ao Roncalli mais pessoa que prelado nesse período? Boa parte do tempo ele aparentemente estava em paz consigo mesmo, e observou: "Minha natureza alegre, grande dom de Deus, me manteve imune às aflições dos espíritos ousados e generosos que se lançam como chamas vivas ao trabalho zeloso pelas almas." Não se importava de envelhecer e ficava satisfeito por se sentir, com o passar do tempo, menos sujeito às tentações da carne. No entanto, palavras ou frases ocasionais no diário revelavam que ele não estava totalmente satisfeito com as relações dele próprio com os poderes da Igreja. Na Bulgária, referiu-se a "muitos julgamentos... Que são causados não pelos búlgaros... Mas pelos órgãos centrais da administração eclesiástica". Nas palavras dele: "Isso é uma forma de mortificação e de humilhação inesperada que me inflige grande dor". Também escreveu sobre outro ponto: "Sinto-me muito afastado de tudo, de toda ideia de avanço de qualquer coisa. Sei que não mereço nada e não sinto nenhuma impaciência. É verdade, contudo, que as diferenças entre minha compreensão das situações no local e certas avaliações das mesmas condições em Roma me magoam muito; essa é, na verdade, minha única cruz." E confessou numa nota: "Meu ministério na Grécia mais uma vez está enfrentando dificuldades. Por essa razão, devo amá-lo ainda mais."

E quanto aos anos imediatamente anteriores ao papado dele? No primeiro discurso em Veneza, Roncalli declarou, em estilo típico, que "enfatizaria o que une, não o que divide". Fez muitas viagens, tanto dentro quanto fora da diocese. Também escreveu longas cartas pastorais, que, em retrospectiva, podem ser consideradas prenúncios das encíclicas que promulgaria como papa. Em termos mais genéricos, mostrou – depois de trinta anos no exterior – que era capaz de manejar uma diocese italiana complexa, com eficiência, diplomacia e até com certa elegância.

Depois da morte do Papa Pio XII, quase 50% dos cardeais que foram a Roma para escolher o pontífice eram efetivamente mais velhos que Roncalli, com 77 anos. De modo algum ansiando por mudança, esperavam a continuidade da política comedida do tão admirado Pio XII. E passaram a ver Roncalli como pessoa amigável – uma escolha segura – que seria apreciada pelos católicos e que não ameaçaria seus principais interesses: o poder da cúria do Vaticano e a hegemonia das doutrinas tradicionais da Igreja. O próprio Roncalli não fez campanha pela posição – poderia especular-se que ele não vira o papado na linha da vida em suas mãos – e pareceu realmente surpreso com a escolha.

O primeiro ato de Roncalli como papa, escolher o próprio nome, sinalizou que ele não era tão previsível ou maleável como talvez esperassem os tradicionalistas. Rejeitando os nomes escolhidos pelos antecessores imediatos, preferiu remontar ao nome João, que não era usado havia 600 anos. Ao selecionar o nome, referiu-se a dois santos – João Batista, que "preparou o caminho do Senhor", e João Evangelista, apóstolo de Cristo. Também apontou outros motivos: João era também o nome do pai dele, a pessoa a quem a Igreja em que fora batizado tinha sido dedicada, e o nome de inúmeras catedrais no mundo. E invocou as palavras do apóstolo João: "Meus filhos, amem uns aos outros." Então, como que para provocar os homens que o haviam escolhido, observou que João era o nome mais escolhido pelos papas, que os mandatos de muitos dos Joãos foram em grande parte medíocres e muito breves, e que o pontífice mais recente a adotar o nome fora o antipapa João XXII, de Avignon.

Apesar da idade, o novo Papa João XXIII logo deixou claro que exerceria um papado ativo. Na verdade, talvez até se sentisse com mais liberdade que alguém mais jovem para "ser ele mesmo", para deixar a rotina por conta dos auxiliares e para concentrar-se no panorama geral. Era como se tivesse cumprido as penas ao longo dos anos e agora desfrutasse de liberdade para agir como desejasse e para expressar opiniões havia muito cultivadas, mas poucas vezes manifestadas. Ao contrário de Pio XII, aventurou-se fora dos muros do Vaticano para visitar muitos santuários, paróquias, hospitais, prisões e outras instituições comunitárias. Prosseguindo em muitas reformas litúrgicas instituídas recentemente, nomeou 52 cardeais, canonizou 10 santos, promulgou 8 encíclicas e participou ativamente das negociações para a libertação de padres católicos mantidos reféns pelos comunistas. Um pai da Igreja austero e hierático havia sido substituído por um tio gordo e genial. As maneiras calorosas, amistosas e abertas do Papa João XXIII foram percebidas de imediato por fiéis de todo o mundo, e ele realmente era visto – e queria ser visto – como o "pastor universal" humilde e sensível de um rebanho de 900 milhões de católicos.

Porém, pouco depois do início de seu papado, o Papa João suscitou grande controvérsia e exerceu o maior impacto de seu mandato, ao convocar o Concílio Vaticano II – o primeiro desde 1869-1870 e apenas o vigésimo na história da Igreja. Nas palavras do próprio Papa João, o concílio surgiu como "inspiração que nos ocorreu, na humildade de nosso coração; como comando inesperado e irresistível". Estudos históricos posteriores revelaram que a origem da ideia foi mais gradual, recuando aos primeiros estudos e escritos do Papa João, assim como a um dos impulsos do predecessor; mas a decisão de converter a possibilidade em realidade pode ter sido tão espontânea como sugere o depoimento do pontífice. Além disso, uma história importante como a saga de um Concílio Vaticano se beneficia de um começo decisivo.

Todos perceberam que uma reunião dos líderes da Igreja de todo o mundo, representando muitas cores e muitos tons de fé, poderia ter vários propósitos e numerosos resultados. Com efeito, a incerteza em torno do primeiro desses conclaves em quase um século foi uma das razões por que muitos líderes da Igreja estavam nervosos em relação aos planos do Papa João. O pontífice acreditava que o concílio deveria ser uma oportunidade para reafirmação e renovação, e sentia que os líderes da Igreja precisariam retornar às ideias fundamentais da vida cristã: às principais crenças, rituais e práticas da religião. Ao mesmo tempo, teriam de esforçar-se para compreender os tempos em que viviam, as novas demandas e forças, as maneiras como a Igreja poderia melhor adaptar-se à realidade vigente e, ao mesmo tempo, manter-se fiel às suas doutrinas centrais.

O Papa João não via o concílio como ocasião para discutir ou reformular a doutrina católica, muito menos para manifestar novas condenações; em vez disso, queria juntar-se a novos católicos na reformulação da verdade em termos contemporâneos e na exposição dessas ideias em termos pastorais. Ele e os associados mais próximos se prepararam com diligência para o concílio, constituíram muitas comissões e secretariados, e definiram setenta questões, ou "schemata", a serem debatidas. Quando lhe disseram que seria impossível organizar um concílio dessa magnitude até 1963, o Papa João retorquiu: "Tudo bem, nós o faremos até 1962."

Elemento sobremodo importante dessa renovação foi o ecumenismo. O Papa João entendia que a Igreja Católica Romana deveria trabalhar em estreito entrosamento e sinergia não só com outras igrejas católicas, mas também com os "irmãos segregados" de outras denominações cristãs. Para tanto, formou o Secretariado da Unidade Cristã, que, na expectativa dele, se converteria em parte permanente da Santa Sé. Ao se reunir com os protestantes, o Papa João fez questão de se sentar no mesmo nível dos demais delegados, não no trono habitual. E até transpôs o Cristianismo, ao se encontrar com o chefe da fé xintoísta e com grupos de líderes judeus.

O Papa João previu que os padres da Igreja se desentenderiam em muitas questões. Essa hipótese em si não o perturbou. Com efeito, aceitava de bom grado a discussão aberta e o debate respeitoso – a "santa liberdade" – entre todos os bispos participantes. Recapitulando a primeira sessão do concílio, disse: "Havia forte divergência de pontos de vista. Essas diferenças de opinião às vezes podem ser incômodas, mas não são surpreendentes. Na verdade, foram providenciais, pois serviram para esclarecer questões e para demonstrar... a liberdade dos filhos de Deus." Ao constatar que era impossível conciliar de imediato as divergências, tomou a decisão inteligente de constituir uma comissão especial, composta de igual número de representantes das facções conflitantes. Uma supercomissão "coordenaria as atividades das várias comissões e definiria com mais clareza a direção dos trabalhos, considerando os objetivos e as intenções gerais do Concílio como um todo". A legitimação desse processo de debate e de consulta, incluindo representantes de pontos de vista rivais, se revelou tão importante quanto as conclusões em si a que se poderia chegar. (Lembra medidas semelhantes adotadas por Margaret Mead, nos estudos transculturais; por George Marshall, em relação a novos oficiais; e por Alfred Sloan, Jr., no manejo das diferentes partes interessadas da General Motors.)

Apenas poucas pessoas (Marshall logo vem à mente) foram capazes de integrar os meios e as mensagens de maneira mais estreita e mais convincente que o Papa João. Perante os membros de sua Igreja, o Papa João XXIII rechaçou a intriga burocrática na cúpula da hierarquia e instou pelo retorno aos ensinamentos simples de Cristo. A Igreja teria de retornar às origens, reconhecendo o valor essencial de todos os seres humanos. Na Igreja, não deveria haver grupos ou ordens privilegiadas; nos termos dele, o amor do papa não deveria ser maior pelos italianos que pelos filipinos.

O Papa João enfatizou a história que vinha criando ao longo de muitas décadas. Era possível, acreditava, ser ao mesmo tempo tradicional e moderno. Os ideais e as práticas da Igreja eram exemplificados pela vida de Cristo e dos santos. Mas a Igreja não seria duradoura nem continuaria importante se não enfrentasse os fatos e as condições da era moderna, fossem elas corrida armamentista, Guerra Fria ou pobreza no Terceiro Mundo. De sua posição de autoridade moral, a Igreja tinha papel especial a desempenhar no manejo dessas condições e, quando possível, no esforço para melhorá-las.

O Papa João também falou à comunidade religiosa mais ampla, que se estendia além da Igreja. Acreditava que as pessoas deviam ser vistas primeiro como seres humanos e, depois, como integrantes de grupos religiosos. Havia um lugar no mundo para adeptos de todas as religiões, credos e filosofias, e o papa tinha afinidade com todos eles. De maneira pungente, dirigia suas encíclicas a "todas as pessoas de boa vontade". João XXIII manifestou essas opiniões nos pronunciamentos perante o concílio, em outros discursos e escritos e, acima de tudo, em duas encíclicas importantes. Em *Mater et Magistra*, de 1961, preconizou muitas reformas sociais, inclusive ajuda aos países do Terceiro Mundo, salários dignos para todos os trabalhadores, políticas econômicas mais equitativas e outras iniciativas sociais que atenuariam as dificuldades das populações. Em *Pacen in Terris*, de março de 1963, clamou pelo fim da corrida armamentista nuclear, pela regulação dos assuntos nacionais em função dos interesses da humanidade e pela reconciliação entre Oriente e Ocidente – entre os sistemas capitalista e comunista.

A manifestação dessas ideias, em si, já representava diferenciação nítida para um papado, em meados do século XX. As surpreendentes histórias diretas do Papa João foram inovadoras no sentido exato em que venho usando o termo. Ele partiu de ideias e temas existentes havia muito no Cristianismo – com efeito, desde os tempos de Cristo – e lhes conferiu novo significado. Os apelos dele em favor do amor, do respeito por todas as pessoas, da ajuda aos menos afortunados e da diminuição das tensões políticas e religiosas, todos se incluíam na percepção mais ampla e mais includente da identidade humana. Talvez, como seria de esperar, muitos desses temas falavam mais diretamente às pessoas comuns – à mente não escolarizada – que aos indivíduos que buscavam mensagens mais complexas ou que tinham interesse na preservação do *status quo*. As histórias do Papa João, porém, não se dirigiam exclusivamente às mentalidades simples; como os temas e as alegorias mais eficazes das grandes religiões. Também podiam dirigir-se a pessoas com diferentes níveis de sofisticação, para serem por elas interpretadas de maneira relevante.

Não foi fácil para os adversários do Papa João conceber contra-histórias, pois não queriam parecer perversos e insensíveis. No entanto, muitos conservadores em vários pontos da hierarquia da Igreja se sentiram ameaçados pelas mensagens do Papa João. Quando se ampliou a noção do que significava ser bom católico, bom cristão e boa pessoa, quem até então se distinguia pela fidelidade a determinado credo religioso ou a certo conjunto de práticas já não podia reivindicar singularidade. Ao ser includente, o Papa João excluía os "católicos ortodoxos" de sua condição especial. Além disso, como ocorrera na juventude do pontífice, as iniciativas pela justiça social geralmente eram interpretadas como tentativas radicais, que poderiam instabilizar e solapar as tradições da Igreja. As contra-histórias asseveravam que era melhor manter o *status quo*, em vez de correr o risco de deflagrar mudanças caóticas na prática ou na hierarquia.

A capacidade de liderança do Papa João se expressava principalmente pela maneira como conduzia a própria vida. Lembrando-se da maneira de ser do papa, o dominicano Yves Congar declarou: "A abertura para o mundo e para 'os outros' se manifestava mais pelos gestos concretos e pela dinâmica do estilo dele, de todo pastoral, humano e altamente evangelizador, que pelos discursos de João XXIII." A ousadia gentil dele capacitava os demais membros da Igreja. Um bispo no concílio observou: "Houve quem ousasse dizer coisas em que vínhamos pensando, reservadamente, havia muito tempo".

O Papa João se sentia como apenas outro ser humano, não como membro especial de uma elite privilegiada. Gostava de falar diretamente ao povo, e a humanidade dele era fulgurante. Relacionava-se tão bem com bispos e com leigos quanto com cardeais, e se recusava a apedrejar as pessoas apenas por julgá-las em erro. A honestidade e o amor de alguém era mais importante que a participação – ou não participação – em determinada ordem. O Papa João não acumulou posses materiais: dava tudo o que recebia; e, com efeito, possuía menos de vinte dólares em bens materiais, quando morreu.

Conforme acontece com outras pessoas santas, muitas são as histórias sobre o Papa João, narradas tanto enquanto vivo quanto depois de morto. Embora nem todas sejam passíveis de confirmação, elas, no conjunto, decerto suscitam a imagem de um ser humano sem qualquer pretensão – alguém que se sentia totalmente em paz com os outros e consigo mesmo. Elas não se aplicariam a outros papas do século XX. Limito-me aqui a incluir apenas algumas citações ilustrativas:

- "Sempre tento mostrar que sou um indivíduo normal. Tenho dois olhos, um nariz – aliás, muito grande –, uma boca, duas orelhas, e assim por diante. No entanto, as pessoas às vezes se mantêm rígidas e não comunicativas."
- A um grupo de prisioneiros: "Como vocês não podem vir a mim, venho a vocês."
- Sobre uma camponesa idosa: "Ela deveria aproximar-se [de mim] tanto quanto o Rei da Jordânia."
- Para um diplomata: "Sei que você é ateu, mas você não aceitaria a bênção de um velho?"
- Para um trabalhador que havia praguejado na frente dele: "Você precisava fazer isso? Não bastaria dizer 'merda' como todos nós?"

- Para quem não queria que ele fosse visto durante suas caminhadas diárias em torno do jardim papal: "Por que as pessoas não podem ver-me? Não me comporto mal, comporto?"
- Para um jovem padre visitante, que estava muito nervoso: "Meu querido filho, pare de preocupar-se tanto. Esteja certo de que, no dia do julgamento, Jesus não lhe perguntará: E como você se saiu com o Santo Ofício?"
- Para si mesmo, ao se sentir sobrecarregado com as atribuições do papado: "Giovanni, não se leve tão a sério!"

O Papa João também estava preparado para jogar com altos cacifes. Nos anos tensos da construção do Muro de Berlim e da crise dos mísseis cubanos, o Papa João sentiu que John Kennedy e Nikita Khrushchev, líderes das superpotências rivais, seriam acessíveis como seres humanos. A Igreja era grande potência no mundo, que talvez fosse capaz de superar distâncias e ideologias. Respondendo a uma provocação de Khrushchev, disse: "Deus está usando esse instrumento humilde, que é minha pessoa, para movimentar a história." Por meio de um intermediário, o jornalista americano Norman Cousins, o Papa João conseguiu desenvolver um veículo de comunicação entre os líderes das superpotências. Tanto Kennedy quanto Khrushchev respeitavam e admiravam o Papa João. Esse novo vínculo de confiança levou à libertação de um ucraniano, Jusyf Slipyi, que havia muito tempo estava preso na Rússia; também contribuiu para a redução da tensão entre os dois países e culminou com a assinatura, pouco depois da morte do pontífice, de um tratado de não proliferação de armas nucleares. Por meio dessas ações, o papa transmitia ao mundo uma história que ainda não fora compreendida: representantes das principais entidades governamentais antagônicas do planeta teriam de encontrar maneiras de trabalhar juntas para evitar a aniquilação nuclear e para promover a construção da paz.

O Papa João não raro alcançou esses objetivos, mesmo sem o apoio das pessoas mais poderosas da Igreja. A imprensa católica ultraconservadora questionava grande parte do que ele dizia e fazia; ele era chamado de "irresponsável" e "politicamente despreparado". A cúria do Vaticano era tão conservadora quanto a burocracia enraizada e tinha muitos anos de prática na sabotagem de pontífices que haviam tentado avançar em territórios inexplorados. O Papa João tinha muita consciência dessa tendência e muito se esforçou para aplacar a cúria, quando possível, e para desautorizá-la, quando necessário. Deliberadamente, preparou seus primeiros discursos em termos muito cuidadosos, como que para tranquilizar a cúria; selecionou suas primeiras nomeações principalmente entre as alas moderadas e conservadoras do Vaticano; e adotou posições tradicionais sobre certas questões de grande visibilidade, como ao se opor à contracepção e à ordenação de mulheres.

Mas quando parecia que a cúria o impediria de realizar os objetivos mais importantes dele, João XXIII estava pronto para impor-se. Advertindo uma comissão bíblica pouco cooperativa, escreveu ao secretário de Estado: "Chegou a hora de dar um basta a essa besteira. Ou a Comissão Bíblica se torna mais atuante e realista, executa algum trabalho adequado e, por meio de sugestões ao Santo Padre, faz contribuições úteis para as necessidades do presente, ou será melhor extingui-la e deixar que a Suprema Autoridade a substitua por algo diferente." E quando constatou que havia sido citado, deliberadamente, de maneira equivocada por burocratas conservadores, transcreveu as próprias palavras do texto não censurado.

Quando soube, em fins de 1962, que tinha câncer terminal, o Papa João redobrou os esforços. Continuou a dedicar-se ao concílio, assim como à mediação internacional. Para tanto, recorria cada fez mais a uma rede informal de religiosos e diplomatas. Também manifestou preocupação de que o próprio trabalho dele na Igreja e no cenário internacional fosse desfeito. Conversando com um padre visitante, Roberto Tucci, em 9 de fevereiro de 1963,afirmou:

*Sabe, caro padre, sei que tenho muito pouco tempo de vida. Portanto, devo ser ainda mais cuidadoso que nunca ao ponderar todas as iniciativas para que o conclave a se reunir depois de minha morte não se volte "contra mim" e, assim, faça escolhas que destruam o que tentei começar a construir.*

O Papa João estava certo ao se preocupar com o destino imediato de seu legado. Com efeito, pouco depois de seu falecimento, foi tachado por um cardeal de "o maior desastre na história eclesiástica recente, os últimos 500 anos". O pontífice seguinte, cardeal Giovanni Battista Montini, o Papa Paulo VI, tentou levar avante o trabalho do antecessor quanto à internacionalização da Igreja. No entanto, muitas das tendências mais liberais de João XXIII em relação às práticas da Igreja e às interpretações da doutrina perderam o ímpeto, seja em consequência de iniciativas deliberadas de papas subsequentes, seja em decorrência das inclinações conservadoras dos líderes da Igreja em todo o mundo. Mesmo as figuras mais includentes acabam gerando oposição, quase sempre de quem quer sentir-se especial; e não raro essa resistência é suficiente para deter tendências progressistas.

O legado de João XXIII se revelou muito duradouro por força das mensagens que ele próprio personificava. O Papa João mostrou ao mundo que o líder da Igreja não deve ser austero, distante e hierático; pode sentir afinidades autênticas com as pessoas comuns, sentimento em geral retribuído. Demonstrou que a liderança da Igreja Católica não precisa inibir a afinidade com outras religiões – nem mesmo com o ateísmo comunista. Ao agir assim, contribuiu substancialmente para forjar laços mais estreitos entre seitas, pessoas e até superpotências em conflito.

A simplicidade do Papa João era completa, pura e eloquente. Ernesto Balducci escreveu em *The Utopia of Pope John XXIII* que "a modernidade essencial do Papa João, que o mundo apreendeu com intuição imediata, se situa na sinceridade absoluta com que foi capaz de aceitar o triunfo da vida, tanto a da criança quanto a do astronauta". Da mesma maneira como primeiro Angelo e, depois, João tentaram reavivar o espírito de Cristo, muitas das pessoas por eles inspiradas procuraram manter vivos o espírito e a mensagem do Papa João XXIII.

Nesta parte do livro, analisei líderes típicos de três estados contemporâneos. Prospectei vasta área geográfica, dos Estados Unidos à Roma moderna, abrangendo o âmbito global de uma guerra mundial. Também estudei amplo escopo de estamentos, envolvendo as empresas americanas, o Exército dos Estados Unidos e a maior instituição religiosa do mundo. Os três líderes chegaram ao cume aos poucos, por meio de realizações em várias iniciativas e com base no respeito crescente dos colegas. Como membros de uma organização hierárquica, enfrentaram figuras de autoridade, quando necessário, não pela dissidência em si. Depois de alcançarem altas posições, tiveram de definir e de descrever o que significava liderar as respectivas organizações em épocas de mudanças aceleradas. Cada um confirmou certas normas tradicionais, mas também ajudou a redefinir a natureza de suas instituições. E, embora tenham atuado em condições de competição um tanto acirradas com outros atores nas esferas de ação escolhidas, lutaram para ampliar o âmbito e a abrangência de seus domínios específicos.

Alfred Sloan, Jr. descreveu o significado de viver na América empresarial; George Marshall explicou a importância de forças armadas treinadas e dedicadas; e João XXIII retratou o lugar da Igreja no mundo dos países em desenvolvimento e no âmbito das armas nucleares. Mais do que pelas histórias que narraram, contudo, esses homens foram influentes pela maneira como personificaram essas narrativas. Sloan foi eficaz em razão do conhecimento incomparável de suas empresas e do interesse duradouro por seus liderados; Marshall afetou diferentes públicos, ao incorporar a essência do soldado, patriótico e apartidário; o Papa João mostrou ao mundo moderno como era viver nos moldes de verdadeiro cristão. Dessa maneira, a identidade de cada líder praticamente se fundiu com as instituições cuja essência tentava transmitir a seus membros e a uma comunidade mais ampla.

Sloan, Marshall e o Papa João são parecidos sob outros aspectos. Cada um foi incumbido de grande e tradicional organização hierárquica. Tendo em vista seu status, tinham legitimidade para dirigir as respectivas instituições; e ao delegarem autoridade ou promoverem conciliações o faziam por vontade própria. Como, até certo ponto, as histórias deles se associavam às respectivas funções e posições, as ideias e valores que personificavam assumiram importância ainda maior. A organização preexistente proporcionou-lhes pessoal de apoio e os liberou da necessidade de construir estruturas a partir do nada e de se preocupar com a sobrevivência cotidiana. Além disso, cada instituição desfruta de certos privilégios: a empresa pode levantar dinheiro junto aos acionistas e dispõe de várias proteções legais; os militares contam com numerosas regalias em tempos de guerra e raramente estão sujeitos a questionamentos da própria legitimidade; a Igreja detém recursos financeiros expressivos, bem como considerável autoridade espiritual.

Desses pontos de vista, os líderes de instituições tradicionais diferem em muito daqueles que descrevo nos próximos dois capítulos. Nem Eleanor Roosevelt nem Martin Luther King ocuparam cargos de titularidade eletiva ou discricionária; ambos se tornaram líderes por força das explicações – as apologias e as preconizações que desenvolveram para as próprias vidas e épocas, assim como das maneiras pelas quais foram capazes de transmiti-las a outros. Roosevelt e King são, em meus termos, líderes autoungidos de grupos não dominantes – e, a esse respeito, formam impressionante contraste com outros líderes analisados neste livro.

Capítulo 10

# Eleanor Roosevelt: Ordinário e extraordinário

*Quais são as características definidoras dos líderes? No topo da lista, em minha opinião, está a capacidade de inspirar a própria geração e as gerações vindouras com o prazer de viver e com o senso de altas possibilidades para o próprio país e para a humanidade no futuro.*

George W. Ball

Cada um dos líderes que examinei até agora neste estudo escolheu uma carreira em que era possível exercer função de liderança. Os acadêmicos Margaret Mead e J. Robert Oppenheimer eram capazes de influenciar outras pessoas nas disciplinas escolhidas: avançaram nas respectivas carreiras, como importante antropóloga e importante físico, passando a atuar no cenário mais amplo da "liderança direta". Desde jovem, Robert Maynard Hutchins procurou ser líder na educação superior, e nunca se afastou dessa função. Os três líderes examinados nos capítulos anteriores também ingressaram em "grande estado", ou seja, em importante estamento, no começo da casa dos 20 anos e tomaram rumos que os conduziram ao topo dos campos de atuação escolhidos.

À própria maneira, Eleanor Roosevelt e Martin Luther King, Jr. foram pessoas ambiciosas. Mas as trajetórias específicas a que foram levados por suas ambições não poderiam ter sido presumidas, pois os nichos que acabaram ocupando não existiam nas sociedades em que cresceram. Tiveram de criar um papel, uma história poderosa, e um público que lhe seria receptivo: nos termos do psiquiatra Ronald Heifetz, procuraram conquistar a liderança, embora carecessem de autoridade formal.

Nem Roosevelt nem King realizaram as aspirações da juventude. Aos vinte e poucos anos, Eleanor queria ser apenas uma esposa ideal, que apoiava o marido talentoso e ambicioso, Franklin, e mãe extremosa, que cuidava de prole exemplar. No começo da casa dos vinte, King ansiava por realizar-se, acima de tudo, como pastor bem-sucedido, a exemplo do pai, antes de avançar para posição de magistério em universidade de prestígio.

Na condição de observadora privilegiada, como esposa primeiro de governador, depois de presidente, e, por fim, como mulher independente, Eleanor Roosevelt promoveu várias questões em que acreditava com convicção. Também mostrou aos americanos – em especial às mulheres – que era possível para uma mulher sem pasta exercer influência significativa nas arenas políticas nacional e internacional.

De seu ponto de vista vantajoso, como o mais preeminente afro-americano de seu tempo, Martin Luther King, Jr. chamou a atenção, de início, para as agruras dos negros* e, em última instância, para a situação de outras pessoas despossuídas, nos Estados Unidos e no resto do mundo. Como Eleanor, ele personificava as principais histórias para as quais chamava a atenção; e, como ela, também King chegava a conclusões principalmente como resultado de reflexões sobre os acontecimentos de sua própria vida.

Na análise dos caminhos percorridos por Eleanor e por King, depara-se com muitos temas familiares. No entanto, como exerceram liderança em funções que não existiam antes, ambos também se afastaram, de diferentes maneiras, de outros líderes de seu tempo. Não poderiam personificar histórias já conhecidas. Em vez disso, começaram a descobrir seus públicos, e, à medida que também eram descobertos por outras pessoas, iniciava-se complexo e delicado processo de interação. Mais que no caso de outros líderes, Roosevelt e King se reinventavam de tempos em tempos – em resposta não só aos eventos vibrantes de suas vidas, mas também às reações dos membros mais ativos de seus públicos.

No final das contas, ambas as figuras despertaram fortes reações – negativas, assim como positivas. Não só ofereciam visões argutas e desafiadoras de identidades pessoais e grupais; mas também sugeriam, em termos instigantes, que os grupos discriminados efetivamente *tinham* identidades, a serem respeitadas por todos os cidadãos. Considero Eleanor e King "líderes de grupos não dominantes", "representantes dos despossuídos", defensores de populações de americanos que, de maneira significativa, tinham ficado invisíveis para a corrente dominante, com estilo típico. Archie Bunker, personagem de televisão da década de 1960, que, em geral, era considerado intolerante, com atenuantes, inadvertidamente fez um resumo incisivo desse ponto: "Até Eleanor Roosevelt descobri-los, não sabíamos que existia gente de cor."

Eleanor Roosevelt teve uma das infâncias mais marcantes da época. Nascida em 1884, de família nova-iorquina de grande fortuna e de elevado status político e social, teve mais oportunidades que praticamente qualquer outra mulher de sua geração. No entanto, como criança, Eleanor** também foi especialmente infeliz, algo que marcaria qualquer criança, se não a incapacitasse para o resto da vida.

Os pais dela, Anna Hall Roosevelt e Elliott Roosevelt, pareciam formar um casal ideal. Eleanor abre sua autobiografia com a frase: "Minha mãe foi uma das mulheres mais bonitas que já vi." Duas páginas depois, declara: "Com meu pai, eu me sentia perfeitamente feliz... [Ele] era o amor da minha vida." No entanto, por baixo da superfície cintilante da grande clã Roosevelt, ocultava-se grave patologia. Eis a descrição dura da biógrafa Blanche Wielsen Cook: "O mundo vitoriano do pai e, depois, das jovens tias e tios, envolvia alcoolismo, adultério, molestamento de crianças, estupro [e]

---

* Neste capítulo e no seguinte, uso o termo *negro* em razão de seu uso cada vez muito frequente durante a vida de King.

** Para evitar confusão sobre qual dos muitos Roosevelts está em discussão, não raro uso os primeiros nomes neste capítulo.

abandono." A mãe de Eleanor, mulher fria e severa, morreu de difteria quando a filha tinha 8 anos. O pai, bem-intencionado, porém, cada vez mais, absorto, perturbado e devasso, faleceu quando Eleanor tinha 10 anos. Até a adolescência, a órfã Eleanor foi criada, junto com os irmãos, pela avó materna.

Eleanor Roosevelt se lembra de si mesma como patinho feio, quase repulsiva, dominada por sentimento de inferioridade crônico em relação aos outros membros da família, sempre temerosa de tudo e ansiosa por elogio e segurança. Ela denegria a própria condição psicológica ("a capacidade de pensar por mim mesma não se desenvolveu até bem mais tarde na vida"), assim como as próprias habilidades acadêmicas. Já os circunstantes observavam que a altura e a sobriedade de Roosevelt a faziam parecer adulta e que ela, em geral, era tratada como se já não fosse criança. (A mãe a apelidou de "Granny", vovó.) Entretanto, no fim do ensino elementar, ela começava a demonstrar comando da língua, interesse por questões morais, além de outros indícios de liderança que marcariam sua vida.

O acontecimento mais importante da formação de Eleanor foi ter estudado em Allenswood School, de 1899 a 1902, na periferia de Londres. A diretora da escola, Marie Souvreste, era pessoa notável, que expressava opiniões fortes sobre as questões do dia. Impressionada com a honestidade e a objetividade de Roosevelt, Souvreste, já com 70 anos, quase imediatamente acolheu a moça sob suas asas. Nitidamente atraídas uma pela outra, as duas mulheres continuaram amigas próximas, até a morte de Souvreste, em 19 de março de 1905. Roosevelt viajou pela Europa com essa figura maternal, aprendendo sobre a vida cultural do continente e sobre como uma mulher vigorosa e independente poderia cuidar de si mesma em um mundo dominado pelos machos. Roosevelt afirmou sem exagero: "O que quer que eu seja hoje brotou das sementes lançadas naqueles três anos de contato com uma mulher de mente liberal e personalidade forte."

Esse período fora do país, sob a tutela de Souvreste, conferiu a Eleanor mentalidade cosmopolita e vivacidade de espírito que, do contrário, nunca teriam sido cultivadas. Ao voltar para os Estados Unidos, imediatamente se engajou no serviço social. Foi uma época progressista em Washington, sob a presidência dinâmica do tio, Theodore Roosevelt, assim como tempo de reforma social na Cidade de Nova York, onde vivia a clã dos Roosevelt. Juntando-se a organizações como a National Consumers' League e a Junior League, Eleanor trabalhou por melhores condições para os habitantes da cidade, em especial para os moradores de favelas. Ensinou a filhos de imigrantes, em um centro de serviços comunitários, na Rivington Street. Recordando-se daqueles dias, Eleanor comentou: "Eu era uma garota solene. Meus anos na Inglaterra instilaram-me o prazer de ser descontraída e irresponsável, mas minha volta aos Estados Unidos imbuíram-me quase imediatamente do lado sério da vida."

Essas incursões na esfera pública, porém, por mais absorventes e meritórias que fossem, não viriam a ser a principal preocupação de uma jovem debutante de Nova York. Esperava-se – e Eleanor não procrastinou – que em breve ela se apaixonaria, se casaria e constituiria família. Seguindo esse roteiro, Eleanor, de fato, ficou noiva de Franklin Delano Roosevelt, seu primo distante, aluno de Harvard, impressionante, embora um tanto superficial. Casaram-se em 1905, quando Franklin começava os estudos na Columbia Law School.

Aos 21 anos, o normal seria que Eleanor pouco se importasse em refletir sobre questões referentes a quem era e a que grupos pertencia. Essas dúvidas tendiam a assediar com mais insistência pessoas que se sentiam marginalizadas, nitidamente fora da confortável corrente dominante. Mas Eleanor, não só quando solteira mas também agora, como esposa de Franklin, era parte inequívoca do Establishment. Qualquer ideia de lançar ou de liderar alguma espécie de empreendimento iconoclasta teria sido bizarra. A função dela, agora, seria servir ao marido: "Ouvia todos os planos dele com grande interesse. Nunca me ocorreu que tivesse algo a fazer... Quero que ele se sinta que pertence a alguém." As feridas da primeira infância e os folguedos aventurosos com Souvreste pareciam igualmente distantes; no etos patriarcal dos Roosevelt, teria sido totalmente inadequado referir-se a esses sentimentos, muito menos insistir neles.

Embora não de todo desprovidos de surpresas, de delícias e de problemas, os quinze anos seguintes de modo algum sugeririam que a vida de Eleanor acabaria dando uma virada inusitada – que a lançaria em condições de atenção, aprovação e controvérsia no âmbito mundial. Eleanor deu à luz cinco crianças, que sobreviveram à infância. Ela não tinha muito jeito para a maternidade, em consequência sem dúvida da própria infância problemática e a seu temperamento sóbrio, mas tentava aprender com os erros e persistia em manter a prole no rumo certo. Como nora, teve de conviver com Sara Delano Roosevelt, decerto um dos membros mais autoritários de uma estirpe dominadora. Sara tinha muito dinheiro e dava muitas opiniões, deixando pouco espaço para Eleanor respirar, mas a nora não poupava esforços para preservar a paz doméstica.

Eleanor concentrou todo o excesso de energia no marido, cuja carreira progredia com rapidez. De acordo com o biógrafo Joseph Lash, Franklin esboçara para os colegas de Direito uma carreira como a do tio Theodore – "legislatura estadual, secretaria da Marinha, como secretário assistente, governo do Estado e, então, com 'alguma sorte', a presidência". Correspondendo às expectativas (e refletindo a incrível autoconfiança e senso de destino comuns em outros futuros líderes), Franklin foi eleito em 1910 para a Legislatura Estadual de Nova York, e a família se mudou para a capital, Albany. Depois da eleição de Woodrow Wilson para a presidência dos Estados Unidos, em 1912, Franklin foi nomeado secretário assistente da Marinha, e a família se mudou para Washington. Eleanor atuava como esposa solidária de político e como gestora incansável de uma família cada vez maior. Aprendeu a movimentar a pequena tropa dos Roosevelts entre os domicílios da família, inclusive a herdade, em Hyde Park, Estado de Nova York; a residência de verão, em Campobello, em Maine; e a casa temporária, em Washington.

Por necessidade, se não por escolha, Eleanor adiara seus interesses incipientes pelo serviço público dos dias pré-conjugais, ao menos por uns tempos. A entrada dos Estados Unidos na Primeira Guerra Mundial, em 1917, proporcionara a Eleanor a oportunidade de servir, que ela aproveitou não sem certa ânsia. Trabalhou na cantina da Cruz Vermelha, organizou a Cruz Vermelha da Marinha e supervisionou a tricotagem nas oficinas do Departamento da Marinha. Adotou práticas rigorosas de economia de alimentos em casa e tentou difundir esse modelo de contenção. As opiniões dela sobre questões políticas se tornavam cada vez mais liberais, e passou a apoiar o voto das mulheres. Pela primeira vez, se considerou capaz de enfrentar os membros da família mais conservadores, que se queixavam das inconveniências da Guerra e que tinham saudade dos dias em que era possível comprar um dublê para si mesmo e evitar o alistamento militar. Talvez essa autoconfiança florescente, embora um tanto temporã, pressagiasse a capacidade de desafiar, típica dos líderes.

O fim da guerra, em novembro de 1918, poderia ter permitido – ou estimulado – o retorno de Eleanor à condição de esposa solidária, mas, basicamente, apolítica. Ao contrário das expectativas, contudo, dois acontecimentos dramáticos alteraram completamente a natureza de seu casamento e a lançaram em rumo cada vez mais independente, em que prosseguiria pelo resto da vida.

Primeiro, Eleanor descobriu um maço de cartas que revelavam um romance sério entre Franklin e Lucy Mercer, socialite jovem e atraente, que trabalhava como secretária social de Eleanor. Até então, Eleanor confiara integralmente no marido elegante e namorador, que, nos últimos anos, passara a chegar em casa cada vez mais tarde da noite; mas, agora, deparara com provas incontroversas que confirmaram seus piores receios. Mais tarde, confidenciou: "Perdi o chão de meu próprio mundo particular... Encarei a mim mesma... Com honestidade, pela primeira vez. Realmente cresci naquele ano." Depois de um confronto doloroso, em que consideraram todas as opções, inclusive o divórcio, Franklin concordou em cortar as relações com Mercer, e Eleanor aceitou manter o casamento. Daí em diante, porém, o casamento careceria de paixão – na verdade, poderia muito bem ser caracterizado como convivência por conveniência. Eleanor concluiu que teria de escorar-se em outros relacionamentos e atividades. Franklin continuou a envolver-se com outras mulheres e, efetivamente, morreu 25 anos depois, em companhia de Lucy (agora, Lucy Rutherfurd). E, embora não seja possível documentar qualquer relação física, alguns estudiosos hoje acreditam que Eleanor se tornou íntima de numerosas mulheres lésbicas e de pelo menos um ou dois homens jovens, heterossexuais.

O segundo acontecimento culminante foi tão drasticamente público quanto o primeiro fora dolorosamente privado. No verão setentrional de 1921, Franklin contraiu grave poliomielite e se duvidou que algum dia voltasse a andar. Muitas pessoas, em especial a mãe, esperavam que Franklin se afastasse da vida pública e voltasse a ser apenas o senhor de Hyde Park, charmoso, mas paralítico.

Eleanor atirou-se à reabilitação de Franklin, imbuída de enorme energia e dedicação. Com ironia talvez impremeditada, declarou: "[A doença] fez com que eu me erguesse sobre os dois pés em relação à vida de meu marido, à minha própria vida e à educação dos filhos." Impregnou-se da determinação de que ele não continuaria inválido. E, embora fosse ambivalente sobre a vida política pública, a intenção dela era preservar as realizações de Franklin e possibilitar a volta dele à política, se assim quisesse. Nesse esforço de reabilitação Eleanor contou com a ajuda do jornalista Louis Howe, que os Roosevelts conheciam havia dez anos. Howe percebera o gênio político de Franklin e se dedicou à retomada da carreira extremamente promissora do ainda jovem democrata. Howe também considerava Eleanor aluna capaz, amiga fiel e esteio duradouro de Franklin.

Antes de estudar a vida de Eleanor Roosevelt, eu supunha que grande parte da esplêndida carreira dela como figura pública começara com o ensaio geral durante o mandato de Franklin como governador do Estado de Nova York (1929-1933) e ao longo dos primeiros anos do exercício da presidência pelo marido. Quando se examinam os registros, contudo, fica claro que Eleanor, como o público finalmente veio a conhecê-la, de fato entrou em cena no começo da década de 1920 e, talvez de maneira surpreendente, no período em que o Franklin estava preocupado demais com a doença e com a recuperação para dedicar-se a questões políticas. Foi em meados da década de 1920 que Eleanor dominou a "esfera do serviço público".

Evidentemente, Eleanor não era caloura no cenário político. A família Roosevelt havia muito se envolvera na vida pública, tanto de Nova York (em Hyde Park e Oyster Bay) quanto do país, em Washington. Eleanor fora esposa de político e observadora do entorno durante a participação do marido na legislatura estadual, no secretariado assistente em Washington e na malfadada (mas, em última análise, não deletéria) disputa pela vice-presidência, em 1920.

Agora, contudo, depois de libertar-se, aos poucos, do domínio da sogra, Eleanor podia dedicar-se totalmente ao processo político. E foi exatamente o que fez. Na década de 1920, trabalhando em estreito entrosamento com um grupo impressionante de mulheres de Nova York, dedicou-se a muitas questões da agenda legislativa, como saúde, habitação e proteção ao trabalho da mulher. Eleanor e a equipe avançaram não só na pesquisa, nos depoimentos e na elaboração de projetos legislativos, mas também se apoiaram pessoalmente. "Redes simples de trabalho e de amizade sustentavam muitas mulheres políticas que lutavam pela mudança e pela igualdade em um mundo que não lhes competia organizar, em um território que sempre lhes erigia barreiras."

Eleanor veio a concluir, todavia, que só seria possível promover mudanças importantes por meio do processo político, do qual as mulheres em grande parte estavam excluídas. (O sufrágio feminino se tornara realidade em 1920, mais ou menos na época das duas principais crises da vida de Eleanor.) E, assim, avançou do Woman's City Club, organização não partidária, para os círculos eletrizantes da política do Partido Democrata no Estado de Nova York. Aprendera a pesquisar durante seus primeiros trabalhos colaborativos; agora, zelosamente mentoreada pelo marido e por Howe, aprendeu (como outros líderes devem preparar-se numa democracia) a proferir discursos, a cortejar delegados e a contar votos. Com relutância, conseguiu tornar-se objetiva e até antagônica com os detentores de poder: "Para muitas mulheres – e sou uma delas – é difícil importar-se o suficiente [com uma questão], a ponto de provocar discordâncias e de despertar sentimentos desagradáveis, mas cheguei à conclusão que devemos agir assim durante algum tempo, para demonstrarmos nossa força e exigirmos respeito por nossos desejos."

Interesse e motivação eram importantes, mas não se podia deixar de cultivar as habilidades e as qualificações. De acordo com a biógrafa Doris Kearns Goodwin,

Roosevelt descobriu que tinha "vários dons de que nunca desconfiara – notável capacidade de organização, discernimento incomum, ideias pragmáticas e resistência espantosa". Os talentos de Eleanor logo foram reconhecidos pelos contemporâneos, o que a levou a exercer funções em numerosos grupos apolíticos e políticos. A historiadora Elizabeth Perry afirma que "em consequência das experiências dela nas redes políticas femininas da Cidade de Nova York, Eleanor se tornara figura pública consumada e muito admirada por seus próprios méritos". Chegou-se até a sugerir que durante a década de 1920 Eleanor era mais bem conhecida nos círculos políticos de Nova York que seu marido formidável.

E, assim, Eleanor completou a aprendizagem no âmbito político e converteu-se em figura política importante por conta própria. Embora tenha sido criada para conformar-se com posições coadjuvantes, compatíveis com a visão tradicional do papel das mulheres, ela aos poucos se convertia em importante protagonista no cenário político. A história inovadora que contava às associadas – assim como aos cidadãos céticos – era a de que uma mulher podia tornar-se grande participante na política democrática liberal; e, com o passar do tempo, passou a personificar essa história com virtuosismo cada vez maior.

Paradoxalmente, justo quando Eleanor encontrara a própria voz política, Franklin estava pronto para retornar à cena política. A recuperação fora deveras impressionante. Eleito governador do Estado de Nova York, em 1928, conseguiu a reeleição por margem esmagadora, em 1930, e saiu-se vitorioso, com enorme diferença, na eleição presidencial de 1932, que se constituiu em divisor de águas de importância histórica. Em tempos de prosperidade (1928), de depressão (1932), de isolacionismo (1936), de medo da guerra (1940), ou de conflito total (1944), Franklin revelou-se tremendamente cativante – de fato, figura carismática sem igual – para os eleitores americanos, e, cada vez mais, mostrou-se herói para cada vez mais pessoas além-fronteiras. Ainda paralisado da cintura para baixo, vencera a doença, e essa autoconfiança encheu de esperança milhões de pessoas. Não por acaso, também foi analista perspicaz da cena política, juiz arguto das pessoas, orador brilhante e equilibrista magistral e intuitivo das forças políticas. Seus formidáveis talentos inatos haviam sido complementados por dez anos de estudo cuidadoso da realidade política americana, e, agora, tornara-se a figura política consumada de sua época.

Embora Eleanor sem dúvida admirasse as habilidades de Franklin e tivesse aprendido com ele a observar e a analisar situações humanas, auferiu muito pouco prazer com as vitórias políticas do marido. Era como se tivessem acontecido com outra pessoa, com um mero conhecido, em vez de com alguém que escolhera, e voltara a escolher, depois de duas sérias crises, como o homem com quem compartilharia a vida. Uma explicação para essa falta de engajamento é que Eleanor, apesar de seus dons, realmente não apreciava o burburinho da política, a necessidade de compostura, ou as manobras e conspirações inevitáveis; e detestava ostensivamente o papel de esposa de político americano, a quem era (e é) negada qualquer privacidade. Depois do lance bem-sucedido de Franklin pela presidência, ela declarou: "Nunca quis ser esposa de presidente, e não quero agora." Mas também é possível que outro fator tenha contribuído para essa relutância. Muito provavelmente, Eleanor ficou tão magoada com o desvanecimento da paixão marital que não conseguia extrair nenhuma gratificação direta das realizações de Franklin. Mais de um observador sugeriu que Eleanor Roosevelt investiu a paixão que não mais podia dedicar ao marido na missão a que ele se dedicava e nas muitas causas que promoveram juntos.

Com efeito, enquanto Franklin se abrigava em poderosos cargos executivos, aos quais se entregava totalmente, Eleanor se empenhava com valentia em construir a própria vida. Mais importante para ela durante o final da década de 1920 e início da de 1930 foram as atividades que podia considerar de si própria – as palestras, os escritos, os programas de rádio ocasionais, e as causas do esposo pelas quais sentia especial afinidade. Começou a falar sobre literatura, história e acontecimentos correntes na Todhunter School, Cidade de Nova York. Sem dúvida, essa atividade lhe dava a chance de transmitir a garotas adolescentes algumas das lições que aprendera durante a própria adolescência, em Allenswood. E, com duas amigas próximas, Nancy Cook e Marion Dickerman, construiu a própria casa e uma pequena fábrica de móveis, em Val-Kill Creek, a poucas milhas da mansão, em Hyde Park. Esses retiros geográficos e espirituais significavam muito para Eleanor, mormente em períodos em que ela e o marido estavam sob contínuo escrutínio público.

Quando Franklin foi eleito presidente, Eleanor se tornara pessoa muito diferente da jovem mãe e esposa de 1910. Para quem a conhecia bem, ela era não só política rematada, mas também mulher independente, que não mais recebia ordens da sogra nem se atrelava ao marido. Agora, era capaz de enfrentar outras pessoas em seus relacionamentos pessoais e profissionais. Sob muitos aspectos, tornara-se criatura espiritual de Souvreste e Howe, em vez de um dos muitos membros do clã dos Roosevelt. Por fim, no que foi talvez seu maior desafio, procurou atuar como primeira-dama eficaz, de um lado, e como pessoa capaz de manter-se fiel aos próprios princípios, de outro.

Quando Franklin tomou posse como presidente, em 4 de março de 1933, em meio à pior recessão do país, Eleanor não poderia ter previsto como seriam os quatro anos seguintes – muito menos os 12 aos subsequentes. Tinha certeza de que queria manter alguma independência, mas também tinha consciência de que qualquer autonomia seria ilusória. Também sabia que deveria exercer funções simbólicas – anfitriã e figura de proa nacional – e detestava esse componente ritualístico de suas atribuições. Também receava não mais poder escolher os próprios temas nem expressar as próprias opiniões (em vez de as do marido) sobre questões importantes. Ao mesmo tempo, pode ter percebido que algum poder era inerente à posição dela e que teria condições de arregimentar o poder em direções pessoalmente importantes.

Eleanor tateou no começo. Tentou algumas manifestações públicas pela imprensa e pelo rádio, que acabou abandonando. Apresentou à secretária do marido sugestões que, com sabedoria, ele acabou rejeitando. Assumiu o risco de realizar a primeira coletiva de imprensa jamais convocada por uma primeira-dama, com a participação exclusiva de um grupo de mulheres repórteres, e considerou a plataforma eficaz. Tentou evitar o serviço secreto e até fez viagens arriscadas, na tentativa de preservar um mínimo de privacidade e de autonomia.

Essas iniciativas enviaram mensagem poderosa ao público. Da mesma maneira como Franklin demonstrara que estava disposto a realizar praticamente qualquer experimento que pudesse ajudar o país naquele período difícil, Eleanor deixou claro que não seria objeto decorativo em cerimônias. A mais bem preparada mulher de presidente, desde Abigail Adams (agora se poderia acrescentar a mais apta, antes de Hillary Clinton), ela estava decidida a ser força positiva no horizonte nacional. Enquanto tentava forjar uma função, não tinha medo de criar situações embaraçosas para si mesmo, embora fosse extremamente cuidadosa em não causar dificuldades para o marido em público.

A Eleanor Roosevelt que se destacou na década de 1930 desempenhou pelo menos quatro papéis, cada um com mensagens características, e os encenou com considerável distinção. Em meus termos, Eleanor exerceu liderança direta; e embora suas histórias não fossem em si visionárias, a identidade que revelou e os veículos a que recorreu decerto foram inovadores.

O primeiro papel foi o de preconizar com persistência a participação de mulheres no governo. Tanto em público quanto nos bastidores, fez lobby pela inclusão de mulheres em posições-chave, e se empenhou com o mesmo afinco para difundir e, tanto quanto possível, implementar as opiniões delas. Embora o aumento da participação feminina na força de trabalho fosse lenta, mais mulheres passaram a exercer funções importantes em órgãos públicos, desde os mais veneráveis, como os Correios, até os mais recentes, como o Works Progress Administration. A inclusão de mulheres no comitê da plataforma democrática, em 1936, foi considerada pelo *New York Times* "a maior vitória das mulheres há anos". A primeira mensagem dela foi: "A política deve incluir mulheres em funções importantes".

O segundo papel consistiu em defender perante o público questões liberais. Eleanor tinha acesso sem precedentes à mídia, e o usava em plenitude. Além de realizar coletivas de imprensa periódicas, escrevia artigos e livros; além disso, durante muitos anos, publicou uma coluna diária nos jornais, intitulada "My Day" (Meu Dia), que aparecia em 136 jornais. Os Estados Unidos nunca tinham visto mulher política com tamanha exposição pública, e Eleanor, quase sozinha, mudou as ideias sobre o papel público das esposas de políticos e sobre a eficácia com que poderiam arregimentar e influenciar a opinião pública, em especial quanto aos direitos dos cidadãos menos privilegiados. A segunda mensagem dela foi: "Os Estados Unidos devem ser um país progressista".

No terceiro papel, Eleanor representou a ouvidora que escuta as reclamações e reivindicações do público e as leva aos diferentes órgãos governamentais, servindo como elemento de ligação entre povo e governo. Mesmo pequena fração das cartas que recebia já a alertava para as questões importantes para o público, e nunca hesitou em apoiar as causas que considerava justas. Quando tomou conhecimento de queixas sobre uma política duvidosa da Agência de Ajuste Agrícola (Agricultural Adjustment Agency), chamou o administrador e disse: "Por que jogar todos esses porcos no Mississipi (Rio), quando milhares de pessoas no país estão famintas?... Por que não lhes dar a carne?" Também se opôs a certos projetos, desde a Agência Nacional da Juventude (National Youth Agency) até uma comunidade-modelo denominada Arthursdale. Foi como escreveu a repórter Mary Beard: "É espantoso como a Casa Branca se converteu em tribunal popular. Por trás de seu pórtico, a primeira-dama ouve com paciência todos os casos que chegam até ela." A terceira mensagem de Eleanor foi: "A primeira-dama está cuidando dos interesses dos americanos esquecidos."

O quarto papel de Eleanor, talvez o mais importante e com toda a probabilidade o mais delicado, era o de assessora informal do marido. Eleanor sempre depreciou sua importância como membro do gabinete de cozinha do marido, e Franklin, sem dúvida, dava mais importância às próprias opiniões sobre a maioria das questões. Além disso, da mesma maneira como Eleanor talvez tenha tentado pressionar Franklin a favor de uma ou de outra pequena causa, também era óbvio que o presidente não raro valorizava as manifestações públicas de Eleanor sobre questões como a ampliação dos direitos civis para minorias que, por uma ou outra razão, ele não podia defender.

No entanto, sobretudo durante os primeiros anos da presidência de Franklin – quando a experimentação era a norma e as políticas públicas se destacavam como as mais importantes – não faltam razões para acreditar que Eleanor se destacava como voz poderosa nas discussões internas que se travavam na Casa Branca. Ela insistia com persistência e afinco no que acreditava, explorando todas as oportunidades públicas e privadas para convencer Franklin sobre os méritos das perspectivas dela. Rexford Tugwell, membro do primeiro gabinete de cozinha, não mediu palavras:

*Ninguém que já viu Eleanor Roosevelt sentada diante do marido, encarando-o com os olhos fixos nos dele, dizendo "Franklin, acho que você deveria..." ou "Franklin, você sem dúvida vai perceber..." nunca se esquecerá da experiência... Seria impossível dizer com que frequência e em que medida os processos governamentais americanos tomaram novo rumo por causa da determinação de Eleanor.*

Ela era ministra do gabinete, sem pasta específica, mas talvez com a mais importante missão, deixando longo registro de serviços de interesse público. Eleanor assim expressou sua quarta mensagem:

*[Franklin] talvez tivesse sido mais feliz com uma esposa completamente omissa. Nunca consegui ser assim e ele teve de encontrá-la em alguém mais. No entanto, acho que, por vezes, atuei como espora, embora nem sempre a espora fosse querida ou bem-vinda. Fui uma das pessoas que serviu aos propósitos dele.*

Vale a pena salientar, sessenta anos depois, como Eleanor Roosevelt foi estimada naqueles tempos. Em quase todas as pesquisas de opinião pública ela se destacava como a mulher americana mais admirada e como um dos americanos mais admirados de ambos os sexos, e, com muita frequência, foi escolhida como a mulher mais admirada do mundo. Em 1939, dois terços do público americano aprovaram o desempenho dela como primeira-dama. Com frequência, era considerada uma das pessoas mais poderosas de Washington. Essas avaliações constantes, que prosseguiram até sua morte, não refletiam apenas o fato de ser bem conhecida – também o eram a rainha Elizabeth, Mme. Chiang Kai-shek e outras primeiras-damas. Eleanor conseguira amalgamar as funções de esposa presidencial solidária com a persona de mulher independente, que pensava com autonomia e agia conforme suas crenças. Mesmo quem em geral discordava de Eleanor não raro demonstrava admiração pelas realizações dela. Ela não só influenciava as crenças das pessoas sobre determinados grupos e certas questões, mas também as ideias do público sobre papéis admissíveis para uma figura não eleita, que, ainda por cima, era mulher.

Evidentemente, Eleanor também foi vilipendiada – às vezes como meio de atacar o marido, mas, outras vezes, em consequência da ênfase com que expressava suas opiniões ou da maneira como antagonizava os cidadãos conservadores. As histórias sobre o papel das mulheres em governos progressistas se chocavam diretamente com crenças difusas – contra-histórias – de que as mulheres devem manter-se fora da política ou que precisam apoiar sem críticas as crenças e os programas dos maridos. Com algumas pessoas contestando as opiniões de Eleanor, outras censurando seu aparente afastamento das ideias do marido, e ainda outras hostilizando-a por um conjunto de fatores, ela também se sobressaiu como figura muito criticada. No entanto, por manter-se firme, acabou ampliando as noções do público sobre o que uma mulher poderia alcançar na cena política americana.

Os eventos que ocorriam na Europa acabaram dominando as preocupações de ambos os Roosevelts. A recuperação da economia e a reconstrução social em casa eram importantes, mas a preservação da democracia no mundo ameaçado pelo totalitarismo se converteu em interesse preponderante. A crise mundial propiciou o terceiro e o quarto mandatos para Franklin e veio a absorver quase toda a atenção dele. Sob certo aspecto, o advento da Segunda Guerra Mundial levou Eleanor e Franklin a juntar forças de maneira como até então não o tinham feito em público. Apesar das inclinações pacifistas anteriores, Eleanor apoiou o esforço de guerra e promoveu com zelo a política do marido. Ela também acreditava, não obstante os desejos pessoais de deixar a ribalta, que Franklin era a única pessoa capaz de liderar o país durante a guerra. E, assim, apoiou-o sob aspectos muito importantes, empreendendo visitas exaustivas às tropas na Ásia e na Europa e saindo-se bem em tarefas de que Franklin era fisicamente incapaz.

O relacionamento pessoal entre Eleanor e Franklin, porém, parecia ter ficado ainda mais frio nos últimos anos da vida do marido. Eleanor sempre se preocupara, acima de tudo, com as questões internas; receava que a nova agenda nacional, tão alterada, eliminaria os temas secundários e restringiria o acesso dela ao presidente. Com efeito, Franklin tinha cada vez menos tempo e menos paciência para as visões sociais de Eleanor, que continuava mais liberal que ele próprio. O presidente estava tão ocupado com o esforço de guerra que tinha pouco tempo para a vida em família – mesmo os filhos tinham de marcar hora, se quisessem vê-lo. E, como já sugeri, ele ainda desfrutava da companhia de outras mulheres. Eleanor fez os necessários ajustes no próprio lobby, atenuando as preocupações com a política interna e enfatizando o esforço de guerra, mas sempre destacava as dificuldades dos menos favorecidos, no país e no exterior.

Quando se lidera uma instituição tradicional, pode assumir-se certa constância na agenda e no modo de operação. Quem carece dessa autoridade exerce muito menos controle sobre os acontecimentos e deve preparar-se para mudar de curso, de maneira mais ou menos radical, caso queira reter qualquer tipo de público e exercer qualquer influência sobre o público. Com aguçado instinto político, Eleanor combinou seus interesses duradouros com as novas prioridades da guerra. Embora trabalhando incansavelmente em apoio ao esforço de guerra, concentrou as energias na defesa de dois grupos básicos. Primeiro, investiu na luta pela participação ativa das mulheres em todas as facetas do esforço de guerra, pelo reconhecimento e retribuição de suas contribuições para a vitória na guerra e pelo apoio de todos ao trabalho cada vez mais exaustivo de mães e provedoras. Segundo, lutou com igual energia pelo direito dos negros americanos de servir nas Forças Armadas e de receber tratamento de americanos plenos em casa, nas fábricas e escritórios, e nos espaços públicos. Era forte a resistência a ambas as causas, sobretudo entre os defensores de uma visão excludente da América. Paradoxalmente, as pressões pela "guerra total" talvez tenham feito mais pela melhoria do status de ambos os grupos que qualquer outro fator isolado. Eleanor merece enorme crédito pela perseverança com que defendeu essas duas causas impopulares.

Quando Franklin morreu, em 1945, Eleanor chorou pelo país, mas demonstrou extrema insensibilidade pessoal. Referiu-se a um quase "sentimento impessoal" ao receber à notícia da morte do presidente e salientou, ao invés, "a tristeza de todos aqueles para os quais o homem que agora jaz morto, e que era meu marido, fora símbolo de força e coragem". E prosseguiu: "Lamento mais pelo povo deste país e do mundo que por mim mesma." E quando o novo presidente perguntou o que poderia fazer por ela, Eleanor respondeu a Harry Truman: "Há algo que nós possamos fazer por *você*? Porque agora quem enfrenta os problemas é você."

Depois da morte de Franklin, Eleanor supunha que retornaria a uma vida privada mais anônima (o que talvez até desejasse), no adorado Dutchess County, adornada por algumas viagens ocasionais ao exterior com os filhos e os netos. Disse a um repórter que "a história acabou" e, de acordo com Henry Morgenthau, Jr., questionou se "agora que era a viúva do presidente, alguém se interessaria por ouvi-la". Se não foi capaz de prever a duração exata de seu mandato como primeira-dama, Eleanor se mostrou totalmente equivocada quanto ao papel e à influência que viria a exercer nos últimos dezessete anos de vida.

Mais ou menos na época em que George C. Marshall foi convocado da aposentadoria para servir no Extremo Oriente, Eleanor Roosevelt foi convidada pelo Presidente Truman para tornar-se membro da primeira delegação dos Estados Unidos nas Nações Unidas. Além de sua importância por ser a única mulher do grupo, a escolha também representou homenagem sem igual e envolveu desafio singular. A esse propósito, ela observou: "Se eu não conseguisse atuar com eficácia, o fracasso não seria considerado em termos meramente individuais, mas como deficiência inerente a todas as mulheres, e seriam poucas as chances de que convite semelhante se repetisse no futuro próximo." Eleanor se saiu bem na função ao longo de muitos anos, durante os governos Truman e Kennedy, e revelou-se capaz de atuar como negociadora enérgica, que entrou em combate em mais de uma ocasião com o temível delegado soviético Andrei Vishinsky. Ela se mostrou sobremodo notável como membro da Comissão de Direitos Humanos, onde lutou incansavelmente por uma declaração de direitos humanos. As contribuições dela foram reconhecidas, "quando os delegados se ergueram em aplausos prolongados à mulher que, como nenhum outro participante, veio a simbolizar a causa dos direitos humanos em todo o mundo".

Eleanor abraçou muitas outras causas além dessa posição oficial. Figura frequente na mídia americana, acrescentou aparições na televisão à longa vivência com o rádio e com a imprensa. Não evitou as controvérsias sobre o reconhecimento do Estado de Israel e a histeria anticomunista de final da década de 1940 e início da de 1950. Participou de confrontos públicos sobre questões polêmicas com o cardeal conservador de Nova York Francis Spellman e com o colunista de extrema direita Westbrook Pegler. Eis o que afirma o historiador William Chafe: "Em longas cartas ao Presidente Truman, ela implorou ao governo que avançasse com os direitos civis, que mantivesse o Fair Employment Practices Committee, que elaborasse política externa capaz de atender às necessidades do país e que trabalhasse por um sistema mundial em que não mais se negociassem bombas atômicas como fichas nas relações internacionais." Embora essas questões não fossem só dela – com efeito, eram compartilhadas com outros pensadores liberais, como Robert Maynard Hurtchins e Margaret Mead –, a combinação em Eleanor dos ingredientes fama, convicção evidente, tenacidade e astúcia política transformavam-na em líder direto eficaz.

Com efeito, retornando às origens da Eleanor de 1920, a ex-primeira dama participou profundamente da política democrata, na cidade, no Estado e no país. Era esclarecida e respeitada, e se importava profundamente com as pessoas que lideravam o partido e o país. Mantinha relações amistosas e hostis com o Presidente Truman, participou de sucessivas batalhas com os chefes da organização política Tammany Hall, de Nova York, afastou-se lentamente do ex-vice-presidente Henry Wallace, demonstrou insatisfação com Eisenhower e Nixon, e, de início, manifestou ceticismo em relação a John Kennedy. Era membro altamente visível e influente do novo grupo reformista da época, o Americans for Democratic Action, para o qual foi a primeira a contribuir com recursos financeiros. Muitas figuras políticas recorriam a ela em busca de orientação e de mediação; ela atuava nitidamente como "velha estadista", se não como alma do Partido Democrata.

Porém, a figura central da vida política de Eleanor no pós-Segunda Guerra Mundial foi o governador de Illinois, Adlai Stevenson, que ela apoiou na primeira tentativa de concorrer a presidência, em 1952; por quem lutou com bravura em 1956; e cuja candidatura tentou promover pela terceira vez, em 1960. Apreciava o estilo de Stevenson e adorava suas mensagens de um New Deal para o mundo. De fato, a paixão que demonstrava pelo patrício de Groton-Princeton, Stevenson, contrasta curiosamente com suas opiniões imparciais em relação à candidatura do patrício de Groton-Harvard, Franklin Roosegelt.

Na vida pública, depois da morte de Franklin, Eleanor continuou a expressar e a personificar as principais mensagens dos primeiros anos. Mas havia duas grandes diferenças: agora, falava com voz própria, sem se preocupar com o impacto de das palavras sobre a carreira do marido; e, cada vez mais, concentrava as energias no cenário mundial. Realmente, pode-se falar de grande mudança nos últimos anos da carreira de Eleanor, à medida que se dirigia a públicos de amplitude crescente, sobre questões de interesse global e nacional. Eleanor insistia em chamar a atenção para o papel da mulher na política, para a necessidade de adoção de programas progressistas e para a obrigação de ajudar os menos favorecidos; mas também falava sobre novos temas, como desarmamento, pobreza e fome em todo o mundo. Da mesma maneira como ocorrera durante a carreira de Franklin Roosevelt, ela continuou a ser um espinho nos flancos de líderes políticos menos aventurosos e de pessoas que preferiam o *status quo*.

Eleanor diminuiu o ritmo depois do 75° aniversário e morreu após longa doença, no outono setentrional de 1962. Até o fim, ela se manteve como símbolo mais visível do New Deal e, sob muitos aspectos, como a mais legítima personificação do legado do marido. No funeral, Stevenson fez uma pergunta que provavelmente ressoava na mente de muitos americanos: "Que outro ser humano, individualmente, influenciou e transformou a existência de tantos outros? Que melhor medida haveria do impacto da vida de alguém?" O colunista Raymond Clapper qualificou-a como "a mulher mais influente de nossos tempos".

Os líderes aparecem a vários pretextos e exercem diferentes tipos de influência. Embora numerosas vezes pressionada para concorrer em eleições, Eleanor Roosevelt evitou qualquer tipo de cargo público eletivo; portanto, não ocupou posições em que pudesse dar ordens ou exercer autoridade formal. Por mais intenso que tenha sido na época, seu impacto decorreu da capacidade de persuasão do que dizia e das mensagens que personificava em seu estilo de vida.

Considero que a eficácia duradoura de Eleanor decorreu de três mensagens, que incorporou, tanto quanto as expressou. Embora abençoada de nascença pelo privilégio e pela riqueza, impressionava os observadores como pessoa muito comum – na aparência física, no modo de vestir, na maneira de falar. Voltando-se contra a ideia de que os líderes de alguma maneira devem parecer diferentes, ela convencia o próximo de que qualquer pessoa pode exercer influência:

> *Se a história de minha vida tem algum valor é o de mostrar que é possível, mesmo sem dons especiais, superar obstáculos que talvez pareçam intransponíveis... Apesar, da falta de talentos especiais, qualquer um pode encontrar maneiras de viver com amplitude e intensidade – contei apenas com três importantes recursos: era muito interessada, aceitava todos os desafios e todas as oportunidades de aprender, e tinha muita energia e autodisciplina.*

E um dia disse: "Acredito realmente que mesmo as poucas pessoas que querem compreender, ajudar e fazer o certo para muitas pessoas em vez de para poucas também podem ajudar."

Em nenhum lugar, a justaposição do comum e do incomum foi mais nítida que na coluna diária de Eleanor, "My Day", que circulou durante 26 anos. Ela própria escrevia a coluna todos os dias, com a exceção de apenas quatro dias, em 1945, quando o marido morreu. Quase sempre a coluna era trivial, descrevendo as impressões de uma cidade, os acontecimentos de uma reunião comum, e a rotina com a família e amigos. Muitas das ideias eram simples, familiares e, com o passar do tempo, francamente banais. Emergindo do mundano, quando menos se esperava, apareciam descrições de encontros fascinantes com famosos e poderosos, assim como relatos pungentes e ideias memoráveis (e controversas) sobre questões momentosas. Poucas pessoas teriam sido capazes de manter uma coluna como essa; e Eleanor o fez com evidente sinceridade e com o forte desejo de iluminar os concidadãos – inclusive o presidente.

A coluna de Eleanor lhe proporcionava o único canal de comunicação com o público. Muitas pessoas lhe escreviam, às quais, quase sempre, respondia de próprio punho ou pela coluna. Embora estivesse ajudando a chamar a atenção para as questões mais prementes e, portanto, participando do processo de formação da opinião pública americana, esse colóquio aberto sem igual decerto chamou a atenção de Eleanor para novos temas e, assim, moldou as mensagens que transmitia ao público. Durante toda a vida, a capacidade de Eleanor de ouvir, de observar e de aprender com as observações facilitou seu crescimento; não foi à toa que Franklin se referia a ela como seus "olhos e ouvidos".

Outros observadores confirmaram a imagem de Eleanor Roosevelt como extraordinário no ordinário. O colunista Bruce Bliven escreveu na *New Republic*: "Tenho a impressão de que o país como um todo gosta do tipo de pessoa que Mrs. Roosevelt se revelou em sua coluna: amigável, modesta, detentora de vitalidade inexaurível, demonstrando amplo interesse por todos os tipos de pessoas e imbuída de desejo autêntico pelo bem-estar do público." E um pescador de Gloucester certa vez resumiu o efeito de Eleanor: "Ela não se paramentava e não tinha medo de falar."

Eleanor também personificou a mensagem inovadora de que as mulheres podiam ser independentes em relação às próprias ações e pensamentos, sem o fazer de maneira desafiadora, a fim de não se alienar da população em geral. Muita gente questionou uma ou outra afirmação ou posição de Eleanor, durante sua longa carreira; mas a maneira como se conduziu, o respeito pelos outros (inclusive pelos membros da grande família, quase sempre difícil), e a sensibilidade aos tempos converteram muitos céticos em crentes, ou pelo menos em críticos tolerantes.

Sua última mensagem foi sobremodo apropriada para a líder de um grupo não dominante: É preciso engajar-se em questões sociais e ajudar os menos afortunados. Eleanor realmente se importava com as pessoas, e cuidava, em especial, das carentes, das marginalizadas e das despossuídas – negros, habitantes do Terceiro Mundo, jovens, judeus, mulheres. Roosevelt não assumia essas atitudes com naturalidade – muitos membros de sua classe social eram esnobes, e seus primeiros comentários preconceituosos revelavam esses antecedentes. Tampouco conseguia falar como membro dos grupos menos favorecidos – sempre se constatava um toque inevitável de aristocracia em suas palavras e ações. Todavia, sempre atenta às mensagens de outras pessoas, Eleanor foi capaz de se estender além do exclusivismo de seu círculo e de superar as contra-histórias de seu tempo, para tornar-se defensora genuína dos que não eram capazes de promover as próprias causas. Os insights dela decorriam da experiência. Eis o que afirmou um observador: "Os desastres que ela havia superado a ensinaram que, embora os momentos de tensão e de perigo pudessem paralisar e destruir, também podiam liberar e fortalecer... O que distinguia esses apelos para a benevolência e para o altruísmo de meras exortações sentimentais inautênticas foi a compreensão psicológica que lhes era subjacente."

A capacidade de aprender com a experiência é vital para qualquer líder, mas, em especial, para alguém com pouco ou com nenhum modelo e sem qualquer tipo de apoio organizacional. Diferentemente dos líderes institucionais, como George Marshall ou o Papa João, Eleanor literalmente precisou desenvolver nova persona e construir as próprias histórias. E só podia fazê-lo refletindo em profundidade sobre o significado das experiências cotidianas e sobre as reações dos outros às suas palavras e ações, assim como descrevendo em público o próprio aprendizado. E, ainda por cima, como já observado, teve de reinventar-se numerosas vezes. A maioria dos americanos apreciava a maneira como a primeira-dama sobrepujara os preconceitos do passado e como se dirigia a novos grupos, sobre questões e acontecimentos, e sobre os respectivos méritos. O exemplo dela encorajou muita gente a também engajar-se em questões sociais.

Como os cidadãos sentiam a sinceridade de Eleanor, percebendo que ela vivia uma vida de caridade e que se ligava às pessoas pela humanidade delas, não pela posição social, ela acabou por exercer forte influência sobre a opinião pública, entre 1930 e 1960. Ela não se limitava a pregar, fazia o que dizia, e reforçava as palavras com ações. Por exemplo, dissociou-se da Daughters of the American Revolution quando a organização se recusou a permitir que Marian Anderson, contralto negra, cantasse no Constitution Hall, em 1939. No discurso fúnebre a Eleanor, Stevenson disse que "ela andou pelas favelas e guetos do mundo, não em visita de inspeção... Mas como alguém que não se sentia bem quando o próximo tinha fome". Um historiador observou que "reiteradas vezes ela respondia a pedidos de ajuda, com uma carta solidária, com recomendações e reivindicações a órgãos públicos federais ou mesmo com doações pessoais... [Ela] se entregava emocionalmente até a correspondentes distantes, que, de alguma maneira, sentiam a disposição dela a ouvir suas necessidades."

Embora Eleanor fosse um tanto moralista e assumisse naturalmente o papel de professora, se não de pregadora, ela não se prestava a santimônias e pautava pela autenticidade o relacionamento com outros seres humanos. Relato muito conhecido, embora, talvez, apócrifo, ilustra bem os sentimentos dela em relação aos outros. Em uma das viagens durante a guerra, Eleanor fazia uma refeição numa cantina, ao lado de alguns marinheiros. Um jovem mais afoito deixou escapar um impropério. Quebrando o silêncio embaraçoso, repetiu: "Você ouviu o homem... Passa a porra do sal."

As principais histórias de Eleanor eram abrangentes e includentes, superando o paroquialismo para estender-se à humanidade mais ampla. À maneira como Eleanor personificava as principais histórias que contava, ninguém precisa de poderes especiais para inspirar os outros; é possível exercer papéis sociais e manter as próprias ideias e posições; também se pode aprender com os erros e com o exclusivismo dos grupos; e os afortunados precisam acudir em ajuda aos desafortunados. Ao enfrentar o egoísmo e o isolamento, Eleanor apelou para os impulsos mais generosos da população e, em geral, inspirava reações valorosas. E para cada cidadão do país que talvez se sentisse ofendido por essas manifestações desabridas e deletérias (e, às vezes, pessoas como o Presidente Dwight Eisenhower se sentiram ameaçadas e ofendidas pelas palavras e posições de Eleanor), muitas outras em todo o mundo apreciavam esse reconhecimento de nossa participação na sociedade global.

No ano seguinte à morte de Eleanor Roosevelt, a escritora e ativista Betty Friedan publicou *The Feminine Mystique*, livro geralmente considerado a salva de abertura do feminismo moderno. Alguém que procure líderes que tenham exercido no movimento feminista o mesmo papel que Martin Luther King, Jr. desempenhou na comunidade afro-americana, provavelmente concentraria a busca em figuras mais recentes que Eleanor. Só aos poucos ela compartilhou os interesses feministas, mesmo aqueles que, em retrospectiva, parecem incontroversos. Muitas das atitudes dela sobre os papeis das mulheres e sobre a psicologia feminina hoje nos parecem datadas e até foram questionadas na época.

No entanto, sinto-me confiante ao escolher Eleanor Roosevelt – ao lado de Margaret Mead e de Margaret Thatcher – como mulher que desempenhou papel pioneiro na conscientização das mulheres (e na conscientização dos homens em relação às mulheres) que ocorreu em muitos países ao longo do século XX. Eleanor falou às mulheres e sobre as mulheres em tom que fazia sentido para o público na época. Ao refletir sobre as dimensões da liderança, afirmou: "As mulheres dispostas a ser líderes devem levantar-se e expor-se a tiros. Cada vez mais elas agirão assim, e devem agir assim... Toda mulher política precisa desenvolver pele tão grossa quanto couro de rinoceronte." E, nas tentativas de combinar o papel de esposa e mãe com a mente independente, com o espírito livre e com os interesses profissionais dela própria, Eleanor se transformou em exemplo difícil de ser superado até hoje.

Capítulo 11

# Martin Luther King, Jr.: Liderando num ambiente em rápida transformação

*Os grandes líderes devem ser educadores, transpondo o abismo entre imaginação e acomodação. Mas também devem estar dispostos a avançar sozinhos e a desbravar para a sociedade o caminho que escolheram.*

Henry Kissinger

Michael King, Jr., filho de influente ministro batista, nasceu em Atlanta, em 1929. O pai não era desprovido de senso de destino. Em 1934, depois de uma viagem à Europa e ao Oriente Médio, mudou os nomes dele próprio e do filho para Martin Luther King. O começo da vida do jovem Martin teve altos e baixos; o pai não tinha escrúpulos em bater no filho e parece que o garoto tentou matar-se duas vezes. No entanto, em contraste dramático, quase paradoxal, com a patrícia privilegiada Eleanor Roosevelt, Martin Luther King, Jr. se refere a uma infância encantadora: "Os primeiros 25 anos de minha vida foram muito confortáveis. Não tinha de preocupar-me com nada... Fui direto para a escola e nunca tive de abandoná-la para trabalhar ou para qualquer outra coisa."

O jovem King foi bom aluno. Aos 15 anos, entrou em programa especial para estudantes superdotados, no Morehouse College, escola histórica para negros, em Atlanta. Depois de namorar a ideia de seguir carreira em Direito ou Medicina, decidiu manter a tradição da família e dedicou-se ao ministério religioso. Matriculou-se no Crozier Theological Seminary, em Pensilvânia, onde se graduou bacharel, em 1951. Dai seguiu para a Universidade de Boston, onde fez o doutorado, recebendo, em 1955, o título de doutor. Estudante com inclinação intelectual, imergiu nos trabalhos dos principais teólogos protestantes da época, como Paul Tillich, Reinhold Niebuhr e Walter Rauschenbusch. Também se dedicou pela primeira vez aos escritos de Gandhi e às críticas ao sistema capitalista americano. Embora sem sincretizar sua filosofia pessoal, King agora estava interessado na conexão entre o relacionamento das pessoas com Deus, de um lado, e o compromisso com o ativismo social na Terra, de outro. Também tentava reconciliar suas experiências pessoais como membro da igreja negra tradicional, carregada de emoções, com as preocupações menos obscuras dos teólogos protestantes mais recentes.

O jovem e elegante King era orador eloquente, que se movimentava com facilidade em vários círculos sociais. Sua ascensão tranquila a um púlpito de influência parecia garantida. Iniciando a escalada no começo de 1954, aceitou um convite para ser o ministro da Dexter Avenue Baptist Church, em Montgomery, Alabama.

Com toda a probabilidade, King não estava muito mais preparado que o resto dos Estados Unidos para o acontecimento dramático que sacudiu Montgomery em 1° de dezembro de 1955. Rosa Parks, costureira negra bem-conceituada, recusou-se a se levantar do assento do ônibus quando o motorista lhe pediu que o cedesse a uma pessoa branca. Parks foi presa e condenada por transgredir a legislação segregacionista da cidade. Na esteira da decisão histórica da Suprema Corte, contrária à segregação, do ano anterior, no caso *Brown v. Board of Education of Topeka*, líderes negros e seus adeptos brancos decidiram fazer um teste com o incidente de Parks. Em alguns dias, recorreram da decisão, organizaram um boicote contra os ônibus de Montgomery, constituíram nova organização, denominada Montgomery Improvement Association, e, instados por Ralph Abernathy, ministro ligado a King, nomearam King primeiro presidente da entidade.

A razão por que certas pessoas se apresentam como candidatos viáveis a posições de liderança é enigma com que já deparamos antes. Em alguns casos, como os de Robert Maynard Hutchins e de J. Robert Oppenheimer, a precocidade óbvia desponta de imediato. Em outros, como no de George Marshall, é a disposição de enfrentar a autoridade, quaisquer que sejam as consequências, o que ajuda a autenticar o futuro líder. No caso de King, ele, aparentemente, foi selecionado para liderar a recém-formada Montgomery Improvement Association por um conjunto de razões. Como jovem bem-educado e articulado, era de esperar que conquistasse adeptos e que minimizasse a resistência ao boicote. A condição dele de ministro de uma congregação relativamente rica talvez tenha contribuído para angariar apoio do clero relativamente conservador. Ainda desfrutava do benefício adicional de ser novo no contexto; ainda não se envolvera em controvérsias políticas anteriores que pudessem ter polarizado os vários públicos a que se dirigiria. E se o boicote fracassasse, as consequências para ele não seriam tão intensas quanto as que recairiam sobre líderes mais tradicionais.

Na noite em que foi escolhido presidente, King deveria proferir um importante discurso para os milhares de negros que se engajaram no boicote. Tinha pouco tempo para preparar-se; as observações dele devem ter refletido ideias que amealhara durante longo período, em vez de pensamentos que reunira para aquela ocasião específica. King começou o discurso observando que todos ali presentes eram cidadãos americanos e, como tal, tinham o direito de exercer todas as prerrogativas que lhes eram asseguradas. Mas também estavam reunidos naquele recinto em consequência da situação específica envolvendo o boicote dos ônibus. Analisou o que acontecera e homenageou Parks, como pessoa íntegra e boa cristã. A multidão começou a reagir, arrematando suas afirmações com respostas em uníssono.

King acertou o passo ao declarar que a paciência deveria ceder a vez ao protesto: "E, como vocês sabem, meus amigos, chega uma hora em que as pessoas ficam cansadas de serem tripudiadas pelos tacões de ferro da opressão." O eco da multidão foi altissonante, prolongado e entusiástico. E prosseguiu na mesma cadência: "Chega uma hora em que as pessoas ficam cansadas de serem banidas do julho radioso do estio da vida para serem deixadas ao relento no frio hibernal do novembro alpino. Aqui nos reunimos porque agora estamos fartos." E explicou que o boicote não defendia a violência e que a única arma admissível seria a do protesto. Também se referiu à igual importância do amor e da justiça cristã. Ao se aproximar do clímax do discurso, proclamou: "Não estamos errados no que agora fazemos. Se estivéssemos errados, também o estaria a Suprema Corte deste país... Se estivéssemos errados, também Deus Todo Poderoso estaria errado." A multidão prorrompeu em entusiasmo.

Eis como o biógrafo Taylor Branch relatou o evento:

*O boicote se iniciara. King trabalharia no próprio timing, mas sua oratória o convertera para sempre em figura pública. Nos primeiros minutos de seu primeiro discurso público, dele jorrou tamanho poder de comunicação que ele viria a influenciar inexoravelmente pessoas estranhas, que o reverenciariam ou o vilipendiariam, como a todos os profetas.*

O bem recebido pronunciamento diante de milhares de concidadãos foi, sem dúvida, um momento de definição para King. Ele sabia, havia algum tempo, que era capaz de preparar um discurso ou sermão e proferi-lo com eficácia numa congregação. Mas nunca se defrontara com multidão tão grande nem jamais se envolvera em situação de drama político, em que os cacifes fossem tão altos. Mais tarde se lembrou daqueles momentos: "Pela primeira vez, compreendi o que diziam os oradores sacros mais experientes, ao afirmarem: 'Abra a boca e Deus falará por você'."

Brincando com o velho adágio, eu sugeriria que, nesses casos, "a chance favorece as línguas preparadas". Embora King jamais tivesse enfrentado situação como aquela antes, ele estava profundamente impregnado da Bíblia, de outros textos religiosos e de importantes documentos americanos. Já tinha ouvido antes centenas, se não milhares de sermões, e assimilara seus temas e ritmos. Não havia como saber de antemão se ele efetivamente poderia sintetizar essas experiências em apresentação eficaz; eis por que o discurso aos boicotadores de Montgomery era uma performance de alto coturno. Mas, sem essas experiências formativas, apenas um milagre teria capacitado King a realizar o que realizou naquela noite de dezembro.

King engajou-se em causa que jamais abandonaria pelo resto da vida. Já não era apenas mais um jovem ministro que esperava alcançar o sucesso como pastor de uma congregação ou como professor de uma universidade. Fora impelido, de bom grado ou a contragosto, para uma posição de liderança, em que os outros o procuravam em busca de orientação e de inspiração. Ele, por seu turno, tinha de monitorar o público, para ver quais de suas palavras e ações rendiam resultados e quais não surtiam efeitos. Durante quase um ano, liderou 50 mil negros que participavam do boicote aos ônibus de Montgomery como meio de garantir melhores condições de emprego e de aumentar a civilidade de seus vizinhos brancos.

Quando as autoridades da cidade decidiram romper o boicote com a prisão de participantes, King foi a primeira pessoa a ser levada para a cadeia. Libertado poucas horas depois, enfrentou outra crise logo após, quando a casa dele foi atacada a bombas.

Aos apoiadores, declarou: "Não comecei esse boicote... Mas quero que se saiba, em toda a extensão e profundeza desta terra, que, se me detiverem, o movimento não acabará... Matem-me, mas estejam certos de que, se o fizerem, terão de matar outros 50 mil." A experiência de ser alvo de figuras de autoridade fortaleceu a determinação de King; o enfrentamento hesitante se converteu em desafio ostensivo. Em 1956, ele foi preso e condenado por violação de um regulamento de 1921 contra boicotes; aos apoiadores, declarou com ousadia: "Essa condenação e todas as que me impuserem não enfraquecerá em nada minha determinação."

Os esforços de King foram recompensados quando a Suprema Corte decidiu que as leis de Alabama sobre a segregação nos ônibus eram inconstitucionais. Os cidadãos negros ficaram eufóricos, e o papel de King foi muito apreciado por todos, no país inteiro. A revista *Time* o retratou na capa em 1957. Com sabedoria e habilidade, King saudou a decisão como vitória de todos os americanos, não apenas da população negra. Mais ou menos nessa época, King refletiu sobre o passado recente e enunciou uma série de lições para o "novo negro":

1. Podemos manter-nos unidos.
2. Nossos líderes não precisam ceder.
3. Ameaças e violências nem sempre intimidam quem está bastante motivado e não é violento.
4. Nossa igreja está ficando militante.
5. Acreditamos em nós mesmos – "Montgomery deixou-me orgulhoso de ser negro".
6. A economia é parte da luta.
7. Descobrimos uma nova e poderosa arma – resistência não violenta.
8. Agora sabemos que o negro do Sul atingiu a maioridade, política e moralmente.

Depois de repreender o romancista William Faulkner, que exortou os negros a "parar agora, por um momento", King concluiu, dizendo: "Não queremos triunfar sobre a comunidade branca... Se conseguirmos nos erguer à altura da não violência, em pensamento e ação, daí emergirá uma sociedade inter-racial, baseada na liberdade para todos."

A simplicidade da lista é ilusória. King assumiu que falava aos negros do Sul, ajudando a defini-los. Ao criar um conjunto entrelaçado de histórias de identidade, dizia aos cidadãos quem eram os negros, a que podiam aspirar, e o que significava engajar-se nessa busca. Além disso, extraía essas lições da realidade concreta – por exemplo, dos acontecimentos vertiginosos do boicote aos ônibus. O problema da violência representava a peça central dessa tapeçaria; reconhecia que os outros podiam ser violentos e que a Igreja em si teria de tornar-se mais militante. Ao mesmo tempo, adotava a técnica de resistência não violenta e mostrava que se podiam perseguir os objetivos por meio dos novos estratagemas que haviam desenvolvido, em parte por acaso, durante as lides diárias da ação em Montgomery. Embora esses temas agora sejam familiares para a maioria dos americanos, todos eram, na época, inequivocamente novos – na verdade, visionários – quando foram usados pela primeira vez.

Pode distinguir-se nas palavras de King o processo pelo qual se aglutina a primeira versão de uma história de identidade. Depois de levantar as várias questões nas mentes do público, como raça, violência, Igreja, situação econômica, ele as entremeou em relato coerente. Em cada caso, haveria histórias e contra-histórias de vários atores: Poderiam os negros ser considerados um grupo coerente? Seria a Igreja capaz de mudar seu papel característico? Quais seriam os custos da não violência e da violência? Em vez de ignorar ou negar essas preocupações, King as abordou diretamente e engendrou respostas que faziam sentido para seu público direto – e para outros públicos provisórios – na época.

Tendo desempenhado papel importante no lançamento de um novo nível de protesto social militante na comunidade negra de Montgomery, King passou os anos seguintes ampliando e aprofundando suas experiências. Sob a tutela de Bayard Rustin, avançou da familiaridade com as ideias de Gandhi para a compreensão muito mais profunda e sutil dos princípios da resistência pacífica. King, como chefe da recém-constituída Southern Christian Leadership Conference (SCLC), partiu em viagens para Gana, onde se reuniu com o Primeiro-ministro Kwame Nkrumah, e para a Índia, onde se encontrou com o Primeiro-ministro Jawaharlal Nehru. Nesses contextos, teve a oportunidade de observar as respectivas organizações políticas, de ponto de vista mais próximo.

Vendo-se a si mesmo (e sendo visto) como líder do movimento negro nacional, King também elevou o nível e ampliou a variedade de sua participação nas causas dos direitos civis. Dirigiu mensagens pungentes ao Presidente Dwight Eisenhower, ao Vice-presidente Richard Nixon, e ao Procurador-geral Herbert Brownell. Continuou engajado nas "ações", que agora incluíam *sit-ins* (protestos sentados), e passou a primeira noite na cadeia. As ameaças de bombas e de outros ataques prosseguiram, e King ainda foi esfaqueado na Cidade de Nova York, por uma mulher desequilibrada. Depois de reduzir aos poucos sua participação na paróquia de Montgomery, mudou-se em 1960 para Atlanta, onde se tornou copastor, com o pai, na grande e influente Ebenezer Baptist Church. Ao retornar a Atlanta, anunciou o início de campanha mais ampla pela igualdade, que incluiria não só o registro de eleitores, mas também intenso combate à discriminação e à segregação.

Nesses anos de formação como líder nacional, King desenvolveu visão mais integral, que, depois, lhe impregnaria os discursos, os escritos e as manifestações. Reconheço quatro elementos principais nas novas mensagens de King.

O primeiro era o cristianismo básico – o tema mais profundo e mais difuso da vida dele. King conhecia a Bíblia, a vida de Cristo, os profetas e os santos, assim como os textos teológicos mais recentes. Ele se identificava profundamente com as tradições cristãs, com as histórias do Novo Testamento e do Velho Testamento, e, em especial, com Cristo, que considerava a pessoa mais influente que já viera ao mundo. Não raro, também invocava a figura de Moisés, que enfrentara os faraós opressores da época e declarara: "Deixe meu povo sair".

Outro elemento foram as experiências de King nas igrejas, e, em especial, nas igrejas negras do Sul. Havia mais de cem anos, a Igreja era o bastião de toda a sociedade sulista negra, praticamente a única instituição com poder e credibilidade significativos. King, descendente de ministros em ambos os lados da família, fora criado na igreja e sentia o espírito religioso animando todo o seu ser. A igreja era seu púlpito natural; a congregação, seu público espontâneo. Mesmo quando se dirigia a outras audiências, em contextos seculares, a condição de ministro nunca estava ausente em suas palavras.

O terceiro elemento incluía as ideias e os temas religiosos decorrentes de outras tradições. Como o Papa João XXIII, King adotou ampla visão includente, receptiva a vasta diversidade de estirpes intelectuais e culturais. Sentia-se à vontade com ideias e pessoas de tradições religiosas islâmicas, católicas, judaicas e orientais. Nessa época, Gandhi era o personagem que exercia sobre ele a mais intensa influência religiosa. As ideias de Gandhi sobre *satyagraha*, ou não violência, parecia a King (como a muitos outros líderes do século XX) o meio mais legítimo e eficaz de as populações despossuídas realizarem seus objetivos (ver Capítulo 14). Gandhi demonstrara como a filosofia de Cristo, elaborada basicamente no nível das relações humanas individuais, podia ser transposta para as reações entre grupos. King se inspirava em uma das declarações de Gandhi: "Talvez seja pelos negros que a mensagem autêntica da não violência se espalhe pelo mundo." Embora King por vezes se desanimasse com essas técnicas demoradas e não raro dolorosas, ele nunca abandonou a fé fundamental nos exemplos de Cristo e de Gandhi.

Quaisquer que fossem as deficiências do país, King se sentia profundamente comprometido com as principais ideias sobre as quais se ergueram os Estados Unidos. Esse foi o quarto elemento da visão de King. Ele conhecia a Declaração de Independência, a Constituição e a Declaração de Direitos, a Proclamação da Emancipação, assim como temas e frases difusos da história americana. Como Gunar Myrdal, influente cientista social sueco, King encarava o tormento dos negros americanos como dilema singular que teria de ser resolvido no contexto das forças que operavam na vida americana. Compreendia a herança da escravidão, suas relações com os diversos bolsões e atitudes ambivalentes da população branca dominante, e a série aparentemente infindável de traumas que haviam afligido a nação multirracial.

Esses, então, foram os ingredientes da filosofia emergente de King, que se baseava em descrição primordial da identidade negra, mas que desenvolvera textura mais matizada e variegada. À semelhança de um artista magistral, ou a exemplo de Margaret Mead, com o conhecimento enciclopédico de muitas culturas, King foi capaz de haurir e mesclar esses elementos de inúmeras maneiras, cada uma mais adequada a determinada situação, a estilos que cooptaram e energizaram as testemunhas de suas pregações, a exortações que ressoaram entre si e se amalgamaram numa história convincente. Introduzia um tema sob as lentes do cristianismo e depois o refratava sob o prisma de acontecimentos históricos ou contemporâneos, da forma mais apropriada. Orador cada vez mais eloquente, empolgava os sentimentos de diversos públicos; por seu turno, ele próprio era sensível e se comovia com as reações dos ouvintes.

De fato, como líder emergente de grupo não dominante, King não tinha público cativo nem instituição dominante. Ambos foram construídos e reconstruídos várias vezes, não raro a breves intervalos. King executava com mestria essa missão desafiadora. Aprendeu a modular as palavras, em função das circunstâncias, conforme estivesse falando para a própria congregação, para outra menos conhecida, para um entrevistador simpático ou para um jornalista hostil, para o espectador de um programa de entrevistas ou para os leitores de uma revista de elite. Também tinha o senso apurado de quando ouvir, de quando conceder e de quando persistir.

De início, segundo depoimento dele próprio, King não queria ser líder. Mas, em 1957, concluiu que a decisão do que seria na vida não era dele próprio, mas algo imposto por forças além de sua vontade. "Percebi que as escolhas escapam entre os dedos. As pessoas esperam que você lhes dê liderança. Você as vê crescendo e partindo para a ação, e, então, você se dá conta de que não mais tem escolhas, de que já não pode decidir *entre* persistir ou desistir, você *precisa* persistir." Em estilo que evocou paralelos com seu epônimo histórico, ele falou de uma experiência que tivera ao orar, em 1957: "Eu ouvia uma voz interior dizendo: 'Martin Luther, defenda a probidade. Promova a justiça. Pregue a verdade. E, assim, estarei ao seu lado.'" Durante o sermão de despedida, na congregação de Montgomery, ele chorou, ao proclamar: "Não posso parar agora. A história me incumbiu de algo de que não posso afastar-me."

Em 1960, King já se destacava com nitidez na linha de frente da liderança negra americana. Mas contrastava intensamente com as pessoas que até então eram consideradas as mais importantes. Os grupos mais notórios e mais organizados, a National Association for the Advancement of Colored People (NAACP) e a Urban League eram entidades relativamente conservadoras. Dependendo em grande parte de contribuições da comunidade branca, tentavam promover mudanças por meio de litígios e de outros canais tradicionais de medidas judiciais e de serviços sociais. Grandes organizações protestantes, como a National Baptist Convention, recorriam principalmente a exortações. Havia pessoas influentes na comunidade negra, como o audacioso congressista de Nova York, Adam Clayton Powell, o jogador de beisebol, destruidor de barreiras, Jacke Robinson, e o elegante ator e cantor Harry Belafonte, para citar alguns, mas o impacto dessas celebridades foi mais casuístico que cumulativo.

A SCLC, de King, procurava realizar seus objetivos mais por meio de estratégia de confronto, incompatível com os métodos de outros grupos rivais. Líderes como Roy Wilkins, da NAACP, e J. H. Jackson, da National Baptist Convention, viam a SCLC como contraponto incômodo de seus modos de operação confortáveis e como possível ameaça às suas bases financeiras – seja em consequência da competição por fundos, seja em decorrência da insatisfação geral com a causa negra. A história da SCLC, de confronto direto, concorria com as histórias mais tradicionais das outras organizações, de mudança gradual, de concessões recíprocas e de proteção legal. Dos vários líderes, o menos ameaçado era provavelmente A. Philip Randolph, presidente da Brotherhood of Sleeping Car Porters, que era reconhecido não só como membro insigne da liderança negra, mas também como participante ativo da política de confronto, sobretudo na luta contra a discriminação no emprego, no início da década de 1940.

Em virtude de seu apelo pessoal, da atenção que a mídia lhe dedicava e de suas realizações como líder das manifestações de protesto no Sul, King e sua organização vieram a ocupar a ribalta. O status emergente de King como protagonista do movimento negro ajudou a reforçar o apoio financeiro à SCLC e a promover suas várias campanhas. Além disso, King conseguia não só arregimentar ativistas que, em outras condições, entrariam em choque uns com os outros, mas também instigá-los a trabalhar juntos pela causa comum. O carisma dele revelou-se crucial para a sobrevivência e para a renovação constante da organização. King, porém, não era eficaz em questões organizacionais e não gostava muito dos aspectos gerenciais da liderança. Dentro da SCLC, acirravam-se os conflitos internos por influência e sucediam-se situações difíceis, envolvendo mobilização de fundos e de pessoal. King nunca conseguiu mais que breves tréguas com outros líderes e entidades da população negra americana.

King sabia que sua influência pessoal estava crescendo, e se envolvia cada vez mais em diálogos com as pessoas e os grupos mais influentes do país. Em nenhum momento essa constatação foi mais evidente que por ocasião de sua prisão, em outubro de 1960, em Reidsville State Prison, presídio de segurança máxima, na Georgia, sob a acusação falsa de dirigir sem carteira de habilitação. O então candidato a presidente John F. Kennedy assumiu o risco calculado de telefonar para a esposa de King, Coretta, a fim de manifestar solidariedade e de oferecer ajuda. Só esse telefonema, que durou menos de dois minutos, junto com outro do irmão Robert Kennedy para o juiz do caso, levou Martin Luther King, Sr., republicano de toda a vida, a deslocar a enorme influência de seu apoio na direção do candidato democrata e a divulgar na semana da eleição um panfleto contundente de apoio a John F. Kennedy, que mobilizou milhões de eleitores negros. Muitos observadores acreditam que as atitudes de simpatia dos Kennedys para com a família King influenciaram eleitores negros em quantidade suficiente para constituir-se em fator decisivo na vitória democrata por margem estreita na disputa presidencial de 1960.

Nos três anos da presidência de John F. Kennedy, King fez campanha incessante. Como qualquer general no comando de um exército, esforçando-se para vencer batalhas, mas sempre tendo em vista os objetivos gerais da guerra, King e associados tiveram de escolher cuidadosamente os campos de atuação. Só em 1963 desferiu mais de 350 discursos e viajou quase 500 mil quilômetros. Os adversários eram tão relevantes quanto os aliados e as causas. Era extremamente importante opor-se a autoridades impiedosas, como o comissário de polícia Engene "Bull" Connor, de Birmingham, Alabama, cujos atos de crueldade dissoluta contra os manifestantes enfureciam ou envergonhavam até quem nutria a mais tênue simpatia pela causa negra. (O Presidente Kennedy certa vez observou: "O movimento dos direitos civis deve tanto a Bull Connor quanto a Abraham Lincoln".) King reiteradamente tinha de escolher aonde ir, a quem enfrentar, com que intensidade combater, quando aumentar a temperatura e quando permitir certo esfriamento da situação.

Mas a campanha de King se estendeu muito além dos choques com autoridades sulistas, notoriamente racistas. Grande parte de sua missão no começo da década de 1960 consistiu em pressionar o Presidente John Kennedy e o Procurador-geral Robert Kennedy para que atuassem em defesa dos manifestantes e derrubassem o corredor polonês de governadores intransigentes, como George Wallace, de Alabama, e Ross Barnett, do Mississippi. Outra parte da tarefa era trabalhar em cooperação com outros líderes da campanha pelos direitos civis, que empreendiam esforços complementares, como Robert Moses, ativista do registro de eleitores, e James Farmer, do Congress of Racial Equality (CORE), além de John Lewis e de outros integrantes importantes do Student Non-Violent Coordinating Committee (SNCC). E, nos últimos anos, King também teve de defrontar-se com líderes negros, como Malcolm X e Stokely Carmichael, que passaram a considerá-lo conservador e moderado demais, propondo, em contrapartida, métodos francamente violentos.

Embora nunca tenha sido possível conciliar totalmente essas forças concorrentes (e essas histórias e contra-histórias), King conseguiu fazê-lo razoavelmente bem nos anos da administração Kennedy. Os irmãos Kennedy basicamente não eram hostis à causa dos negros, mas eram bastante cautelosos e motivados o suficiente pelo oportunismo político para fomentar uma tensão sustentável com King. Inspirando-se no reverendo Billy Graham e em Gandhi, King e associados planejaram com cuidado marchas e protestos. Buscavam objetivos de longo prazo, como integração e registro de eleitores, enquanto se mantinham muito flexíveis na retórica e nas táticas. As várias atividades de protesto do começo da década de 1960 – em Montgomery, Alabama; Albany, Georgia; e Birmingham, Alabama – foram coroadas pelo menos com sucesso modesto: os apoiadores de King acharam válido aplicar as táticas de pressão em novas arenas.

O que alçou King para lugar sem precedentes na comunidade negra – e nos anais do protesto político americano em âmbito mais amplo – foram os acontecimentos de 1963: um privado e pessoal, demonstrando liderança indireta; o outro, inequivocamente público, exemplificando liderança direta.

O evento privado ocorreu em abril, quando King estava mais uma vez na cadeia, desta feita em Birmingham. King por acaso leu um artigo de jornal cujo título era "Clérigos brancos exortam negros locais a não protestar". Esses pretensos clérigos liberais argumentavam que os protestos eram contraproducentes e que os negros, em vez disso, deveriam mostrar mais paciência. Eles preferiam a história tradicional de promover mudanças graduais, sem conflitos. King ficou profundamente transtornado com essa incompreensão de tudo quanto defendia, o que o levou, nos dias seguintes, a redigir um documento hoje denominado "Carta da Cadeia Municipal de Birmingham".

Sob todos os aspectos, esse documento representa a mais completa declaração da posição de King no apogeu do poder e da influência. Ele começa explicando por que está em Birmingham – porque há injustiça lá. Ele não hesita em comparar-se ao apóstolo Paulo. Esforça-se para transportar-se para as mentes dos clérigos, para compreender as origens deles e o que os levou a indagar: "Por que a ação direta? Não seria a negociação melhor caminho?" Em seguida, tenta elucidar o público – que, por fim, passa a ser todo o país – sobre as razões por que a recomendação de paciência infinita já não é viável. Eliciando toda a raiva acumulada, explica que a experiência do negro é tal que já sofreu por tempo demasiado longo:

*Esperamos durante mais de 340 anos por nossos direitos constitucionais e divinos. Os países da Ásia e da África avançam com velocidade de avião a jato rumo à independência política, enquanto ainda nos arrastamos em ritmo de carroça e cavalo para a conquista de uma xícara de café nos balcões de refeições. Suponho que seja fácil para quem nunca experimentou os dardos pungentes da segregação dizer "espera". Mas quem já viu multidões depravadas linchar sua mãe e seu pai à vontade e afogar suas irmãs e seus irmãos, por mero capricho; quem já ouviu policiais odiosos xingar, chutar, violentar e até matar irmãos e irmãs negros, com impunidade... Quem já sentiu de repente a língua empacar e a fala hesitar, ao tentar explicar à filha de 6 anos por que ela não pode ir ao parque de diversões da praça, que acabou de ser anunciado pela televisão, e depois viu lágrimas brotando daqueles pequenos olhos cristalinos, quando alguém lhe diz que Funtown está fechado para crianças de cor... Decerto, entenderá por que é difícil esperar.*

Depois de extravasar a frustração, King retoma o relato mais tranquilo da posição dele. Com base nas interpretações tradicionais das leis de Deus, mostra as diferenças entre lei justa e lei injusta. Manifesta desapontamento com o fato de a igreja branca não ter apoiado com mais frequência seus esforços não violentos. "Sabemos por meio de experiências dolorosas que a liberdade nunca é concedida voluntariamente pelo opressor; deve ser exigida pelo oprimido." Deplora o elogio dos clérigos à força policial de Birmingham e insta que esses ministros cristãos, ao contrário, enalteçam os manifestantes negros pela "espantosa disciplina em meio às mais desumanas provocações". E exorta o Sul a reconhecer seus verdadeiros heróis, os filhos deserdados de Deus, que, "ao se sentarem diante de balcões de refeições, realizaram o melhor do sonho americano e corresponderam aos mais sagrados valores da herança judaico-cristã, trazendo todo o país de volta àqueles grandes mananciais de democracia que foram escavados em profundidade pelos pais fundadores, ao formularem a Constituição e a Declaração de Independência".

A carta se estendeu por vinte páginas; nesse espaço, atuando como líder indireto, King forneceu pano de fundo e contexto para o quadro de heroísmo e impaciência que estava compartilhando com todos os outros americanos. Quem leu a carta compreendeu com clareza inigualável como os vários fios do repertório de King se entrelaçaram para tecer uma história coerente do passado dos negros e para compor um mapa clarividente de suas ações futuras. Ainda hoje, cidadãos de vários matizes retornam a esse texto como expressão fundamental do credo americano.

A Marcha sobre Washington, em 28 de agosto de 1963, foi a oportunidade em que King se viu defronte do maior público. O acontecimento, planejado em conjunto pelos líderes de organizações de direitos civis não raro conflitantes, foi de importância fundamental: esforço pacífico, de grande monta, por parte de organizações de direitos civis, para pressionar o Congresso e o presidente a aprovar legislação sobre direitos de voto, dessegregação de espaços públicos e outras questões focais. Além da presença de 200 mil pessoas, milhões de telespectadores assistiram ao primeiro protesto negro da história americana programado em âmbito nacional. King dispunha de oito minutos para falar.

Último orador do dia, King leu um texto em que se referia a uma "nota promissória" que os Pais Fundadores e Lincoln haviam emitido em nome de todos os americanos, inclusive negros. Em frase vernacular talvez chocante, afirmou, cheio de conotações:

"Viemos à capital do país descontar um cheque." Remontando à violência em Birmingham, e com a perspectiva da legislação sobre direitos civis na consciência nacional, afirmou que chegara a hora da ação. Definiu a posição de sua abordagem não violenta, inserindo-a entre submissão a mais intolerância, de um lado, e militância ou separatismo racial, de outro. O discurso foi sublime e positivo, sem parecer demasiado otimista ou sentimental.

O discurso de King foi bem recebido desde as primeiras linhas, nas quais se referiu à "maior demonstração pela liberdade, na história de nosso país". Mas só quase no fim do texto formal, quando começou a afastar-se do roteiro, realmente atingiu o clímax e empolgou a multidão. Encontrando o próprio estilo, que irrompera espontaneamente em público pela primeira vez, em Montgomery, oito anos atrás, e que agora era familiar para todos os americanos que assistiam aos noticiários noturnos pela televisão, King disse ao mundo: "E tenho um sonho". O sonho estava "profundamente arraigado no sonho americano", e se baseava na Bíblia e nas palavras dos profetas, para sensibilizar as pessoas de todas as regiões do país. E o sonho culminava – assim como o discurso – com o refrão de um velho *spiritual* negro: "Livres, finalmente! Livres, finalmente! Obrigado Deus Todo Poderoso, por fim estamos livres!"

O discurso de King foi reconhecido imediatamente como grande peça de oratória. Cumprimentando-o assim que King entrou na Sala do Gabinete, na Casa Branca, o presidente repetiu para ele a frase típica: "Eu tenho um sonho". Em artigo publicado pelo *New York Times*, no dia seguinte, o correspondente James Reston comentou:

*Só daqui a muito tempo [Washington] se esquecerá da voz melodiosa e melancólica do Rev. Dr. Martin Luther King, Jr., bradando seus sonhos para o povo reunido... O Dr. King tocou todos os temas do dia, apenas melhor que qualquer outro orador. Estava pleno do simbolismo de Lincoln e de Gandhi, imbuído das cadências da Bíblia. Mostrou-se militante e tristonho, impregnando a multidão com o sentimento de que a longa jornada valera a pena.*

Conquistar os corações do país – entre brancos e negros – e os elogios da mídia não foi tarefa fácil. As realizações sem igual de King foram reconhecidas ao ser escolhido como "Homem do Ano", pela revista *Time*, em 1963, e quando foi premiado com o Nobel da Paz, em 1964. Quaisquer que tenham sido, as tensões que marcaram as relações de King com outros grupos e outros públicos pareciam perder a importância.

Durante pouco tempo, tinha-se a impressão de que King criara – e personificara – uma história que ia bem além dos boicotes de Montgomery ou dos sulistas negros como um todo. Talvez a "cegueira para cores" de King fosse capaz de unir e mudar o país: os 19 milhões de negros e os quase 200 milhões de outros cidadãos. Quem sabe os cidadãos do país, não raro farisaicos, pudessem olhar além do próprio umbigo e apreciar as experiências de um grupo que parecia muito diferente. E, talvez, o grupo de King, combinação de organizações de direitos civis, viesse a atuar como fieis depositários do sonho que King enunciara.

Mas sementes de problema, de discórdia e de desordem em todo o país, que sempre estiveram latentes, começaram a germinar pouco depois da Marcha sobre Washington. Primeiro, foi o assassinato chocante do Presidente Kennedy, em novembro de 1963.

Depois foram outras matanças brutais: dos trabalhadores James Chaney, do CORE, e Andrew Goodman e Michael Schwerner, do SNCC, no Mississippi (junho de 1964); de crianças negras, numa igreja, em Birmingham (setembro de 1964); e de militantes dos direitos civis, como Viola Liuzzo, branco, empreiteiro de construção civil, de Detroit, que trabalhava em Alabama (março de 1965), onde era mais difícil determinar a precipitação política dos confrontos sangrentos.

Sob a liderança do Presidente Lyndon Johnson, a Lei dos Direitos de Voto (Voting Rights Act), de 1965, e várias outras leis de direitos civis foram aprovadas. Todavia, a situação nas áreas urbanas degradadas deteriorou-se ainda mais, sucedendo-se um verão sangrento e desesperador. Convencidos de que a abordagem pacífica de King não funcionaria, cada vez mais negros optavam pela alternativa militante; seguiram Malcolm X, até o assassinato dele, em 1965, e adotaram a retórica de escalada, de Stokeley Carmichael, Elldridge Cleaver e outros defensores do separatismo e do poder negro. Uma contra-história mais radical convenceu King a revisar a doutrina de Ghandi. A Guerra do Vietnã se agravava, matando muitos soldados americanos, dos quais quantidade desproporcional era de negros. Muita gente sentia que os Estados Unidos, mais que uma terra distante e pequena, que até então mal se conhecia, estavam sendo dilacerados pelo conflito.

King estava aturdido pelos acontecimentos. Suas ações corajosas, mas basicamente de pequena escala, pareciam cada vez mais insignificantes em face dos acontecimentos momentosos nacionais e internacionais. Um comentarista afirmou que king fora "superado pelos tempos". Não sabemos ao certo o que provocou as mudanças, mas o King de 1967-1968 era homem muito diferente do King de 1963. Marcado talvez pelas críticas crescentes às suas atividades nos Estados do Sul e pelo foco nas questões do Sul, influenciado por novo conjunto de preocupações mais militantes por parte de negros e brancos mais jovens, tentou organizar-se no Norte. Avançou além de questões de discriminação racial, para tratar também da pobreza e da injustiça econômica. Pensando cada vez mais em termos de movimentos sociais estruturados em classes, preparou-se para promover marchas dos pobres. Mas os esforços iniciais dele em Chicago – onde tentou abordar questões de habitação, bem-estar, educação, brutalidade policial e discriminação racial – não foram bem-sucedidos. A reconstrução dos guetos decadentes do Norte se revelou tarefa totalmente diferente do confronto com chefes de polícia truculentos do Sul.

Transpondo as questões internas dos Estados Unidos, King passou a desferir ataques cada vez mais violentos e amargurados contra a política externa americana no Sudeste da Ásia. Em abril de 1967, denunciou em público a Guerra do Vietnã, do púlpito da Riverside Church, em Manhattan:

*Destruímos as duas mais acalentadas instituições deles: a família e a aldeia. Arrasamos as terras e as plantações deles. Cooperamos com o esfacelamento da única força revolucionária não comunista do país – a Igreja Budista Unificada. Corrompemos as mulheres e crianças deles e matamos os homens do país. Que libertadores!... O que pensarão eles ao testarmos nossas armas mais recentes no território deles, da mesma maneira como os alemães testaram novos medicamentos e novas torturas nos campos de concentração da Europa?*

A voz de 1967 era diferente da voz de 1955 e até da de 1963.

Cada uma dessas mudanças estava repleta de perigos. King construíra reputação e sucesso com iniciativas e em solos perto de casa, onde tinha conhecimentos profundos e onde as dimensões morais da missão de que se incumbira eram menos sujeitas a questionamentos. À medida que se afastava do Sul Profundo, à proporção que se distanciava de temas relacionados com raça e, especificamente, na extensão em que atacava a política externa (domínio tradicionalmente considerado apartidário), King perdia apoio e corria o risco de solapar toda a operação. De mais a mais, exatamente ao mesmo tempo em que ocorria essa dispersão do foco político, King se viu sob crítica cada vez mais áspera do FBI, que vinha monitorando a vida privada dele havia anos, entremeando alegações de estar sob a influência do Partido Comunista com uma campanha de difundir boatos sobre a vida sexual dele, considerada depravada.

Induzido por mudanças de ânimo, por pressões de outros líderes e seguidores, pelos acontecimentos do mundo exterior ou, mais provavelmente, pela conjugação desses fatores, King passava de reformista a radical. Ele próprio o reconheceu: "Durante anos, trabalhei com a ideia de reformar as atuais instituições da sociedade, uma pequena mudança aqui, outra acolá. Agora me sinto muito diferente. Acho que é preciso promover a reconstrução de toda a sociedade, uma revolução de valores."

King se preparava para liderar essa revolução, embora não esteja de modo algum claro se contava com os indispensáveis seguidores nesse campo. Nas primeiras batalhas, ele conhecia o terreno, estava pessoalmente próximo dos combatentes, e fora capaz de reformular suas histórias quando necessário; agora, enveredava-se em território desconhecido. Em última análise, foi enorme a reação contra a Guerra do Vietnã, mas ela decorreu principalmente da classe média e foi liderada basicamente por membros desiludidos do Partido Democrata. E nas décadas de 1970 e 1980, cada vez mais conservadoras, os males sociais e econômicos que King havia diagnosticado em todo o país nunca tinham sido enfrentados pelo establishment político tradicional.

Essa situação serve como lembrete de que os lideres podem alienar-se demais de seus públicos. O King de 1960 ou 1963 se dirigira a um público preparado para aceitar suas mensagens, mas o King de 1967 e 1968 enfrentava escolhas desconcertantes. Ou escutava com mais atenção seu público tradicional, que estava muito assoberbado pelos próprios problemas para preocupar-se com questões de política externa, ou recorria às suas habilidades de elaboração e de personificação de histórias para arregimentar novo público, basicamente a partir do nada.

Os acontecimentos dos últimos anos de King também nos lembram que os líderes quase nunca desfrutam de uma sequência ininterrupta de sucessos. Sejam os ataques ao patriotismo de Oppenheimer ou de Marshall, sejam os atentados contra o Papa João, no Concílio do Vaticano II, ou a mudança brusca para uma agenda de política externa durante os últimos anos da era Roosevelt, os líderes devem enfrentar períodos de recuo e períodos de fracasso. Com efeito, quanto mais altos forem os cacifes e quanto mais ousadas forem as visões, mais altas serão as chances de sucessivas derrotas. King suportou muitos retrocessos e frustrações durante os primeiros anos de suas campanhas, e agora enfrentava convulsões muito mais sérias. O que distingue os líderes uns dos outros não são as viradas da sorte, mas, sim, a maneira como enfrentam os revezes e se recuperam das reviravoltas inevitáveis da vocação.

King sabia desde os primeiros anos do movimento negro que a vida dele era frágil. Falava constantemente da possibilidade de assassinato e parecia disposto a aceitar esse destino, sobretudo considerando a onda dos muitos assassinatos, atentados a bomba, tentativas de homicídio e matanças de negros (e de brancos liberais) que marcaram os anos recentes. Quando Kennedy foi assassinado, King declarou laconicamente: "Isso vai acontecer comigo."

Em 3 de abril de 1968, King partiu de Atlanta para Menphis, com o objetivo de apoiar uma greve dos trabalhadores municipais. Em suas observações, naquela noite, afirmou: "Bem, não sei o que acontecerá agora. Teremos alguns dias difíceis pela frente. Mas isso não importa para mim, porque vou para a montanha... e verei a Terra Prometida. Não chegarei lá com vocês, mas quero que saibam esta noite que nós, como povo, chegaremos à Terra Prometida."

No dia seguinte, um biscateiro de extrema-direita, James Earl Ray, assassinou King. Como o herói de King, Gandhi, como o líder contemporâneo com o qual sentia certa afinidade, John Kennedy, e como o irmão briguento do presidente, Robert, que, ironicamente, estava em vias de estabelecer ligações com o movimento negro, King foi vítima do ódio que tentara combater, Na morte, foi exaltado como herói americano, um moderado que tentara curar as feridas raciais do país. Seus últimos meses de mais radicalismo foram praticamente ignorados. Talvez refletindo um desejo, mais que a realidade, o jornalista Richard Lentz, que cobrira a greve de Menphis, declarou:

*Portanto, vem a calhar que King tenha morrido como morreu e onde morreu, travando luta mortal com os velhos inimigos, os brancos racistas do Sul, não com a sociedade mais ampla, representada pelo governo nacional, que era o alvo do empreendimento mais radical e ambicioso de King.*

King contou e personificou história poderosa e eficaz. Era negro oriundo do coração religioso da comunidade racista do Sul, sujeito às infâmias que afligiam quase todos os negros da sociedade. No entanto, erguendo-se acima da dor e do sofrimento – talvez na verdade fortalecido por essas agruras – buscou desenvolver um método que os negros, assim como outros grupos despossuídos, pudessem adotar na América para conquistar o lugar que mereciam e que, de fato, lhes havia sido prometido reiteradamente. Referiu-se de maneira recorrente e persuasiva a uma "comunidade amada", em que negros e brancos vivessem juntos, em harmonia. Entrelaçou tramas e urdiduras de muitas religiões, culturas e subculturas, de maneira que fizesse sentido para seus contemporâneos e que, a exemplo de Eleanor Roosevelt, estimulasse as pessoas a serem mais generosas, mais humanas. Escrevendo e falando em termos cada vez mais vigorosos e eloquentes, estabeleceu vínculos diretos e indiretos com muitos públicos.

King era corajoso. Eis o que disse a um repórter negro, em Montgomery: "Quando você se dedica a uma causa, a segurança pessoal não é o objetivo. O que lhe acontecerá pessoalmente não é importante. Vale a pena morrer por minha causa e por minha raça."

Sua não violência refletia seus instintos mais profundos. Ao ser atacado durante uma conferência, em dezembro de 1961, encarou o agressor e deixou cair as mãos "como um recém-nascido". Essa calma em face da provável agressão ou mesmo da morte serviu como mensagem vigorosa e tranquilizadora para todos que o conheciam ou que ouviam falar dele.

Essa coragem talvez se relacionasse com comportamento menos exemplar. King era humilde, mas também orgulhoso e grandioso, e se identificava, de imediato, com os mais ilustres líderes religiosos do passado. Adotava práticas pessoais arriscadas e incompatíveis com o que se espera de um líder religioso. Muitos de seus trabalhos de pós-graduação foram plagiados. As iniciativas indefensáveis do FBI para destruir a reputação de King geraram provas de suas ligações com muitas mulheres. King se sentia culpado por essa deslealdade com a família e com o credo. Não é desculpa para King observar que semelhante exploração de mulheres também fosse característica de muitas figuras políticas de nossos dias ou do passado nem que parecesse forma de companheirismo que compartilhava com outros ministros negros. Felizmente, as falhas pessoais de King não conflitavam nem inibiam sua agenda política e social mais ampla; ele continuava a personificar o conteúdo mais central de suas histórias.

Talvez seja demasiado difícil exercer função de liderança que não envolva autoridade formal e que dependa quase totalmente da capacidade de falar e de agir com convicção, inspirando os outros a atuar da mesma maneira. Como Eleanor Roosevelt, King veio a ocupar lugar de destaque no país, em que não houve antecessores nem, a propósito, sucessores (O amigo de King, reverendo Ralph Abernathy, assumiu a liderança do SCLC, mas resvalou para a ineficácia.) King contribuiu para maior conscientização quanto ao papel do negro nos Estados Unidos e para definição mais viável do que significava ser negro no século XX, mas não houve como sustentá-la depois de sua morte. A mensagem dele envolvia basicamente a própria pessoa dele, em vez de uma organização duradoura.

No caso de King, assim como de Eleanor Roosevelt, havia uma interação constante entre os eventos da vida pessoal, referentes aos grupos que veio a representar, e os da sociedade mais ampla. A infância relativamente tranquila de King no Sul Profundo foi importante fator contributivo da pessoa que veio a ser, dos riscos que estava disposto a assumir e talvez dos limites aos quais acabou opondo-se. A consciência da negritude estivera em ascensão no começo do século: a dessegregação das Forças Armadas e o caso judicial *Brown v. Board of Education of Tokpeka* antecederam a ascensão de King a posição de influência. Não obstante, porém, os vários heróis e vilões passageiros, a causa dos americanos negros ainda não se aglutinara.

O núcleo da saga de King é a interseção da vida de uma pessoa talentosa, aberta ao crescimento, de um lado, e as necessidades de um grupo em busca de autodefinição, de outro. Ao refletir sobre seus tempos, King contribuiu para o senso de identidade dos negros, em especial, e dos despossuídos, em sentido mais amplo. Suas mensagens foram além das categorias familiares da mente não escolarizada: Ele (como Eleanor Roosevelt) pediu aos cidadãos americanos para deixarem de lado as classificações costumeiras dos grupos e de seus entrechoques, para endossar visão mais includente da sociedade e para melhorar a vida dos menos afortunados. King não foi capaz de constituir uma organização ou um público que transcendessem sua morte, razão por que foi necessário reinventar suas causas e buscar novos indivíduos e grupos norteadores.

Quando se fala de líderes, os pensamentos se voltam com mais frequência para as pessoas que lideram entidades reconhecidas, tão estreitas quanto uma instituição de ensino ou tão amplas quanto a Igreja Católica ou o Exército dos Estados Unidos. Talvez o líder típico de nossos tempos sejam os chefes de Estado, a exemplo do conjunto de pessoas poderosas que foram a Teerã em 1943 para tomar decisões de consequências fatídicas. Nos próximos dois capítulos, trato desses líderes nacionais. No Capítulo 12, concentro a atenção em Margaret Thatcher – líder que exerceu enorme influência em sua época; e depois, no Capítulo 13, desloco o foco para um conjunto de líderes que atuaram como bússolas em âmbito nacional e internacional durante os anos críticos da Segunda Guerra Mundial.

O principal objetivo deste livro foi traçar o contínuo da liderança, que se estende da condução de grupos pequenos, relativamente homogêneos, até a orientação de grupos maiores, relativamente heterogêneos. Agora que avançamos para o estágio da liderança nacional, convém fazer uma pausa, na forma de reprise, para analisar o território que já foi transposto e para olhar adiante, rumo aos passos finais de nossa jornada.

## REPRISE

*Usado sem qualificativo, o rótulo "líder" geralmente denota indivíduo que atua como chefe de uma entidade política, como cidade, tribo ou país. Os membros da entidade política são pessoas que representam diferentes domínios e situações, mas que compartilham a crença de pertencerem sob certos aspectos ao mesmo grupo. Assim, nos estados nacionais contemporâneos, as pessoas podem ser oriundas de várias ocupações e antecedentes, e, mesmo assim, adotar o mesmo credo e as mesmas instituições.*

*Embora o padrão mais comum de estado nacional envolva pessoas que compartilham a mesma herança étnica, países em quantidade crescente, inclusive os Estados Unidos, são compostos de pessoas de diferentes origens. As consequências são lutas quando grupos antagônicos, vivendo na mesma entidade geográfica, querem dispor das próprias unidades políticas, como aconteceu na Guerra Civil Americana. Do mesmo modo, ocorrem conflitos quando indivíduos de determinada identidade étnica, vivendo em entidades geográficas dispersas, querem juntar-se à mesma unidade política – situação crônica nos Bálcãs.*

*No Capítulo 12 e no seguinte, volto a atenção para indivíduos incumbidos de atuarem como líderes dessas populações grandes e, às vezes, muito heterogêneas. Não importa se eleitos ou nomeados para essas posições, esses indivíduos devem encontrar meios de falar à população, ou ao menos aos segmentos da população dos quais extraem a autoridade e aos quais se sentem vinculados. Quanto maior e mais heterogênea for a população, mais árduo será o desafio de compor uma história capaz de sensibilizar o público; e maior será a probabilidade de que a narrativa precise ser simples, se não simplista.*

*Para contextualizar a tarefa com que se depara o líder de um país, convém rever o território percorrido até agora neste trabalho. Primeiro considerei duas pessoas cuja ascensão a posições de influência resultou da qualidade do respectivo trabalho no âmbito de disciplinas acadêmicas tradicionais. Margaret Mead começou como antropóloga em visita a terras exóticas. Só quando os estudos dela sobre a natureza humana passaram a abranger as mulheres e homens dos Estados Unidos, a liderança dela transcendeu o público de especialistas. Do mesmo modo, J. Robert Oppenheimer iniciou a careira como físico; os acontecimentos da Segunda Guerra Mundial o guindaram para posição em que dirigiu uma comunidade de cientistas (ainda especialistas). Só depois da guerra, ele expôs suas ideias – com sucesso questionável – a públicos mais amplos, na esfera nacional e internacional.*

*O grupo seguinte compõe-se de pessoas que chefiaram instituições de vários tamanhos e níveis de heterogeneidade. Robert Maynard Hutchins liderou uma instituição circunscrita – uma universidade americana, com um conjunto de especialistas representando diferentes disciplinas. No estudo dos grandes "estados", Alfred P. Sloan Jr. dirigiu uma empresa; George C. Marshall exerceu liderança no meio militar; e o Papa João XXIII foi o timoneiro da maior Igreja do mundo. A composição dos estados era heterogênea, em especial no caso das Forças Armadas e da Igreja, mas os integrantes se mantinham coesos por força de uma lealdade comum; em outras áreas de experiência menos nítidas predominava o critério "a César o que é de César". A visão desenvolvida pelo líder podia erguer-se sobre "histórias de identidade" anteriores, no âmbito da instituição, mas tinha de ser uma narrativa que fosse apreciada pelos principais grupos de interesse em que se dividiam os participantes – perspectiva que os ajudasse a compreender o que significava pertencer ao grupo naquele momento histórico.*

*Eleanor Roosevelt e Martin Luther King, Jr. enfrentaram com determinação desafios diferentes. Em nenhum dos dois casos houve público preexistente, com as próprias normas e autoimagem, nem existia rota definida que pudessem ter percorrido para assumir posição de autoridade em instituição estabelecida. Não houvera "antes"; e, como se veio a constatar, tampouco restaria muito "depois". Em vez disso, por causa do cruzamento de suas histórias pessoais e dos eventos de seu tempo, Eleanor e King se guindaram para posições em que suas palavras e práticas influenciaram grupos não dominantes nas respectivas sociedades. A composição desses grupos era praticamente tão diversificada quanto a do país; no entanto, nesses casos, eles se mantiveram coesos por seu status decididamente marginal e por certas experiências culturais comuns. As visões expostas por Eleanor e King ajudaram as pessoas a compreender as possíveis experiências de vida das mulheres e dos negros, respectivamente, no século XX.*

*As pessoas se tornam líderes de tribos ou de países por diferentes caminhos, assim como exploram diversas habilidades e estratégias ao exercerem função de liderança. Tradicionalmente, duas eram as principais rotas: a sucessão ordeira, em virtude da linhagem – o macho mais velho (ou, com menos frequência, a fêmea) da prole do atual líder se torna o novo líder; ou a sucessão turbulenta, pelo exercício da força bruta – o indivíduo mais forte ou o melhor lutador assume a liderança. Nos séculos recentes, a liderança dos países passou a ser conquistada, com mais frequência, de três outras maneiras: eleição popular, predominante em boa parte do mundo ocidental; discussão consensual e conchavo secreto entre uma elite, nas sociedades não democráticas; ou conquista violenta do poder por grupo político revolucionário, como acontece em países menos estáveis. Às vezes, os líderes desses grupos são oriundos de domínios relativamente estabelecidos: por exemplo, Vaclav Havel, chefe da República Checa, era dramaturgo rematado; e Ludwig Erhard, líder da Alemanha, era economista. Em geral, os líderes são extraídos dos grandes estados sociais: o Presidente Woodrow Wilson, dos Estados Unidos, foi primeiro historiador e depois presidente de faculdade; o Primeiro-ministro Silvio Berlusconi, da Itália, foi empresário bem-sucedido; o Presidente Dwight Eisenhower, dos Estados Unidos, foi general; e o aiatolá Khomeini, do Irã, foi líder religioso.*

*De longe, a trajetória mais comum para a liderança nacional tem sido a escalada política. A maioria dos presidentes americanos e dos primeiros-ministros ocidentais entrou na carreira política muito cedo na vida adulta e galgaram sucessivas posições em âmbito local e nacional. Mesmo nos casos em que se arrebata o poder por meio de revoluções, os líderes não raro ostentam antecedentes políticos, ainda que com maiores chances de terem envolvido atividades secretas, violentas e/ou ilegais. O mais provável é que tenham passado mais tempo na cadeia que em cargos públicos. Líderes díspares, como Stalin, Hitler e Mao Zedong, na primeira metade do século XX, e Fidel Castro, Saddam Hussein e Muramar Qaddafi, na segunda metade, todos assumiram posições de influência, por meio do controle de entidades políticas que eles próprios criaram ou de cuja liderança se apossaram. Mais uma vez tomando de empréstimo os termos de Ronald Heifetz, eles emergiram como líderes muito antes de conquistarem autoridade legítima.*

*A maneira como se conquista o poder nem sempre indica o modo como se virá a exercê-lo. Pode começar-se como certo tipo de líder, que confia em determinados modos de influência, e acabar como outra espécie. O exemplo mais notório é Hitler, que se tornou chanceler da Alemanha por força do voto popular e, uma vez eleito, se empenhou para que não mais se realizassem eleições "livres". Os tiranos se fazem, não são inatos. Há exemplos, embora menos frequentes, no outro sentido. Charles de Gaulle, da França, instituiu eleições livres para a presidência do país, depois de ter governado por decreto. Francisco Franco, após haver comandado a ditadura no país, abriu o caminho para a monarquia constitucional na Espanha, depois de sua morte. Até pessoas que nunca participaram de eleições honestas quase sempre tiveram de demonstrar um conjunto de habilidades pessoais para conquistar posições. Assim, Mao foi organizador excelente e debatedor brilhante, enquanto Stalin foi mestre da propaganda e da intriga. E pessoas como Franklin Roosevelt, que foram reeleitas várias vezes, tiveram de exibir um conjunto de habilidades pessoais no cargo muito diferentes daquelas a que recorreram para garantir nomeações ou eleições.*

*Uma última consideração envolve a extensão em que os líderes políticos procuram transformar o senso de identidade da população. Quase todos os líderes, na maioria das situações, procuram expor as mesmas histórias e personificar as mesmas virtudes dos antecessores. Esses líderes "comuns" (os recentes presidentes americanos Gerald Ford e George Bush logo vêm à mente) exerceram função de manutenção. Já o "líder inovador" parte de um conjunto de temas ou imagens já existentes na sociedade, mas que foram pouco tempo atrás ignorados ou minimizados, e os ergue a alto nível de conscientização. Líderes recentes como De Gaulle ou Ronald Reagan se incluem nessa categoria de líderes inovadores.*

*A variedade mais rara de líder político é o indivíduo que efetivamente forja uma nova história ou imagem, algo que não prevalecera até então, e consegue convencer o público de seu poder e factibilidade. É difícil conquistar essa liderança transformativa ou visionária. Primeiro, não é fácil defender novas ideias políticas. Ademais, quando se dirige a uma população heterogênea, é preciso convencer a mente não escolarizada, não a mente especializada. Assim, enquanto colegas de física ou de literatura estão atentos a visões novas e recompensam figuras que desenvolvem novas perspectivas, as populações dos países são essencialmente conservadoras. No século XX, apenas um punhado de líderes políticos, como Lênin e Mao, e só raros inovadores ideológicos, como Mahatma Gandhi e Jean Monnet, conseguiram criar histórias que merecessem o epíteto de "visionárias" e foram capazes de disseminar essas histórias além do próprio círculo de adeptos.*

Capítulo 12

# Margaret Thatcher: Claro senso de identidade

*Nunca olho além de uma batalha. É um evento culminante, e, como uma parede de tijolo, bloqueia toda a visão do futuro.*

Winston Churchill

Margaret Thatcher serviu três vezes como primeira-ministra do Reino Unido – o mais longo mandato contínuo no cargo em todo o século XX. Nessa condição, realizou as proezas singulares de tornar-se a primeira mulher a comandar um grande partido inglês e, depois da eleição para primeira-ministra, de mudar fundamentalmente o curso da sociedade britânica no pós-Segunda Guerra Mundial. Diferentemente dos líderes descritos nos capítulos anteriores, Thatcher incumbiu-se da tarefa de falar a toda uma população, com ampla diversidade de antecedentes, de ansiedades e de objetivos. E o fez apresentando uma visão do que significa ser inglês e convidando os compatriotas a juntar-se a ela. Quando as pessoas, porém, optavam por não se identificar com essa visão, ela demonstrava pouca hesitação em excluí-las. Em última instância, ao contrário da maioria dos líderes aqui considerados até agora, as visões dela eram excludentes, não includentes: em vez de persistir na busca do compromisso e da aproximação, Thatcher preferia dicotomizar entre "nós" e "eles". Durante período surpreendentemente longo, a abordagem pareceu funcionar bem; até que, por fim, a inclinação de Tatcher para o divisionismo contribuiu para sua própria queda.

Ao longo de toda a carreira, Margaret Thatcher (nascida Margaret Roberts) representou combinação fascinante do mundano e do extraordinário. Seria difícil imaginar infância menos portentosa na década de 1930. O pai, Alfred, era dono da principal mercearia na cidadezinha de Grantham, na Inglaterra central. Era membro praticante da Igreja Metodista e se encaixava em vários nichos políticos, como os de vereador e de magistrado. Era considerado bom cidadão e trabalhador diligente, embora com mentalidade independente. Alfred desdobrou-se em cuidados com Margaret, como se fora o filho que nunca teve. A jovem Margaret era boa aluna que, como o pai, trabalhava com afinco e se impunha altos padrões; mas, decerto, não se incluía na categoria de intelectualmente precoce, como, por exemplo, Robert Maynard Hutchins ou Margaret Mead.

Talvez a característica mais extraordinária da infância de Thatcher tenha sido o fato de praticamente negar a existência da mãe, Beatrice. Nos comentários em público, ela se referia exclusivamente ao pai, e sempre nos termos mais gloriosos. Ao ser escolhida como primeira-ministra em 1979, declarou: "Bem, evidentemente, devo quase tudo a meu pai. Ele me levou a acreditar em tudo o que acredito, exatamente os valores que defendi nessa eleição." O verbete biográfico referente a ela no *Who's Who* não mencionou a mãe uma única vez. Questionada sobre o fato, em 1988, encenou surpresa e comentou: "Eu a amava muito, mas, depois que completei 15 anos, não tínhamos mais nada a dizer uma a outra. Ela se esfalfava e não saía de casa." Uma colega de escola certa feita observou que Thatcher parecia "desprezar a mãe e adorar o pai".

Situação semelhante na vida de outros realizadores logo vem à mente. Pablo Picasso obliterou o nome do pai e ficou só com o nome da mãe. Já adulto, Charles Darwin afirmou que nunca havia perdido ninguém da família, reprimindo o fato de que a mãe morrera quando ele tinha 8 anos. Michael King mudou os prenomes dele próprio e do filho para Martin Luther. Nesses e em outros casos pode imaginar-se alguma espécie de experiência profundamente embaraçosa ou dolorosa, que um jovem em crescimento talvez se sinta compelido a negar. Quem sabe Margaret tenha tido alguma briga pavorosa com a mãe ou Beatrice tenha cometido algum pecado terrível.

Parece muito mais provável, contudo, que Thatcher (como Picasso) não tenha sido capaz de conviver com a mediocridade do genitor do mesmo sexo, que ela, reiteradamente, menosprezava como "apenas Marta" (Lucas 10), em tom nitidamente derrogatório (um freudiano poderia apontar a semelhança com o primeiro nome dela). Se queria ser extraordinária, transformar-se na mulher excepcional que se parecia com o pai em interesses e em inclinações políticas, tornar-se a "inglesa de classe média" que lideraria o país de volta à grandeza, Thatcher precisaria livrar-se do que havia de comum nela mesma – e essa mediocridade era representada pela mãe oprimida.

Alfred, que não havia concluído o curso superior, decidira que a filha talentosa faria a universidade, e, de fato, na época devida, ela foi admitida na Universidade de Oxford. No Somerville College, Margaret se dedicou a duas carreiras diferentes. Estudou química, com a emérita futura ganhadora do Prêmio Nobel Dorothy Hodgkin. A carreira em química industrial fazia sentido para uma jovem com pretensões à ascensão social. Realmente, Margaret Thatcher trabalhou durante pouco tempo em dois empregos como química industrial, depois da formatura na universidade.

No entanto, mesmo enquanto estudava, a paixão de Thatcher era a política. Nessa época, o interesse pela política, que adquirira do pai, fora aguçado e direcionado. Margaret leu trabalhos de importantes autores conservadores, sobretudo do austríaco Friedrich von Hayek, crítico do socialismo, e converteu-se para a filosofia conservadora. Com a ajuda do pai, também se desenvolveu em oratória e se tornou excelente debatedora.

A posição política de Thatcher, que perdurou até o fim, recebeu forte influência em período crítico de sua vida. Ela de fato se sintonizou com a política durante a Segunda Guerra Mundial, época em que o Reino Unido se destacou na defesa dos valores democráticos contra o flagelo da Alemanha Nazista. Foi uma época difícil, mas que inspirava orgulho. Sob a liderança motivadora e implacável de Churchill, o Reino Unido confirmou que ainda era grande potência, despontando na defesa de valores meritórios.

Acredito que essa experiência enriquecedora durante a Segunda Guerra Mundial forneceu um modelo para Thatcher do nicho específico do Reino Unido no mundo; dessa experiência definidora emergiu a certeza poucas vezes questionada sobre suas crenças. Tivesse ela alcançado a maioridade política durante a letargia derrotista de Neville Chamberlain, na década de 1930, ou durante o declínio gradual da influência global britânica, nas décadas de 1950 e 1960, o espírito político de Thatcher talvez tivesse sido muito mais hesitante e omisso.

Rejeitando uma profissão que à primeira vista seria adequada para alguém com os antecedentes dela, Thatcher começou uma segunda graduação, desta vez em Direito. Foi aprovada no exame da ordem dos advogados inglesa em 1953. Como nas demais buscas, Thatcher foi boa aluna, mas não notável. Quase sempre se situava no topo do segundo escalão. O estudo de Direito pareceu importante na carreira subsequente, pois a familiarizou com questões de política e economia, assim como de processos administrativos. Nunca, porém, esqueceu o treinamento científico, e não raro o invocava como justificativa de seus raciocínios e de suas posições em diferentes áreas. A escolha do companheiro por Margaret parece ter sido, à própria feição, semelhante à de Franklin Roosevelt ou de Bill Clinton. Em 1951, casou-se com Denis Thatcher, divorciado mais velho que fora extremamente bem-sucedido nos negócios. Ao casar-se com alguém acima da condição social da família, Margaret reforçou os laços com o Partido Conservador e também se transferiu da Igreja Metodista para a Igreja da Inglaterra. Não mais precisava trabalhar para viver. Denis, no entanto, proveu-lhe mais que dinheiro e prestígio. Também foi companheiro singularmente solidário, permitindo-lhe assumir a ribalta inequívoca, mas também a orientando com discrição. Os Thatchers tiveram gêmeos em 1953, e Margaret tirou um período de folga para cuidar de Mark e Carol em seus primeiros anos.

Entretanto, Thatcher estava decidida a entrar na política partidária. Desde os tempos de estudante destacara-se no enredamento social, e começou a buscar assento na Câmara dos Comuns, à qual podia candidatar-se. Só no final da década de 1950 encontrou a oportunidade almejada, em Finchley, subúrbio de Londres, extremamente conservador. Essa comunidade, caracterizada por forte mobilidade social ascendente, que valorizava a persona competente e a autoconfiança notória de Thatcher, a conduziu reiteradamente para a Câmara dos Comuns, com amplas maiorias.

Na década de 1960, Thatcher era estrela em ascensão nas fileiras do Partido Conservador. Jovem, atraente, imponente, bem preparada, admiravelmente articulada, e resoluta, embora cautelosa, impressionava tanto os aliados políticos quanto o grande público. Foi mentoreada por importantes políticos conservadores, como Keith Joseph. Já em 1963, o líder do partido, Alec Douglas-Home comentou com a mulher: "Sabe, [Margaret Thatcher] tem a inteligência de todos nós juntos, e é bom ficarmos atentos." Entre 1965 e 1970, exerceu várias funções no shadow cabinet (gabinete paralelo). Quando os conservadores voltaram ao poder, em 1970, foi nomeada secretária de Estado para a Educação pelo novo Primeiro-ministro Edward Heath. Atuou com credibilidade no cargo, dominando os detalhes da pasta e raramente fazendo agitação; talvez ainda mais importante, aprendeu a enfrentar as críticas com calma e eficácia.

Embora os dons de Thatcher fossem amplamente reconhecidos e admirados, restava em aberto a questão de até onde poderia avançar na política. A liderança conservadora estava abarrotada de homens com antecedentes aristocráticos, basicamente conservadores, não iconoclastas por temperamento. Em quase todos os âmbitos, ela se diferenciava de tipos convencionais, como Douglas-Home, R. A. Butler, Quintin Hogg e Harold Macmillan. (Na verdade, pelos antecedentes, parecia-se apenas com Heath, que também ascendera de circunstâncias modestas e não se incluía entre as "verdadeiras" figuras do establishment.) Thatcher era mulher, viera do meio da classe média, frequentara escola pública gratuita, em vez de escola particular, fora a primeira da família a matricular-se em universidade, estudara um ofício, em vez de disciplina clássica, e, acima de tudo, era crente convicta nos valores conservadores que os contemporâneos honravam mais pela transgressão que pela observância. Com efeito, ela acabou considerando Heath traidor da verdadeira causa conservadora.

Nessas condições, em que as chances não favoreciam estranhos, várias circunstâncias precisavam encaixar-se. Primeiro, o forasteiro deveria ser deliberado, mas não ameaçador. Os dez anos em que ocupou posições no gabinete paralelo e no gabinete efetivo, Thatcher foi boa jogadora de equipe e não desafiou abertamente os outros líderes conservadores. Como mulher, já era decididamente marginal; não precisava e, talvez, nem pudesse ser ainda mais desafiadora do que já era. Segundo, teria de esperar a oportunidade certa. No caso, o momento oportuno foi a derrota de Heath na eleição de 1974, depois de um mandato considerado fraco e ineficiente, suscitando o consenso geral de que mais do mesmo não seria possível.

Terceiro, o possível beneficiário deveria destacar-se por apurado senso de oportunidade. Thatcher era realista sobre suas perspectivas. E declarou em 1974: "Demorará anos para que uma mulher lidere o partido ou se torne primeira-ministra. Não acho que acontecerá na minha vida." Todavia, quando o momento se apresentou em 1975, Thatcher o aproveitou. Reconhecendo uma situação em que candidatos talvez mais fortes – e com certeza mais previsíveis – não ousariam romper fileiras, Thatcher correu o risco. Anunciou que se candidataria; e, concorrendo com o debilitado Heath, tornou-se líder do partido na segunda votação.

Na nova posição, como chefe da oposição ao trabalhista James Callaghan, Thatcher com habilidade andou na corda bamba. De um lado, esforçou-se para ser includente. Tentou conter os líderes conservadores rivais na hierarquia e demonstrou deferência em relação a possíveis opositores à sua liderança. No entanto, ao mesmo tempo, Thatcher começou a impressionar o país (e, com efeito, o mundo) como alguém com filosofia política própria – muito menos moderada que a dos contemporâneos, dos escalões trabalhistas ou conservadores.

O termo *thatcherismo* foi cunhado e reconhecido no Reino Unido, para denotar a convicção de que o socialismo fracassara e que o país teria de repudiar a interferência governamental, promovendo a privatização e a iniciativa pessoal. A impaciência com os sindicatos trabalhistas e com os servidores civis tornou-se manifesta. Além das fronteiras nacionais, Thatcher passou a ser vista como combatente implacável nas lides da Guerra Fria. Depois de dois discursos beligerantes, em meados da década de 1970, os russos a apelidaram "Dama de Ferro". Embora o título não pretendesse ser lisonjeiro, é possível que tenha sido muito útil no país. Os russos não eram amados, as mulheres na política deviam ser consideradas fortes, e a própria palavra *ferro* talvez encerrasse certa conotação churchilliana que beneficiaria Thatcher.

Pelo menos em retrospectiva, certas eleições são divisores de água inquestionáveis. Nos Estados Unidos, logo ocorrem as disputas de Abraham Lincoln contra Stephen Douglas, em 1860; de Franklin Roosevelt contra Herbert Hoover, em 1932, e de Ronald Reagan contra Jimmy Carter, em 1980. A eleição de 1979, no Reino Unido, se qualifica como marco incontestável. O governo de Callaghan representou a abordagem consensual que perdurara basicamente sem contestação desde o fim da Segunda Guerra Mundial: apoio a, ou pelo menos tolerância, para com instituições socializadas; concessões aos sindicatos; iniciativas para reduzir o envolvimento do Reino Unido com suas ex-colônias e para forjar vínculos mais fortes com a comunidade europeia emergente; e políticas fiscais não restritivas. Ainda que os primeiros-ministros conservadores Macmillan, Douglas-Home e Heath tenham sustentado ênfases diversas das dos primeiros-ministros trabalhistas Harold Wilson e Callaghan, as diferenças entre eles não foram tão intensas quanto as que distinguiram presidentes americanos democratas e republicanos entre 1945 e 1980.

Na campanha eleitoral de 1979, Margaret Thatcher desafiou a sabedoria convencional sobre o Reino Unido. Sua plataforma, elaborada com eficácia, declarava: "O trabalhismo não está funcionando." Afirmou que o Reino Unido era um "grande país que parecia ter perdido o rumo". Tanto pela energia com que fez a campanha e pela ousadia com que desafiou Callaghan ("Você não tem mais coragem para agir. Será que terá coragem para renunciar?") quanto pelas propostas específicas que defendeu, Thatcher conseguiu convencer o eleitorado de que chegara a hora de promover mudança dramática nos rumos do país. Callaghan tentou alertar o eleitorado quanto aos riscos de uma revolução de Thatcher: "A questão a ser considerada é se devemos correr o risco de arrancar tudo pela raiz." Sem dúvida, a maioria do eleitorado estava disposta a dizer sim.

No entanto, quando Thatcher e os conservadores chegaram ao poder, em 1979, não era certo que as mudanças prometidas na campanha se realizariam. Muitos líderes abusam da eloquência mas não convertem a retórica em ação, seja por falta de firmeza nas próprias convicções, seja por não conseguirem convencer representantes eleitos, ministros nomeados e burocratas enraizados a mudarem o rumo. Com efeito, a mentalidade de prerrogativas dos servidores civis ingleses e a atmosfera colegiada do Partido Conservador sugeriam que Thatcher enfrentaria dificuldades para forjar o novo Reino Unido.

Talvez a maior aliada de Thatcher no percurso que estabelecera para si própria tenha sido a autoconfiança. Ao ser eleita, declarou: "O mais interessante para mim é que as coisas que aprendi numa cidade pequena, com uma família muito modesta, são as coisas que, acredito, me levaram a ganhar a eleição." Thatcher acreditava que as virtudes de integridade, autoconfiança, iniciativa e honestidade que aprendera com o pai eram os remédios para as doenças do país. E, em passagem reveladora, embora imodesta, de sua autobiografia, Thatcher afirma: "Chathan (William Pitt, Primeiro Conde de Chathan, estadista britânico, 1708-1778), em trecho famoso, observou: 'Sei que posso salvar esse país e que ninguém mais pode.' Seria presunçoso de minha parte comparar-me a Chatham. Mas, para ser honesta, devo admitir que minha energia decorreu de convicção interior semelhante." Como nenhuma outra figura política, desde Churchill, Thatcher personificou a autoconfiança que incutiu nos cidadãos britânicos desmotivados. Estava disposta a enfrentar os adversários e a cumprir os próprios padrões elevados.

Em geral, Thatcher se enquadra no paradigma de líderes futuros que se veem desde a mais tenra idade como figuras predestinadas e que demonstram capacidade de desafiar os detentores de posições de autoridade. Vale observar, contudo, que, como mulher em um mundo de homens, Thatcher teve de percorrer uma linha tênue entre o desafio e a ruptura. A exemplo de Eleanor Roosevelt, apenas aos poucos revelou sua personalidade questionadora aos outros – e, talvez, para si mesma.

Todavia, depois de se tornar primeira-ministra, Thatcher deixou claro que seria líder muito diferente dos antecessores imediatos. A convicção predominava sobre o consenso; declarava explicitamente os objetivos e missões; referia-se a "novos começos", "mandatos" e "mar de mudanças". Colocava as pessoas que eram mais leais a ela e às suas políticas nas mais importantes posições do gabinete, em especial nas áreas de economia e finanças. Ativista instintiva, envolvia-se profundamente – há quem diga até intrusivamente – em todos os departamentos e programas. Acordava cedo, trabalhava até tarde, exigia informações completas e desafiava o staff a seguir seu exemplo engajador. (Sob esse aspecto, assemelhava-se mais aos presidentes ativistas Carter e Clinton que ao passivo Reagan.)

Nas esferas nacional e internacional, Thatcher estabeleceu-se como intransigente – como pessoa que conquistara a própria posição, que cultivava assertividade inequívoca e que ignorava críticas ou conselhos. Em conferências de cúpula internacionais, quase sempre se colocava no centro das controvérsias. Roy Jerkin, trabalhista de longa data, afirmou em 1985:

*Como proponente das posições britânicas, ela tem a vantagem de ser quase totalmente invulnerável ao quanto ofende os interlocutores. Lembro-me de quando, como nova primeira-ministra, cercada de circunstantes que lhe faziam oposição, mantinha-se inamovível, como outras pessoas dificilmente resistiriam.*

Linha memorável, criada pelo redator de discursos Ronald Millar, reflete com exatidão a posição dela: "A dama não verga".

Nos primeiros anos como primeira-ministra, Thatcher, decididamente, alcançara sucessos relativos. De um lado, demonstrou que era politicamente aceitável no Reino Unido adotar políticas monetaristas rigorosas e acarretar altos níveis de desemprego; o público inglês parecia preparado para aceitar a possibilidade de perda de emprego a fim de garantir inflação mais baixa e orçamentos equilibrados. A lealdade ao Estado de bem-estar social também era menos intensa do que se supunha. Constatou-se a possibilidade de privatizar alguns setores e de limitar o poder dos sindicatos. Como nos Estados Unidos, ocorria algum tipo de realinhamento do eleitorado. Conservadores disfarçados em trabalhistas se beneficiavam da oportunidade de comprar moradias populares, mesmo quando se sentiam sintonizados com a adoção pelos conservadores de valores "ultrapassados" de família e patriotismo.

Thatcher, contudo, pagou preço alto por essas mudanças de direção. Constatava-se muita insatisfação no gabinete. Numerosos conservadores, que se enquadravam no consenso anterior, ameaçavam renunciar, exigindo muitas mudanças traumáticas na distribuição das pastas. Thatcher não se importava com esses transtornos. "Não sou impiedosa", afirmava, "mas algo precisa ser feito". Defendendo a decisão de nomear apenas pessoas que a apoiavam integralmente, declarou: "Como primeira-ministra, não podia perder tempo com discussões internas." As tensões raciais se exacerbaram, e Thatcher demonstrou pouca preocupação ou sensibilidade em relação aos pobres e aos imigrantes que mais sofriam em consequência de suas políticas.

Importante agente inflamatório era o próprio estilo de Thatcher, que parecia deleitar-se com a intimidação. Não só queria vencer, mas também parecia comprazer-se com as vitórias públicas conspícuas, quando humilhava os adversários. Era como observou o autor David Howell:

*Embora muitos conservadores pretendessem demolir o velho consenso para construir outro, mais novo e poderoso... Em estilo verdadeiramente conservador, o hábito de Thatcher de revirar todo o processo, mantendo-o em constante agitação, com a polarização contínua de todas as questões, mesmo depois de os eventos terem avançado nitidamente na direção certa, prolongava o tumulto e minimizava o apoio conjunto à mudança.*

Esse estilo de confrontação, talvez tanto quanto suas políticas radicais, não cativava o eleitorado. Em dezembro de 1981, só 23% dos eleitores pesquisados disseram que ela estava fazendo bom trabalho – o índice de popularidade mais baixo já alcançado por um primeiro-ministro em exercício.

Da mesma maneira como certas eleições são divisoras de água, também alguns acontecimentos mudam o curso das carreiras políticas, assim como, não raro, a direção dos ventos políticos nacionais. Os primeiros cem dias da presidência de Franklin Roosevelt; a atuação de Churchill durante a Batalha da Inglaterra; a Guerra dos Seis Dias de Israel, durante o mandato de Golda Meir; a demissão dos controladores de tráfego aéreo por Reagan; e a vitória de Bush na Guerra do Golfo Pérsico são exemplos do período coberto por este livro. Nenhum outro líder político da história recente, porém, desfrutou de virada da sorte mais dramática que a de Thatcher na época da Guerra das Falklands.

Em 1° de abril de 1982, os militares argentinos invadiram as Ilhas Falklands, ou Malvinas, ao largo do litoral do país, há muito possessão inglesa. Com efeito, as Falklands eram território em situação anômala e os governos ingleses de tempos em tempos pensavam em como transferir as ilhas para os argentinos, que reivindicavam soberania sobre o que denominam Malvinas. No entanto, quase todos os ingleses reagiram com indignação a essa apreensão agressiva, por um regime corrupto e fascista. A maioria das figuras políticas inglesas exigia a devolução das ilhas ao Reino Unido, ainda que à força, se necessário.

Sob a liderança obstinada de Thatcher, as Falklands foram de fato recuperadas. Retratando a luta como forte contraste entre o bem e o mal, Thatcher declarou imediatamente que a invasão tinha de terminar de pronto. E presidiu rápida e poderosa arregimentação de recursos financeiros e humanos. Participou ativamente, com entusiasmo, do planejamento das missões, até ficando de gatinhas ao lado do procurador-geral para medir e analisar os mapas territoriais. Autorizou o afundamento do navio argentino *General Belgrano*, ato que resultou na morte de 368 marinheiros argentinos. Quando também vidas britânicas se perderam, em consequência de ataque ao destróier *Sheffield*, ela não se afastou do objetivo declarado – rendição incondicional da Argentina. Foi como afirmou depois: "Acho que não vivi qualquer outra época tão tensa e intensa quanto todo aquele período." E persistiu até o assalto final bem-sucedido a Port Stanley e a capitulação das forças argentinas.

Eis o que afirmou o biógrafo Hugo Young: "A Guerra das Falklands foi evento seminal na vida da administração Thatcher. Seu final triunfante, ofuscando as muitas tribulações do cenário interno, foi o que garantiu a vitória política dos conservadores na eleição seguinte e no futuro incomensurável." Falando em Cheltenham, Thatcher anunciou em tom churchilliano: "Deixamos de ser um país em recuo. Imbuímo-nos, isto sim, de confiança recém-descoberta – decorrente das batalhas econômicas em casa, testada e confirmada a 8 mil milhas de distância... A Inglaterra reacendeu o espírito que no passado a impeliu durante gerações e que hoje voltou a queimar com o mesmo fulgor de antes." Na autobiografia, Tatcher declara:

*A política externa britânica estivera em longa retirada... A todos os lugares aonde fui depois da guerra [das Falklands] o nome Inglaterra agora significava mais que no passado recente... Anos depois, um general russo me disse que os soviéticos estavam firmemente convencidos de que não lutaríamos pelas Falklands e que, se lutássemos, seríamos derrotados. Mostramos que estavam errados em ambas as estimativas, e eles não esqueceram essa realidade.*

Como em situações anteriores de sua vida, ela capitalizou o sucesso. Plenamente consciente de seu valor simbólico, explorou a vitória nas Falklands como sinal de que as políticas que vinha adotando em todos os lugares eram igualmente justificáveis. Por um momento, inclusive, congregou todo o país sob a própria definição de unidade: "O que importa é que estávamos todos juntos – todos sabíamos o que tínhamos de fazer, partimos para a luta e vencemos." No Gabinete, pediu e recebeu total lealdade; e aproveitando o apoio transbordante do eleitorado, conquistou vitória acachapante em junho de 1983, ao alcançar a mais ampla maioria eleitoral de qualquer partido desde 1945. Tatcher afirmou que a vitória eleitoral foi "a derrota mais devastadora já infligida ao socialismo democrático na Inglaterra... a esquerda nunca mais poderia reivindicar, com credibilidade, apoio popular a seus programas de nacionalização maciça, de aumentos enormes nos gastos públicos, de maior poder para os sindicatos trabalhistas e de desarmamento nuclear unilateral".

Depois de garantir margem confortável no Parlamento, Thatcher passou a perseguir suas políticas com renovada confiança e até com um pouco mais de sucesso. No cenário interno, correu o risco de enfrentar tumultos, ao permitir que os mineiros de carvão continuassem em greve durante boa parte de 1984 e 1985. Ao fim do processo, forçou o líder sindical incendiário Arthur Scargill a piscar primeiro e derrotou as tropas operárias esfarrapadas, enfraquecendo significativamente o papel dos sindicatos trabalhistas na vida britânica, como sua alma gêmea, Reagan, havia feito nos Estados Unidos. Apesar de alguns retrocessos, a privatização da indústria prosseguiu. E Thatcher se destacou de maneira inequívoca na arena das relações internacionais; sem dúvida se considerando força importante, ela se beneficiou em muito das "relações especiais" com Reagan e conquistou pelo menos a aceitação relutante de outros líderes mundiais.

Com a Guerra da Falklands, a reeleição e o confronto com os mineiros para trás, os lineamentos de sua visão de mundo – que tinha uma premissa básica – estavam agora claros para todos. A premissa central de Thatcher era a de que os seres humanos, por natureza, podiam situar-se no "lado certo" ou no "lado errado". Desde o começo do mandato, Thatcher sempre perguntava aos associados: "É ele um de nós?" O significado de "nós" podia variar em diferentes contextos, mas a questão básica era: Tinha a pessoa as mesmas opiniões sobre a vida de Thatcher e seu círculo, ou estaria o indivíduo, de alguma maneira fundamental, na oposição? Ela um dia declarou: "Estou na política por causa do conflito entre o bem e o mal, e acredito que, no fim, o bem triunfará."

Essa visão maniqueísta de algo que, comprovadamente, reflete a mente não escolarizada em atuação, se manifestou em situações de diferentes escopos. No gabinete, Thatcher sempre estava interessada em saber se a pessoa era "wet" ou "frouxa" (alguém que, basicamente, seguia a visão consensual de Heath) ou "dry" ou "firme" (alguém que se alinhava com o *laissez-faire* econômico e social de Thatcher). Não demonstrava muita preocupação em saber se a pessoa era conservadora – a questão era se pertencia ao "tipo certo" de conservador.

No âmbito nacional, Thatcher também adotava a visão "nós/eles". As pessoas com quem se simpatizava eram pequenos empresários, indivíduos que se fizeram por si próprios e que trabalhavam com engenharia e tecnologia. Os inimigos eram burocratas do governo, membros dos sindicatos trabalhistas e quem trabalhava em universidades e/ou se considerava membro da *intelligentsia*. Acreditava que os participantes do primeiro grupo labutavam com afinco e se afinavam com a filosofia individualista dela, enquanto os membros do segundo grupo eram preguiçosos e entusiastas das ideologias coletivistas. A atração e a repulsão eram mútuas. O autor Julian Barnes observou:

*Para os liberais, os esnobes, os metropolitanos e os cosmopolitas, ela demonstrava a mentalidade limitada de pequeno lojista. Mas para quem a apoiava, era oradora fluente, pensadora objetiva e visionária, que personificava as virtudes da sensatez e da independência, patriota para quem estávamos sobrevivendo à custa do passado havia muito tempo.*

Considerando os fatos da vida de Thatcher, constatava-se certa tensão inevitável, Embora os antecedentes dela a enquadrassem na categoria "nós", ela também tinha em comum muita coisa com "eles" – afinal, era rica, formara-se em universidade e convivia com ideias. Inimiga contumaz do governo grande, sempre esteve na folha de pagamento do serviço público. Todavia, como Reagan, convenceu o público de que personificava as virtudes do "nós" e que, por natureza, não se alinhava com "eles" em caráter e em visão de mundo. Talvez, a força indubitável com que sustentava suas convicções, combinada com a autenticidade de suas origens humildes, a protegessem contra acusações de hipocrisia.

Sob esses aspectos, Thatcher exibia semelhança espantosa com outra figura política eficaz da década de 1980, Reagan. Ambos emitiram mensagens simples e nostálgicas, em que acreditavam pessoalmente, que expressavam de maneira clara e convincente, e que, apesar de pequenas inconsistências, pareciam personificar na vida real. Eram porta-vozes persuasivos das próprias perspectivas. É importante notar a maneira como Reagan e Thatcher foram diferentes dos sucessores: tanto no caso de Bush e de Clinton quanto no de John Major, não se sabia ao certo o que representavam, e, quando assumiam posições, não pareciam personificá-las em todo o seu ser.

Como parte de sua mensagem clara, Thatcher considerava que o Reino Unido tinha fracassado sob a liderança "deles" – socialistas trabalhistas e companheiros de viagem conservadores. Crente convicta da tradição de Hayek, desconfiava de qualquer forma de ação coletiva. De fato, com palavras que levantavam sobrancelhas em quase todos os lugares, ela alegava que as sociedades não existem – apenas indivíduos. Remontava com nostalgia à era vitoriana da livre empresa e da filantropia voluntária e ao patriotismo das duas guerras mundiais, enquanto desprezava a visão coletivista do moderno Estado do bem-estar social. Defensora da igualdade de oportunidades, mas não da igualdade final, argumentava que as pessoas tinham o direito de preservar o que conquistaram; com efeito, era darwinista social ortodoxa. Falando a pretensos empresários, disse: "A única coisa que farei por vocês é dar-lhes mais liberdade para agirem por conta própria. Se não conseguirem, sinto muito. Não tenho nada a garantir-lhes." Clamava por um governo que oferecesse "pelo menos algum estímulo para o trabalho, para a qualificação, para o esforço e, acima de tudo, para o sucesso." E, com orgulho, apontava para o sucesso passado da Inglaterra no trabalho, nas invenções, nas ciências e na democracia: "Com realizações como essas, ninguém pode duvidar de que a Inglaterra tem um grande futuro; e o que nossos amigos querem saber é se esse futuro acontecerá."

Com esse pano de fundo era fácil identificar os inimigos da Inglaterra. No país, eram aqueles que discordavam da filosofia dela: os que abraçavam a contra-história socialista. Além-fronteiras, eram aqueles que ameaçavam interferir no estilo de vida inglês. Thatcher achava que a Inglaterra era um país especial, que mantinha vínculos singulares com os Estados Unidos e relações cada vez mais distantes com a *Commonwealth* (Comunidade de Nações, composta das ex-colônias britânicas), com a Europa e com o resto do planeta. Durante todo o seu mandato, adotou posição muito cautelosa quanto a qualquer espécie de ligação econômica, política e social com a Europa. Não gostava das tendências centralizadoras, burocráticas e socialistas da Comunidade Europeia, e, assim, se opunha aos líderes – sobretudo aos da França e da Alemanha – que propunham uma Europa forte e integrada. (Sob esse aspecto, estava muito mais perto do espírito de de Gaulle que do de Jean Monnet.) Na autobiografia, declara causticamente: "A ideia de que outras pessoas inteligentes – e Jacques Delors [presidente da Comissão Europeia] era um dos indivíduos mais inteligentes que conheci na política europeia – podem construir sua Torre de Babel, sobre as fundações irregulares de nações antigas, de diferentes línguas e de diversas economias, é ainda mais perigosa."

A visão de mundo de Thatcher ilustra bem as camadas que podem compor uma história dominante. Para quem não queria sondar em profundidade, bastava elogiar a Inglaterra, com seu passado glorioso, e desdenhar qualquer ataque à economia de livre mercado. Mas Thatcher e colegas estavam preparados para oferecer textura complementar às partes interessadas. A história dela podia ser abraçada com diferentes níveis de sofisticação. Como ocorreu durante a era de Reagan, nos Estados Unidos, toda uma saga veio a ser escrita sobre o curso adequado que o país seguira no passado e sobre os vários vilões que haviam ameaçado essa trajetória na última metade de século. E numerosos intelectuais se apresentaram como neoconservadores, capazes de oferecer detalhes eruditos da história e de também contribuir com a própria notoriedade para os capítulos futuros.

Evidentemente, para quem viveu no Ocidente durante a Guerra Fria, a União Soviética representou o arqui-inimigo óbvio. E, com efeito, Thatcher tinha tão pouca simpatia pelo comunismo na Rússia quanto pelo socialismo na Inglaterra ou na Europa. Portanto, é notável que Thatcher tenha sido o primeiro líder ocidental a se relacionar com Mikhail Gorbachev. Depois de se reunir com ele e de discutirem por horas a fio, passou a gostar dele e, em frase que ficou famosa, a sentir que era possível "fazer negócios com ele". O reconhecimento de que Gorbachev era diferente dos outros líderes soviéticos e o relacionamento contínuo dela com ele foram fatores significativos na transformação, se não no colapso, da União Soviética. Assim, alguém com credenciais conservadoras inquestionáveis facilitou o realinhamento das lealdades políticas internacionais (como Richard Nixon fizera com a China Comunista no começo da década de 1970).

Thatcher teve sorte na sequência de adversários com que deparou ao longo do caminho: o líder conservador fraco Edward Heath; o confuso líder trabalhista Neil Kinnock; o líder argentino extremamente inepto, General Leopoldo Galtieri; e o líder extremista e grosseiro do sindicato dos mineiros Arthur Scargill. Mesmo Gorbachev veio a revelar-se um lance de sorte. Mas deve acrescentar-se que, ao menos nos primeiros anos do mandato, Thatcher soube escolher os inimigos, manipulá-los com habilidade e usá-los para promover as próprias causas.

Apesar da grande riqueza do marido e da formidável capacidade intelectual dela própria, Thatcher não tinha dificuldade em personificar a história que contava. Era patriota entusiasta, política perspicaz e trabalhadora incansável pelas causas em que acreditava. Sob alguns aspectos, nunca superou as visões simples da mente de 5 anos. Encarava o mundo com o contraste extremo e a nitidez intensa do preto e branco, e não tolerava ambiguidades e sutilezas. Sem qualquer interesse pelo consenso, chegava a rotular os consensualistas de "traidores".

Curiosamente, Thatcher não se constrangia em manter visão de mundo simplista ao mesmo tempo que demonstrava compreensão minuciosa e sofisticada de questões políticas e econômicas complexas. Ao contrário de Reagan, por exemplo, Thatcher não era nem preguiçosa nem desinformada. Surpreendia constantemente os visitantes com o conhecimento detalhado, com a memória extraordinária, com as perguntas incisivas e com a capacidade de mobilizar informações nos debates. Gostava de discutir e respeitava os adversários que se mostravam preparados para expor fatos e para desenvolver argumentos; não tinha paciência com sentimentalismos e farisaísmos. Em mais de um domínio, qualificava-se como especialista. No entanto, com habilidade raramente encontrada em política, Thatcher era capaz de separar a própria expertise dos instintos políticos, recorrendo a cada um desses recursos, quando necessário, mas poucas vezes os confundindo. Sua inteligência inquestionável raramente sabotava a percepção de onde o público se situava. Em âmbitos tão distintos quanto Guerra das Falklands e política fiscal, Thatcher era exemplo de como o líder político pode aglutinar de maneira produtiva conhecimento especializado com mensagens simples e claras.

Thatcher também se destacava pela coragem pessoal. Quando o conde Mountbatten foi assassinado, ela se dirigiu diretamente à Irlanda do Norte, cenário da tragédia. Mesmo depois de quase ter sido assassinada em bombardeio terrorista na convenção do partido, em Brighton, prosseguiu com os trabalhos sem interrupção, quase de maneira desafiadora, dando exemplo admirável para os ministros e para o país. Ao contrário dos muitos que se limitam a repetir o velho adágio, Thatcher sem dúvida estava disposta a sacrificar a vitória pelos princípios, e o fez em muitas ocasiões.

No entanto, as deficiências de Thatcher emergiam como consequências ínsitas e integrais das próprias forças. Procurava controlar tudo, raramente delegava autoridade, dormia apenas quatro horas por noite e fixava os olhos em todos os detalhes durante as horas despertas. A autoconfiança resvalava facilmente para a intolerância, para a inflexibilidade e para o moralismo. Era vista por muita gente, inclusive pelos apoiadores, como dominadora, mal-humorada, sectária e refratária. Na televisão, parecia autoritária para muita gente do grande público. Intolerante à indecisão e à reflexão, certa vez contestou um ministro, dizendo que o vício dele era a reconsideração. Demonstrando a mesma disposição, afirmou: “Os profetas do Velho Testamento não pediam consenso ao povo”. Era famosa pelos insultos gratuitos. Kenneth Baker, aliado e ministro próximo, descreveu Thatcher como “pessoalmente dominadora, extremamente autoconfiante, irritantemente obstinada... mistura estranha de visões amplas e preconceitos estreitos”. Um servidor público afirmou: “Ela foi a única ministra que eu nunca ouvi dizer 'Será que...?’”.

Finalmente, há a questão de Thatcher como mulher. Mais que Margaret Mead e Eleanor Roosevelt, Thatcher se destacou numa época em que o papel das mulheres estava sendo repensado na sociedade ocidental; e, com toda a probabilidade, ela se beneficiou com essa revisão. É difícil imaginar a eleição de Thatcher para alto cargo político numa era pré-feminista, mesmo num país que, havia muito, honrava as rainhas. De início, Thatcher foi tratada como mulher na política, assumindo atribuições mais voltadas para o lado social e tratando de questões domésticas. Mas Thatcher sem dúvida não queria ser tratada como ministra mulher e de modo algum aceitava a segregação como representante do segundo sexo.

Na verdade, como líder, Thatcher atuou mais na tradição de Indira Ghandi, da Índia (sua única heroína declarada); de Golda Meir, de Israel; e de Benazir Bhuto, do Paquistão – que se revelaram políticas inatas. Em praticamente todas as dimensões que se possam considerar "masculinas" na política, Thatcher derrotou os adversários homens. Era melhor debatedora, mais dura, mais analítica e, quando se tratava de guerra, mais resoluta. (De acordo com o cientista político John Stoessinger, as mulheres em função de liderança no século XX nunca perderam uma guerra.) Com efeito, ela considerava os adversários, quase todos homens, mais parecidos com as mulheres que desprezavam:

*Minha experiência é que numerosos homens com que lidei na política demonstram exatamente as mesmas características que atribuem às mulheres – vaidade e incapacidade de tomar decisões... se uma mulher não pede privilégios especiais e espera ser julgada somente pelo que é e faz, essa característica é tão desnorteante que se torna falha grave e imperdoável.*

Thatcher, contudo, não era feminista e pouco se identificava com as questões feministas (ou, como talvez preferisse dizer, promovia a causa de todas as mulheres ao demonstrar que, como mulher, era capaz de realizar, sem concessões, em um mundo masculino). Entretanto, eu seria omisso se não observasse que Margaret Thatcher, de numerosas maneiras, é pessoa muito atraente. Da mesma maneira como líderes de ambos os sexos tiram proveito dos atributos carismáticos, as líderes mulheres podem beneficiar-se da atratividade, no que ainda é, sobretudo, um mundo de homens na esfera política.

Na primeira parte de seu mandato principal, ainda não estava claro se Thatcher realizaria seus objetivos. Depois da vitória em Falklands e da reeleição espetacular, ela alcançou o auge da influência. Embora não tenha ficado mais acessível no trabalho nem mais flexível no relacionamento que nos primeiros anos, descobriu que as tendências nacionais e internacionais lhe eram favoráveis, empenhando-se em preservar essas condições vantajosas. Depois de outra vitória eleitoral, em 1987, sentiu que poderia prosseguir indefinidamente, chegando a dizer a um entrevistador: "Acho que me tornei até certo ponto uma instituição." E acrescentou: "Pretendo persistir até concluir que há pessoas capazes de avançar com a bandeira, imbuídas do mesmo grau de compromisso, crença, visão, força e singularidade de propósitos."

No triunfo, Thatcher era tudo, menos conciliatória. Um pouco como Nixon depois da vitória eleitoral sem precedentes, em 1972, Thatcher queria que a desforra fosse completa. Continuou a agir como se fosse chefe de grupo guerrilheiro vulnerável, não como escolha popular das massas. Não tolerava ministros que não fossem totalmente leais. Os adversários relutavam em defrontar-se com ela: "Sentiam-se intimidados. Ela era mais ousada, mais impiedosa e menos sensível à argumentação do que eles."

No entanto, três anos depois de sua terceira vitória eleitoral, em 22 de novembro de 1990, Margaret Thatcher renunciou por força das pressões dos membros do próprio partido. Como explicar essa súbita mudança da sorte? É tentador apontar fatores específicos – por exemplo, o aumento da discrepância entre os setores ricos e pobres da população; a tentativa praticamente isolada de Thatcher de impedir a criação de uma Comunidade Europeia eficaz; os ataques impiedosos contra os governos locais; os esforços talvez surpreendentes para instituir maior controle central sobre a educação e outras questões locais tradicionais; e, sobretudo, quem sabe, a persistência assediante com que quis instituir o *poll tax* regressivo, ou imposto comunitário fixo, a ser pago por todos os cidadãos.

Thatcher, porém, provavelmente teria sobrevivido a esse conjunto de circunstâncias negativas, ou de políticas mal orientadas, se fosse diferente. Ela passou a ser vista, cada vez mais, por membros de ambos os partidos, como pessoa alienada das realidades políticas. Estava tão convencida do acerto de suas opiniões sobre todos os assuntos que começou a agir como monarca, em vez de como chefe temporária de um partido eleito, que teria de receber votos de confiança e submeter-se a eleições reiteradas. De fato, depois que se convencia de determinado assunto, passava a agir como se não mais precisasse persuadir também os outros. Foi como Geoffrey Howe, ministro que esteve ao lado dela durante muito tempo, declarou em tom exasperado: "A insistência na soberania indivisa da opinião dela, paramentada como soberania do país, foi o fator que a destruiu."

Thatcher não deixou o cargo de bom grado nem com equanimidade. Renunciou só quando ficou claro que perdera o controle do partido. E suas memórias estão cheias de desprezo por quem a afastou e de desdém apenas um pouco menor por Major, a quem apoiou como sucessor. Embora outros atribuam o fracasso final de Thatcher em permanecer no cargo às deficiências pessoais dela, a própria Thatcher sem dúvida responsabiliza os líderes e seguidores que não souberam apreciar suas políticas visionárias.

Nos anos seguintes ao afastamento do cargo, ela se posicionou como uma espécie de "oposição leal" a ambos os partidos, nunca hesitando em oferecer críticas e conselhos sobre questões nacionais e internacionais. Nas tentativas de mobilizar o mundo para enfrentar as atrocidades na Bósnia, veem-se os traços mais admiráveis de Thatcher; nas emboscadas aos ex-colegas, percebem-se seus esgares mais petulantes e mesquinhos.

É muito cedo para emitir julgamento confiável sobre os efeitos duradouros do longo mandato de Thatcher como primeira-ministra do Reino Unido. Não saberemos durante décadas se ela empreendeu reorientação fundamental da vida política inglesa ou se reverteu apenas momentaneamente o processo que começara muito antes no século XX e que provavelmente se prolongará pelo século XXI. Embora Thatcher tenha sido a chefe de um partido político que tende a perdurar, ela está na mesma posição de Martin Luther King, Jr., Eleanor Roosevelt, Papa João XXIII, ou, efetivamente, qualquer outro líder inovador: não pode ter certeza da continuidade de seu legado. Ela própria o reconheceu, ao declarar, depois de deixar o cargo:

*Ortodoxia financeira, baixos níveis de regulação e tributação, burocracia mínima, defesa forte, disposição para defender os interesses britânicos, onde quer que e sempre que forem ameaçados – não acreditava que tinha de abrir janelas nas almas dos homens sobre esses pontos. Parecia que as os argumentos a favor deles já tinham sido vencidos. Agora sei que essas vitórias nunca são definitivas.*

No entanto, é possível falar sobre a influência interina de Thatcher sobre o país e sobre seus mandatos: um período histórico que, merecidamente, veio a ser conhecido como era Thatcher. Ela não inibiu a recessão nem a inflação, não reduziu significativamente as despesas públicas nem a carga tributária, não garantiu novas fontes de receita nem reduziu os altos níveis de desemprego. E, durante seu mandato, as tensões regionais e raciais se exacerbaram. Tampouco foi Thatcher inteiramente consistente em suas políticas. Defendeu a atenuação do imposto sobre hipotecas e se opôs a aumentos nas taxas de juros, pois essas políticas relativamente "frouxas" refletiam os interesses de seus apoiadores mais leais.

Todavia, quando se tratava de influenciar a maneira como os cidadãos britânicos viam o país, suas opções e seu lugar no mundo, Thatcher fez progressos consideráveis. Desafiou com sucesso as tendências socialistas que haviam dominado a política inglesa desde a Segunda Guerra Mundial; conferiu poderes aos empreendedores individuais, às pequenas empresas inovadoras e, mais genericamente, às forças de mercado; e solapou as opiniões consensuais sobre os papéis então dominantes dos sindicatos, das indústrias estatais e dos governos locais. Como Franklin Roosevelt e Ronald Reagan, nos Estados Unidos, Thatcher mudou os termos do debate no próprio país. Foi como disse o ex-secretário de Estado Henry Kissinger, ao avaliar Thatcher: "Tão grande foi a transformação, que a atual plataforma oficial do Partido Trabalhista não é muito diferente do que Mrs. Thatcher herdou em 1975 como programa do Partido Conservador."

Em termos de nossa discussão, portanto, Thatcher emerge como líder direta eficaz - alguém que alterou a maneira como pensavam, sentiam e agiam seus contemporâneos. Além disso, ela merece ser considerada líder inovadora, pois foi capaz de reativar crenças e valores que estavam adormecidos no país havia muitos anos. Thatcher promoveu essa orientação, porém, de maneira não escolarizada, às vezes simplista e sectária – salientando a diferença entre o Reino Unido e outros países, entre conservadores e trabalhistas, e, dentro do próprio partido, entre quem a apoiava integralmente e quem a criticava de alguma maneira. Caso houvesse procurado construir pontes que a ligassem a esses críticos, ela teria conseguido amainar as tempestades políticas de fins da década de 1980. (Observe como, diferentemente, os dons conciliatórios de Ronald Reagan o sustentaram durante a crise Irã-Contra, do segundo mandato.) No entanto, tivesse ela sido menos obstinada, talvez nunca houvesse conquistado o poder ou, mesmo que conseguisse, possivelmente não teria redirecionado a atenção, os interesses e as energias do povo inglês. Os fracassos de Thatcher decorreram dos mesmos fatores que determinaram seus sucessos.

Nas sociedades democráticas, limites definitivos circunscrevem o que os líderes podem realizar. Quase todos os assuntos precisam ser debatidos e votados; vários públicos devem ser considerados e atendidos; e, em face da perspectiva de eleições, sempre é necessário ficar atento ao eleitorado, em geral volúvel. Quando um líder ou um grupo insiste em determinada direção, quase sempre gera reação, não raro bastante virulenta para anular grande parte dos avanços inovadores. Não é preciso aceitar a teoria do historiador Arthur Schlesinger, Jr., sobre os ciclos de trinta anos na história americana nem a convocação de Thomas Jefferson (ou de Mao Zedong) em prol de uma revolução a cada dez ou vinte anos para reconhecer que as tendências de uma sociedade democrática sempre envolvem aspectos de "prazo".

Mesmo os regimes totalitários experimentam ações e reações ao longo dos anos, e até os governos autoritários chegam ao fim mais cedo ou mais tarde. No entanto, enquanto perdurarem, são capazes de avançar com muito mais determinação em certa direção. Os reinados de várias décadas de Stalin, de Mao ou de Franco não encontram paralelo imediato nos Estados democráticos ocidentais. Essas mobilizações tendem a ocorrer nas democracias somente em tempos de crise, como nas guerras ou nas depressões graves. Os cidadãos se dispõem a sacrificar seus direitos e suas prioridades pessoais, pelo menos temporariamente, a fim de garantir um mínimo de segurança e de evitar o caos econômico. Thatcher foi capaz de aproveitar essa atmosfera de crise durante algum tempo, mas a oportunidade por fim se dissipou, pondo fim à hora e à vez da Dama de Ferro. As gerações vindouras, contudo, decerto terão melhores condições para avaliar as contribuições de Margaret Thatcher como líder nacional e mundial.

Capítulo 13

# Uma geração de líderes mundiais

*Quando o líder chega, as pessoas estão cheias de pânico, incertas quanto ao que fazer e derrotistas em relação ao futuro. Quando o líder autêntico fala, elas recuperam a coragem.*

William Rees-Mogg

*[Franklin Roosevelt] tornou-se erudito e especialista em política, a profissão dele; como a física teórica era a de Einstein.*

Thomas Parrish

*Olhando para trás e visualizando toda a lenta acumulação de invenções que nos transformaram em seres humanos e, finalmente, nos converteram em pessoas civilizadas, deparamos, sobressaindo-se entre elas, ainda em desenvolvimento, com a capacidade do homem de incluir no escopo do próprio grupo cada vez mais pessoas que vivem mais distantes: a clã, a tribo, a nação, a religião, sua parte do mundo.*

Margaret Mead

Os líderes presentes na Cúpula Heureca, em Teerã, no fim de 1943 – Franklin Roosevelt (1882-1945), dos Estados Unidos; Winston Churchill (1874-1965), do Reino Unido; e Josef Stalin (1879-1953), da União das Repúblicas Socialistas Soviéticas – compunham um grupo notável. Cada um deles presidia uma grande potência mundial que havia sofrido pressões sem precedentes em consequência de ataques militares dos adversários. Embora os detalhes exatos sobre o desfecho da Segunda Guerra Mundial ainda não fossem conhecidos, já estava claro, em fins de novembro de 1943, que a vitória seria deles: mais cedo ou mais tarde, as potências do Eixo seriam derrotadas e os ataques brutais a Pearl Harbor, a Londres e a Leningrado seriam vingados. Com efeito, esses homens poderosos que nunca antes já se haviam reunido como grupo estavam juntos na capital iraniana para tomar decisões sobre as manobras finais da guerra e sobre o formato da paz subsequente.

Durante as reuniões, Stalin, Churchill e Roosevelt passaram a conhecer-se e a formar opiniões uns sobre os outros. Conforme observei o Capítulo 1, discutiram como derrotar Adolf Hitler e as potências do Eixo com eficiência e determinação; chegaram ao acordo final de uma invasão, pelo Atlântico, da Europa Ocidental, na primavera de 1944; também decidiram sobre as frentes de batalha no Mediterrâneo e no Extremo Oriente; e sopesaram as opções territoriais e jurídicas para o pós-guerra. Embora tenham assumido relativamente poucos compromissos – geralmente se considera a subsequente e controversa reunião em Yalta, de 1945, como ocasião em que se forjaram acordos mais fatídicos – predominou o clima de compatibilidade de interesses gerais. Os três homens já idosos, mas ainda ativos, voltaram para casa, de onde dirigiram os respectivos países no fim da guerra e na preparação para a paz.

A cimeira de Teerã oferece exemplo cardeal de líderes fazendo o que, classicamente, se espera que façam. Cada um deles se estabelecera inequivocamente como chefe de um grande país; cada um comandara suas tropas com bravura durante a guerra; cada um tinha autoridade para assumir compromissos em nome do país. Em conjunto, esses homens detinham poderes sem precendetes, controlando pessoas e recursos que apequenavam a força atribuída a líderes lendários, como Alexandre, Carlos Magno, Genghis Khan ou Napoleão, e até os odiados líderes da Alemanha e do Japão. E, agora, estavam engajados nas mais altas negociações, cujos objetivos eram a proteção das prerrogativas dos próprios países e a formulação de paz duradoura em âmbito global.

Embora constituíssem uma classe sem igual, eles também representavam uma geração que se compunha de outros líderes poderosos. Juntando-se a Roosevelt e a Churchill, como líderes de sociedades democráticas, perfilava-se Charles de Gaulle (1890-1970), que, desde 1940, se autoproclamara líder das Forças Francesas Livres. Os líderes totalitários das potências do Eixo incluíam Adolf Hitler (1889-1945), da Alemanha; Benito Mussolini (1883-1945), da Itália; e Hideki Tojo (1884-1948), do Japão. Outros indivíduos que poderiam ser agrupados de maneira mais ampla com os líderes dos países em guerra eram Chiang Kai-shek (1887-1975) e Mao Zedong (1893-1976), da China. Também parte dessa geração eram Stalin e, embora já tivesse falecido, V.I. Lenin (1870-1924). (Duas outras figuras relevantes, Mahatma Gandhi e Jean Monnet são analisadas no próximo capítulo.) Qualquer decisão sobre inclusão ou exclusão nessa geração de líderes é necessariamente arbitrária; por exemplo, Tojo ou Lênin poderiam ser substituídos na amostra por Francisco Franco, ditador espanhol. Para nossos propósitos, contudo, esses dez homens podem ser considerados representantes dos líderes mundiais do século XX.

Nos capítulos anteriores, analisei nove pessoas que, graças às histórias que contaram e às vidas que viveram, também podem ser consideradas líderes representativos. Abrangem desde Margaret Mead, cuja liderança decorreu em grande parte da qualidade dos produtos simbólicos que oferecia; passando por Robert Maynard Hutchins, de instituição relativamente circunscrita; até Margaret Thatcher, que presidiu todo um país durante mais de uma década. Embora nenhum desses líderes tenha assumido a responsabilidade nem exercido o poder que cercaram os participantes da Cúpula Heureca, cada um preenchia o critério básico da liderança: influenciar significativamente os pensamentos, sentimentos e/ou ações de número expressivo de pessoas. Com efeito, até se poderia argumentar que certos fenômenos de liderança se manifestam com mais contundência quando se examinam pessoas que foram menos extraordinárias, menos envolvidas em lendas, que o trio de Teerã.

O exame desses líderes me permite realizar dois objetivos importantes: primeiro, qualquer estudo sobre liderança que pretenda ser abrangente precisa considerar não só a variedade de figuras representativas (como fiz), mas também casos paradigmáticos, como os dez homens já citados. Segundo, no curso do estudo, numerosos temas sugestivos parecem ter emergido. Essa geração de líderes mundiais oferece oportunidade para testar esses temas, para ver se, além de caracterizar os nove líderes representativos, também se mostram relevantes na reflexão sobre dez líderes de classe mundial.

Finalmente, outros temas até então silentes ou ausentes se manifestam através dessa pesquisa de dez pessoas excepcionais.

Dois outros pontos sobre o escopo deste capítulo merecem comentários. Conforme observei no Capítulo 1, concebi o presente estudo sobre liderança depois de ter concluído análise semelhante de indivíduos considerados altamente criativos nos respectivos domínios. Enquanto pesquiso "sintomas" de liderança, lanço olhar comparativo sobre generalizações que resultaram de meu estudo anterior, *Mentes Criativas*. A esse respeito, Margaret Mead e J. Robert Oppenheimer são sobremodo pertinentes e compatíveis, pois começaram a vida profissional como líderes indiretos (na tradição de Einstein e Picasso), mas acabaram tornando-se líderes diretos (na tradição de Thatcher/Marshall).

Também é preciso enfatizar, finalmente, que este estudo não deve ser considerado quantitativo. Careço de ferramentas para medir até que ponto cada líder foi rebelde, quantos altos e baixos marcaram cada carreira, quão simplista ou complexa foi a história de cada pessoa. Consoante o espírito dos estudos "idiográficos" de Howard Gruber ou de Erik Erikson, de indivíduos exemplares, estou em busca de temas recorrentes nessa população. Não vejo a hora em que as tentativas de generalização daí emergentes possam ser expressas em bases "nomotéticas" mais firmes.

Ao mesmo tempo, é importante mencionar que os temas aqui relatados não são impressões dispersas. Emma Laskin e eu procuramos obter informações sobre os diferentes temas, referentes a cada indivíduo. Reportar-se a uma dúzia de temas nas vidas de dez pessoas resultaria em documento intratável e cientificista, razão por que este capítulo contém exemplos expressivos em vez de narrativa exaustiva. Por esse motivo, preparamos o Apêndice II, para leitores interessados no levantamento completo de materiais relevantes aos principais temas.

Os criadores da era moderna provieram em grande parte de lares burgueses intactos, nos quais a dedicação ao trabalho – qualquer trabalho – era considerada virtude crucial. Cada uma dessas pessoas mantinha relacionamento confortável e adequado, se não amoroso, com os pais. Embora, em última análise, a escolha da vocação nem sempre tenha sido clara, cada jovem criador trabalhou durante pelo menos dez anos em determinado campo de atuação, alcançando, assim, nível impressionante de mestria, antes de aventurar-se em aplicações mais inovadoras nas áreas mais afastadas do domínio.

Os líderes diretos* examinados neste capítulo contrastam com esse grupo de maneira instrutiva. Embora tenham crescido mais ou menos na mesma época, a maioria em países europeus, seus antecedentes são muito mais diversificados. De maneira muito aproximada, os líderes se enquadram em duas categorias: os privilegiados e os desprovidos. Roosevelt e Churchill nasceram, basicamente, de famílias aristocráticas, com longo histórico de envolvimento na vida política; as famílias de de Gaulle e Lênin

* Nas páginas indicadas, se não houver especificação em contrário, os termos *líderes* e *líderes diretos* se referem aos 10 líderes retratados neste capítulo.

eram de classe média alta e eruditas. Curiosamente, a família de de Gaulle era muito patriótica, enquanto a de Lênin se opunha ao regime czarista, tanto que o irmão foi enforcado pela participação em atividades revolucionárias.

Já os antecedentes familiares dos líderes totalitários eram muito menos privilegiados. O pai de Hitler era ilegítimo e não passou do nível de funcionário alfandegário subalterno; o pai de Mussolini era ferreiro, que também se aventurava no jornalismo; o pai de Stalin era biscateiro indigente. Os antecedentes dos líderes chineses pressagiavam a participação oposicionista deles na guerra civil chinesa; o pai do esquerdista Mao era camponês (que acabou ficando rico), enquanto o pai do direitista Chiang era comerciante.

O relacionamento com os pais se revelou crucial e muito problemático para a maioria dos líderes futuros. O pai de Stalin batia nele furiosamente; Hitler condenava energicamente o pai tirânico por surrar com frequência mãe amada. Mao mantinha relacionamento tempestuoso com o pai e, rejeitando a tradição filial dos chineses, abandonou o lar em idade prematura. Diferentemente desse grupo de líderes carismáticos que desafiaram a autoridade paterna, de Gaulle e Lênin (ambos com impulsos totalitários, à sua maneira) se identificavam com o pai e procuraram levar avante suas inclinações políticas. Confirmando um padrão já relatado, quase todos os líderes eram muito jovens quando o pai morreu. Na falta de pai sobrevivente, os jovens ambiciosos (e, talvez, também as jovens) são desafiados a cuidar de si mesmos e da família e a criar o próprio código moral (e imoral).

As experiências na escola foram igualmente tensas para a maioria dos líderes. Enquanto Mead, Oppenheimer e Hutchins (que tiveram condições de receber educação em seus lares) singraram os mares escolares com as velas enfunadas, conquistando prêmios e impressionando os colegas pela acuidade mental inusitada e pela capacidade de "deixar marcas como erudito", a maioria dos líderes mundiais considerava a escola experiência desagradável, se não desastrosa. Hitler fracassou como aluno e não conseguiu entrar na academia de arte, que almejava com tanto ardor. Conforme desejo da mãe, Stalin ingressou no seminário teológico Tiflis, do qual foi expulso por propagar o marxismo. Mussolini revelou alguns dons acadêmicos, mas era absolutamente rebelde na escola e em duas ocasiões agrediu colegas a facadas. A experiência de Mao foi caso semelhante de talento acadêmico destruído por tumulto pessoal. As dificuldades pessoais e acadêmicas de Churchill na escola estão bem documentadas. Roosevelt não enfrentou problemas acadêmicos na escola, mas, basicamente, levou a vida com o tradicional "C de Cavalheiro", alcançando resultados sofríveis mais pelo sangue azul da aristocracia que pelos méritos próprios da diligência. De nosso grupo de líderes, apenas de Gaulle e Lênin foram alunos exemplares, que, supostamente, poderiam ter seguido carreiras acadêmicas. Com efeito, se não tivessem vivido em épocas de grandes tumultos políticos, talvez nos lembrássemos deles pela liderança indireta (como nos lembramos do socialista alemão Karl Marx ou do conservador francês Charles Maurras, pelos seus escritos).

Quando se trata da conquista de expertise, os líderes diretos divergem drasticamente dos líderes criadores. Conforme já observamos, a maioria dos líderes criadores – e aqui incluo Oppenheimer e Mead – se dedica durante pelo menos uma década extremamente solitária à conquista da mestria no campo de atuação ou na disciplina acadêmica em que concentrarão suas contribuições criativas.

A geração de líderes mundiais não empreendeu essas imersões sistemáticas em esferas de ação socialmente organizadas. Em vez disso, esses líderes, imbuídos de temperamento mais aventuroso, partiram para a exploração e, talvez, para a conquista do mundo mais amplo das questões humanas. As carreiras que escolheram eram tipicamente militares (de Gaulle, Chiang, Tojo, Franco, Churchill), jornalísticas (Mussolini, Churchill, Lênin), políticas – do tipo convencional (Churchill, Roosevelt) ou revolucionárias (Hitler, Mao, Stalin, Lênin). Conforme observamos, alguns seguiram dois ou até três desses caminhos. Quase todos participaram, de uma maneira ou de outra, da Primeira Guerra Mundial, o que, reveladoramente, não aconteceu com nenhum dos criadores.

A decisão de viajar dentro do próprio país ou além-fronteiras também é vaticinante. Churchill foi o que mais viajou, visitando Cuba, Índia, Sudão e África do Sul como repórter militar, ainda na casa dos 20 anos. Chiang esteve no Japão e na União Soviética; Tojo completou o treinamento militar em Berlim; Lênin primeiro viajou por vontade própria e, depois, se exilou na Europa; e Roosevelt (como a esposa) fez a então tradicional excursão europeia. As exceções são aqueles que *não* viajaram pelo exterior. Exceto pela Cúpula de Teerã e pela estada em Viena, Stalin só viajou pela União Soviética; e Mao percorreu vastas áreas do próprio país, mas não esteve no exterior. O jovem Hitler viajou apenas pela Alemanha e pela Áustria; a primeira viagem a Paris marcou a derrota da França, em 1940. O biógrafo Alan Bullock observou: "A percepção [de Hitler] das inclinações da opinião pública nas democracias ocidentais era espantosa, considerando que ele nunca visitou nenhuma delas e não falava língua estrangeira."

As viagens ao exterior na juventude, com que se compraziam Mead e Oppenheimer, abrem as perspectivas para diferentes culturas e ideologias. (A esse respeito, os vinte e tantos anos de Gandhi na Europa e na África do Sul são ilustrativos.) É mais difícil manter a perspectiva monolítica – uma história simplista, em geral excludente – quando se é exposto, com regularidade, a pontos de vista contrastantes. Portanto, as pessoas que *não* viajam muito são mais propensas a ver tudo sob a perspectiva dos compatriotas, a maioria dos quais também é paroquial, se não xenófoba. A decisão de viajar, sem dúvida, é facilitada pela posse de riqueza; nem Churchill nem Roosevelt tiveram de catar moedas para ir ao exterior. Mas a decisão de *não* viajar, mesmo quando se tem a oportunidade de fazê-lo, pode ser indicadora de que, de propósito, a pessoa não pretende expor-se a experiências que podem complicar a própria visão de mundo. Talvez não seja por mera coincidência que as três figuras mais totalitárias de nossa época – Hitler, Stalin e Mao – raramente tenham posto os pés em solo estrangeiro, mesmo quando passaram a dispor de amplas chances, e que os colegas mais cosmopolitas fossem mais abertos a concessões.

Os criadores que estudei não desfrutaram de começos de carreira dos mais tranquilos. Quase todos sofreram alguns retrocessos; por exemplo, Freud tinha 40 anos e já experimentara sucessivas carreiras erradias, quando finalmente se dedicou ao trabalho de sua vida. No entanto, a vida de praticamente nenhum dos criadores da era moderna se aproximou da dos líderes em termos de puro tumulto, de oportunidades inesperadas e de reviravoltas repentinas.

Muitos livros já se escreveram sobre os anos de formação de cada um dos líderes. Seria impossível – e, considerando a fama, provavelmente desnecessário – relatar as muitas viradas e guinadas da vida deles. Mas, como mero conjunto de ilustrações ou lembretes, considere os seguintes fatos biográficos extraordinários:

Josef Stalin, natural da República da Georgia, foi preso cinco vezes entre 1902 e 1913 por atividades revolucionárias e sempre fugiu. Envolveu-se em muitos atos ilegais e violentos à medida que galgava a hierarquia bolchevique. Durante os anos do governo de Lênin, no começo da década de 1920, Stalin, organizador brilhante, exerceu várias funções e, ao mesmo tempo, arregimentou um grupo de apoiadores leais no partido, a que acabou recorrendo depois da morte de Lênin, para esmagar Leon Trotsky e outros adversários. Nos vinte anos seguintes, governou por meios cada vez mais tirânicos, durante os quais aniquilou toda a oposição, formou alianças temporárias com a Alemanha e, depois, com as potências aliadas, sempre se esforçando obstinadamente para transformar a União Soviética em potência industrializada invencível.

Mao Zedong (Mao Tse-tung) participou do início das atividades revolucionárias do Partido Comunista Chinês. Já em 1919 escreveu: "O mundo é nosso, o país é nosso, a sociedade é nossa. Se não falarmos, quem falará? Se não agirmos, quem agirá?" Depois de juntar forças, no começo da década de 1920, com a facção rival Kuomintang, para combater o regime opressivo de Beijing, sobreviveu ao assassinato de quase todos os colegas, quando se aproximava o fim da década. Os poucos comunistas remanescentes iniciaram nova espécie de movimento revolucionário camponês nas áreas rurais, a que se seguiram vinte anos de lenta e persistente construção do poder, período em que sobreviveram a muitos choques e crises, até tomarem o controle do país, em 1949. Na visão de Mao, os camponeses "avançarão como tornado ou tempestade – força tão extraordinariamente rápida e violenta que nenhum poder, por maior que seja, seria capaz de conter". Nos vinte e sete anos subsequentes, o regime tornou-se cada vez mais opressivo, na medida em que governava sobre o caos e o agravava ainda mais, com suas convocações periódicas para reformulações e revoluções.

Benito Mussolini foi criança muito difícil, que declarara à mãe: "Um dia, farei toda a terra tremer." Não sem talentos, fundou um jornal, criou um sindicato trabalhista, liderou greves gerais e organizou os seguidores contra o comunismo e o socialismo. Participava com frequência de atividades violentas, deflagrou um novo movimento político denominado fascismo e marchou contra Roma em outubro de 1922. Depois de conquistar o poder, constituiu um governo que, por causa da disciplina, angariou admiração em boa parte do mundo. Ao ambicionar mais território e ao celebrar um "pacto de conveniência" com Hitler, tomou rumos que acarretaram a ruína do país e de si mesmo.

Winston Churchill sempre foi iconoclasta que se deleitava em desafiar as convenções. Suas realizações durante a juventude, porém, na guerra, no jornalismo e na política, em várias partes do Império Britânico, foram tão notáveis que ele se tornou figura celebrada já na casa dos 20 anos. Ocupando alta posição durante a Primeira Guerra Mundial, reivindicou o mérito de ser o "pai da aviação naval". Participando de atividades e operações controversas, que lhe renderam muitos inimigos, surpreendeu-se, em 1922, "sem cargo, sem assento, sem partido e até sem apêndice". Depois de flertar com numerosos movimentos políticos e de advertir com persistência o público, inutilmente, da ascensão de Hitler, na década de 1930, foi a escolha inevitável dos compatriotas para assumir a liderança depois da conquista da França pelos nazistas, em 1940.

Sob muitos aspectos, a carreira de Charles de Gaulle se parece com a de Churchill. De Gaulle também era militar talentoso, figura política e escritor. Também ele foi ignorado durante a década de 1930, quando previu as táticas militares da Alemanha, despontando como líder apenas depois da derrota da França. Embora tenha liderado com coragem a França Livre, durante a Segunda Guerra Mundial, primeiro por meio de transmissões radiofônicas da Inglaterra, depois comandando forças militares no Norte da África, não recebeu o apoio almejado depois da guerra e se aposentou para escrever suas memórias, "como um velho desgastado por tudo o que passara, afastado dos acontecimentos". Os cidadãos franceses novamente recorreram a ele, em 1958, durante a problemática Guerra da Argélia, quando iniciou dez anos de liderança nacional. Da mesma maneira como Churchill procurou celebrar a grandeza da Inglaterra, de Gaulle dedicou toda a energia à reconstrução do senso de valor francês, mesmo à custa de se afastar dos líderes de outros países e das figuras com orientação mais internacional, dentro do próprio país. Depois de grandes protestos estudantis, em fins da década de 1960, de Gaulle mais uma vez se afastou voluntariamente da vida pública.

Chiang Kai-shek foi influenciado primeiro por Sun Yat-sen, líder chinês que procurou aprender com o Ocidente. Quando jovem, Chiang leu Marx e Lênin, e recebeu treinamento militar na União Soviética. Convencido de que a China era atrasada por causa da longa tradição imperial, ele e seu Partido Kuomintang tentaram unificar e modernizar o país. Travou combate de vida ou morte por mais de 20 anos com os comunistas – luta que foi suspensa, mas não resolvida, no período da Frente Unida, durante a Segunda Guerra Mundial. Embora a China tenha sido reconhecida como grande potência pelos Aliados, o governo de Chiang se esgarçou em consequência de corrupção desenfreada e de perda de apoio popular. Em 1949, Chiang e associados fugiram definitivamente para a pequena Ilha de Taiwan.

Hideki Tojo, o menos conhecido dos líderes, foi primeiro-ministro e líder militar do Japão durante boa parte da Segunda Guerra Mundial. Formou-se pela Academia Militar de Tóquio. Serviu em Berlim, depois da Primeira Guerra Mundial, onde conquistou reputação como administrador eficaz, bom comandante de campo e supervisor rigoroso. Depois de assumir função de liderança no Exército de Kwangtung, na Manchúria, em meados da década de 1930, voltou a Tóquio como vice-ministro da Guerra, em 1938.

Durante toda a fase final de sua carreira, Tojo se destacou como o mais militante dos líderes japoneses. Defendeu um pacto antissoviético com a Alemanha e a Itália, e, em 1941, forçou a renúncia do Primeiro-ministro Konoe Fujimaro, mais moderado.

Proclamando “nova ordem” na Ásia, aprovou, em última instância, o ataque a Pearl Harbor, em dezembro de 1941.

Adotando o estilo de líder fascista, Tojo deleitou-se com as primeiras vitórias militares japonesas contra os Estados Unidos. Quando as derrotas do Japão começaram a acumular-se, em 1943 e 1944, tornou-se não só ministro do Comércio e da Indústria, mas também chefe do staff geral – eufemismo de ditador. Em breve, porém, ele, por seu turno, foi afastado do cargo, com todo o gabinete, em julho de 1944. Depois da rendição japonesa (a que se opusera), Tojo assumiu responsabilidade pela derrota e tentou suicídio. Com o apoio de médicos e paramédicos, recuperou a saúde, apenas para ser julgado e enforcado como criminoso de guerra, em 1948.

Adolf Hitler, quando jovem, vendeu cartões-postais, limpou tapetes e fez vários outros biscates. Depois de primeiro tentar evadir-se do serviço militar, combateu corajosamente pelo Exército Alemão, durante a Primeira Guerra Mundial. No começo da década de 1920, frustrado com a Alemanha, pela derrota na guerra e pela instabilidade na paz, tornou-se um dos primeiros membros do Partido Nacional Socialista. Preso em consequência de um golpe fracassado, usou a oportunidade para escrever *Mein Kampf*, notável documento confessional em que expressa sua filosofia pessoal sobre questões como poder fascista, misticismo de “o povo” (*das Volk*), purificação e grandeza alemã, antissemitismo e dominação final do mundo. Depois da dissolução do sistema político na Alemanha, conquistou legalmente a chefia do governo, em 1933. Em seguida, desmontou o que restara do governo representativo, esmagou a oposição com o mesmo ímpeto de Stalin e passou a governar basicamente por decreto e com a força da personalidade. Ao maciço rearmamento militar da década de 1930 sucederam-se uma série de vitórias militares brilhantes na Segunda Guerra Mundial; a lenta reversão da maré no começo de 1943; e a brutal destruição dos judeus, de outros “não arianos”, e, por fim, dos próprios seguidores e de boa parte da população alemã.

No estudo de Eleanor Roosevelt, no Capítulo 10, salientei a rápida ascensão de Franklin Roosevelt para posições de autoridade política nos Estados Unidos: deputado estadual, na casa dos vinte; secretário assistente da Marinha, por volta dos trinta; candidato derrotado à vice-presidência; governador de Nova York, na faixa dos quarenta; e, depois, quatro vezes eleito presidente dos Estados Unidos. Sob certa perspectiva, a carreira dele foi menos acidentada que a de outros líderes mundiais contemporâneos. Mas Roosevelt sofreu golpe pessoal tão doloroso quanto os mais graves que acometeram os colegas de liderança, quando, com menos de 40 anos, foi vítima de poliomielite, em 1921. Não se sabia ao certo durante algum tempo se ele voltaria a andar nem se retornaria à vida política. Com a ajuda de familiares e amigos, e com o apoio de amplos recursos financeiros, Roosevelt conseguiu recriar-se nesse período. Suas habilidades políticas já formidáveis se aprimoraram ainda mais e se direcionaram para objetivos progressistas e includentes. A coragem pessoal dele não só inspirou os americanos, mas também projetou a confiança necessária para enfrentar, primeiro, a depressão econômica sem precedentes e, depois, a guerra geograficamente distante do território americano, mas que, em última instância, ameaçava toda a civilização.

V. I. Lênin talvez tivesse preferido ser advogado ou acadêmico, mas os acontecimentos o empurraram para a política. Depois da morte inesperada do pai, em janeiro de 1886, de hemorragia cerebral, e do enforcamento do irmão, em maio de 1887, por planejar o assassinato do Tzar Alexandre III, tornou-se apóstolo revolucionário de Karl Marx. Como membro do movimento Bolchevique Russo, assumiu posições militantes na insurgência russa e na revolução internacional. Teórico talentoso, polemista e líder político, Lênin concebeu os métodos para criar um partido político de elite e depois construiu essa poderosa organização no começo da década de 1900. "Dê-nos uma organização de revolucionários e conquistaremos a Rússia", declarou.

Exilado na Europa Ocidental, continuou a dedicar-se à revolução na Rússia, enquanto também promovia o Partido Comunista, como força política ativa no Continente. No auge da Primeira Guerra Mundial, foi despachado em trem blindado da Suíça para São Petersburgo, onde seu retorno triunfante ajudou a lançar a tão esperada revolução, na Rússia Imperial devastada pela guerra. Depois da derrota dos exércitos rivais socialista e imperial, governou autocraticamente a nova URSS. Pouco depois, ficou gravemente doente, nunca esclarecendo o curso futuro de seu regime. Morreu em 1924, deixando um legado que seu camarada inconstante Stalin ampliou de maneira imprevista.

Antecedentes em campo de atuação relevante para a liderança política e experiência de vida marcada por tumultos podem revelar-se ingredientes cruciais na formação de líderes nacionais. Sem dúvida, contudo, essa história não é suficiente. Fatores referentes a sorte e oportunidade sempre entram na equação, e é muito possível que nenhum desses indivíduos se tornasse líder do país se tivesse nascido vinte anos antes ou vinte anos depois. Com efeito, Hitler e Stalin, que realmente tinham 30 anos em 1919 e em 1909, respectivamente, teriam parecido ridículos caso se candidatassem com apenas 10 anos à liderança de qualquer entidade política significativa. Quando jovens, tanto de Gaulle quanto Churchill eram considerados brilhantes e promissores por todos os observadores; no entanto, não tivesse irrompido a Segunda Guerra Mundial, ambas as biografias decerto teriam sido muito menos ricas no período entre final da década de 1930 e início da seguinte.

Um fator, porém, já identificado em meus retratos anteriores, se repete de sobejo em todas as biografias desses dez gigantes da liderança: a *convicção* de ser especial e a correlata *prontidão* para enfrentar em igualdade de condições outras pessoas em posição de poder. Com efeito, desafiavam não só outros líderes nos próprios campos de atuação especializados (outro médico, outro poeta), mas também líderes com responsabilidade por instituições inteiras ou por entidades políticas. Lembre-se de George C. Marshall erguendo a voz para o General Pershing e, depois, para o Presidente Roosevelt; ou de Margaret Thatcher defrontando-se com os líderes do próprio partido. Entre os líderes de partidos totalitários, Hitler arengava para multidões de milhares no começo da década de 1920 e promoveu um golpe de Estado, em 1923, enquanto Stalin acumulava poder e tramava a eliminação de Trostky, enquanto se mantinha leal, na superfície, a Lênin. Mussolini desafiava o rei, o exército e a igreja em sua marcha sobre Roma, e Mao passava décadas no interior, preparando-se para assumir o controle do país. Lênin se defrontava com os líderes dos partidos socialistas rivais com a mesma intrepidez que veio a demonstrar ao instituir o regime soviético na Rússia. E Chiang aprendia com os comunistas na Rússia e usava as mesmas técnicas para esmagar facções comunistas em sua própria terra. Tojo liderava um golpe que depôs o Primeiro-ministro Konoe, em outubro de 1941.

O mesmo inconformismo caracteriza aqueles que viveram em sociedades democráticas. Disposto a enfrentar todos os oponentes em quase todas as questões políticas do século, Churchill não raro se isolava na luta por suas opiniões mais arraigadas, recusando-se a fazer concessões. De Gaulle desafiou a sabedoria convencional política e militar no entreguerras, e duas vezes voltou as costas para o poder, em vez de manter-se em posição na qual se sentia desprovido de apoio suficiente. Franklin Roosevelt foi o mais flexível nos primeiros anos – talvez porque não precisasse ser desafiador. Mas a luta contra a pólio lhe deu forças para arriscar tudo na vida política (inclusive a ruptura com o mentor, o governador de Nova York, Al Smith) – e para fazê-lo reiteradamente, depois da eleição para a presidência. A exemplo de seus colegas líderes, Roosevelt não se contentava em seguir precedentes. Com efeito, durante boa parte do tempo (desde a aceitação inédita, "em pessoa", da nomeação como candidato à presidência até a decisão de candidatar-se a um terceiro mandato), ele criou precedentes. E, como seus colegas líderes, sentia-se à vontade, até vitorioso, ao agir assim. O imaginoso erudito inglês, Isaiah Berlin, assim se referiu a Roosevelt: "Ele foi um dos poucos estadistas do século XX, ou de qualquer século, que parecia não ter medo do futuro."

No entanto, se observarmos que os líderes estavam dispostos a desafiar pessoas poderosas e antecedentes paradigmáticos, antes e depois do período de exercício do poder, talvez pareça que estou dizendo o óbvio. Afinal, quando alguém se considera líder em épocas sem igual, é de esperar que atue de maneira também inédita. Mas considerem-se certos fatos: Herbert Hoover era líder dos Estados Unidos nos primeiros dias da Grande Depressão, assim como Neville Chamberlain era governante da Inglaterra, e Paul Reynaud, da França, quando eclodiu a Segunda Guerra Mundial. Cada um desses líderes é lembrado – se não de todo, ao menos em grande parte – pela *incapacidade* de erguer-se à altura da ocasião, da maneira como agiu o sucessor.

Em vez disso, precisamos examinar questão muito mais importante: Por que, muito antes de ter sido ungido líder nacional, parecia natural, ou ao menos aceitável, que cada um dos jovens em análise desafiasse a autoridade e começasse a considerar-se igual ao líder em exercício? (Mudando o gênero, a mesma pergunta pode ser feita em relação a Margaret Thatcher ou a Golda Meir, por exemplo.) Quando se trata de Churchill ou Roosevelt, a questão não é tão difícil, pois ambos vieram de famílias que havia muito exerciam liderança nos próprios países. Mas como poderia o desempregado Hitler fantasiar sobre a revitalização da Alemanha, com ele próprio na roda do leme? Ou os delinquentes Lênin e Stalin imaginar-se líderes do primeiro país comunista do mundo? Ou, de várias maneiras, Chiang, Mao, Mussolini, Tojo ou de Gaulle se considerarem líderes viáveis de seus países?

A solução definitiva para esse dilema talvez se encontre nos estudos de Erik Erikson, que, muitos anos antes, começou a ponderar sobre essas questões – mormente nos longos estudos sobre Martinho Lutero e Ghandi, mas também nas reflexões mais circunscritas sobre muitos líderes políticos e ideológicos do século XX. De acordo com a perspectiva psicanalítica de Erikson, todas as pessoas se empenham em elaborar aspectos de sua identidade psicológica: quem são, de onde vieram, o que acontecerá com elas. Por vezes ocorre que, nas dores de uma "crise de identidade", chega a soluções que funcionam não só para elas, mas que também contêm a chave de um problema mais amplo, a afligir parcela significativa da sociedade.

Sob esse aspecto, considere as condições dos principais países do mundo no começo do século XX. A Rússia imperial, a Alemanha dilacerada pela guerra, a Itália caótica, e a China pós-imperial, todos estavam em situação desesperadora. Vivendo nesses países, muitos jovens também compartilhavam o senso de confusão e de privação, e seus sentimentos de ansiedade decorriam das condições das respectivas famílias, da geração inteira, dos próprios países, se não de todo o mundo. Às vezes, quando os conflitos e incertezas que afligem o indivíduo imbricam com os da sociedade organizada – e, em especial, quando também coincidem com as soluções putativas, ou seja, ilegítimas, mas aparentemente verdadeiras e fundadas na boa-fé –, aglutinam-se os ingredientes para a formação de um potencial líder nacional.

Evidentemente, muitos jovens, homens e mulheres enfrentam problemas e concentram energias na busca de soluções pessoais viáveis para as suas circunstâncias. O que distingue o futuro líder nacional é a capacidade e a vontade de pensar em grande escala. Aí se incluem habilidades ou inteligências para falar, escrever, analisar e influenciar outras pessoas. A vontade cultiva grande ambição e sede de poder, em geral impulsionada pelo sentimento de dano ou perda pessoal e pelo senso de destino. Imagino cada um desses líderes observando o que aconteceu em sua terra, sentindo-se profundamente infeliz a esse respeito e concluindo por si próprio – talvez com grandiosidade – que, pessoalmente, poderia ter trabalhado muito melhor que os atuais titulares. Nesse caso, o indivíduo já está pensando como futuro líder, questionando as palavras, as posições, as decisões das figuras paternais que hoje detêm poder. Com efeito, ele se identifica com os líderes incumbentes, não no sentido de imitá-los, mas, sim, no de que se sentiria à vontade no lugar do líder. Talvez porque a solução que propõe para os problemas do país tenha emergido tão integralmente de suas circunstâncias pessoais, esse curso de ação parece intuitivamente muito mais poderoso e muito mais propício, em comparação com os propostos pelos líderes que cresceram em épocas anteriores, muito diferentes. E, assim, quando surge (ou cria-se) a oportunidade para que o líder emergente efetivamente se defronte com os líderes incumbentes – em palavras e em feitos – o líder emergente encontra em si mesmo a força, a coragem e, talvez, a temeridade para aproveitar as circunstâncias.

A análise que proponho neste livro complementa a abordagem Eriksoniana. Os líderes contam e personificam histórias; os líderes diretos que pretendem dirigir um país devem contar histórias bastante simples para serem apreendidas pela mente não escolarizada. Infelizmente, talvez, os líderes do século XX oferecem amplas provas de que as histórias simples podem ser muito eficazes, sobretudo em épocas tumultuosas.

Pode-se pensar no século XX, politicamente, como consistindo de numerosas histórias, cada uma competindo com relatos rivais por presença mais firme nas várias populações. A história autóctone do século é o fascismo. Com base em certas atitudes Anti-Iluminismo, a história fascista de Mussolini envolveu a exaltação do Estado e do país como forças dominantes da vida, às quais todas as pessoas tinham de empenhar total lealdade. Unidos sob o sinal dos fasces (feixes de varas), os cidadãos de um estado fascista se ergueriam altos; seriam capazes de enfrentar as ameaças impostas pelo individualismo, pela democracia, pelo comunismo internacional – com efeito, por toda e qualquer ideologia rival, que solapasse a possibilidade de um Estado forte. Crucial era a ideia de líder todo-poderoso – nas palavras de Mussolini, "homem bastante impiedoso e vigoroso para fazer ampla faxina". Foi ainda o mesmo Mussolini quem declarou ao chegar ao poder: "Somos italianos e nada mais que italianos. Agora que o aço encontrou o aço, um único grito emerge de nossos corações: Viva a Itália!"

Se Mussolini criou a linha partidária do fascismo, Hitler a executou em toda a sua plenitude e horror na Alemanha. A estirpe nazista era muito mais totalitária que a cepa italiana do fascismo. A Alemanha não era apenas grande; também precisava ser o Estado mais poderoso do mundo. Os alemães não foram apenas maltratados; eram a "raça" suprema do mundo, e tinham de triunfar sobre todas as demais. Derramar puro sangue alemão para conquistar a supremacia era privilégio, não sacrifício. O líder todo-poderoso da nação merecia lealdade incondicional e era responsável por tudo o que acontecia. "O principal plano do programa Nacionalista Socialista", afirmou Hitler em 1937, "é abolir o conceito liberal do indivíduo e o conceito marxista da humanidade, substituindo-os pela comunidade Volk, arraigada no solo e enfeixada com coesão pelo sangue do sangue comum". Salientando a importância da história simples e da "grande mentira", Hitler explicou: "A arte da liderança consiste em concentrar a atenção do povo contra um único adversário e em impedir a dispersão do foco. O líder genial precisa ter a capacidade de fazer diferentes oponentes parecerem pertencer a uma única categoria."

Os aspectos intratáveis da vida pessoal dos líderes e dos compatriotas foram o pano de fundo contra o qual as "soluções" fascistas de Hitler e Mussolini faziam sentido. A partir da desordem é possível engendrar ordem mais ampla e abrangente. Hitler clamou por uma "crença que não abandonará [as massas] nesses dias de caos, a que jurarão submeter-se". A posição de Mussolini era quase nada mais sutil; as tendências dele para a busca do poder, contudo, e certa indolência na execução significavam que os fins fascistas não eram personificados com total convicção nem perseguidos com igual fanatismo. Mesmo Tojo e Chiang, apesar das inclinações fascistas, toleraram algumas variações nos respectivos sistemas. Nenhuma dessas dúvidas e ambivalências obliterou a sensibilidade de Hitler. Ele estava pronto para perseguir a história fascista, o ideal fascista em toda plenitude. E, muito mais que Mussolini, Hitler propunha uma visão sintética capaz de abranger todos os aspectos da vida dos compatriotas, do berço ao túmulo, dos esportes, passando pela religião e pelas artes, até a economia. A história de Hitler era de fato capaz de responder diretamente, e talvez com ênfase epsecial, a todas as possíveis perguntas que povoassem a mente de 5 anos.

De algumas maneiras, o comunismo se apresenta como extremo oposto do fascismo. Em vez de aceitar, ou pelo menos tolerar, a ordem econômica vigente e a religião dominante, o comunismo questionava-as diretamente; em vez de glorificar o

Estado em si, o comunismo considerava anacrônico o Estado nacional contemporâneo; em vez de regozijar-se entre as fronteiras nacionais, o comunismo clamava por interações além dos limites geográficos. Em seus escritos, Lênin e Mao salientaram esses pontos e até Stalin os exaltou em palavras. Essas ideias, porém, eram estranhas para a maioria das pessoas e pareciam ainda mais exóticas para os camponeses e operários em cujo interesse supostamente se manifestavam. Assim, os detalhes e as sutilezas dos raciocínios marxistas, marxistas-leninistas, stalinistas e maoístas eram debatidos pelas elites do Partido Comunista, mas não entre os públicos mais amplos e menos escolarizados. Lênin pode ter escrito sobre a "ditadura revolucionária democrática do proletariado", mas não dedicou tempo suficiente à decodificação dessa frase em seus esforços propagandísticos populares.

Com efeito, as ideias comunistas não raro foram simplificadas em demasia, a ponto de ser difícil distingui-las das ideias fascistas a que supostamente se opunham. Antes da guerra, o apelo comunista era uma convocação genérica aos operários e camponeses para derrubar os poderes imperiais dominadores e hostis no próprio país e no exterior. Stalin basicamente abandonou o pretexto leninista do comunismo soviético como vanguarda de um movimento internacional; reveladoramente, manteve-se fora de campo quando os fascistas assumiram o controle da Espanha, em meados da década de 1930. E, durante a guerra, o apelo de Stalin aos compatriotas era sobretudo em defesa da pátria russa, praticamente sem menção aos temas comunistas. O choque do pacto nazista-soviético de 1939 pode ser mais bem compreendido quando se pensa nos dois países não como inimigos ideológicos, mas, sim, como empreendimentos totalitários análogos. E a *psique* individual atormentada que levou Stalin primeiro a esposar o comunismo revolucionário e, depois, a recorrer a manobras aparentemente defensivas de enorme brutalidade se assemelhava muito mais à de Hitler do que suporia qualquer dos dois homens.

Os líderes totalitários almejavam difundir suas mensagens. Cada um deles assumiu o controle da imprensa e desenvolveu aparatos de propaganda maciços. Como algo que merece menção especial, cada um acreditava que a sua história só sobreviveria se fosse adotada – e personificada – por membros da geração mais jovem. E, assim, todos lançaram esforços sem precedentes para garantir que o sistema educacional fosse a principal força de propagação da ideologia em curso – seja o fascismo, seja o nazismo ou alguma cepa de comunismo. A esse respeito, os regimes totalitários entram em contraste chocante com os mais democráticos, nos quais a educação, lamentavelmente, poucas vezes é foco de interesse da liderança.

Quando se rejeitam as posições totalitárias de esquerda e de direita, em prol dos procedimentos dos Estados democráticos, busca-se ansiosamente um conjunto de histórias mais sofisticadas. E, com efeito, as formas de governo das monarquias constitucionais, como a do Reino Unido, dos sistemas parlamentares, como o da França, ou dos sistemas presidencialistas, com um Congresso ativo, como o dos Estados Unidos, apresentam soluções menos totalitárias. Alcança-se o poder por meio de eleições livres, em vez de pela tomada do controle; debatem-se as questões e toleram-se pontos de vista alternativos (pelo menos em princípio), quando não se os promovem e se os recebem de bom grado; o governo da maioria predomina, mas respeitam-se os direitos das minorias; assegura-se o equilíbrio entre os poderes do Estado; e a imprensa livre, independente do governo, garante o debate e a crítica.

Nenhum dos líderes dos Estados democráticos questionou esses preceitos dos regimes democráticos. Nesse sentido, eram conservadores políticos que buscavam defender seus sistemas. Todavia, paradoxalmente, as imposições da guerra conferiram-lhes poderes muito maiores que os aceitáveis em tempos comuns. O comentarista político William Pfaff explicou:

*O público recorreu a Churchill e a de Gaulle apenas depois que todas as combinações de apaziguamento (e de colaboração) fracassaram... Os governos que, em regra, dependem passivamente da opinião pública, como ocorre com as democracias, são incapazes de manejar ameaças duradouras que exigem sacrifícios na vida, ou até perdas de vida, mesmo quando é possível desenvolver argumentos razoáveis de que assim se salvarão vidas em período mais prolongado.*

Churchill, depois da eleição, em 1940; Roosevelt, depois do ataque a Pearl Harbor, em 1941; e de Gaulle, depois da queda da França e, mais significativamente, depois da ascensão à presidência, em 1958, beneficiaram-se, sob muitos aspectos, do vazio que se criara pela inação anterior das democracias. Passaram a dispor dos poderes discricionários que, tipicamente, se restringem aos regimes autocráticos. Somente o próprio senso de contenção, além da consciência de que novamente teriam de submeter-se a eleições, atuaram como freios de seus comportamentos. Nesse sentido, pelo menos, Roosevelt e Churchill enfrentaram desvantagens em Teerã, porquanto Stalin não precisava prestar contas a ninguém.

Em vez de aspirar às novas utopias do fascismo ou do comunismo, Roosevelt, Churchill e de Gaulle falavam em termos da necessidade de proteger a liberdade que havia sido conquistada no Ocidente ao longo de séculos. Roosevelt citou o "arsenal da democracia" e "as quatro liberdades"; Churchill queria preservar "o mundo seguro para a democracia"; e de Gaulle se intitulava líder da França Livre. Esse apelo idealista, todavia, se escorava em convocações nacionalistas e chauvinistas mais ostensivas. Churchill consagrou a "batalha da Inglaterra"; exortou os compatriotas a dar "sangue, labuta, lágrimas e suor"; e, por fim, acabou advertindo contra a "tirania da cortina de ferro". De Gaulle se referia constantemente à "grandeza da França" e à necessidade de ressuscitar a glória anterior. E Roosevelt não se cansava de salientar a natureza especial do sonho americano, ao invocar um "novo pacto para o povo americano", e prometeu "isolar o agressor".

Em capítulos anteriores, mostrei como os líderes – inclusive os que, de início, se dirigem apenas a especialistas nos respectivos domínios – formulam novas histórias, algo ainda desconhecido para o grande público, e a inculcam nesse grupo mais amplo. Alfred P. Sloan, Jr., influenciou a maneira como muitos americanos viam as empresas; Martin Luther King, Jr., facilitou a revolução das ideias sobre o lugar dos negros nos Estados Unidos; e Margaret Mead ajudou os americanos a ampliar seus conceitos a respeito de si mesmos e de pessoas de outras terras. Cada uma dessas novas histórias reconfiguraram o senso de "eu" de cada um e ampliaram o senso de "nós" da coletividade.

A criação de uma nova história e, em especial, de uma narrativa abrangente impõe desafio formidável aos líderes nacionais. Afinal, a tarefa primordial deles é preservar a legitimidade na própria terra, e histórias aventurosas tendem a estimular a oposição. Roosevelt e Lincoln tornaram-se pessoas odiosas pelo desejo de ampliar a noção de quem deveria ser incluído na família americana; e de Gaulle foi vítima de numerosas tentativas de assassinato ao tentar desatrelar a França imperial das colônias africanas.

Em épocas de tensão e, em especial, em tempos de guerra, histórias jingoístas e chauvinistas tendem a difundir-se com mais facilidade. É como disse o comentarista Michael Korda: "Os grandes líderes são quase sempre grandes simplificadores, que reduzem os argumentos, os debates e as dúvidas para oferecer soluções que todos compreendam e de que todos se lembrem... Mensgaens objetivas, mas poderosas." Do mesmo modo, Mao afirmou: "A única solução consiste em promover ideias bastante simples para serem apreendidas pelo povo." Essas histórias não escolarizadas salientam o status quase sagrado do país e enfatizam os vínculos que unem os cidadãos.

Reiteradas vezes encontram-se variantes da história da "Guerra nas Estrelas" (que descrevi no Capítulo 3), em que coexistem dois grupos – o bem e o mal –, e aqueles que, entre "nós", parecem uns com os outros pelos antecedentes raciais ou étnicos devem manter-se juntos, para que "nós" possamos prevalecer. As pessoas ou grupos que, por uma ou outra razão, não se incluem sob o "guarda-chuva" nacional são exorcizados, não raro, de maneira perversa. Por exemplo, mesmo no "cadinho" (*melting pot*) dos Estados Unidos, pessoas de origem japonesa foram mantidas em campos de detenção durante a Segunda Guerra Mundial, por causa da herança étnica. Ainda que se exagerem os relatos de cunho biológico sobre as origens da identidade de grupo, é claro que os seres humanos rapidamente se juntam a outros com antecedentes semelhantes para opor-se àqueles que parecem alienígenas sob um ou outro aspecto.

Portanto, mesmo sob o risco de incorrer em hipérbole, dir-se-ia que os líderes da Segunda Guerra Mundial receberam seus scripts nas circunstâncias belicosas em que eles e suas populações se encontravam. Tinham pouca latitude no que dizer, para manter a coesão interna dos países e para arregimentar efetivamente o público. Mas o sucesso deles também dependia de dois outros fatores cruciais: a eficácia com que encenavam seus scripts e o grau de persuasão com que personificavam esses scripts.

Embora, na maioria, fossem escritores confiáveis, os líderes se distinguiam pelas habilidades em linguagem oral. Lembram o testemunho do Presidente Woodrow Wilson: "Tenho forte instinto em relação à liderança, inequívoco temperamento para a oratória... Sinto que meus talentos literários são subsidiários a meus dons para outras coisas, que minha capacidade de escrever se destina a reforçar o poder de descrever e de organizar ações." Com efeito, se há um único domínio que cada um desses líderes teria dominado é o da oratória – de falar de maneira direta e convincente a seus vários públicos. Roosevelt, Churchill e de Gaulle foram mestres nos idiomas dos respectivos países, e os três ainda são muito citados, décadas depois de terem morrido.

Mussolini era orador dramático, favorecido pela voz maviosa e pelos gestos teatrais. Mao empolgava a multidão com imagens vívidas, enquanto os discursos ferozes de Lênin exerceram papel notável na deflagração da Revolução Russa. Com efeito, dos vários líderes aqui estudados, apenas Stalin parece não ter sido orador extraordinário no cômputo geral, embora se atribua a seu discurso ao povo soviético, depois da surpreendente invasão nazista, a mobilização do patriotismo e da reação, contribuindo para a derrota final da Alemanha.

Hitler foi o mais espantoso orador da época. Descobrira tanto a capacidade de argumentar demagogicamente em pequenos grupos nos anos anteriores à Primeira Guerra Mundial quanto a habilidade de empolgar grandes massas na década de 1920. A partir de então, trabalhou incansavelmente para comprovar seu edito de que "ser líder significa ser capaz de mobilizar as massas". Conseguia entusiasmar as multidões até a histeria, com uma mistura de apelos ao idealismo, ao poder, ao ódio e à ação. O uso vivo e cinemático de símbolos, como a suástica, o passo de ganso, a saudação "Heil Hitler", e a canção "Horst Wessel" foi amplamente analisado em livros sobre persuasão e propaganda. Seu associado nazista Otto Strasser descreveu muito bem o gênio oratório de Hitler: "Hitler responde às vibrações do coração humano com a delicadeza de um sismógrafo... capacitando-o a agir como um alto-falante que proclama os desejos mais sérios, os instintos menos admissíveis, os sofrimentos e as revoltas pessoais de todo o país." O acadêmico Charles Lindholm expressa o mesmo ponto de maneira que nos ajuda a compreender o "elo de identidade" de Hitler com muitos outros alemães: "Em seus discursos, Hitler restabelecia para o público seu próprio drama violento de sofrimento, de fragmentação, de perda e, por fim, de redenção, por meio da proclamação de identidade grandiosa e da projeção de todo o mal forasteiro."

Ao pedirem que os seguidores morram por determinada causa, os líderes devem parecer confiáveis. É preciso que corporifiquem de maneira convincente as histórias que contam aos públicos. Já sugeri que a forte lealdade a ideais e métodos totalitários brotou organicamente das experiências pessoais de Hitler, Mussolini, Stalin e Mao. A conversão inicial de Lênin pode ter sido mais intelectual e visceral, mas nem por isso foi menos totalitária. Refletindo o treinamento militar, Roosevelt, de Gaulle, Churchill, Tojo e Chiang acharam natural liderar as forças dos respectivos países nos tempos de batalha.

Esses líderes trabalharam incansavelmente em seus postos, e a devoção total deles era conhecida (e apreciada) pelos compatriotas. Tendo a boa sorte de viver numa época em que os pecadilhos pessoais eram ignorados ou perdoados pela imprensa, avultaram-se como personalidades formidáveis. Veja, por exemplo, a situação de uma mulher que perdera toda a família na Segunda Guerra Mundial: "Stalin foi tudo o que sobrara para ela. Como todos de sua geração, ela sabia no íntimo, com toda a razão, que sem Stalin e seu sistema eles nunca teriam sobrevivido ao ataque alemão. Stalin corporificava a Grande Guerra Patriótica." Dá em que pensar a constatação de que Roosevelt nunca foi fotografado de maneira a tornar visível a paralisia, ou de que a baixa estatura de Stalin também era disfarçada pelos fotógrafos, ou de que certos hábitos de Churchill, como bebida e intimidação, não eram comentados. Muito se falou do ascetismo pessoal de Hitler. Na medida em que são conhecidos, os vícios, como o assédio contínuo de Mussolini às mulheres, não raro aumentam o magnetismo do líder, mas o excesso de autocomplacência também pode comprometer a credibilidade deles, ao convocar os compatriotas para o sacrifício.

A coragem pessoal é igualmente personificação importante. O general de Gaulle foi ferido três vezes na Primeira Guerra Mundial e fez cinco tentativas infrutíferas de escapar da cadeia. A cabeça dele estava a prêmio na Segunda Guerra Mundial, por ter rejeitado um tratado de paz com a Alemanha. Mussolini também fora ferido na guerra. Também a têmpera de Roosevelt, ao não se deixar vencer pela pólio, era amplamente reconhecida e admirada. Mao, Tojo e Chiang foram testados na guerra, e a Longa Marcha de Mao foi realização lendária. Durante os dias mais sombrios da Segunda Guerra Mundial, quando o restante do pessoal do governo havia sido retirado de Moscou, Stalin continuou no Kremlin, oferecendo apoio ostensivo ao povo soviético sitiado. Curiosamente, embora fosse audacioso no discurso, Hitler não se reunia às tropas em tempos de derrota, preferindo alinhar-se com os soldados publicamente apenas nos momentos de triunfo militar; afinal, castigou o povo alemão por não ser digno de sua liderança.

Churchill veio a personificar a coragem pessoal. Desde a eclosão da Batalha da Inglaterra, estava em todos os lugares, trabalhando em quartéis militares e em abrigos antiaéreos, visitando áreas bombardeadas e transmitindo pelo rádio, com regularidade, mensagens de inspiração. Viajou quase 250 mil quilômetros durante a guerra, não raro arriscando a vida e a integridade física, para apoiar as tropas e dar conforto às famílias. O psiquiatra Anthony Storr assim se manifestou:

*Naqueles tempos sombrios, a Inglaterra não precisava de um líder astuto e equilibrado. Necessitava de um profeta, de um visionário heroico, de um homem que pudesse sonhar com a vitória quando tudo parecesse perdido. Winston Churchill foi esse homem; e sua capacidade inspiradora devia sua força dinâmica ao mundo romântico de fantasia em que se situava seu verdadeiro ser.*

Ninguém duvidava de que Churchill acreditava na própria história até o cerne.

Sob praticamente qualquer critério, os homens descritos neste capítulo devem ser considerados líderes bem-sucedidos. Com ou sem a ajuda de antecedentes familiares, cada um galgou a posição mais importante no governo do país e exerceu essa função suprema durante período de importância e tensão sem igual. Como os sete criadores que estudei antes, e mais que os outros líderes retratados neste livro, eles são reconhecidos apenas pelo último nome – e assim continuará sendo daqui a um século.

Entretanto, eles também personificam outro tema deste livro: mais cedo ou mais tarde, quase todos os líderes ultrapassam os próprios limites e acabam solapando as próprias causas. Com efeito, considerando suas condições épicas, esses líderes talvez fossem ainda mais propensos a esse destino hubrístico. O caso é mais óbvio no exemplo dos líderes dos países derrotados. Tojo foi executado por ter exercido a liderança no Japão, Hitler matou-se e Mussolini foi fuzilado; seus sonhos extravagantes de império se esboroaram nas ruínas circundantes. Chiang perdeu a luta mortal com os comunistas e acabou numa pequena ilha cuja própria condição como país ainda é incerta. Churchill foi afastado do cargo quase imediatamente depois do fim da Segunda Guerra Mundial, e a visão dele de um Império Britânico de "mil anos" em breve também se desvaneceria. De Gaulle voluntariamente deixou a liderança; e embora como Churchill tenha sido mais uma vez convocado para exercer o poder, novamente renunciou por vontade própria, quando sentiu que estava perdendo apoio.

Três dos líderes comunistas conseguiram manter-se na liderança até morrerem de causas naturais. O regime de Lênin foi breve demais para revelar as próprias aspirações ou as próprias reações ao regime de terror de Stalin. Mas tanto Stalin quanto Mao pagaram preço alto demais pela longa permanência no cargo: acabaram cercados de subordinados bajuladores, em vez de apoiados por amigos fiéis e por assessores confiáveis, e hoje são amplamente condenados pelos regimes assassinos e pelos sacrifícios hediondos que infligiram aos respectivos países. A União Soviética se extinguiu e o comunismo chinês sobreviveu apenas no nome. Roosevelt efetivamente continuou no cargo até a morte, quase no fim da guerra, e ainda é reconhecido como um dos grandes presidentes americanos. Mas a decisão de candidatar-se ao terceiro e ao quarto mandatos foi rejeitada pelos cidadãos americanos, que apoiaram inequivocamente uma emenda constitucional que limita a presidência a dois mandatos. E seu exaltado New Deal, cujo valor na década de 1930 é hoje aceito com relutância, se tornou símbolo de intervenção governamental que nem sempre fornece soluções viáveis para problemas de longo prazo. (Vale notar que líderes americanos recentes, como Ronald Reagan e Newt Gingrich, admiravam as qualidades de liderança de Roosevelt, mas dedicaram suas carreiras políticas à superação do legado dele.)

Falar sobre os fracassos de grandes líderes talvez seja apenas reconhecer a imperfeição e a finitude humanas. Ainda pode ser sinal de que a noção de grande líder deve ser questionada como excessiva. Mas a atenção a esse fenômeno também nos lembra de possibilidades humanas que não se realizam em plenitude. Às vezes o potencial está no jovem líder, cujas tendências idealistas mais cedo ou mais tarde se dissolvem pelas pressões externas e pelas tentações do poder em si. Outras vezes se situam no público, que de início se ergue diante da convocação para o sacrifício, mas que não consegue sustentar a atitude de altruísmo durante muito tempo. Também é possível que ocorram reações inevitáveis a qualquer história ambiciosa, contada com ousadia. Eis o que diz o Secretário de Estado Henry Kissinger: "Toda revolução política mais cedo ou mais tarde chega ao fim, depois que o público se cansa de ser manipulado entre sucessivas campanhas." Curiosamente, esse tipo de reação parece ocorrer com a mesma previsibilidade, tanto nas áreas de criatividade artística e científica quanto nos campos da liderança política: nenhuma geração sucedeu a Picasso, Stravinsky e Einstein, assim como nenhuma coorte substituiu a plêiade de Stalin, Roosevelt e Churchill.

Parte III

# Conclusão: Liderança com Visão Prospectiva

Capítulo 14

# Jean Monnet e Mahatma Gandhi: Liderança além das fronteiras nacionais

*O ódio nacional é mais forte e mais veemente nas fases mais baixas das culturas. Mas, a certa altura, desaparece totalmente, quando, assim dizendo, nos situamos acima da nacionalidade e sentimos as felicidades ou desgraças dos povos vizinhos como se acontecessem com nós mesmos.*

Johann Wolfgang von Goethe

*Duas vezes neste século, toda a Europa pagou um preço trágico pela estreiteza mental e pela falta de imaginação de suas democracias.*

Vaclav Havel

Depois de percorrer o espaço que se estende de Margaret Mead a Josef Stalin, talvez pareça que prospectamos todo o espectro da liderança. Afinal, considerei formas diretas e indiretas, variedades inovadoras e visionárias, e um conjunto de histórias de identidade, assim como diferentes formas de personificação. No entanto, terminasse eu o estudo a esta altura, teria omitido um tipo de liderança que pode revelar-se crucial no futuro.

Neste capítulo, considero duas pessoas – Jean Monnet (1888-1979) e Mohandas K. Gandhi* (1869-1948) – que dedicaram a vida à criação de entidades que vão além das fronteiras nacionais. Monnet se interessava basicamente por formas de governo internacionais; Gandhi, pelas relações diretas entre seres humanos em todo o mundo. Embora os dois fossem muito diferentes, ambos se destacavam pela capacidade de desafiar organizações e métodos políticos tradicionais para alcançar pelo menos algum sucesso na reformulação da política. Minha análise de Monnet e Gandhi desbrava o caminho para o último capítulo, em que sumarizo as principais descobertas deste estudo, discuto as limitações e oportunidades que caracterizam a liderança no século XX e considero como se poderia engendrar a liderança eficaz no futuro.

Jean Monnet, filho de pais prósperos, nasceu na região vinícola de Cognac, França, em 1888. A família Monnet atuava no negócio de brandy. Aluno indiferente, Monnet não fez curso superior. Preferiu, em vez disso, viajar muito pela Europa, África, Estados Unidos e Canadá, nos últimos anos da adolescência e no começo da casa dos vinte. Embora fosse oriundo de família tradicional e nunca tivesse abandonado a aristocracia

* Ao tornar-se reconhecido líder espiritual, ficou muito conhecido como "Mahatma" ou "grande alma".

dos antepassados em conforto e civilidade, Monnet foi profundamente influenciado pelas diferentes atitudes e estilos de vida que encontrou durante as viagens na juventude. Refletindo sobre a vida, disse: "Eu ousava porque não conhecia tabus. Não tinha consciência da importância das funções oficiais. Como os americanos, fui treinado para pensar que, se algo precisa mudar, todas as pessoas têm o direito de apontá-lo."

Quando irrompeu a Primeira Guerra Mundial, Monnet (inapto para servir em batalha, do ponto de vista médico) atirou-se ao esforço de conseguir que a França e a Inglaterra trabalhassem juntos, em estreita coesão, sobretudo na compra e na distribuição de material bélico. Para tanto, desenvolveu novo tipo de balanço patrimonial consolidado que facilitou a conjugação de recursos. Com essa experiência, Monnet aprendeu que as alianças se fortaleciam quando as partes trabalhavam juntas em iniciativas econômicas concretas das quais cada uma sentisse estar extraindo a parcela justa. (O balanço patrimonial de Monnet produziu a mesma espécie de efeito liberalizante do novo organograma criado – para propósitos muito diferentes – por Alfred P. Sloan, Jr., quando assumiu o leme da General Motors.)

De maneira mais geral, Monnet descobriu que tinha jeito para diplomacia internacional, estabelecendo e mantendo relacionamentos entre amplo espectro de pessoas, e se tornou respeitado pela habilidade e tato. Logo percebeu que, como participante desinteressado, podia transitar com facilidade e eficácia pelos corredores do poder: "Minha força era a ingenuidade do jovem. Eu não tinha ideia do que era um primeiro-ministro... Para mim era um homem como outro qualquer... Entrei em cena numa época em que os homens em posições de poder estavam perdidos, quando não sabiam para que lado virar." Demonstrando a autoconfiança e a ousadia características dos futuros líderes inovadores, o jovem Monnet optou por não se dirigir aos líderes da maneira habitual: "senhor presidente".

Durante boa parte do resto da vida, Monnet concentrou as energias especificamente no desenvolvimento de relações entre os países. Em 1918, falou sobre a necessidade de unidade entre todas as democracias. De 1919 a 1923, atuou como vice-secretário geral da recém-criada Liga das Nações. Afastou-se, então, durante algum tempo, para cuidar dos negócios da família; nessa época, também trabalhou em Wall Street e, por fim, demonstrou grande capacidade em recuperar empresas privadas em todo o mundo. Assustado com a ascensão brutal de Hitler e com a probabilidade de outra guerra mundial, direcionou seus talentos para o rearmamento da França e da Inglaterra. Começou a pensar com seriedade numa união entre os dois países, o que realmente veio a propor em junho de 1940, envolvendo dupla cidadania, moeda única e conjugação de todos os recursos.

Mudando-se primeiro para Londres, onde era o único membro francês do British Supply Council, e, então, depois da queda da França, para Washington, Monnet procurou trabalhar com o general Charles de Gaulle, líder da França Livre. Mas os dois homens estavam fadados a serem inimigos ideológicos: Monnet sempre trabalhou para a cooperação internacional, para a igualdade entre os países e para a atenuação das fronteiras nacionais, enquanto de Gaulle dedicou-se aos interesses de uma França soberana, independente e dominante. No entanto, Monnet ajudou de Gaulle, em 1943, quando o general assumiu autoridade na Argélia, além de aliar-se a ele em várias ocasiões, nas duas décadas seguintes.

O fim da Segunda Guerra Mundial foi o início do período em que exerceu maior influência. Monnet conhecia bem os erros diplomáticos e econômicos que haviam sido cometidos no fim da Primeira Guerra Mundial e estava determinado a que não se repetissem. Em especial, sabia que o espírito de vingança contra os derrotados seria catastrófico. Numa época em que os lideres e os países estavam exaustos, Monnet – que vinha pensando sobre a revitalização e reconfiguração da Europa havia décadas – transbordava de ideias promissoras para reconstruir a região e para garantir a paz duradoura. Em 1947, propôs um plano para modernizar a indústria e a agricultura francesas; esse esquema se encaixava bem no projeto da recuperação europeia que o Secretário de Estado americano George Marshall estava propondo. Por meio de sua rede de relacionamentos pessoais sem igual, desenvolvida ao longo de décadas, Monnet também lutou incansavelmente para solidificar as relações entre França, Inglaterra e Estados Unidos, garantindo, assim, a sobrevivência da Aliança Atlântica.

Em 1950, Monnet apresentou aos líderes europeus outro conjunto de ideias. O Plano Schuman, como veio a ser conhecido, resultou na formação da primeira entidade supranacional – a ECSC (European Coal and Steel Community – Comunidade Europeia do Carvão e do Aço). Essa instituição representou passo importante, altamente arriscado e, por fim, bem-sucedido para a reintegração pacífica da Alemanha, dos pontos de vista econômico e político, na família de países europeus. A nova entidade econômica demonstrou que os países da Europa Ocidental podiam compartilhar mercados, trabalho e riqueza de maneira construtiva e cooperativa. Monnet sabia que essa comunidade pouco tinha a ver, realmente, com carvão e aço, mas, sim, com o início de uma nova Europa. Mas não foi bem-sucedido no esforço paralelo para criar uma Comunidade de Defesa Europeia e alcançou êxito apenas modesto com a Euratom – uma terceira entidade transnacional centrada nos usos da energia nuclear.

Depois de completar o mandato como presidente da ECSC High Authority – o posto oficial mais importante que ocupou –, Monnet organizou o Action Committee of the United States of Europe. Esse grupo foi precursor da Comunidade Econômica Europeia, ou do Mercado Comum, instituição duradoura que mudaria a face econômica da Europa Ocidental.

De Gaulle voltou ao poder em 1958, quando então reiniciou-se o atrito entre de Gaulle e Monnet. De Gaulle criticava Monnet constantemente e ridicularizava a ideia de uma Europa unificada. “Dante, Goethe e Chateaubriand pertencem à Europa apenas na medida em que são, respectivamente, acima de tudo, italiano, alemão e francês. Jamais teriam servido tão bem à Europa caso não tivessem identidade nacional, se houvessem escrito em alguma espécie de Esperanto”, declarou o general, em um de seus frequentes comentários evocativos. “Não mais estamos na época em que o Sr. Monnet dava ordens”, rosnou em certa ocasião. De Gaulle sempre se inclinou para uma Europa centrada na França e na Alemanha, enquanto Monnet enfatizava a importância de incluir o Reino Unido em qualquer esquema europeu. De Gaulle conseguiu vetar ou retardar numerosas iniciativas de Monnet; por exemplo, opôs-se ao papel do Reino Unido no novo Mercado Comum, insistiu no poder de veto nos conselhos europeus e cortou pela raiz a ideia de força nuclear multilateral. Para cada capítulo da nova história mais includente de Monnet, de Gaulle reagia com contra-história igualmente clara, que acentuava a exclusividade dos países.

No entanto, Monnet durou mais que de Gaulle, não só no sentido de sobreviver, mas também no de testemunhar a realidade do Mercado Comum Europeu e o advento de uma comunidade europeia única, a União Europeia, concebida pelo Tratado de Maastricht, de 1993. Ao conceder o Freedom Prize a Monnet, o Presidente John F. Kennedy declarou:

*Durante séculos, imperadores, reis e ditadores procuraram impor unidade à Europa pela força. Para melhor ou para pior, fracassaram. Mas, sob a sua inspiração, a Europa se aproximou mais da unidade, em menos de vinte anos, do que já conseguira antes, em mil anos. Você e sua equipe a construíram com a argamassa da razão e com os tijolos do interesse econômico e político. Você está transformando a Europa pelo poder de uma ideia construtiva.*

O tributo de Kennedy (que pode muito bem ter sido de autoria de George Ball, amigo próximo de Monnet, então subsecretário de Estado) foi exato e adequado. Ainda jovem, Monnet se convencera de que a viabilidade futura da Europa dependia de laços mais estreitos entre as nações. Os eventos terríveis da primeira metade do século conferiram credibilidade a essas instituições. Foi, de fato, a "única boa ideia" dele, a que uma vez se referiu jocosamente nesses termos. O que diferenciava Monnet de outros que poderiam ter falado do conceito abstrato de "Uma Europa" ou "Um Mundo" foi que, sem autoengrandecimento, ele trabalhou, de maneira incansável e obsessiva, para ajudar a converter a ideia em realidade, superando as expectativas até do otimista mais entusiástico. É como ele disse certa feita: "Sempre há um sonho em todo empreendimento, mas o sonho se transforma em realidade, se durar mais que um dia."

Do outro lado do mundo, em 1869, nasceu Mohandas K. Gandhi, em Porbandar, Índia, no Mar Arábico. Muito menos afluente e cosmopolita que os antepassados de Monnet, os ancestrais masculinos de Gandhi, durante gerações, destacaram-se como participantes importantes do governo provincial. Enquanto a ambiência em Cognac, França, girava em torno de questões comerciais, o contexto na casa de Gandhi oscilava ao redor de temas éticos e religiosos. Embora como estudante não fosse mais entusiástico que Monnet, o jovem Gandhi se revelou precoce nas ideias sobre moralidade e era sobremodo severo com as próprias transgressões morais. Sempre se esforçando para ser um bom jovem indiano, depreciava-se com rigor por uns poucos pecadilhos da juventude; nunca se perdoou por ter deixado o leito de morte do pai agonizante para ter relações sexuais com a jovem noiva.

Em iniciativa muito menos canônica que o grande périplo de Monnet, Gandhi se opôs ao conselho do chefe de sua comunidade e aproveitou a oportunidade de estudar Direito na Inglaterra. O convívio com uma cultura totalmente exótica e com variedade espantosa de experimentos políticos, sociais e espirituais foi um choque para Gandhi, mas também exerceu profunda influência sobre seu desenvolvimento. Embora quase sempre se mantivesse como observador discreto na Inglaterra, Gandhi se manifestou verbalmente quando se tentou punir alguém que havia defendido doutrinas sociais impopulares (embora o próprio Gandhi tivesse pouca simpatia por opiniões iconoclastas).

A tomada de posição sobre questões morais em solo estrangeiro foi experiência definitiva para o jovem estudante de Direito. Depois do retorno à Índia, a vida previsível como advogado ou autoridade provincial foi interrompida inesperadamente por um convite para uma viagem à África do Sul, com o propósito de ajudar em um processo judicial. Mais uma vez deixando para trás a família, Gandhi partiu para o novo destino, em 1893, e lá ficou durante duas décadas.

Durante os anos que passou na África do Sul, Gandhi desenvolveu as ideias e práticas que o converteram em figura mundial. Viu-se empurrado para a ribalta da vida pública por causa da recusa em aceitar a maneira como eram tratados os indianos e outras pessoas de pele escura naquele posto avançado holandês e britânico. Gandhi se sentia pessoalmente humilhado quando ele e outros indianos não podiam sentar-se onde quisessem, viajar onde e para onde desejassem, ou participar com liberdade da vida política e econômica do país escolhido. E, assim, iniciou uma vida de protesto, que envolvia promover reuniões, lançar organizações e publicações, escrever petições, defender casos e buscar lacunas e manobras legais. Como represália a essas iniciativas, Gandhi era açoitado, aprisionado e atacado a toda hora pelos brancos, tanto pelos integrantes da estrutura de poder quanto por outros em escalões administrativos mais baixos.

O que diferenciava Gandhi de outros manifestantes em diferentes partes do mundo foi a adoção gradual de uma filosofia inovadora e de um conjunto original de métodos. Sob forte influência de alguns escritores ocidentais, como Henry David Thoreau e John Ruskin, dos escritos e do exemplo pessoal do romancista russo Leo Tolstoi, e da imersão intensa na literatura religiosa do Oriente e do Ocidente, Gandhi renunciou aos prazeres mundanos, assim como aos frutos da civilização industrial, e adotou estilo de vida ascético. De volta à família, fez experimentos envolvendo dietas, horários e trabalho; também empreendeu negociações consigo mesmo e com os circunstantes na Fazenda Tolstoi, comunidade experimental que constituíra perto de Joanesburgo, em 1910. Para Gandhi, a história em si nunca era suficiente; a personificação no estilo de vida era parte integrante da mensagem.

Mais importante, Gandhi abjurara o confronto violento e desenvolveu nova forma de protesto. No que veio a tornar-se conhecido como *satyagraha*, quem se sentia discriminado se recusava a obedecer leis injustas, mas o fazia sem violência e se preparava para aceitar as consequências, desde a prisão até a morte.

Acreditando ter cumprido a missão na África do Sul e se vendo cada vez mais procurado pelos compatriotas sofredores, Gandhi voltou à Índia em fins de 1914, pouco depois do começo da Primeira Guerra Mundial. Como Franklin Roosevelt, Margaret Thatcher e outros líderes que descrevi, Gandhi passara a sentir que era a única pessoa capaz de ajudar "seu povo". Nesse caso, Gandhi viu que devia ajudar sua terra natal - uma colônia que se sentia cada vez mais preparada para a independência, mas que até então não fora capaz de cortar os vínculos com a poderosa e obstinada Grã-Bretanha. Como parte de um acordo com um aliado político próximo, Gandhi passou o ano seguinte viajando pela Índia, sem manifestações públicas, familiarizando-se com as condições na terra da qual estivera separado durante tanto tempo. Gandhi apoiou o esforço inglês na Primeira Guerra Mundial; mas, no fim do conflito, já tinha chegado à conclusão de que a Índia não devia, nem podia, continuar sendo possessão inglesa.

Se a única ideia norteadora de Monnet foi a de que os países da Europa deviam avançar para a unidade, a única estrela-guia de Gandhi era a de que a Índia precisava enfrentar a Inglaterra em igualdade de condições, não como colônia subordinada. Sob certo aspecto, então, a ideia de Gandhi pode ser considerada nacionalista, em contraste com o sonho internacionalista de Monnet. No entanto, quase desde o começo, boa parte do resto do mundo, se não os próprios líderes ingleses, compreenderam que Gandhi estava de fato lançando um processo diferente, muito mais universal.

Conforme demonstrado pelo método de resistência pacífica, satyagraha, Gandhi dedicou a vida à crença de que os seres humanos estavam muito mais unidos que separados. Se tivessem a chance de confrontar-se diretamente uns com os outros, seriam capazes de resolver suas diferenças, de maneira não violenta, o que confirmaria e reforçaria a humanidade de ambos os lados. Gandhi, porém, não dedicou a vida à causa da Índia Livre, mas, sim, à perspectiva de melhores relações entre seres humanos de todos os lugares, a verdadeira missão que animou Gandhi e seguidores em todo o mundo. Revelando esse propósito, um dia dirigiu-se ao adversário Lorde Irwin nos seguintes termos: "Gostaria de encontrar-me não só com o vice-rei da Índia, mas, principalmente, com o homem que exerce essa função."

Monnet atuava principalmente nos bastidores, nem seu nome nem seus feitos eram bem conhecidos fora da elite da Comunidade Europeia. Gandhi adotou a atitude exatamente oposta, agindo da maneira mais pública e mais visível possível. Embora não estivesse muito interessado em receber os méritos pelas realizações do movimento que deflagrara, seu nome, suas ideias e sua imagem física foram bem conhecidos durante boa parte do século (e o sucesso inesperado em 1982 do filme bibliográfico de Richard Attenborough ajudou a garantir que as proezas de Gandhi serão conhecidas pelas próximas gerações).

Já em 1918, Gandhi testou a si mesmo e suas ideias em solo indiano, empreendendo ação organizada na cidade de Ahmedabad, no Centro-Oeste do país. A razão ostensiva para o confronto foi uma disputa entre trabalhadores e proprietários de uma usina, aos quais conhecia pessoalmente, em ambos os lados. Mas Gandhi aproveitou a ocasião para elaborar métodos – inclusive jejum pessoal – pelos quais as duas partes pudessem negociar de maneira construtiva. O objetivo dessa e de outras ações subsequentes era chegar a uma solução que respeitasse os interesses de ambas as partes e as deixasse igualmente fortalecidas pela participação no conflito estruturado, às vezes quase ritualizado.

Por numerosas razões, o confronto em Ahmedabad foi pacífico e eficaz. O veredito não se aplicaria a todas as ações subsequentes de que Gandhi participou nos trinta anos seguintes. O protesto contra a lei Rowlatt (que impôs restrições inglesas à vida indiana) no ano seguinte terminou em violência e culminou com o massacre de Amritsar, em que morreram mais de mil pessoas. Gandhi tentou sem muito sucesso unir as forças muçulmanas e indianas na agitação de Khilafat, de 1919 e 1920. Em 1922, em seguida a vários atos de resistência à autoridade inglesa, o próprio Gandhi foi levado a julgamento por sedição. O processo se destacou por intercâmbio memorável com o juiz, em que ambos os homens reconheceram as características inéditas da disputa. O Juiz Robert Broomfield disse: "Será impossível ignorar o fato de que você pertence a categoria diferente da de qualquer outra pessoa que já julguei e que provavelmente virei a julgar. Seria impossível ignorar o fato de que, aos olhos de milhões de seus compatriotas, você é grande patriota e grande líder." Gandhi, todavia, foi condenado à prisão por seis anos. E respondeu a Broomfield: "No que respeita à sentença, decerto a considero tão leve quanto a que qualquer juiz me infligiria; no que concerne a todo o processo, devo dizer que não poderia esperar maior cortesia."

Depois de sair da cadeia, Gandhi de apressou em, mais uma vez, imergir na política. Em 1930, liderou seu movimento mais famoso, a Marcha do Sal, em que ele e milhares de seguidores marcharam rumo ao mar para realizar um ato de grande importância simbólica – recolher grãos de sal na praia como meio de desafiar novo imposto incidente sobre o sal. Gandhi esperava ser preso e receava que milhares de seguidores também seriam encarcerados. Com o que não podia contar foi a resposta violenta das autoridades.

Policiais armados derrubaram centenas de manifestantes em marcha, que caíram ao solo sem levantar um braço para defender-se dos golpes. Eis o relato do repórter da United Press, Webb Miller, em despacho famoso:

*Não houve luta, nenhum combate; os manifestantes continuavam caminhando até serem derrubados. Os policiais começaram a chutar com selvageria os homens sentados, atingindo-os no abdome e testículos, e depois passaram a arrastá-los pelos braços e pés, atirando-os nas trincheiras... Durante horas, filas de padioleiros transportaram corpos inertes e ensanguentados.*

Graças à velocidade do jornalismo moderno, o massacre cruel e sangrento dos manifestantes pacíficos tornou-se conhecido em todo o mundo. Embora os ingleses tivessem esmagado a rebelião, o domínio moral sobre a Índia se despedaçara para sempre.

Gandhi finalmente expusera seu argumento para a Grã-Bretanha e, talvez, ainda mais, para o resto do mundo civilizado. O que se seguiu foi uma série de tentativas relutantes para a concessão da independência à Índia, processo que foi muito acelerado pelos acontecimentos da Segunda Guerra Mundial. Em razão de sua eminência e de seu exemplo moral, Gandhi contribuiu inequivocamente para a derradeira dissolução do colonialismo, embora grande parte da liderança política em si tenha sido exercida por seu protegido, Jawaharlal Nehru. Em meados da década de 1930, o próprio Gandhi se afastou até certo ponto da vida pública, retornando, como fizera nos anos de África do Sul, para uma vida simples e marcantemente exemplar, numa aldeia.

À época da declaração de independência oficial, em fins de 1947, Gandhi voltou à vida pública, dedicando todas as suas energias à redução das tensões que afligiam as relações entre muçulmanos e hinduístas. Falava, escrevia, admoestava, negociava e jejuava à maneira de um homem décadas mais jovem. A luta foi tão violenta e sangrenta que, quando alguém falou em comemorar a independência, Gandhi, com amargura, ironizou: "Não seria mais apropriado enviar condolências?" No final das contas, o próprio Gandhi foi vítima dessa luta interna. Em janeiro de 1948, um de seus correligionários, Nathuram Vinayak Godse, hinduísta fanático, matou Gandhi com um tiro, quando o líder se dirigia a um templo.

As realizações de Gandhi são respeitadas na Índia. Apesar da continuidade da luta, em grande parte sangrenta, ele é reconhecido como líder preeminente do século XX. No entanto, a maior contribuição de Gandhi vai bem além do subcontinente indiano. Por meio de seus inscritos inspiradores e da própria corporificação da coragem pessoal, ele transmitiu a povos de todo o mundo que é possível resistir à injustiça de maneira honrosa, que não envolve contra-ataque e que até pode redundar em soluções que fortaleçam todas as partes interessadas.

Entre as inúmeras pessoas que homenagearam Gandhi, dois líderes do século XX – um direto, outro indireto – conseguiram expressar o que sentiam milhões de pessoas. Martin Luther King, Jr., disse que Gandhi ensinou "os únicos métodos eficazes dos pontos de vista moral e prático, acessíveis às pessoas oprimidas na luta pela liberdade". Depois de apontar para a estranha coincidência temporal entre a produção de armas atômicas e a concepção de satyagraha, Albert Einstein comentou:

*Gandhi demonstrou que é possível desenvolver poderoso séquito humano, não só por meio do jogo astuto das manobras e artimanhas políticas usuais, mas também através do exemplo cogente de conduta moralmente superior na vida. Em nossa época de completa decadência moral, ele foi o único verdadeiro estadista a defender melhor relacionamento humano na esfera política... As próximas gerações... Mal acreditarão que ser humano como esse algum dia caminhou sobre a terra em carne e osso.*

E o próprio King, imaginosamente, reuniu esses dois titãs: "O homem pensou duas vezes em nosso século, uma vez com Einstein, outra vez com Gandhi. O pensamento de Einstein transformou o conhecimento do mundo físico; o de Gandhi, facilitou a compreensão do mundo político."

As diferenças entre Monnet e Gandhi são acentuadas. Monnet era europeu mundano e próspero, com todas as opções de carreira abertas para ele. Desde cedo resolveu dedicar-se à construção de vínculos mais fortes entre os países europeus e, na medida do possível, estender esses laços até a América do Norte. Trabalhava quase totalmente nos bastidores. Gandhi era tão forasteiro quanto Monnet era conterrâneo. Na África do Sul, Gandhi foi maltratado como membro de grupo dominado e oprimido, visto pelos poderosos britânicos como parte da população subserviente e embaraçosa. Rejeitando o rótulo de funcionário indiano obscuro e, mais tarde, abandonando a carreira de advogado sul-africano bem-sucedido, Gandhi abraçou ostensivamente uma vida da mais absoluta austeridade e simplicidade. Renegando qualquer trabalho nas coxias, preferiu desenvolver métodos de resistência não violenta, que o tornavam inerentemente público e vulnerável; e, como modelo de coragem, a toda hora arriscava a vida, jejuando ou sofrendo ferimentos nas mãos de adversários armados.

Ao reunir essas duas figuras do século XX, não me empenhei em minimizar as diferenças. Em termos dos temas deste livro, contudo, as maneiras instrutivas como Gandhi e Monnet se assemelham e se complementam são muito pertinentes. Considere, primeiro, as histórias fundamentais e obstinadas da lavra de cada um. Monnet um dia disse: "Tive só uma boa ideia, mas ela foi suficiente." Conforme já observado, Monnet dedicou a vida à proposta de que os laços dentro da Europa podiam e deviam fortalecer-se pacificamente, e explicou:

*Olhando para trás, pareceu-me que eu sempre seguira a mesma linha de pensamento, por mais variadas que fossem as circunstâncias, não importa onde estivesse. Minha única preocupação era unir pessoas, resolver os problemas que as dividem, e convencê-las a ver os interesses comuns... Sempre fui atraído para a união, para a ação coletiva. Não sei por que, mas a natureza me fez assim.*

Por mais simples que fosse, a única ideia de Monnet ia de encontro às noções – às contra-histórias – de milhões de pessoas durante centenas de anos. A Europa era vista como um conjunto de Estados e nações que competiam entre si, às vezes por meios pacíficos, outras vezes pela luta armada. Houve esforços periódicos para unir a Europa mas sempre em virtude da intervenção militar – as visões triunfantes de vitória, compartilhadas por Carlos Magno, Napoleão e Hitler. Monnet desafiou essa visão não escolarizada da Europa sob uma só bandeira, promovendo as ideias de pacifismo e união. A própria intensidade com que a ideia foi combatida por pessoas como Margaret Thatcher e Charles de Gaulle demonstra que não era fácil aceitá-la; a proeza de Monnet foi torná-la tão familiar e inofensiva a ponto de agora aceitarmos como evidentes realidades do tipo comunidade econômica de livre comércio e trânsito irrestrito entre fronteiras. O biógrafo François Duchêne resume a grande realização de Monnet em termos que ecoam os argumentos deste livro: "[Monnet foi] até agora o mais rematado internacionalista, que exerceu impacto marcante na história... Aproveitou uma breve oportunidade para realizar um dos mais raros feitos da humanidade, o lançamento deliberado de novo tema."

A principal ideia de Gandhi – sua história organizadora – era pelo menos tão simples e muito mais antiga. Ele salientou que os seres humanos pertencem à mesma espécie; que suas lutas frequentes, não raro violentas, eram basicamente ilegítimas, e que as pessoas e povos precisam resolver seus conflitos de maneira pacífica. Não era certo que qualquer grupo humano subjugasse outro; os indivíduos da espécie precisam aprender a relacionar-se como iguais, sem medo. Todas essas ideias já haviam sido expostas antes, em tantas palavras, por grandes líderes religiosos, dos quais o principal fora Cristo.

Gandhi diferia de outros de nosso moderno mundo industrial pela seriedade com que perseguia essas ideias. Escravidão e subjugação não são erros só em princípio; são equívocos graves também na prática. Tinham de ser combatidos. Gandhi clamava por soluções pacíficas para antagonismos duradouros, e desenvolveu em detalhes os métodos pelos quais as disputas podiam ser manejadas de maneira tranquila e construtiva. Com efeito, a parte visionária dessa história concernia aos procedimentos específicos necessários para garantir a eficácia de satyagraha.

As ideias de Gandhi enfrentaram ampla resistência entre os subjugados e os colonizadores; até Churchill ridicularizou a hipótese de uma Índia livre, e os compatriotas indianos de Gandhi debocharam da ideia de que seria possível alcançar a independência sem violência. A mensagem de Gandhi, no entanto, foi ouvida no Império Britânico e, talvez com mais clareza, em outras partes do mundo onde os direitos humanos eram violados. Desde o sul dos Estados Unidos, durante o movimento dos direitos civis, até a República Popular da China, quando do massacre na Praça da Paz Celestial, os princípios de Gandhi, de resistência pacífica, demonstraram grande poder e resistência. Mas a visão de Ghandi pressupunha certa humanidade entre as partes envolvidas nos confrontos. Gandhi acreditava – no que, sem dúvida, estava equivocado – que o ódio de Hitler aos judeus se dissolveria se estes aceitassem a morte em paz e com orgulho.

Tanto Gandhi quanto Monnet persistiram com o máximo de tenacidade em sua ideia central. Ao mesmo tempo, porém, cada um era flexível quanto a como persegui-la e realizá-la. E cada um realmente enfrentou sem objeção períodos de instabilidade em que era maior a probabilidade de tolerância da inovação. Ambos gostavam de experimentar e não tinham medo de tentar novas tacadas, para aprender com os próprios erros e para refletir sobre eles em público. Essa disposição para mudar de rumo, embora prosseguindo na luta pelos mesmos fins, encorajou outras pessoas a serem também engenhosas.

Até agora, enfatizei a importância da mensagem, da história, mais que dos meios para a consecução dos objetivos. Mas nos casos de Monnet e de Gandhi, minimizar a importância dos métodos seria erro descomunal. Com efeito, temos, pelo menos, tanto a aprender com as abordagens que ambos os líderes tentaram aperfeiçoar quanto com a reiteração das propostas de suas mensagens. Para Monnet e para Gnandhi, no sentido mais profundo, os métodos *eram* as mensagens.

A abordagem de Monnet, elaborada ao longo de meio século, era quase totalmente indireta. Ele evitava a ribalta. Não era bom orador, odiava as lutas políticas. Monnet se retraía como homem invisível, como corporificação da impessoalidade, que passou o tempo refletindo cuidadosamente sobre como alcançar seus fins. Construiu um pequeno grupo de parceiros de confiança e exigiu muito deles, assim como de si mesmo; Monnet e equipe trabalharam quase sempre com discrição. Capaz de fazer as próprias análises – na verdade, perfeccionista sob muitos aspectos –, em geral as deixava por conta dos parceiros, bem como os escritos, concentrando-se no panorama geral, na varredura ampla dos acontecimentos.

Monnet se dedicava sobretudo à tentativa de convencer as autoridades de que as ideias dele e dos parceiros deviam ser levadas a sério. E insistia em que, caso suas propostas fossem executadas, os poderosos ficariam com os méritos. "Para que um estadista o ouça, basta propor-lhes as ideia na hora certa, quando se debatem em dificuldades, sem pedir nada para si mesmo", sustentava. Com efeito, Monnet fazia questão de evitar os méritos, sentindo que a notoriedade acabaria comprometendo sua capacidade de realização. "Esses homens, afinal, assumem riscos; precisam das recompensas. Na vida de trabalho, preciso esquecer os prêmios." Em vez disso, buscava o reconhecimento público para as figuras políticas que ousavam perseguir as ideias que ele as havia ajudado a definir e a instituir.

A liderança de Monnet, portanto, era indireta, mas não exatamente no sentido usado em outros lugares deste livro. Ao falar sobre a influência exercida por criadores como Stravinsky ou Einstein ou Mead, no começo da carreira, observei que essas pessoas atuavam principalmente por meio dos produtos simbólicos que criaram – composições musicais, trabalhos científicos, ensaios antropológicos, e assim por diante. Monnet recorria a outros meios – a saber, outras pessoas que eram, em si, líderes diretos. Teoricamente, Monnet poderia ter escrito sobre suas ideias, que talvez fossem aproveitadas por um ou outro líder (e, quem sabe, distorcidas no processo). Ao cooperar com líderes políticos, contudo, ele não só transmitia as ideias em estilo dialogal, agradável para a maioria dos interlocutores, mas também os ajudava a elaborá-las e lhes conferia os méritos delas decorrentes.

Não é fácil rotular a identidade profissional de Monnet. Ele próprio declarou: "Nunca assumi uma função que eu próprio não tivesse inventado." Empenhava-se na tentativa de refletir sobre situações políticas e econômicas que tendiam a emergir no futuro, como manejá-las, e qual seria a melhor maneira de mobilizar os líderes capazes de criar instituições que as enfrentassem e explorassem. Reconhecendo a singularidade do que fazia, Monnet observou maliciosamente: "A competição era acirrada em torno dos centros de poder, mas praticamente inexistia na área onde eu queria trabalhar: preparar o futuro."

O próprio testemunho de Monnet oferece as melhores pistas sobre como ele atuava. Em sua autobiografia, ele se lembra de sua disposição, em 1945, ao término da guerra, quando tinha 57 anos:

*"Minha vida, até então, envolvera uma série de ações no nível em que se resolviam questões da época... Interessava-me constantemente pelos assuntos públicos, mas meu trabalho, ao contrário das atividades dos políticos típicos, não envolvia a sequência infindável de escolhas, a serem exercidas em condições de infinita complexidade, com as quais se defronta a governança de Estados. O que eu empreendera, e todos os pontos de inflexão importantes de minha vida, foram resultados de uma única escolha, e de só uma; e essa concentração em um objetivo singular escudara-me contra a tentação de dispersar meus esforços, assim como imunizara-me contra qualquer gosto pelas muitas formas de poder...*

*Os responsáveis por assuntos de Estado... Precisam encarar todo o espectro de problemas. A capacidade de fazê-lo, requisito essencial de um estadista, limita, em si, o poder de controlar os eventos. Se eu fosse obcecado só por uma ideia, não teria tempo para outras... Meu papel, durante muito tempo, consistiu em influenciar os detentores de poder, e tentar garantir que o usassem quando surgisse a oportunidade... Nunca conheci um grande estadista que não fosse egocêntrico, e por muito boa razão; do contrário, não teria deixado sua marca. Eu não seria capaz de fazê-lo. Não que eu seja modesto; não há como concentrar-se em um objetivo e em si próprio ao mesmo tempo. Para mim, esse objetivo sempre foi o mesmo; persuadir as pessoas a trabalhar juntas; mostrar-lhes que, além das diferenças de opinião, e não obstante quaisquer fronteiras que as separem, elas têm interesses comuns."*

Talvez refletindo sua origem francesa, Monnet atribuía muito valor à racionalidade. Na visão dele, se as pessoas se conscientizassem de seus interesses por meio da razão, elas acabariam concordando entre si e agindo pelo bem comum. Atribuía enorme importância a escolher as palavras absolutamente certas, acreditando que a formulação exata era fundamental para o sucesso ou o fracasso das políticas públicas. Achava que não era possível mudar a natureza humana, mas também entendia que havia como ajudar as pessoas a compreender os problemas com que se defrontavam, a entender as estruturas vigentes que inibem as soluções, e a interpretar as opções (inclusive novas estruturas) capazes de propiciar soluções adequadas. Ele sempre buscava soluções em vez de concessões e tentava converter todos os retrocessos em oportunidades.

Assim, Monnet trabalhou na interface dos seres humanos com as instituições. Valorizava as amizades e as mantinha durante décadas; dizia que as amizades brotam da ação conjunta. Estudava cuidadosamente os participantes de qualquer negociação e identificava o que provavelmente os convenceria do acerto do curso de ação proposto. Era incansável no trabalho, mas sempre se empenhava objetivamente em estabelecer liames comuns entre os participantes. Não hesitava em repetir ideias, reiteradamente, nem em revisar os textos dos tratados, exaustivamente. Compreendia, todavia, que a confiança mútua era essencial para a eficácia de qualquer acordo. Ao mesmo tempo, sabia que todo compromisso tinha de transcender as pessoas. "Nada é feito sem pessoas; nada dura sem instituições", certa vez declarou com argúcia. De fato, sabia que hábitos profundamente arraigados se tornavam mais propensos a mudanças durante os movimentos de abertura de uma nova instituição. Almejava intensamente a ordem e a impunha sempre que possível à própria vida e atuação; ele mesmo, porém, veio a perceber que, no concernente a relações entre Estados, "não há progresso sem certa desordem". E, talvez refletindo suas origens e a época, valorizava o papel singular desempenhado pelos grandes líderes dos principais países.

Gandhi também refletia muito sobre seus métodos, sobretudo durante os períodos de isolamento involuntário na prisão. Também ele dependia da cooperação de um pequeno grupo de parceiros próximos, mas, no caso dele, essas pessoas dirigiam grupo muito maior e conduziam massa muito mais ampla de seguidores. Assim, Gandhi muito se empenhava na formação e preservação de grupos organizados de companheiros de protestos, ou *satyagrahis*.

Enquanto Monnet preferia trabalhar nos bastidores, com poucos líderes escolhidos cuidadosamente, a arena de Gandhi era totalmente aberta, conforme já observamos. Gandhi considerava parceiros naturais a massa de seres humanos comuns, "os milhões de subnutridos e ignaros que represento", como um dia afirmou. Parte da filosofia de Gandhi era que as causas tinham de ser definidas, defendidas e corporificadas. E, portanto, Gandhi era totalmente claro em público sobre os fins que ele e os seguidores almejavam, e sobre os propósitos e alvos de seus métodos de satyagraha.

A busca de satyagraha havia sido elaborada com precisão. O satyagrahi precisava reconhecer as visões opostas do próximo e demonstrar respeito pelo outro. De início, era preciso esforçar-se para chegar a acordos sem confrontos. Só se as primeiras tentativas fracassassem, o satyagrahi podia desobedecer a lei, fazer greve, jejuar ou empreender algum outro tipo de espetáculo público que expusesse a todos os observadores o significado e os riscos do confronto. Depois do lançamento de certa ação, o satyagrahi tinha de observar rigorosa disciplina. Satyagraha não se prestava a todas as situações, e nem sempre alcançava o sucesso. Não se eliminava a conciliação, mas os princípios básicos sempre deviam ser honrados; o satyagrahi tinha de estar preparado para muitos sacrifícios – até da vida – depois de tomar a decisão fatídica de engajar-se.

As arenas em que lutavam Monnet e Gandhi não poderiam ser mais distantes uma da outra. Monnet tinha pouco acesso a cidadãos comuns e dependia quase totalmente de suas interações com estadistas poderosos, muitos dos quais conhecia pessoalmente. Poucas vezes aparecia em público para relatar suas ações. Confiava basicamente na razão, embora compreendesse bem o papel da irracionalidade e da paixão nas questões humanas. Por outro lado, as identificações de Gandhi eram totalmente com seres humanos comuns, e sentia desconforto instintivo (e talvez rivalidade intensa) em relação aos importantes e poderosos. Sua atuação era pública, interrompida apenas por retiradas ocasionais, a maioria resultante de reclusões involuntárias. A abordagem de Gandhi tinha seus motivos, mas se baseava, fundamentalmente, na fé e nas dimensões espirituais das relações humanas: para ele, o verdadeiro poder era espiritual, não militar. Gandhi e Monnet vez por outra tiveram de enfrentar os limites da razão humana, assim como os limiares da espiritualidade humana.

Poucos indivíduos dessa época personificaram mais completamente as mensagens que ambos promulgaram e os métodos que os dois defenderam. A discrição e a confiabilidade de Monett eram apreciadas em todo o mundo. “Convenceu mais pelo comedimento que pela impetuosidade ou pela altissonância”, disse um observador. Movimentava-se tão facilmente entre contextos e nações quanto esperava que recursos, moedas e cidadãos circulassem no futuro. Demonstrava paciência infinita nas negociações, nunca aceitava a derrota como permanente, e aderia com firmeza à ideia progressista e includente que lhe animava a vida.

Pelo menos na mesma extensão, e como convém aos líderes de grupos não dominantes, Gandhi concentrou-se em mensagens e métodos que emergiram de sua própria vida. Apenas em consequência de extensa autoanálise, que envolveu dezenas de “experimentos” pessoais com a verdade, chegou Gandhi a uma posição que fazia sentido para sua própria vida, para o subcontinente indiano no começo do século, e, com convicção crescente, para pessoas carentes em todo o mundo. Gandhi viveu seus sonhos e crenças dia e noite, durante quase meio século. Transmitiu essas práticas disciplinadas diretamente aos parceiros e, por meio de exemplos pessoais poderosos, a milhões de seguidores fiéis. Quando cometia erros, de pronto os reconhecia, inclusive o famoso “fiasco do Himalaia”, que ele próprio confessou, depois de ter pedido aos seguidores para executar curso de ação não violenta, para o qual não estavam preparados. Com efeito, pela disposição, pela elegância e pela facilidade com que admitia os próprios erros e perdoava os alheios, assim como pela intrepidez, Gandhi personificava as principais ideias a que dedicara a própria vida.

Nem Monnet nem Gandhi conseguiram realizar seus sonhos, não mais que os outros líderes formidáveis comentados nos capítulos anteriores. Após decolagem promissora, nos últimos anos da vida de Monnet, a Comunidade Econômica Europeia teve altos e baixos. O Tratado de Maastricht, que acenava com o avanço de populações e de instituições para algo muito mais próximo de uma única Federação Europeia, ainda tinha de ser endossado por vários países quando se escreveu este livro. O colapso da União Soviética, paradoxalmente, reativou sentimentos nacionalistas no Sul e no Leste Europeu, e até nas democracias da Europa Ocidental, que pareciam enterrados havia muito tempo.

Analisado na própria terra natal, o legado de Gandhi tem tido resultados ainda menos claros. As palavras e exemplos de Gandhi são lembrados no subcontinente indiano muito mais pela transgressão que pela observância. As tensões entre hinduísmo e islamismo continuam altas, os conflitos internos na Índia têm sido frequentes, assim como vez por outra ocorrem escaramuças militares com os vizinhos Paquistão e China. Como observamos, o exemplo pessoal de Gandhi ainda é fonte de inspiração para quem esposa a causa dos direitos humanos, para si próprio ou para os próprios povos, em todo o mundo. Todavia, para cada sucesso no movimento dos direitos civis nos Estados Unidos, para cada transformação relativamente pacífica que ocorreu na África do Sul (nada menos que cem anos depois da chegada de Gandhi nessa terra problemática), ocorreram muitos outros casos em que satyagraha não foi tentado, ou onde foi experimentado, mas não se mostrou eficaz.

A superação das fronteiras nacionais e a rejeição de visões estereotipadas sobre outros povos só serão possíveis quando o público estiver pronto para ouvir e agir com base nas novas mensagens. Gandhi e Monnet lutaram contra atitudes que predominaram ao longo de séculos, se não de milênios. Por essa razão, ambos tiveram de expressar suas mensagens da forma mais simples possível e de observá-las com rigor durante décadas, em tempos de crise e de tranquilidade. Os aspectos complexos, sutis e visionários das mensagens deles eram vitais, mas essas facetas só foram apreendidas em plenitude depois de terem conquistado certa massa crítica de público.

Em minha opinião, apenas a apreciação ampla dos insights e das sensibilidades de Monnet e Gandhi criarão condições para a sobrevivência de um mundo duradouro. De alguma maneira, precisamos amalgamar a fé de Monnet na razão com a abordagem racional de Ghandi a questões do espírito.

Embora, sob muitos aspectos, parecendo-se com outros líderes, Monnet e Gandhi também ampliaram de muitas maneiras nossas ideias sobre liderança. Primeiro, demonstraram que o líder pode criar histórias não familiares para a mente não escolarizada e conseguir até certo ponto transmiti-las ao grande público. Aos europeus afeitos a ver-se como cidadãos de Estados nacionais rivais, Monnet admoestou: "Somos todos europeus e devemos juntar forças em busca do bem maior." Para os colonizadores e colonizados, para os poderosos e os despossuídos, Gandhi proclamou: "Somos todos, primeiro e acima de tudo, seres humanos e, nessas condições, precisamos relacionar-nos um com os outros." Essas duas abordagens à ampliação do senso de identidade são exemplos genuínos de liderança visionária ou transformacional. Embora seja verdade que Monnet falava principalmente a líderes, não a cidadãos comuns, seus planos não se materializariam se, em última instância, não fizessem sentido para a população mais ampla.

Monnet também demonstrou que há várias formas de liderança indireta. Enquanto a maioria dos líderes indiretos cria produtos simbólicos, como livros ou teorias científicas, Monnet, em vez disso, falou diretamente a importantes figuras políticas – e, portanto, indiretamente com o público em geral. Por fim, a ideia abrangente de Monnet realmente começou a afetar a mente europeia não escolarizada, mas, nesse caso, a proposta tinha de passar por um ou mais intermediários.

Finalmente, Monnet e Gandhi exemplificam a possibilidade de alcançar sucesso em grande escala sem percorrer os costumeiros canais governamentais, desde que se persiga com tenacidade uma única ideia. Nem Monnet nem Gandhi almejavam arregimentar acólitos ou conquistar posições oficiais; com efeito, produziram seus efeitos, em parte, mantendo-se fora do governo – Monnet, por meio de seu status de conterrâneo privilegiado; Gandhi, atuando como o cúmulo do forasteiro. Neste estudo, já chamei a atenção para essa influência extragovernamental – por exemplo, os casos de Martin Luther King, Jr., e de Eleanor Roosevelt, que também rechaçaram posições oficiais e inventaram as próprias histórias, sem base institucional. Há certas semelhanças nos casos dessas quatro pessoas. Contudo, enquanto King e Eleanor exerceram seus efeitos mais intensos sobre grupos não dominantes específicos, Gandhi e Monnet procuraram afetar o curso mais geral da história, dirigindo-se a fatia maior da humanidade. (King e Eleanor avançaram um pouco nessa direção nos últimos anos de vida.) Gandhi e Monnet salientaram a importância de expor uma única ideia e de preconizá-la de maneira compulsiva e com grande precisão, mesmo em face de mudanças nas circunstâncias. Talvez por isso suas contribuições têm forte probabilidade de sobreviver no próximo milênio.

Capítulo 15

# Lições do passado, implicações para o futuro

*Estamos moldando o mundo com mais rapidez do que conseguimos mudar a nós mesmos, e estamos aplicando ao presente os hábitos do passado.*

Winston Churchill

Concluído o estudo, posso refletir sobre todo o empreendimento. Ao fazê-lo, abandono a abordagem temática dos capítulos anteriores e reverto a método mais sistemático. Minha avaliação começa com um esboço da vida de um líder hipotético – a descrição de um "tipo ideal" que reflita padrões que se tornaram evidentes depois do estudo.* Em seguida, analiso as principais descobertas, concernentes a seis atributos importantes em todas as formas de liderança. Para adotar perspectiva mais ampla, comparo os onze líderes em que me concentrei aos seis "criadores" de meu estudo anterior e aos dez líderes da Segunda Guerra Mundial. Esse enfoque contrastivo deve iluminar os passos ao longo do contínuo Einstein-Heureca que apresentei no começo do livro.

Nas últimas páginas, foco numerosos temas que continuam em aberto. Considero três questões-chave suscitadas pelo estudo; identifico seis tendências que afetarão a forma da liderança no futuro previsível; e, em conclusão, recomendo cursos de ação que podem facilitar o trabalho dos líderes no futuro.

## INTRODUÇÃO DE UM LÍDER EXEMPLAR

Quando jovem, o líder exemplar (que chamei de L.E.) demonstra dons especiais em duas áreas: é orador habilidoso e tem forte interesse por (e compreensão de) outras pessoas. A não ser que apresente capacidade especial em determinada área acadêmica, dificilmente considerará as carreiras de professor, de pesquisador ou outras de profissionais de alta qualificação. Quem observa L.E. fala de sua energia e engenhosidade, não de seus talentos específicos: predomina o consenso de que L.E. realizará algo, mas ainda não está claro em que áreas ocorrerão suas realizações.

* Um tipo ideal não pretende aplicar-se em igual medida a todos os membros de uma classe; em vez disso, busca enfatizar os atributos que se repetem com destaque na maioria dos membros de um grupo e que ajudam a compreender a natureza do grupo.

A principal exceção nessa descrição é o jovem com forte inclinação acadêmica. Essa pessoa – alguém como Mead, Oppenheimer ou Lênin – tende a buscar, de início, algum tipo de carreira acadêmica ou profissional. Apenas aos poucos passa a perceber que será mais capaz de alcançar seus objetivos pessoais ou corresponder às expectativas da comunidade se dirigir-se a público mais amplo, em vez de limitar-se exclusivamente a um domínio específico.

Entre os principais marcadores da personalidade do líder, os mais significativos são a disposição para enfrentar pessoas investidas de autoridade. Às vezes, o confronto é exaltado, mas nem sempre. Em vez disso, L.E. se destaca na medida em que se identifica e se vê em condição de igualdade com detentores de poder. Para E. L., portanto, parece natural – ou ao menos possível – dirigir-se diretamente à autoridade. Além disso, L.E. refletiu sobre as questões que caracterizam determinada função de liderança e acredita que suas ideias são pelo menos tão adequadas e, provavelmente, mais eficazes que as do líder em exercício. Talvez esse sentimento de confiança decorra do fato de que as soluções propostas por L.E. se inspirem nas circunstâncias da própria vida e, portanto, sejam mais adequadas que as concebidas em ocasiões anteriores ou em outros lugares. L.E., como numerosos outros líderes potenciais, perdeu o pai muito cedo. Talvez essa perda o tenha induzido a defender com energia as próprias posições, enquanto outro talvez tivesse permitido que o pai literal ou substituto exercesse autoridade na esfera pública.

Essa percepção dos próprios direitos e essa disposição para desafiar acarretam riscos. Muitas pessoas que, quando jovens, afrontaram os detentores de poder foram punidas, detidas ou até mortas. Contudo, líderes futuros como L.E. assumem riscos e não fogem à luta à toa. (A principal exceção a esse padrão seriam membros de organizações formais e burocráticas, como Forças Armadas, igrejas ou grandes empresas. Nesse caso, o líder potencial às vezes deve conter a língua e esperar a vez. Todavia, apesar do perfil mais discreto, pessoas como George Marshall, Papa João XXIII e Alfred Sloan, Jr, eram capazes de falar com franqueza, quando necessário.) Quem se mostra ambivalente na hora de autoafirmar-se, como J. Robert Oppenheimer, corre o risco de ser atacado por quem não tem os mesmos escrúpulos.

Também vale a pena atentar para outras características. L.E. ainda se sobressai pelo interesse por questões morais. Do mesmo modo, tende a ser competitivo e a ambicionar posições de controle. Às vezes, o poder em si é inebriante; a maioria dos líderes que considerei neste livro, porém, almejava o poder para realizar determinados objetivos.

Qualquer que seja sua aspiração final. L.E. começa desenvolvendo relações pessoais com pessoas em sua própria órbita – a família, os vizinhos e outros residentes no bairro. O futuro líder se diferencia pela rapidez com que amplia esses círculos, a ponto de relacionar-se com centenas de indivíduos, em vez de com uma dúzia ou uma dezena, na época em que atinge a maioridade. Essas pessoas talvez sejam outros profissionais no campo de atuação de L.E. ou talvez provenham de vários outros domínios. Tipicamente, o líder potencial mantém esses contatos heterogêneos. A esse respeito, difere do criador padrão, que, em geral, abandona os contatos quando já não são relevantes para o próximo projeto. L.E. de pronto se identifica com pessoas que ocupam posições de liderança; às vezes as imita; às vezes as desafia. Embora as interações com outras pessoas assumam várias formas, L. E. demonstra talento para encontrar explicações ou soluções que atendam às partes em disputa.

Como pessoa jovem, L.E. amplia suas experiências e pontos de vista viajando para fora da terra natal. Essa escolha contrasta com o padrão comum entre futuros tiranos, que, geralmente, preferem não aventurar-se além-fronteiras, talvez pelo receio de que seu esquema bem elaborado fique mais complicado ou seja questionado pelas experiências de viver em ambiente radicalmente diferente.

Ao estudar os criadores, observei que essas pessoas demoram pelo menos uma década para conquistar a mestria na respectiva esfera de ação, na qual vêm a efetuar rupturas. Muitos líderes diretos não atuam em domínios tradicionais, acadêmicos ou artísticos, e, portanto, não precisam da diligência diária que, em última instância, conduz à mestria. Nenhum líder, contudo, nasce com os conhecimentos de que precisa para atuar com eficácia na esfera pública. Assim, L.E. precisa concluir a aprendizagem indispensável – a fim de adquirir conhecimentos sobre o domínio, cultivar a capacidade de comunicação ou dominar a política organizacional. Esses períodos de treinamento podem chegar a dez anos ou mais.

A liderança bem-sucedida exige muito mais que dons pessoais e ambição obstinada. O líder potencial, como L.E. – ou alguém, como Martin Luther King, Jr., ou Eleanor Roosevelt, impelido pelas circunstâncias – deve estar sintonizado com determinado público em busca de respostas e à procura de orientação, basicamente envolvendo questões de identidade. L. E. pode encontrar esse público seja em seu campo de atuação profissional, seja em âmbito mais amplo, menos notório ou não identificável de imediato. A essa altura, desde que tenha desenvolvido respostas adequadas para essas questões básicas, que seja capaz de expô-las com eloquência e que tenha condições de personificá-las no próprio estilo de vida, L. E. está pronto para exercer a posição de liderança.

Quanto menos bem definido for o domínio, a instituição ou o público, mais será necessário que L.E. invente uma vida para si próprio, que reflita sobre suas implicações e, então, que compartilhe as histórias resultantes com outros. A eficácia das histórias dependerá das circunstâncias, e L. E. deve estar preparado para revisar as histórias, combater as contra-histórias, prever futuras histórias (e contra-histórias), ou até criar histórias totalmente novas. Também terá de assumir posições, na medida em que a história seja includente ou excludente, tradicional ou inovadora, e seja narrada por meio de palavras ou transmitida por outros sistemas simbólicos ou mediante diferentes modalidades de personificações. Ao monitorar a eficácia da história, L.E. precisa considerar os contornos e os limites da mente não escolarizada.

Entre as histórias criadas pelos líderes, as que tratam de questões de identidade são sobremodo valorizadas. Tipicamente, essas histórias de identidade estão enraizadas nas experiências pessoais do líder, ao longo de seu próprio desenvolvimento. Uma das características do líder eficaz, no entanto, é a possibilidade de suas histórias serem transplantadas para esfera mais ampla – de fazerem sentido não só para os membros da família e para o círculo de relacionamentos pessoais, mas também para entidades cada vez mais amplas, como instituições e, no extremo, como entidades políticas de constituição heterogênea.

A liderança nunca é garantida; sempre deve ser renovada. L.E. promove interação constante de suas histórias favoritas, das reações do público e de acontecimentos geralmente imprevisíveis na sociedade. Os líderes vencem, fracassam, retornam e se recuperam, não raro sucessivas vezes ao longo da carreira. O que funciona bem em determinada ocasião ou em certa situação pode não ser eficaz em outras circunstâncias, e L.E. deve ser flexível, embora não tanto a ponto de deixar de representar alguma coisa. Também muito importante é a capacidade de ajustar as histórias, por força de mudanças nas circunstâncias; a aptidão para, ao mesmo tempo, preservar os princípios básicos e manter as convicções pessoais, e para, acima de tudo, ostentar esses atributos de maneira inequívoca. (O presidente Bill Clinton teve dificuldade em corresponder a essas expectativas.)

Os líderes não podem criar e controlar o próprio carisma (embora os produtores de imagem decerto se esforcem para tanto). Pouco se questiona, contudo, que, desde a mais tenra idade, certos indivíduos se destaquem pela atratividade pessoal, como ocorre com L.E. Com muita frequência, os traços são físicos: os líderes, em geral, são altos, com boa aparência e elegantes. Se carecerem dessas características físicas, é provável que, ao menos, tenham fisionomia marcante ou olhos penetrantes. Outros atributos, como a capacidade mental de Oppenheimer, a espiritualidade irradiante do Papa João XXIII ou até a mediocridade tranquilizante de Eleanor Roosevelt, podem fascinar diferentes públicos. Invariavelmente, porém, os líderes descobrem maneiras de exercer forte domínio sobre o público. Os líderes devem ter consciência desse carisma e evitar ações ou histórias que solapem esse poder. De Gaulle, por exemplo, transmitia carisma em parte por seu distanciamento em relação aos outros, e cuidadosamente preservou distância deliberada das escaramuças.

Um dos outros fatores que afetam a carreira de L.E. é seu relacionamento com instituições e organizações. Essas entidades servem como base de poder e apoio. Com efeito, quem se encontra no leme de organizações bem estabelecidas desfruta da garantia de plataforma confiável para o lançamento de histórias e, pelo menos, alguma razão para esperar que sejam ouvidas com atenção; o presidente de qualquer instituição impõe respeito. A manutenção e a renovação de organizações é um tipo especial de habilidade. Se L.E. não quiser cuidar pessoalmente dessas questões, se preferir concentrar-se na missão de contar histórias, terá de garantir que outros mantenham e fomentem a base organizacional. E, evidentemente, se já não partir de base organizacional preexistente, terá de constituir a própria plataforma ou correr o risco de suas principais mensagens rapidamente se perderem no emaranhado de contra-histórias concorrentes.

Outro aspecto é a oportunidade para reflexão. Enquanto os criadores passam boa parte do tempo sozinhos e sentem necessidade de interagir com outras pessoas apenas vez por outra, L.E. defronta-se com a situação oposta. Em geral, as exigências de atenção pessoal são tão grandes que restam poucas oportunidades para refletir, para distanciar-se e para avaliar com objetividade. No entanto, sem tempo para refletir, o líder corre o risco de perder o senso de agente: pode tornar-se ferramenta de outras pessoas ou de forças além de seu controle.

E a reflexão é assim tão importante sobretudo porque líderes como L.E. devem ser capazes de perceber o panorama geral – seus atributos constantes, suas mudanças frequentes. Por mais qualificados que sejam os parceiros, não é razoável esperar que usufruam o ponto de vista privilegiado do líder exemplar, que se supõe ter conquistado posição de destaque por causa da compreensão incomum da situação e dos laços especiais com o público. O notável líder político e estudioso da liderança John Gardner se refere à desejabilidade da "mente desobstruída" (*uncluttered mind*) – perspectiva que não se dispersa pelos acontecimentos transitórios do dia. A mente desobstruída descarta continuamente os obstáculos que bloqueiam a visão e busca constantemente as questões e tendências de fatos importantes.

Qualquer que seja nosso sucesso, todos devemos encarar nossa fragilidade e nossas limitações. Talvez por almejar tão alto e suportar tantos encargos, L.E. assume grandes riscos de fracasso. Em muitos casos, o fracasso do líder não depende de seu controle. Os adversários avançam, as contra-histórias se difundem, os parceiros omitem do líder informações negativas, mas vitais, ou as condições específicas de popularidade ou de autoridade mudam de maneira imprevisível. Com efeito, quanto mais grandiosas forem as realizações do líder, mais intensas serão as pressões externas; grandes conquistas provocam grandes reações, e, em geral, só os líderes eficazes que morrem jovens são poupados da visão desalentadora da contestação impiedosa, quando não da anulação irreversível, de seus feitos.

É importante observar que L. E, em geral, não se deixa abater pelos fracassos aparentes. Rijo e robusto, está preparado para os avanços e retrocessos. Na verdade, não raro se energiza com os recuos e volta à luta revigorado. Embora haja quem se retire depois de derrotas e fracassos, L.E. tende a seguir a prática de Jean Monnet, de interpretar todas as derrotas como oportunidades. E, com efeito, essa capacidade de encontrar aspectos positivos em experiências aparentemente improdutivas envia mensagem muito importante e instigante para os seguidores.

No entanto, apesar dessa capacidade de discernir a luz do sol por trás da nuvem escura, não raro se considera que L.E. fracassou em sua missão básica. E, de maneira que lembra os heróis clássicos, L.E muitas vezes contribui para sua queda definitiva. Extremamente ambicioso e propenso a assumir riscos, L.E. mira longe demais, exige muito dos outros e presta pouca atenção a quem deve apoiar. Paradoxalmente, mesmo os criadores com relativamente pouco interesse na posteridade não raro continuam a exercer influência durante séculos; ao contrário, os líderes mais ambiciosos muitas vezes solapam as próprias realizações ainda em vida.

Portanto, o fracasso pode resultar de numerosas fontes: mudança de condições, levantes históricos inesperados, história que se revela muito includente ou muito excludente, excesso de demanda do líder em relação aos outros ou a si mesmo. Cada um dos líderes aqui analisados foram bem-sucedidos a ponto de serem estudados. Por um ou outro motivo, contudo, todos sofreram fracassos: frustração da missão, perda de posição ou ambos. Talvez só o líder-gestor comum tenha condições de esperar, com razoabilidade, parecer vitorioso aos olhos dos sucessores, mas esse sucesso impõe o custo de poucas mudanças significativas. Diferentemente, o líder exemplar pode muito bem dar a impressão de ter sido ineficaz imediatamente depois do fim do mandato; mas ainda lhe resta a chance de acabar demonstrando ter desencadeado uma série de eventos capazes de gerar consequências duradouras. Se assim for, o otimismo que caracteriza esses líderes terá sido justificado.

## SEIS CONSTANTES DA LIDERANÇA

Nos capítulos introdutórios, descrevi seis aspectos fundamentais que orientaram meu estudo sobre a liderança eficaz no século XX. Agora volto a analisá-los à luz de algumas das principais descobertas que emergiram deste estudo.

### A história

O líder deve ter uma história ou mensagem central. Maior será a probabilidade de que a história seja eficaz em grupos grandes e heterogêneos se falar diretamente à mente não escolarizada – a mente que se desenvolve naturalmente nos primeiros anos da infância, sem necessidade de aprendizado formal. As histórias devem orientar-se para o senso de identidade individual e grupal, o "nós" e o "eles", embora essa percepção possa ser efetivamente expandida ou restringida pela história. Elas devem não só fornecer antecedentes e fundamentos, mas também ajudar os integrantes do grupo a formular escolhas futuras.

Em raros casos, história mais inovadora ou revolucionária pode ser persuasiva, mesmo que a composição do grupo vá além de um único domínio. As chances de sucesso são maiores caso a história venha a tornar-se a missão central do líder, se for divulgada durante muito tempo e se tiver a oportunidade de consolidar-se fora de situações de crise. As conjunturas críticas (como guerra ou depressão econômica) exigem esclarecimento rápido e quase sempre acarretam simplificações. Os líderes ganham com a capacidade de aproveitar histórias já conhecidas – por exemplo, as de cunho religioso ou histórico, assim como as que já circularam na instituição – e de sintetizá-las de novas maneiras, como fez Martin Luther King, Jr.

A maioria dos líderes deste estudo apresentaram histórias includentes, que estimulavam as pessoas a considerar-se parte de uma comunidade mais ampla. Entre os onze líderes analisados em profundidade, as principais exceções a essa generalização são Robert Maynard Hutchins e Margaret Thatcher, que conquistaram influência – e que talvez sentissem prazer – reforçando a perspectiva "dentro do grupo / fora do grupo". Também os líderes da Segunda Guerra Mundial se viram em situação na qual a exclusão era tão crucial quanto a inclusão.

À primeira vista, a história includente às vezes parece de todo preferível. Mais pessoas se sentirão incluídas, e o líder talvez perceba que está sendo generoso e moralmente louvável. A situação real, porém, é mais complexa. Na medida em que for includente, a história nega status especial a grupos que talvez se considerem merecedores de privilégios especiais. Esses grupos acabarão opondo-se ao líder e à história includente – história que para eles bem pode soar *demasiado* includente. Assim, os hinduístas se ressentiram das iniciativas de Gandhi de incluir os muçulmanos em sua visão da Índia. Além disso, quando se examina mais de perto a trajetória do líder, não raro se percebe que sempre há forças includentes e excludentes em disputa uma com a outra. Mesmo Gandhi precisava ter adversários, a ponto de se destacar no esforço para incluir construtivamente os imperialistas britânicos nas histórias que relatava.

As várias espécies de histórias contadas pelos líderes têm muitos paralelos. Cada líder, contudo, se distingue pelas histórias particulares que cria, tipicamente com base na própria experiência – histórias de identidade, histórias que abordam outras questões essenciais, histórias que se desenvolvem dentro de determinado domínio ou ao longo de diferentes domínios. As histórias contadas pelos líderes aqui descritos estão resumidas no Apêndice I.

## Público

Mesmo a história mais eloquente é natimorta, na falta de público disposto a ouvi-la; até as histórias medíocres e malcontadas alcançarão alguma eficácia para um público propenso a responder. A relação entre líder e público é complexa e interativa; talvez, sobretudo no caso de líderes de grupos não dominantes, exista uma interação dinâmica entre as necessidades e desejos do público, de um lado, e os contornos da história do líder, de outro. Ademais, no caso de liderança de grupos não dominantes, o líder em geral precisa recriar e revisar a história, conforme circunstâncias em rápida transformação. No sentido oposto, as pessoas incumbidas de liderar uma organização com hierarquia preexistente não enfrentam muita dificuldade em orientar o público, desde que não exijam que seus membros se movimentem em novas direções inesperadas.

O líder pode efetuar com alguma facilidade pequenas mudanças em grande público e às vezes promover mudanças maiores em grupo já constituído e esclarecido, como outros membros do domínio, sem esforço ingente. O maior desafio para o líder é introduzir mudanças importantes e duradouras em grupo grande e heterogêneo. O líder deve não só desenvolver mensagens em numerosas linguagens matizadas, mas também, na falta de conhecimento especializado, passar a dirigir-se à mente não escolarizada. Os exemplos de Gandhi e Monnet sugerem que as melhores chances de sucesso decorrem da concentração persistente na mesma mensagem central, aliada à flexibilidade da apresentação e à compatibilidade com diferentes níveis de sofisticação.

Observe que, diferentemente, a tarefa do criador tradicional é mais fácil. Ainda que esteja produzindo obra revolucionária, não é necessário prestar muita atenção ao público. Depois de concluída, a obra fala por si mesma, ou talvez seja promovida por outras pessoas. O líder interdisciplinar não pode dar-se a esse luxo. A história não deve ser concebida fora do contexto; e, embora outras pessoas até ajudem a disseminar a história, espera-se que o líder corporifique a história pessoalmente, ao menos até certo ponto.

## Organização

Embora o líder, às vezes, seja bem-sucedido, de início, ao dirigir-se diretamente a grande público, em consequência da percepção por este de vínculos com aquele, a liderança duradoura, em última instância, exige alguma espécie de base institucional ou organizacional. Se o líder já pertencer a uma organização, como Igreja, empresa ou partido político, compete-lhe promover a entidade. Embora o líder que cuida de uma organização possa exigir atenção, por força da posição, não há garantia de que continue viável como autoridade, se insistir demais nas demandas. E se, como em geral é o caso de líderes de grupos não dominantes, não houver organização disponível, o líder terá de criá-la e de orientá-la. As realizações dos líderes totalitários do século XX seriam inconcebíveis na falta das organizações políticas poderosas que eles ajudaram a construir e, depois, a policiar com zelo; e líderes não totalitários, como de Gaulle e Churchill, descobriram a debilidade de seu comando depois da atenuação das crises que os lançaram no proscênio.

Líderes de domínios tradicionais, como disciplinas acadêmicas, são menos dependentes de organizações altamente diferenciadas. De um lado, esses domínios geralmente se organizam sem a necessidade de muita intervenção; de outro, o efetivo poder das ideias e a presença de trabalhos pioneiros é capaz de produzir efeitos, seja qual for a forma do domínio no momento. No entanto, se o líder quiser orientar o destino de suas criações, torna-se necessário exercer formas diretas de liderança. Com base nos exemplos acadêmicos dos Capítulos 4 e 5, vê-se como é difícil exercer liderança direta contínua sobre acadêmicos independentes. Quando Robert Maynard Hutchins, aspirante a líder direto, tentou criar novas organizações inovadoras e duradouras, sua atuação revelou-se ineficaz; a decisão de Margaret Mead de evitar compromissos organizacionais talvez tenha sido pessoalmente judiciosa, mas também é possível que tenha envolvido a certeza de que não haveria "escola de Mead" depois de sua morte.

## Personificação

O criador, sob certo aspecto, deve personificar sua história, embora não precise agir como santo. Com efeito, a credibilidade de alguns líderes até pode aumentar se houver antecedentes pedregosos ou até uma contra-história passada (como ocorreu com Santo Agostinho). Mas se os fatos da vida do líder parecerem contradizer a história, se ele parecer hipócrita, a história dificilmente continuará convincente no longo prazo.

A história pode emanar das experiências pessoais do líder e talvez até ser personalizada em sua vida diária, antes de ser verbalizada abertamente. Com efeito, nos casos selecionados, a efetiva personalização pelo líder funciona como história principal. George C. Marshall e Papa João XXIII falaram sobre os tipos de vida em que acreditavam, mas as ações deles foram ainda mais eloquentes que suas vozes.

O tema personificação suscita a questão da autenticidade. Da mesma maneira como se pergunta se uma história é verdadeira, também se indaga se o líder realmente personifica o que fala. A não ser quando se recorre ao polígrafo, não é possível determinar se a personificação é genuína. Afinal, o que mais há são fraudes. Além disso, na situação vigente, muitas pessoas são bem remuneradas para ajudar o líder a parecer confiável e convincente. Na falta de alguma solução mágica para esse enigma, basta-me acreditar, junto com Abraham Lincoln, que não é possível enganar todas as pessoas todo o tempo. Quem não personificar as próprias mensagens acabará sendo descoberto, assim como quem não se expressar com clareza, mas levar vida exemplar, também acabará sendo valorizado.

## Liderança direta e indireta

A maioria dos líderes criativos exerce influência indireta por meio dos produtos que cria; a maioria dos líderes políticos relata suas histórias diretamente para o público. Mas os líderes têm a opção de buscar trajetórias alternativas. Alguns líderes indiretos, como Mead e Oppenheimer, tentam exercer liderança direta nos respectivos domínios; e alguns líderes diretos, como Vaclav Havel, da República Checa, e Leópold Sédar Senghor, do Senegal, criaram trabalhos políticos ou artísticos que influenciaram outras pessoas.

A liderança direta é mais tumultuosa e arriscada, mas, no curto prazo, pode ser mais eficiente e eficaz. Todavia, os líderes que não mais têm tempo para reflexão deliberada – que já não "se isolam no topo das montanhas" para apreciar "o panorama geral" – não raro se surpreendem em posição desfavorável para tomar decisões judiciosas. Os líderes indiretos têm a vantagem de dispor de mais tempo para reflexão e revisão; e, em geral, o impacto deles se revela mais duradouro, embora se manifeste com mais lentidão. É possível adotar "modelo misto"; Jean Monnet, por exemplo, alcançou seus objetivos políticos atuando por meio da liderança política vigente, em vez de construindo e dominando plataforma política própria.

Se ocorrer movimento voluntário entre essas duas formas, quase sempre é da liderança indireta para a liderança direta. Em geral, meu estudo indica que a transição é mais fácil quando as histórias diretas e indiretas e as personificações são relativamente semelhantes. Assim, Mead e Sloan foram capazes de fazer a transição da liderança nos próprios domínios para a liderança de um grupo mais heterogêneo, provavelmente porque o conteúdo de suas histórias exigia relativamente pouca transformação. Já pessoas como Oppenheimer e Hutchins, cujas histórias iniciais eram mais especializadas, tiveram mais dificuldade em alcançar o sucesso diante de um público totalmente não acadêmico.

Mesmo quando a distância não é grande, porém, os líderes precisam fazer uma escolha. É quase impossível atender às necessidades e exigências cambiantes de um domínio especializado, de um lado, e às demandas muito menos rigorosas (embora, não raro, igualmente fugidias) de um público não escolarizado heterogêneo, de outro. No final das contas, os líderes devem concentrar-se primeiro em um domínio ou na sociedade mais ampla. A pessoa até pode preservar alguma eficácia no campo de atuação rejeitado, mas essa glória tende a ser reflexo, na melhor das hipóteses.

### A questão da expertise

Hoje, em quase todas as áreas de experiência, importantes conhecimentos técnicos não estarão disponíveis para a maioria dos líderes ou para a maioria dos membros do público. Apenas as pessoas que começarem como especialistas em determinada área – como Mead e Oppenheimer – desfrutarão da escolha de continuar acessando esse conhecimento diretamente. E poderão recorrer a esse conhecimento à medida que precisarem, desde que sejam capazes de adaptá-lo às demandas de determinadas situações.

No âmbito dos diferentes domínios, as pessoas dificilmente conquistarão credibilidade se seu trabalho não for considerado de alta qualidade. Mead e Oppenheimer não conseguiriam tornar-se líderes diretos nos respectivos domínios se os colegas não tivessem apreciado o trabalho de ambos como especialistas. E Hutchins sempre foi considerado forasteiro nas reuniões do corpo docente por não ter treinamento avançado em uma das disciplinas acadêmicas tradicionais.

Quanto mais essas pessoas se envolvem na liderança direta, mais difícil torna-se para elas preservar a expertise técnica; e é até possível que venham a ser rejeitadas como ex-especialistas ou até como populistas pelos construcionistas mais rigorosos entre seus colegas especialistas. A maioria dos políticos de carreira, evidentemente, carece de expertise em qualquer domínio tradicional, embora decerto possam ter adquirido conhecimento sofisticado sobre processos e organizações políticas. Daí o paradoxo: os líderes diretos tipicamente não têm conhecimento direto, enquanto os líderes indiretos geralmente avançam por meio do conhecimento direto. Como desenvolver e manter a expertise é problema agudo para quem quer que aspire à liderança direta, em especial para quem almeja dirigir um grupo heterogêneo com base nas melhores informações correntes, extraídas dos domínios mais relevantes.

## QUESTÕES SUSCITADAS POR ESTE ESTUDO

Em um estudo desse escopo, numerosas questões podem surgir; se eu não as levantar, os leitores decerto o farão – e com propriedade. Dentre os muitos que me ocorreram, restrinjo-me aqui à análise de três tópicos principais.

### Conceito de liderança

Embora meus conceitos sobre liderança não sejam singulares, enfatizei, sem dúvida, alguns aspectos e minimizei outros. Sob determinada perspectiva, minha visão pode ser considerada tradicional. Foco o líder individual – geralmente reconhecido como tal – e o poder do status de agente daí oriundo, em consequência da posição de autoridade e/ou da capacidade de persuasão. Reconheço de pronto minha crença em que os indivíduos são importantes e que alguns são ainda mais importantes.

Observe-se que não questiono a validade de outras visões sobre liderança, visões que se concentram no poder, nas políticas, no público ou na personalidade do líder (ver Capítulo 1). Não me preocupei com as críticas revisionistas contemporâneas sobre liderança – liderança como fenômeno coletivo; liderança como produto do público, não do líder em si; liderança por parte dos "desprovidos de voz" ou "sem lugar à mesa" –; nem com as abordagens desconstrucionistas ou pós-modernas que questionam toda a legitimidade de falar sobre liderança. Tenho pouca simpatia por quem questiona as teorias de liderança baseadas no "grande homem", substituindo-as por "forças históricas" indefinidas. Qualquer estudo sério da história deve considerar os seres humanos e os fatores sociais e econômicos, e os estudos mais convincentes salientam as interações contínuas desses componentes.

Meu estudo se concentrou em indivíduos geralmente considerados líderes pelos contemporâneos e, em grande parte, em pessoas que dispunham das alavancas habituais da liderança ou que criaram substitutos eficazes. Ainda é questão aberta se os líderes definidos de maneira radicalmente diferente ainda são capazes de atender a meus critérios de "influenciar os pensamentos, sentimentos e comportamentos de número significativo de outras pessoas".

Embora tradicional, sob certos aspectos, meu conceito, porém, é iconoclasta, de outros pontos de vista. Em especial, minha ênfase na liderança como empreendimento cognitivo, como processo que ocorre e recorre dentro das e entre as mentes dos líderes e dos seguidores, tem poucos antecedentes. A ideia de líderes que apresentam mensagens é, decerto, familiar, mas as asserções sobre vários tipos de histórias e contra-histórias, competindo umas com as outras de maneira darwiniana, explora territórios desconhecidos e controversos. A distinção entre liderança indireta, resultante da criação de produtos simbólicos, e liderança direta, por meio da contação e da personificação de histórias, é também nova: procurei construir pontes entre a influência exercida por um indivíduo criativo e a influência manejada por um líder organizacional ou nacional tradicional. Finalmente, a ênfase contínua no poder da mente de 5 anos, assim como nos limites que a mente não escolarizada impõe às formas de liderança que transcendem as fronteiras dos domínios tradicionais, também representa uma contribuição para as atuais considerações sobre liderança.

## A representatividade das descobertas

É questão de lógica que, considerando qualquer número finito de exemplos, pode encontrar-se número infinito de generalizações deles decorrentes. Também é questão de lógica que qualquer generalização pode ser desfeita pelo primeiro contraexemplo. Considerando essas restrições formidáveis, até que ponto é possível confiar no perfil de liderança aqui apresentado – em meu protótipo de líder exemplar e nas várias generalizações sobre as seis constantes da liderança?

Quero salientar mais uma vez que a iniciativa aqui empreendida não é científica no sentido estrito. Como descrevi em *Creating Minds*, estou tentando forjar um elo entre estudos de casos idiográficos, realizados por acadêmicos como Howard Gruber, e estudos quantitativos nomotéticos, executados por acadêmicos como Dean Keith Simonton. Em meu estudo anterior sobre criatividade, procurei efetuar generalizações com base em sete criadores da era moderna; no presente estudo, minhas generalizações (e contrastes) se fundamentam em estudos de onze líderes. Efetuei um "teste" modesto dessas generalizações, ao observar as maneiras pelas quais elas são modificadas por um breve exame de dez "líderes mundiais", assim como por contrastes ocasionais com os perfis dos já analisados.

Sem dúvida, minha "amostra" está distorcida em certas direções. Tenho consciência de certos vieses, como por exemplo, para líderes voluntários, includentes e inovadores, mas, sem dúvida, não de outros. Igualmente, reconheço que cada um de meus líderes atuou em conjunto limitado de contextos e que outros líderes, que atuaram em outros contextos, podem muito bem diferenciar-se de maneiras imprevisíveis. E é importante sublinhar que meus líderes foram todos extraídos da era moderna e, mormente, dos contextos norte-americano e europeu ocidental. Seria necessário empreender outro tipo de estudo, caso se estivesse em busca de generalizações sobre liderança em outras áreas, ou oriundas de outras tradições culturais.

Realmente espero que estudos sobre outros líderes – diretos, indiretos, ou um amálgama dessas duas espécies, como Monnet – questionem certas generalizações e deem origem a outras. Assim avança a academia. Em vez de temer tais contestações ou modificações, recebo-as de bom grado. (Na verdade, senti-me muito estimulado por intercâmbios com outros estudiosos que consideraram instigantes minhas generalizações sobre indivíduos extraordinários – em ambos os sentidos do termo!) Espero que os métodos aqui desenvolvidos e que o conjunto de critérios aqui aplicados se mostrem úteis em outras comparações desse tipo. Só se obtêm caracterizações consistentes quando se aplica o mesmo conjunto de lentes a outros membros da categoria de líderes, definida em termos amplos.

## Dimensão moral da liderança

Já se observou que a palavra *líder* geralmente se aplica no sentido positivo, como quando elogiamos alguém por ser líder ou como quando indagamos, em tom lamurioso, "O que aconteceu com nossos líderes?". Portanto, quero deixar claro que minha abordagem à liderança *não* pressupõe viés positivo. Com efeito, as histórias que os líderes contam, as maneiras como personificam essas histórias e as influências que exercem sobre os liderados podem ser características tanto de líderes censuráveis – os Hitlers e Stalins – quanto de líderes que gostaríamos de elogiar.

No entanto, embora minha esquematização pretenda ser neutra quanto a valores, não nego meu próprio interesse quanto aos aspectos morais da liderança. Não foi por acidente que, como já observei, concentrei-me, neste livro, em "líderes escolhidos", pessoas que operam em sociedades democráticas. Tampouco é mera coincidência que a maioria dos onze líderes tenha optado por expor histórias includentes, aquelas que ampliaram, em vez de cindirem, o grupo humano básico ao qual se dirigiram. Pelo menos sob certos aspectos, admiro cada um dos líderes retratados neste livro.

Já os líderes que exploraram o poder e o púlpito de que dispunham para incitar as pessoas umas contra as outras infligiram danos incalculáveis. Encaro este estudo como esforço modesto para analisar pessoas que, basicamente, adotaram perspectiva pró-social para ver o que realizaram e onde encontraram obstáculos. Acredito que será mais provável garantir liderança responsável no futuro se conseguirmos desmistificar o processo de constituição dos líderes. Nesse sentido, o aumento do conhecimento sobre liderança pode caminhar de mãos dadas com formas de liderança mais desejáveis do ponto de vista moral. Antes de adotar esse ponto de vista basicamente otimista, porém, não se pode esquecer que Maquiavel e Hitler escreveram dois dos mais influentes tratados sobre liderança.

## SEIS TENDÊNCIAS QUE AFETARAM A LIDERANÇA NO SÉCULO XX

Pelo menos provisoriamente pode assumir-se que as seis características já identificadas neste livro são propriedades duradouras da liderança. Em qualquer consideração sobre o futuro, todavia, deve levar-se em conta vários outros fatores que podem influenciar ou até mudar as maneiras pelas quais a liderança – e os líderes – atingem o sucesso. Identifiquei seis importantes tendências, cada uma discernível desde o começo do século XX, se não antes, e nenhuma apresentando qualquer indício de arrefecimento nos anos recentes. Essas tendências parecerão familiares a todos os leitores; suas implicações para a liderança no futuro, contudo, merecem grande atenção.

### Potencial para destruição global

A guerra atingiu proporções destrutivas sem precedentes durante os dois conflitos mundiais do século passado. E o desenvolvimento de armas nucleares agora torna concebível que, pela primeira vez na História, todo o planeta possa ser destruído em questão de dias. Os líderes nacionais devem levar em conta essa possibilidade. Das duas uma: ou usam as armas nucleares como ameaça ou adotam políticas que limitem ou controlem sua proliferação. O que não podem é ignorar a possibilidade de destruição maciça. A perspectiva de aniquilação nuclear influencia não só os líderes políticos, mas também quaisquer outros que pretendam influenciar grandes dimensões da experiência humana. E embora menos catastrófica em termos imediatos, a possibilidade de destruição do mundo, como o conhecemos – seja em consequência de desastres ecológicos, seja em decorrência de crescimento populacional desenfreado – também afetará cada vez mais os próprios líderes. A possibilidade de destruição planetária rápida ou gradual é, em geral, a motivação tácita de qualquer história de identidade séria relatada hoje.

### Comunicação instantânea – em geral simplista

A cada ano, fica mais fácil para as pessoas não só saber quase em tempo real o que está acontecendo no mundo, mas também participar da "super-rodovia da informação global". Geralmente se enfatizam as implicações abrangentes e democratizantes dessa flexibilidade na transmissão de informações. Entretanto, aumento na quantidade de informações e melhoria na qualidade das informações não são sinônimos. Com efeito, mais canais geralmente significa informações mais degradadas, mais espúrias e mais enganosas; e a tentação ubíqua de transmitir mensagens cada vez mais breves e simplistas não é surpresa para ninguém que tenha explorado os poderes da mente não escolarizada. Essa enxurrada de informações simplórias e manipulativas talvez torne ainda mais difícil manter a mente desobstruída para a visão do panorama geral.

## Falta de privacidade

A facilidade na transmissão de informações e a derrocada do senso de privacidade caminham de mãos dadas. Além de ser cada vez mais fácil para entidades públicas e privadas coligir informações detalhadas sobre a vida de todos os cidadãos, a distinção tradicional do público e do privado já desapareceu entre celebridades, assim como está desvanecendo com rapidez crescente entre o grande público.

A comunicação global imediata e a rarefação de informações privilegiadas influenciam a vida dos líderes e dos liderados. Muito mais pessoas têm a oportunidade de transmitir suas mensagens com rapidez e sem intermediários – embora o emaranhado de mensagens conflitantes torne mais difícil o predomínio de qualquer mensagem específica. Ataques e contra-ataques, histórias e contra-histórias se espalham em profusão. A divulgação em alta velocidade até dos detalhes mais íntimos da vida das pessoas, amiúde a contragosto, embora, não raro, em conluio com as supostas vítimas, significa que os líderes enfrentam dificuldade cada vez maior em cultivar qualquer mística de mistério. É curioso, mas também alarmante, refletir sobre o que poderia ter acontecido aos líderes da Segunda Guerra Mundial se tivessem de enfrentar a devassa pelo público das fobias deles, como veio a tornar-se comum na vida política americana (e, cada vez mais, em todas as sociedades não totalitárias).

O desaparecimento da privacidade acarreta outro custo até agora incalculável. Descrente dos heróis, o público passa a ter menos respeito pelos líderes em geral, e muitas pessoas capazes já não imaginam uma carreira, nem mesmo um período curto, no serviço público.

Vale a pena observar, contudo, que os líderes efetivos ou aspirantes não precisam aceitar sem protesto as invasões de privacidade cada vez mais ousadas e frequentes. As pessoas têm o direito de não revelar informações pessoais e, em última instância, devem buscar proteção legal contra o assédio. Em minha opinião, a atual liderança política nos Estados Unidos está longe de aceitar perguntas impertinentes – recusa sutil que, na essência, significa "isso não é da sua conta" e que pode ser um começo promissor para uma nova contra-história eficaz.

## O surgimento de entidades que transcendem as fronteiras nacionais

Pelo menos sob muitos aspectos, o apogeu do Estado nacional talvez tenha passado. A empresa multinacional é fato de destaque na vida cotidiana há pelo menos uma geração. Tantas questões – aviação, ecologia, doenças contagiosas, crescimento e migrações populacionais, direitos humanos, inspeção de instalações nucleares, combustíveis, desarmamento e comércio, para mencionar só algumas das mais visíveis – não se restringem ao âmbito interno dos países. Em consequência, milhares de organizações – algumas nacionais, outras internacionais, muitas não governamentais – emergiram nas últimas décadas, e muitas se tornaram extremamente influentes. Ao lado de destaques como Cruz Vermelha e Banco Mundial, encontram-se numerosas outras organizações científicas internacionais, redes sociais, entidades comerciais e instituições voltadas para o crescimento demográfico, para a mobilização de recursos, para o controle de doenças, para a proteção do meio ambiente e para a preservação dos direitos humanos, não tão bem conhecidas e com configurações menos tradicionais.

Novos órgãos públicos, constituídos em resposta a novas espécies de ameaças e oportunidades, dificilmente atrairão líderes da estirpe tradicional. Algumas dessas agências adotam estrutura mais horizontal e heterárquicas, enquanto outras talvez não contem com qualquer liderança discernível. Ainda não está de modo algum claro se, com o passar do tempo, as formas mais tradicionais de governança tenderão a prevalecer ou se as entidades não nacionais evoluirão para novas formas de liderança grupal ou de composição de público. O consultor político Max Kampelman reflete sobre a instabilidade da situação vigente: "Embora tudo esteja ficando interconectado, ainda estamos na Idade Média no mundo da política."

## Reações nacionalistas e fundamentalistas

Muito provavelmente em resposta à aparente redução do poder de organizações nacionais tradicionais surgiram bolsões de oposição igualmente poderosos. O movimento inspirado por Monnet para uma Europa unificada foi contraposto por fortes correntes nacionalistas em quase todos os países europeus e por forma virulenta inesperada de orgulho étnico – que às vezes redundaram em exortações pela "pureza étnica" – na Europa Oriental. Nos Estados Unidos, quase todas as tendências internacionais já mencionadas – desde o desarmamento nuclear, passando pela proteção dos direitos humanos até a preservação do meio ambiente – enfrentam a oposição vociferante de pessoas que, em princípio, desprezam esses temas e que os consideram da competência exclusiva dos Estados soberanos ou de entidades religiosas organizadas.

Da mesma maneira como propostas de formas institucionais não tradicionais exigem ponto de vista diferente e flexível sobre identidade, as reações contra essas organizações inovadoras exploram os mananciais mais elementares da identidade de grupo. Ao convocarem o público para a adoção literal de credos tradicionais de natureza religiosa, política e social, os líderes fundamentalistas falam diretamente às mentes menos moduladas. Considerando o poder da mente não escolarizada, não é fácil contestar essas crenças arraigadas.

## Expertise cada vez mais técnica

Em quase todos os domínios, o conhecimento continua a acumular-se em ritmo vertiginoso. Em nenhum lugar essa tendência é mais evidente que no governo. Há 150 anos, a maioria dos líderes cuidava dos próprios negócios com a ajuda de um pequeno grupo de apoio e era capaz de compreender os detalhes das questões; hoje, as unidades incumbidas de "assuntos governamentais" até das entidades de menor porte (como universidades, hospitais e municipalidades) demandam grande corpo de especialistas, técnicos, consultores e outras autoridades. Mesmo as figuras públicas e os especialistas em política, para não se estender demais, dependem de equipes de consultores mais especializados nas diferentes subdivisões da política, como financiamento de campanhas e grupos de foco. Quase todo o mundo concorda que não se vai muito longe sem especialistas. No entanto, evocando a tirada de George Bernard Shaw, de que "os profissionais são uma conspiração contra o público", os especialistas, não raro, são alvos de abuso.

Explorar o conhecimento especializado, julgar sua importância e transmiti-lo a líderes não especialistas, e, então, ao público mais geral, é grande desafio. As tensões são intensas. De um lado, almejam-se as melhores informações e espera-se nelas basear as decisões, depois de terem sido totalmente digeridas e totalmente sopesadas. De outro, nem os líderes nem os públicos realmente dispõem de expertise para dominar as informações. E mesmo que a tivessem, não teriam muitas oportunidades para aproveitá-la, uma vez que são tremendas as pressões para apresentar as informações de maneira simplificada, para torná-las de pronto compreensíveis e transmissíveis a outras pessoas. A consequência é, não raro, distorcer as questões. Refletindo sobre a vida política recente nos Estados Unidos, o sociólogo Daniel Bell comentou:

*Liderança é senso de julgamento. É julgamento quanto ao que é relevante e sobre como fazer as coisas. A consequência é o excesso de simplificação, como fazia Reagan, ou a tentativa de inclinar-se para o outro lado, de agir como Dukakis [adversário de George Bush na eleição presidencial de 1988], de maneira um tanto tecnocrática. Assim, a capacidade de alcançar o equilíbrio certo entre senso de complexidade e senso de julgamento é cada vez mais rara, problema com que deparo em todas as sociedades.*

Ao mesmo tempo em que se verifica a necessidade crescente de expertise técnica também se constata a debilitação dos vínculos dos especialistas com o resto da sociedade. Os especialistas precisam dedicar tanto tempo às especialidades que lhes sobra pouco tempo para concentrar-se em questões de bem comum. Muitos especialistas não se consideram responsáveis pela sociedade mais ampla, nem mesmo pela própria profissão, além da área específica de conhecimento técnico. O senso de identidade dos especialistas contemporâneos raramente tem raízes na comunidade ou no país, muito menos no mundo abrangente; tampouco está ligado, como parece ter sido o caso um século atrás, a uma vocação com fumos morais, como direito, medicina, magistério ou sacerdócio. Em especial porque os especialistas são tão móveis e as instituições onde trabalham, tão fluídas, seus vínculos são principalmente com as poucas pessoas que também sabem o que eles sabem (domínio demasiado circunscrito) e, antes de tudo, consigo mesmas (público demasiado egocêntrico).

Desde os gregos antigos, observa-se essa tensão. Eis o que observou o historiador H. D. F. Kitto: "O expert altamente treinado, o especialista, não encontra lugar natural na pólis, e, quando ele aparece, como o fez em tantas searas da vida, no século quinto, debilita-se a coesão ou ultrapassam-se os limites naturais da pólis." Confúcio, contemporâneo histórico dos atenienses antigos, observou o problema de outra maneira: "Embora os conselheiros de um grande líder devam ser tão frios quanto gelo, o líder em si deve ter fogo, fagulha da loucura divina." Como harmonizar a mente do especialista com a mente de 5 anos é desafio que se torna a cada ano mais agudo. Em minha opinião, porém, se não encontrarmos maneira de os líderes reterem algum vínculo com o conhecimento especializado, de um lado, e alguma capacidade de se comunicar com não especialistas, de outro, é possível que nosso mundo se torne cada vez mais incontrolável. Longe de ficarem anacrônicos, os líderes competentes tendem a tornar-se mais cruciais que nunca.

## DIRETRIZES PARA A LIDERANÇA EFICAZ

Neste relato conclusivo, identifiquei seis temas duradouros sobre liderança e constatei seis tendências recentes que decerto mudaram – e com toda probabilidade tornaram mais complexas – as atribuições da liderança no século XX e, mais que provavelmente, nas eras vindouras. Fosse este livro um tratado sociológico sistemático sobre o treinamento de novos líderes ou, talvez, uma versão maquiavélica da mesma empreitada, eu poderia examinar as seis constantes em termos das seis tendências, destacando 36 pontos para reflexão. Mais compatível com o espírito deste livro (e do autor), contudo, é concluir este estudo com três lições relevantes para o treinamento adequado de líderes e para a busca bem-sucedida de seus objetivos.

### Apreciar os atributos duradouros da liderança

Qualquer líder que deseje ser eficaz deve reconhecer e lidar de maneira realista com os atributos duradouros da liderança. Embora os líderes sejam diferentes uns dos outros na extensão da ambição, no tamanho do público e na singularidade da mensagem, todos precisam confrontar-se com os seis atributos duradouros. O líder tenderá a alcançar o sucesso só se desenvolver e transmitir de maneira convincente uma história clara e persuasiva; se avaliar o tipo de público, inclusive suas características mutáveis; se investir a própria energia (ou a alheia) na construção e a preservação de uma organização; se personificar na própria vida os contornos da história; se fornecer liderança direta ou encontrar maneiras de exercer influência por meios indiretos; e, finalmente, se adquirir e aplicar, cada vez mais, expertise técnica, sem se deixar oprimir por ela.

Essas considerações devem constituir parte do treinamento dos líderes. Precisam ser monitoradas pelos líderes e parceiros durante todo o período de exercício da liderança.

### Prever e manejar novas tendências

Quem pretender liderar no futuro deve conscientizar-se das novas tendências não raro complicadoras e encontrar maneiras de manejá-las. As tendências que afetam a liderança decerto variarão no tempo, no espaço e nas circunstâncias. Sugeri que os líderes hoje devem confrontar-se diretamente com as possibilidades de destruição imediata ou gradual do mundo; com novas formas de comunicação instantânea, copiosa e não raro demasiado simplificadas; com a eliminação de praticamente qualquer senso de privacidade; com a proliferação de entidades e de interesses que transcendem as fronteiras nacionais; com reações talvez previsíveis a essas tendências desestabilizantes, na forma de nacionalismo e fundamentalismo exacerbados; com o volume crescente de conhecimentos herméticos; com a falta inquietante de compromissos mais amplos, que parece acompanhar a vida frenética e incerta dos especialistas;

e, em consequência, com a tarefa cada vez mais complexa de filtrar o que deve ser comunicado a um público composto inequivocamente de não especialistas.

Ainda que essas tendências venham a manifestar-se em domínios específicos de maneiras diferentes, todos os aspirantes a líder precisam reconhecê-las. Com efeito, na educação pré-universitária – campo de atuação que conheço melhor – os líderes precisam considerar cada um desses fatores, ainda que venham a ponderá-los de maneira diferente da dos líderes militares. Por exemplo, um educador pré-universitário será muito influenciado pela pressão para decidir *o que*, de uma base de conhecimento em expansão constante, merece estudo e pela tentação de desenvolver currículos e pedagogias em torno de formas de comunicação instantâneas, mas, em geral, superficiais. Por outro lado, uma pessoa de negócios deve concentrar atenção especial na proliferação de organizações em todo o mundo e na explosão do conhecimento técnico. Já um líder militar provavelmente se preocupará com as possibilidades de destruição mundial, de dissolução de muitas entidades nacionais e de ascensão correlata de seitas éticas vociferantes. Em todo caso, qualquer programa de formação de líderes precisa considerar essas seis facetas à luz das dimensões e dos públicos do domínio.

## Estimule o reconhecimento dos problemas, dos paradoxos e das possibilidades da liderança

Quem estiver preocupado com a qualidade do futuro da liderança deve conceber maneiras de educar os cidadãos, tanto os públicos quanto os líderes. Essa educação deve considerar não só as constantes e as variáveis da liderança, mas também as tensões que complicam o papel do líder, sem, de maneira alguma, tornar essa função menos essencial. A ampliação do quadro de futuros líderes só será possível se promovermos ampla apreciação das principais questões referentes à liderança eficaz.

Decerto, nossa sociedade não ignorou a educação de líderes. Muitas instituições, como escolas profissionalizantes e academias militares, têm entre os objetivos declarados a preparação de líderes. A sucessão aparentemente infindável de livros, artigos, seminários, workshops e programas educacionais sobre liderança política, liderança empresarial e liderança comunitária atesta a crença difusa de que a liderança é importante e de que precisamos aprimorar a formação de líderes.

No entanto, apesar dos regimes de liderança próprios, em áreas específicas, grande parte da sociedade mais ampla continua ignorante em relação ao tema – não só sobre sua importância, mas também sobre como torná-lo mais eficaz. Para alguns, a liderança é suplemento – algo como uma observação inteligente a que alguém recorre para condimentar um discurso já elaborado – em vez de abordagem essencial às ideias, aos comportamentos e aos sentimentos de seres humanos. Para outros, os líderes são heróis imbuídos de atributos carismáticos misteriosos, que atuam de acordo com regras que eles próprios concebem (ou infringem). O próprio fato de muitas das ideias deste livro serem (tanto quanto sei) pouco conhecidas – e de, mesmo quando conhecidas, existirem poucos canais para familiarizar as pessoas com suas consequências – comprova a orfandade do conhecimento sobre liderança em nossa sociedade mais ampla.

A predileção dos americanos pelo igualitarismo e pela educação *laissez-faire* exacerba a situação. Desde a Antiguidade, muitas civilizações consideravam parte de suas atribuições fornecer meios para a identificação e desenvolvimento da liderança. Escolas de treinamento profissional de alto prestígio e serviços públicos tradicionais da Europa e da Ásia têm atuado como meios testados e comprovados de formar quadros familiarizados com as demandas e sutilezas da liderança. Margaret Mead costumava observar que os americanos não querem líderes. Ao esperar que a liderança ocorra naturalmente ou que seja inculcada ao acaso, preparamos o contexto para que o número de pessoas capazes de preencher os requisitos essenciais da liderança seja demasiado baixo, gerando carências inaceitáveis. E ainda reduzimos a probabilidade do surgimento de líderes em grupos menos dominantes ou em instituições menos privilegiadas da sociedade.

Com efeito, se fosse permitido caricaturar um pouco, parece que a liderança não raro é vista em dois polos: como algo elementar ("também você pode ser líder") ou como algo inalcançável ("o líder inato" ou "o líder carismático"). Na verdade, precisamos começar a refletir sobre liderança como tema a ser dominado e como função a ser conquistada, caso se esteja disposto a investir intensamente em ambas as empreitadas.

Mas se almejamos lideranças ao mesmo tempo responsáveis e eficazes, precisamos ir além de treinar um corpo de líderes "legítimos". O "melhor" treinamento em liderança *para* líderes potenciais, proponho, deve ser o melhor treinamento *sobre* liderança para todos, não no sentido de treinar a todos para serem nomeados líderes de determinada organização, mas, sim, no intuito de familiarizar a população com em que consiste e em que resulta ser líder, assim como com o que pode dar errado e com o que pode dar certo.

Denomino esse conhecimento de *conscientização sobre as questões e paradoxos da liderança*. Quem se aproxima dos fenômenos da liderança e espero que os leitores deste livro agora se considerem pertencentes a essas fileiras tomam consciência profunda de numerosas questões e paradoxos:

- A tensão entre a necessidade de expertise técnica – que exige mentalidade sofisticada – e a necessidade de comunicação ampla, de modo a alcançar a "mente não escolarizada".
- A necessidade de histórias que falem a muitas pessoas e as ajudem a desenvolver identidade individual e grupal mais satisfatória.
- O potencial dessas histórias de ampliar ou fragmentar o senso de comunidade.
- A constatação de que o conhecimento mais abrangente pode muito bem distribuir-se entre os membros do grupo, mas que é muito mais fácil lidar com um único líder autêntico.
- A conscientização de que todos os líderes são limitados no que podem realizar, que todos os líderes experimentam fracassos e triunfos, e que quase todos os líderes acabam deparando com obstáculos que não conseguem superar.

- As possibilidades de o público ser manipulado pelo líder, de o público influenciar o líder e de o público moldar a mensagem em conjunto com o líder, em esforço cooperativo.
- A necessidade de ajudar os líderes, ou de compartilhar com eles os encargos, em vez de tentar explorar ou solapar a autoridade do líder.
- A escolha entre liderança direta (quando o líder fala ao público) ou indireta (quando o líder influencia o público por meio de produtos simbólicos ou mediante a educação de líderes políticos), e a possibilidade de combinar as cepas direta e indireta de maneira sinérgica e eficaz.
- A tensão entre a abordagem racional e abordagem fundamentada em dimensões espirituais, e a desejabilidade de sintetizar essas histórias complementares.

Há outras questões e outros paradoxos, alguns expostos neste livro e outros ainda a serem identificados. Não se deve esperar que ninguém compreenda e domine todos eles, mas a familiaridade com alguns pode ajudar as pessoas a apreciar o *possível* e o *provável*, assim como as facetas *problemáticas* e as facetas *paradoxais* da liderança.

Esse conhecimento é relevante quando se consideram as lideranças com que quase todos lidamos no dia a dia: os líderes no local de trabalho, na escola e na comunidade. Mas também é importante quando se volta a atenção para o cenário político mais amplo. No momento em que escrevo, no início de 1995, acabamos de testemunhar nos Estados Unidos algumas das campanhas políticas mais viciosas já registradas na história. Caracterizar a retórica como "não escolarizada" seria elogiá-la. Embora o conhecimento sobre liderança não possa ser considerado panaceia, sinto-me confiante ao afirmar que, provavelmente, a inépcia e a idiotice das campanhas políticas serão percebidas com muito mais clareza se o público tiver sido educado para compreender as questões e paradoxos acima expostos. Em muito pouco tempo, os cidadãos americanos conscientizaram-se de como melhorar a saúde física. Não há razão, em princípio, para que também não possam conscientizar-se de como promover (ou frustrar) o bem-estar político.

Sempre haverá tensão entre quem usa o conhecimento para manipular e quem usa o conhecimento para atribuir empowerment. Os mestres políticos nos lembram dessa realidade desconcertante. No entanto, acredito que quanto mais ampla for a compreensão dessas questões, menor será a probabilidade de ascensão e predomínio de lideranças irresponsáveis no longo prazo. Além disso, espero que quem tenha apreciado essas questões e venha a desenvolver meios para difundi-las entre públicos mais amplos ajudará a construir um mundo em que a liderança seja menos coercitiva, mais capacitadora da cidadania e mais capaz de alcançar fins construtivos.

Apêndice I

# Os 11 líderes vistos ao longo das principais dimensões da liderança

**Nome: MARGARET MEAD, 1901-1978**

**Domínio Inicial**: Antropologia

**Posição no domínio**: Includente

**História de identidade no domínio**: Nós, antropólogos, temos o privilégio de relatar as culturas do mundo, demonstrando que nenhuma é superior. Desenvolvemos as ideias e as transmitimos em linguagem simples aos compatriotas.

**Contra-histórias no domínio**: Certas culturas são superiores a outras. Não é possível comparar culturas. Devemos ter cuidado com a popularização.

**Histórias de não identidade no domínio**:

**a.** Retratos racistas, evolucionários e tumultuosos da adolescência estão errados.

**b.** O trabalho interdisciplinar é crucial.

**c.** Devemos estudar as famílias e os filhos.

**d.** As culturas podem ser organizadas de acordo com padrões, como os encontrados em combinações de temperamento e sexo.

**e.** Os samoanos têm adolescência agradável, e os americanos podem aprender com o exemplo deles.

**Outras contra-histórias no domínio**:

**a.** As histórias mais tradicionais sobre diferença racial, evolução das culturas e adolescência turbulenta têm mérito.

**b.** O trabalho interdisciplinar é perigoso.

**c.** O estudo da vida familiar e do desenvolvimento da criança deve ser deixado por conta de outras especialidades acadêmicas.

**d.** Cuidado com as generalizações sobre padrões de cultura

**e.** As observações de Mead em Samoa são suspeitas.

**Liderança direta/indireta no domínio**: Ambas as formas

**Personificação no domínio**: Considerável

**Último domínio**: Público americano, sobretudo de classe média

**Posição entre domínios**: Includente

**História de identidade**: Como seres humanos, podemos tomar decisões sábias sobre nossa própria vida, estudando opções adotadas em muitas outras culturas.

**Contra-histórias**: Nós, americanos, somos especiais, e temos pouco a aprender e muito a temer com os exemplos de outras culturas.

**Outras histórias**:

**a.** As culturas assumem padrões, e é possível reconhecer o padrão da cultura americana. A natureza humana é acessível para nós, em sua unidade e variedade.

**b.** Os americanos devem estar preparados para experimentar diferentes estilos.

**Outras contra-histórias**:

**a.** Todas as culturas podem ser classificadas, ou, alternativamente, todas as comparações culturais são fúteis.

**b.** Cuidado com os cientistas que tentam dizer-nos como levar a vida.

**c.** Os experimentos com família e vida pessoal são perigosos.

**Liderança direta/indireta**: Ambas as formas

**Personificação entre domínios**: Considerável

**Coerência das histórias no e entre domínios**: Considerável

**Áreas de fracasso**: Nunca constituiu organização duradoura ou programa viável; a análise de Samoa pode conter falhas; suas ideias progressistas perderam a força quando a sociedade deu uma virada conservadora nas décadas de 1970 e 1980; sua vida pessoal se fragmentou.

**Nome: J. ROBERT OPPENHEIMER, 1904-1967**

**Domínio Inicial**: Física (especialista e líder de laboratório)

**Posição no domínio**: Includente (todos devem participar do Projeto Manhattan)

**História de identidade no domínio**: Nós, cientistas, temos qualificações para desempenhar papel de destaque na execução do importante esforço de guerra. Devemos enterrar todas as diferenças e ser capazes de trabalhar em segredo.

**Contra-histórias no domínio**: Os cientistas não devem participar de iniciativas políticas ou militares. Os cientistas devem servir de contrapeso ao governo, e todo trabalho deve ser totalmente aberto.

**Histórias de não identidade no domínio**:

**a.** A mecânica quântica, a relatividade e outros aspectos da nova física são importantes.

**b.** Nós, físicos, conhecemos o pecado ao liberar a energia nuclear.

**Outras contra-histórias no domínio**:

**a.** Essas novas ideias ainda não são verdades estabelecidas.

**b.** Não devemos dramatizar nosso papel no desenvolvimento de armas nucleares.

**Liderança direta/indireta no domínio**: Começou como líder indireto; com o Projeto Manhattan, tornou-se líder direto.

**Personificação no domínio**: Excelente líder de laboratório e institucional; não tão grande cientista quanto se poderia esperar; algo intimidante no nível pessoal.

**Último domínio**: Público americano educado, inclusive formuladores de políticas.

**Posição entre domínios**: Includente, embora mantendo distância pessoal.

**História de identidade**: Todos nós – cientistas, formuladores de políticas, leigos – devemos trabalhar juntos no novo mundo nuclear. Trabalhando tanto quanto possível ao lado de nossos adversários, devemos controlar voluntariamente armas de destruição em massa e usar a energia nuclear de maneira positiva.

**Contra-histórias**: Os cientistas não devem participar da política. A União Soviética é nosso inimigo mortal, e devemos opor-nos aos soviéticos a todo custo. A Guerra Fria continuará indefinidamente.

**Outras histórias:**

**a.** O mundo do conhecimento e da prática está cheio de paradoxos (sobre segredo, poder, conhecimento e ciência), e devemos comprazer-nos neles.

**b.** O conhecimento humano ainda é falho e limitado.

**Outras contra-histórias**:

**a.** Evite paradoxos e busque clareza, direção e soluções.

**Liderança direta/indireta**: Ambas as formas, mais problemas com a liderança direta.

**Personificação entre domínios**: Ambivalente, não conseguiu defender-se de maneira adequada contra acusações de deslealdade; o orgulho era problemático para muita gente.

**Coerência das histórias no e entre domínios**: A extensão das histórias de domínio se mostra problemática, quando se lida com público volúvel e temeroso.

**Áreas de fracasso**: Não conseguiu convencer os formuladores de políticas a controlar o desejo de armamentos; considerado risco de segurança durante a caça às bruxas anticomunista e forçado a retirar-se da vida pública; as experiências dele sugerem os limites da participação de cientistas no tumulto do mundo da política.

**Nome: ROBERT MAYNARD HUTCHINS, 1899-1977**

**Domínio Inicial**: Líder institucional (reitor de faculdade de Direito, presidente de universidade)

**Posição no domínio**: Includente, de início, tornou-se mais excludente

**História de identidade no domínio**: Nós, educadores, precisamos reconstruir a universidade para difundir a educação liberal, em vez de apenas produzir pesquisadores e especialistas míopes. Devemos evitar penduricalhos, progressismo, pluralismo néscio e adoração da ciência.

**Contra-histórias no domínio**: Não existe "a melhor maneira" de educar. Devemos estar abertos a muitas opções e a várias filosofias educacionais. Cuidado com uma nova escolástica ou com uma nova ortodoxia.

**Histórias de não identidade no domínio**:

**a.** Esteja preparado para aceitar sacrifícios, como redução de salário.

**b.** A educação americana perdeu o rumo.

**Outras contra-histórias no domínio**:

**a.** Não mexa com as prerrogativas dos membros do corpo docente.

**b.** A educação americana está em boa forma e não deve ser reorientada nos fundamentos.

**Liderança direta/indireta no domínio**: Ambas as formas: orador e redator eficaz

**Personificação no domínio**: Personificou sua filosofia educacional em nível superficial, mas não foi claro sobre se realmente favorecia o debate, se sustentava vigorosas posições duradouras ou se era bom ouvinte; talvez tenha pretendido promover os próprios interesses.

**Último domínio**: Público americano educado

**Posição entre domínios**: Includente sob certos aspectos; excludente sob outros

**História de identidade**: Nós, americanos educados, somos os baluartes da democracia. Certa herança intelectual, representada por Grandes Livros, é a melhor maneira de alcançar essa educação

**Contra-histórias**: Grandes Livros são paroquiais e meio intelectualizados.

**Outras histórias**:

**a.** As pessoas sábias devem refletir sobre as grandes questões e expor os resultados de suas reflexões.

**b.** As liberdades civis são importantes.

**c.** Os Estados Unidos devem ser cuidadosos ao envolver-se em conflitos internacionais (antes da Segunda Guerra Mundial).

**Outras contra-histórias**:

**a.** Centros e fundações são pela própria natureza elitistas e não confiáveis.

**b.** Nós, como sociedade, precisamos de pensadores e de ideologias mais convencionais e menos liberais, já que o liberalismo tem sido fonte de problemas.

**c.** Os Estados Unidos precisam de mais ativismo na política externa.

**Liderança direta/indireta**: Tentou ambas as formas, mas nenhuma foi muito eficaz no fim da vida.

**Personificação entre domínios**: Parecia estar em todos os lugares e não era convincente; as pessoas comuns tinham dificuldade em identificar-se com ele.

**Coerência das histórias no e entre domínios**: Grau de Coerência razoável, de início, mas as questões de educação tornavam-se menos importantes à medida que abordava toda a gama de assuntos globais.

**Áreas de fracasso**: Não conseguia vender ao corpo docente muitos de seus programas; nunca foi bem-sucedido em lançar instituição ou programa eficaz depois de deixar a Universidade de Chicago; o grande público e muitos membros do corpo docente tinham dificuldade em identificar-se com Hutchins; nem sempre aceitava de bom grado o debate, exceto em seus termos; no fim da vida, suas mensagens não eram muito diferentes das de outros gurus empolados.

**Nome: ALFRED P. SLOAN, JR., 1875-1966**

**Domínio Inicial**: Empresa automobilística

**Posição no domínio**: Includente na empresa; competitivo no ambiente externo.

**História de identidade no domínio**: Nós, em negócios, estamos fazendo um trabalho divino. A General Motors conhece a melhor maneira de fazer negócios e construiu o grupo de empresas mais eficaz. Nós na empresa estamos dispostos a ajudar.

**Contra-histórias no domínio**: Há muitas maneiras de dirigir uma empresa. A General Motors é paternalista e monopolista, ou pelo menos não é diferente de nenhuma outra grande empresa.

**Histórias de não identidade no domínio**:

**a.** É possível desenvolver organogramas que combinem centralização e descentralização.

**b.** Novas ideias sobre marketing, colaboração, pesquisa e planejamento são mais bem desenvolvidas por equipes de analistas qualificados.

**Outras contra-histórias no domínio**:

**a.** A antipatia de Henry Ford pelos organogramas, pela diversidade dos mercados e pelo planejamento e análise cuidadosos

**b.** A atitude de *laissez-faire* de Durant

**c.** A análise qualificada gera mais problemas que vantagens.

**Liderança direta/indireta no domínio**: Começou como líder indireto, por meio de seu plano organizacional; tornou-se líder direto eficaz.

**Personificação no domínio**: Modelo eficaz de comportamentos almejados pelo próprio staff e pelos revendedores

**Último domínio**: Público americano, cidadãos de outros países industrializados

**Posição entre domínios**: Includente, mas competitivo

**História de identidade**: As empresas são a chave de uma vida melhor para todos e, portanto, merecem ser o centro da vida dos Estados Unidos como país.

**Contra-histórias**: Há mais na vida que mercados e lucro. A vida tem uma dimensão espiritual. Embora as empresas possam oferecer vida mais próspera, elas também geram ciclos de mercado e interesses materialistas que podem ser destrutivos.

**Outras histórias**:

**a.** Os automóveis são fundamentais na vida.

**b.** Qualquer coisa que se oponha aos negócios é ruim.

**Outras contra-histórias**:

**a.** Devemos estar preparados para setores de atividade muito diferentes da indústria automobilística e para concorrentes muito diferentes dos Três Grandes fabricantes de automóveis.

**b.** O ponto de vista dos sindicatos é muito diferente do da administração.

**c.** O marxismo cultiva ideias mais profundas que a análise econômica clássica.

**Liderança direta/indireta**: Liderança direta

**Personificação entre domínios**: Eficaz durante a vida dele, mas se tornaria anacrônica depois da década de 1960.

**Coerência das histórias no e entre domínios**: Considerável

**Áreas de fracasso**: Nunca previu o sucesso do Japão nem o surgimento da sociedade da informação; erroneamente via pouca diferença entre a General Motors, a sociedade americana e o resto do mundo industrializado.

**Nome: GEORGE C. MARSHALL, 1880-1859**

**Domínio Inicial**: Exército dos Estados Unidos

**Posição no domínio**: Includente, mas com altos padrões

**História de identidade no domínio**: Nós, militares, devemos ser profissionais desinteressados. Devemos evitar a politização, estar prontos para qualquer contingência e inspirar os outros por meio de atuação exemplar.

**Contra-histórias no domínio**: Os militares detêm conhecimentos especiais e merecem atenção e privilégios especiais. Entretanto, não precisam observar padrões de comportamento muito superiores aos de outras pessoas.

**Histórias de não identidade no domínio**:

**a.** Os militares devem ser fortalecidos e modernizados; os pesos mortos devem ser afastados.

**Outras contra-histórias no domínio**:

**a.** Cuidado com as mudanças nas práticas militares tradicionais.

**b.** A antiguidade deve ser honrada.

**Liderança direta/indireta no domínio**: Principalmente liderança direta, embora fosse capaz de escrever excelentes relatórios

**Personificação no domínio**: Exemplar – sua atuação foi história em si mesma.

**Último domínio**: Estados Unidos e público mundial

**Posição entre domínios**: Includente, embora a situação tenha ficado mais nebulosa depois da Segunda Guerra Mundial

**História de identidade**: Nós, americanos, devemos defender nossos valores, nos campos de batalha, se necessário, mas também devemos tentar compartilhá-los com o mundo mais amplo. Precisamos oferecer ajuda às vítimas da guerra global.

**Contra-histórias**: Os americanos devem vencer a todo custo. Somos especiais e não podemos ser comparados com outros países. Não devemos apoio a quem praticou atos agressivos contra nós.

**Outras histórias:**

**a.** A Guerra Fria não deve dominar todas as nossas ações.

**b.** É prematuro reconhecer o Estado de Israel.

**Outras contra-histórias**:

**a.** A Guerra Fria apequena todas as outras questões.

**b.** Israel merece reconhecimento imediato.

**Liderança direta/indireta**: Liderança direta.

**Personificação entre domínios**: Excelente; mais importante que a história.

**Coerência das histórias no e entre domínios**: Considerável.

**Áreas de fracasso**: Não foi selecionado para liderar a Operação Overlord; a política externa depois da Segunda Guerra Mundial ficou muito mais confusa que durante a guerra; foi atacado pelo Senador Joseph McCarthy e recebeu pouco apoio do Presidente Eisenhower; a mobilização militar que promoveu logo foi desfeita

**Nome: PAPA JOÃO XXIII, 1881-1963**

**Domínio Inicial**: Igreja Católica

**Posição no domínio**: Includente

**História de identidade no domínio**: Católicos e cristãos devem retornar aos ensinamentos simples de Cristo. Precisamos evitar disputas burocráticas e políticas. A vida espiritual é de suma importância.

**Contra-histórias no domínio**: Os católicos não podem correr o risco de interagir com outros grupos religiosos. Devemos confiar na nossa hierarquia. A espiritualidade é ideal inalcançável.

**Histórias de não identidade no domínio**:

**a.** O poder deve concentrar-se nos bispos e no povo, não na Cúria.

**b.** Aprenda com a história, mas não se limite a ela.

**c.** Repense os dogmas tradicionais em termos das condições contemporâneas.

**d.** É preciso ser bom católico e bom ser humano, mesmo quando se peca.

**Outras contra-histórias no domínio**:

**a.** É melhor deixar o poder com o Vaticano.

**b.** A tradição deve governar tudo.

**c.** O Catolicismo é de suma importância; os desvios merecem punição.

**Liderança direta/indireta no domínio**: Direta

**Personificação no domínio**: Excelente

**Último domínio**: Cidadãos do mundo

**Posição entre domínios**: Includente, talvez apreciada mais fora da Igreja.

**História de identidade**: Somos, primeiro, seres humanos; depois, pessoas religiosas. Devemos trabalhar juntos para salvar o mundo do desastre e para construir a paz duradoura.

**Contra-histórias**: As divisões religiosas não podem ser mediadas. A Guerra Fria é inevitável e deve ser perseguida.

**Outras histórias**:

**a.** É possível levar vida espiritual e enobrecer os outros.

**b.** Devemos trabalhar para ajudar os pobres.

**Outras contra-histórias**:

**a.** Os líderes religiosos não devem participar da política.

**b.** O ceticismo sobre a espiritualidade genuína tem fundamentos.

**c.** Os pobres devem aceitar seu destino.

**Liderança direta/indireta**: Direta

**Personificação entre domínios**: Excelente

**Coerência das histórias no e entre domínios**: Alta Coerência

**Áreas de fracasso**: Reações negativas dentro da Igreja Católica; os líderes sucessores não levaram avante o programa de João dentro da Igreja; a maioria dos vínculos forjados por Khrushchev e Kennedy não sobreviveram ao fim dos respectivos mandatos.

**Nome: ELEANOR ROOSEVELT, 1884-1968**

**Domínio Inicial**: Mulheres americanas investidas de novos direitos.

**Posição no domínio**: Includente

**História de identidade no domínio**: Nós, mulheres, podemos e devemos participar intensamente da vida política dos países e precisamos lutar pelo que consideramos nossos direitos.

**Contra-histórias no domínio**: É melhor as mulheres ficarem nos bastidores, ajudando e apoiando os homens.

**Histórias de não identidade no domínio**:

**a.** Todos podem participar, qualquer que seja o nível hierárquico e os antecedentes.

**b.** A esposa do presidente pode exercer liderança.

**Outras contra-histórias no domínio**:

**a.** Apenas algumas mulheres privilegiadas podem participar plenamente da vida americana.

**b.** A esposa do presidente deve manter-se nos bastidores e apoiar o marido.

**Liderança direta/indireta no domínio**: Direta, primária

**Personificação no domínio**: Cada vez mais excelente; não se submete a hierarquias ou cerimoniais.

**Último domínio**: O país e além-fronteiras, sobretudo os desfavorecidos e os capazes de ajudar.

**Posição entre domínios**: Includente

**História de identidade**: Todos devem trabalhar juntos para ajudar os mais carentes, em especial as mulheres, os negros e os cidadãos de países em desenvolvimento. Temos de estar preparados para o confronto, sem excessos.

**Contra-histórias**: No mundo impera o darwinismo social, e não há muito a fazer a esse respeito.

**Outras histórias**:

**a.** As ideias do New Deal devem continuar orientando a sociedade americana e precisam ser aplicadas no resto do mundo.

**b.** As mulheres comuns na aparência e na ação podem realizar coisas extraordinárias.

**Outras contra-histórias**:

**a.** O New Deal está superado e deve ser esquecido.

**b.** Apenas pessoas superdotadas podem realizar façanhas extraordinárias.

**Liderança direta/indireta**: Direta

**Personificação entre domínios**: Muito convincente, apesar dos antecedentes e das condições inusitadas.

**Coerência das histórias no e entre domínios**: Alta

**Áreas de fracasso**: Grande parte da agenda nacional teve de ser abandonada durante a Segunda Guerra Mundial; depois da guerra, passou a ser vista como cada vez mais partidária; a liderança das pessoas desfavorecidas transferiu-se para figuras mais jovens e mais representativas; considerava-se fracassada como mãe e enfrentou graves crises no casamento; vivia uma vida secreta que nunca foi resolvida com sucesso.

**Nome: MARTIN LUTHER KING, JR., 1929-1968**

**Domínio Inicial**: Negros americanos, em especial os membros da igreja e os ativistas das causas dos direitos civis.

**Posição no domínio**: Includente

**História de identidade no domínio**: Nós, negros, devemos lutar por nossos direitos, sem violência.

**Contra-histórias no domínio**: É inútil tentar promover a igualdade na sociedade americana. Devemos preparar-nos para sermos violentos.

**Histórias de não identidade no domínio**:

**a.** É importante conhecer e aglutinar as tradições da igreja, a história americana e as táticas gandhianas.

**b.** A Southern Christian Leadership Conference propõe nova posição em relação às questões sociais.

**c.** A época do gradualismo acabou.

**Outras contra-histórias no domínio**:

**a.** Não é possível misturar igreja, história americana e tradições gandhianas no desenvolvimento de método viável de efetivação da mudança.

**b.** Os negros devem usar organizações tradicionais, como a National Association for the Advancement of Colored People, e desenvolver estratégias, como processos judiciais.

**c.** Os negros devem preparar-se para adotar iniciativas violentas.

**Liderança direta/indireta no domínio**: Mais direta que indireta

**Personificação no domínio**: Excelente

**Último domínio**: A nação americana

**Posição entre domínios**: Includente

**História de identidade**: Devemos ser cegos para a cor da pele das pessoas.

**Contra-histórias**: As diferenças raciais sempre existirão e não podem ser ignoradas ou minimizadas; talvez, algum dia, seja possível atenuá-las, mas a hora ainda não chegou.

**Outras histórias**:

**a.** As origens das desvantagens são econômicas, e é necessário promover a redistribuição de recursos.

**b.** Os despossuídos do mundo devem juntar forças, e a política externa beligerante dos Estados Unidos é um obstáculo.

**c.** Os reformistas devem voltar a atenção para os guetos do norte.

**Outras contra-histórias**:

**a.** A busca de causas econômicas é indício de marxismo, e isso é perigoso.

**b.** Os Estados Unidos são especiais, e precisam policiar o resto do mundo.

**c.** Abandone a Guerra Fria, e tome cuidado com Gorbachev.

**Liderança direta/indireta**: Direta

**Personificação entre domínios**: Não tão eficaz quanto no domínio

**Coerência das histórias no e entre domínios**: De início, muito alta; à medida que as histórias mudavam, a Coerência diminuía.

**Áreas de fracasso**: Superado por militantes no movimento dos direitos civis; sob ataque pessoal do FBI; iniciativas para enfrentar problemas no Norte urbano não deram certo; os principais constituintes não estavam interessados nos problemas de países e povos distantes; evidências de plágio acadêmico e de promiscuidade sexual.

**Nome: MARGARET THATCHER, 1925-2013**

**Domínio Inicial**: Política, que é por natureza domínio heterogêneo

**Posição no domínio**: N.D.

**História de identidade no domínio**: N.D.

**Contra-histórias no domínio**: N.D.

**Histórias de não identidade no domínio**: N.D.

**Outras contra-histórias no domínio**: N.D.

**Liderança direta/indireta no domínio**: N.D.

**Personificação no domínio**: N.D.

**Último domínio**: Nação britânica e aliados.

**Posição entre domínios**: Excludente, em grande parte.

**História de identidade**: O Reino Unido perdeu o rumo no derrotismo e no socialismo. Devemos reconquistar a liderança que cedemos a "eles" (socialistas, sindicalistas e "frouxos") e restaurar a grandeza anterior.

**Contra-histórias**: O Império Britânico foi um erro e decerto não deve ser restaurado. Apesar das falhas, o estilo socialista/trabalhista ainda é a melhor maneira.

**Outras histórias**:

**a.** O nacionalismo é melhor que o internacionalismo.

**b.** Privatize tantos setores e funções quanto possível.

**c.** Mantenha a Guerra Fria, seja firme contra todos os agressores, mas tente fazer negócios com Mikhail Gorbachev, da União Soviética.

**Outras contra-histórias**:

**a.** O nacionalismo é anacrônico e perigoso.

**b.** Muitas funções são mais bem dirigidas pelo governo.

**c.** Abandone a Guerra Fria, e tome cuidado com Gorbachev.

**Liderança direta/indireta**: Direta

**Personificação entre domínios**: Muito convincente

**Coerência das histórias no e entre domínios**: Pessoalmente coerente desde os primeiros dias da vida política, embora não tivesse revelado toda a agenda até conquistar altas posições.

**Áreas de fracasso**: Acabou seguindo as próprias posições, sem levar em conta as opiniões alheias; no fim do mandato, os fracassos políticos foram em grande parte autoinfligidos; não alcançou muitos dos objetivos para o Reino Unido, embora tenha mudado a natureza do debate.

**Nome: JEAN MONNET, 1888-1979**

**Domínio Inicial**: Política, que é por natureza domínio heterogêneo

**Posição no domínio**: N.D.

**História de identidade no domínio**: N.D.

**Contra-histórias no domínio**: N.D.

**Histórias de não identidade no domínio**: N.D.

**Outras contra-histórias no domínio**: N.D.

**Liderança direta/indireta no domínio**: N.D.

**Personificação no domínio**: N.D.

**Último domínio**: Líderes europeus e outros participantes do processo decisório.

**Posição entre domínios**: Includente

**História de identidade**: A Europa deve tornar-se uma sociedade e manter vínculos estreitos com os Estados Unidos.

**Contra-histórias**: Os países europeus têm passado longo e glorioso e não podem descartar esse passado por um futuro arriscado e incerto.

**Outras histórias**:

**a.** A reconciliação começa com a economia. Tenha fé na razão.

**b.** Deve-se trabalhar com líderes e dar-lhes holofotes e crédito.

**c.** Deve-se perseguir um único objetivo com persistência.

**Outras contra-histórias:**

**a.** A reconciliação começa com questões sociais. As considerações espirituais são mais importantes que as racionais.

**b.** É ruim trabalhar nos bastidores.

**c.** É irrealista persistir em apenas um objetivo, sobretudo internacional, considerando as mudanças nas condições e nas prioridades.

**Liderança direta/indireta:** Indireta, usando os líderes como veículo; mas basicamente direta, ao trabalhar com líderes.

**Personificação entre domínios:** De primeira classe; cosmopolita e não paroquial; foco duradouro e persistente em uma única questão.

**Coerência das historias no e entre domínios:** N.D.

**Áreas de fracasso:** Teve dificuldade em conseguir apoio de líderes de muitos países; defrontou-se com grande resistência institucional à mudança; mesmo hoje, tratados importantes ainda não foram ratificados, o espírito de "uma Europa" parece remoto; o tribalismo ressurgiu.

**Nome: MAHATMA GANDHI, 1869-1948**

**Domínio Inicial:** Política, que é, por natureza, domínio heterogêneo

**Posição no domínio:** N.D.

**História de identidade no domínio:** N.D.

**Contra-histórias no domínio:** N.D.

**Histórias de não identidade no domínio:** N.D.

**Outras contra-histórias no domínio:** N.D.

**Liderança direta/indireta no domínio:** N.D.

**Personificação no domínio:** N.D.

**Último domínio:** Nação indiana, Inglaterra e resto do mundo.

**Posição entre domínios:** Includente

**História de identidade:** Nós, na Índia, temos o mesmo status e valor de todos os outros seres humanos. Devemos trabalhar em cooperação com os adversários, se possível, mas estarmos preparados para o confronto, se necessário.

**Contra-histórias:** Há desigualdade intrínseca entre colonizadores e colonizados. O poder faz o direito. A fim de partir para o confronto, é preciso estar preparado para ser violento.

**Outras histórias:**

**a.** A revolução industrial é destrutiva pela própria natureza; é preciso retornar à vida das aldeias. É necessário observar certos princípios de higiene.

**b.** O conflito pode fortalecer ambas as partes.

**c.** Os despossuídos de todos os lugares devem unir-se.

**d.** O trabalho de reforma deve envolver todo o público.

**e.** A dimensão espiritual da vida é a mais importante.

**Outras contra-histórias**:

**a.** Não se pode voltar as costas para o relógio. Aprenda com a ciência.

**b.** O conflito é jogo de soma zero.

**c.** É irrealista para os despossuídos de diferentes sociedades sentir-se parte da mesma população.

**d.** Não lave roupa suja em público; trabalhe nos bastidores.

**e.** Confie na razão e na análise, não na espiritualidade.

**Liderança direta/indireta**: Ambas as formas

**Personificação entre domínios**: Muito convincente

**Coerência das histórias no e entre domínios**: Coerência admirável nos objetivos de longo prazo; flexibilidade nas histórias.

**Áreas de fracasso**: A Índia estava e continua atolada em conflitos; mais bem-sucedido fora da Índia; a vida familiar não era harmoniosa; o gandhismo é mais ideal que realidade.

Apêndice II

# Os líderes da Segunda Guerra Mundial

**CHIANG KAI-SHEK, 1887 (Província de Chekiang, China)-1975**

**Família**: Família rica; o pai, comerciante, era frio; a mãe só se tornou carinhosa depois da morte do filho mais velho, que era o preferido.

**Educação**: Professor particular; não familiarizado com assuntos acadêmicos; frequentou academia militar no Japão e, depois, na União das Repúblicas Socialistas Soviéticas (URSS).

**Personalidade/Sentimentos Especiais**: Quando não estava doente, era espalhafato, gostava de criar situações de crise; muito concentrado no trabalho; tornou-se muito estoico.

**Primeiras viagens**: Japão, para estudos.

**Disposição para desafiar autoridade/assumir riscos**: Quando garoto, detestava normas; criticou a dinastia de Manchu; liderou protestos na escola; desafiou líderes revolucionários e autoridades públicas.

**Domínios iniciais**: Militar, e escritor de revistas militares.

**Início da carreira política/Relação com organizações**: Ingressou no Partido Kuomintang ainda muito jovem; participou de revoluções e assassinatos; atuou diretamente sob o líder Sun Yat-sen; depois da morte de Sun, tornou-se líder militar do Kuomintang; desde então, em várias ocasiões, envolveu-se em combate vitalício com os comunistas.

**Habilidades linguísticas**: Quando jovem, bom contista; escreveu para revistas.

**Histórias dominantes**: Promoveu a independência e unificação da China, exorcizando elementos estrangeiros. A China precisa de um exército revolucionário. A liberdade pessoal deve ser exorcizada pela causa.

**Contra-histórias**: O comunismo e a China são parte de um movimento internacional. O gênio dos camponeses vencerá. Chiang é ditador corrupto e elitista, sem contato com o povo chinês.

**Personificação/Hábitos de Trabalho/Vida Pessoal**: Ascético; importância do decoro e atitudes controladas; segundo casamento com Soong Mei-Ling, mulher chinesa altamente influente, que se tornou importante parceira na liderança; foi sucedido no cargo pelo filho.

**Sucessos/Fracassos**: Líder na China durante vinte anos; aliança temporária com os comunistas durante a Segunda Guerra Mundial; acabou sendo obrigado a retirar-se da China continental, para Taiwan.

**WINSTON CHURCHILL, 1874 (Oxfordshire, Inglaterra)-1965**

**Família**: O pai era lorde inglês, a mãe era americana; família tinha tradição política, mas não era rica; pais distantes; as relações com o pai eram tensas.

**Educação**: Frequentou várias escolas, sem ser feliz nem ajustado; considerado lento no aprendizado; por fim, entrou na academia militar; posteriormente, foi, em grande parte da vida, autodidata.

**Personalidade/Sentimentos Especiais**: Enérgico, brincalhão, dissoluto; fascinado e revigorado pela guerra; combates épicos o faziam vibrar.

**Primeiras viagens**: Europa, Estados Unidos, Cuba, Índia e Sudão.

**Disposição para desafiar autoridade/assumir riscos**: Desafiador na escola, e mesmo depois; aventuroso na guerra e na paz.

**Domínios iniciais**: militar, jornalismo, política.

**Início da carreira política/Relação com organizações**: Tornou-se primeiro lorde do almirantado em 1911; assumiu vários postos ministeriais, inclusive mudando de partido e perdendo assento no Parlamento; considerado talentoso, mas não confiável; não era considerado um bom homem de partido.

**Habilidades linguísticas**: Preparou-se para ser orador e escritor notável, ganhou o Prêmio Nobel de literatura.

**Histórias dominantes**: Liberdade e direitos individuais são de suma importância. A Inglaterra e o Império Britânico são grandes; o "gênio da raça inglesa" é algo especial.

**Contra-histórias**: Internacionalismo, socialismo e comunismo são positivos. Churchill é megalomaníaco, fomentador de guerras, imperialista e monarquista.

**Personificação/Hábitos de Trabalho/Vida Pessoal**: Faminto por trabalho; exigente em relação aos outros; foco extraordinário; resiliente; a personalidade e a retórica desmedidas, inadequadas em épocas anteriores, mostraram-se perfeitas para os britânicos durante a guerra; o casamento era bem consolidado, mas o relacionamento com os filhos era tenso; relaxava pintando e caçando.

**Sucessos/Fracassos**: Muitos sucessos e fracassos, no começo e no meio da vida; o triunfo foi a liderança dos ingleses e dos aliados durante a Segunda Guerra Mundial; depois, teve pouco sucesso político, mas grande sucesso literário.

## CHARLES DE GAULLE, 1890 (Lille, França)-1970

**Família**: Família católica, conservadora e burguesa; calorosa, mas exigente.

**Educação**: Educação jesuíta; bom aluno, forte em matemática e em história; frequentou prestigiosa academia militar em Saint Cyr.

**Personalidade/Sentimentos Especiais**: Obstinado, egoísta; impunha respeito na escola, em parte por causa da grande estatura; identificava-se com a França e declarou em público na academia militar que estava destinado a grandes coisas.

**Primeiras viagens**: Estudou na Bélgica, serviu como militar na Alemanha, na Polônia e no Oriente Próximo.

**Disposição para desafiar autoridade/assumir riscos**: Insistia em ser especial e em personificar a França; não aceitou a derrota da França depois da invasão alemã e foi condenado à morte *in absentia* pelo governo Vichy; preferiu deixar o governo a fazer concessões.

**Domínios iniciais**: Serviu nas Forças Armadas e foi gravemente ferido; tornou-se professor de história.

**Início da carreira política/Relação com organizações**: Depois de concluir a École Supérieure de Guerre, foi nomeado para altas posições no exército; organizou as forças da França Livre, e tornou-se chefe do governo francês provisório depois da derrota nazista em 1944.

**Habilidades linguísticas**: Excelente orador, palestrante brilhante, proferia discursos esculpidos e memorizados com perfeição; escritor criativo na juventude; estilista épico na vida adulta.

**Histórias dominantes**: Precisa-se mecanizar a guerra. Deve-se restaurar a estatura mundial da frança, em paridade com a dos outros aliados. Cuidado com as entidades supranacionais. Necessita-se de governo central e de presidentes fortes.

**Contra-histórias**: A visão de Monnet de uma Europa unida é valiosa. De Gaulle é chauvinista anacrônico, blefista e ditador.

**Personificação/Hábitos de Trabalho/Vida Pessoal**: Manteve-se afastado do público, coerente com a grandeza francesa, desprezo pela política comum; disposição para renunciar; a estatura física significava eminência; soldado corajoso; perfeccionista na linguagem; bom casamento com Yvonne, que ficou fora da política.

**Sucessos/Fracassos**: Representou a França imbatível durante os dias negros da Segunda Guerra Mundial; liderou a descolonização do Império Francês; restauração da França como grande potência europeia; acabou perdendo o apoio do próprio povo.

## ADOLF HITLER, 1889 (Branau, Austria)-1945

**Família**: Pai, servidor público autoritário; mãe, jovem e submissa; o pai ignorou a esposa e o filho, e morreu quando Hitler tinha 14 anos.

**Educação**: Indisciplinado na escola; recusado pela Academia de Artes; nunca recebeu o diploma do ensino médio.

**Personalidade/Sentimentos Especiais**: Considerava-se artista; tinha dificuldade em fazer amigos; sentia mais afinidade com grandes públicos; esperava um dia surpreender o mundo com seus feitos.

**Primeiras viagens**: Limitou-se à Alemanha e à Áustria.

**Disposição para desafiar autoridade/assumir riscos**: Questionou o padre da paróquia sobre os métodos da análise da Bíblia; criticou os líderes do governo alemão; envolveu-se em discussões e polêmicas com os contemporâneos; por causa da autoconfiança e do desprezo pelos outros, dispunha-se a correr enormes riscos, como o golpe de 1923.

**Domínios iniciais**: Vadiou durante dez anos, lendo, escrevendo e desenhando; entrou para o Exército; identificou-se pessoalmente com o nacionalismo e com as Forças Armadas.

**Início da carreira política/Relação com organizações**: Ingressou no incipiente Partido Nazista, como membro incumbido de recrutamento e propaganda; reconstruiu o partido, identificando novos públicos e fontes de apoio; aproveitou a crise econômica para assumir a liderança nacional; não se interessava pela administração, mas era capaz de atuar por meio das organizações existentes; acabou exercendo poder pessoal tirânico.

**Habilidades linguísticas**: Orador genial, apelava para as emoções e para a irracionalidade, em vez de para a razão; não gostava de escrever e parece que ditou seus livros.

**Histórias dominantes**: O "Volk" (povo) é especial, povo superior que precisa de um "Fuehrer" onipotente. Judeus, comunistas e internacionalistas são vilãos. Para vencer, é bom dividir a oposição interna e externa. Luta e guerra são imperativos humanos.

**Contra-histórias**: Racionalidade, moderação em assuntos internos e externos e processos democráticos são vitais. Não se devem rejeitar o Internacionalismo, comunismo e não arianismo. Hitler é monomaníaco tirano.

**Personificação/Hábitos de Trabalho/Vida Pessoal**: A disciplina do começo da carreira política deu lugar a estilo pessoalmente indulgente e idiossincrático (embora ascético); exigia obediência absoluta e dependia cada vez mais das relações pessoais com os seguidores; pouca vida pessoal; casou-se com a amante pouco antes de cometerem suicídio; no começo da vida, foi soldado alemão corajoso, mas não demonstrou bravura ou sacrifício pessoal durante a Segunda Guerra Mundial.

**Sucessos/Fracassos**: Apesar dos enormes obstáculos e depois de muitos fracassos, ascendeu à liderança de toda a Alemanha e conquistou quase toda a Europa Ocidental; a invasão imprudente da União Soviética marcou o começo da derrota para os aliados; concluiu que o povo alemão não o merecia e estava disposto a derrubá-lo com ele.

**VLADIMIR ILICH ULYANOV (LÊNIN), 1870 (Volga, Rússia)-1924**

**Família**: Pais solidários e atuantes; o pai morreu em 1886, quando Lênin tinha 16 anos; a execução do amado irmão mais velho, em 1887, impeliu Lênin à política revolucionária.

**Educação**: Excelente aluno no ginásio; graduado em Direito.

**Personalidade/Sentimentos Especiais**: Extravagante, imponente, respeitado pelos outros, mas mantinha-se à distância; sempre litigioso; sabia que tinha dons para líder revolucionário e se considerava imbuído de poderes para dominar.

**Primeiras viagens**: Viajou pela Europa Ocidental, em 1895,onde se exilou no começo de 1900.

**Disposição para desafiar autoridade/assumir riscos**: Conhecido como o valentão da família; adorava discutir, desafiar e polarizar.

**Domínios iniciais**: Advogado, defensor de camponeses.

**Início da carreira política/Relação com organizações**: Em 1892 e 1893, juntou-se a grupos revolucionários marxistas; talentoso em oratória, redação e liderança; liderou os bolcheviques na luta contra os mencheviques, mais moderados; acreditava na hierarquia da elite e trabalhava em estreito entrosamento com pequeno quadro de administradores, com ideias semelhantes às suas.

**Habilidades linguísticas**: Bom debatedor e frasista; era mais eficaz, porém, como planfletário e autor.

**Histórias dominantes**: Precisa-se de marxismo, com sabor leninista-russo, na Rússia; os trabalhadores comuns são a vanguarda da revolução, mas também se necessita da elite na retaguarda, exercendo a liderança do partido, com os intelectuais desempenhando papel fundamental. O confronto armado, sob o comando dos revolucionários, é inevitável.

**Contra-histórias**: O governo precisa de reformas, não de mudanças revolucionárias. Lênin é parte de uma elite conspiradora; é intelectual, não autêntico homem do povo.

**Personificação/Hábitos de Trabalho/Vida Pessoal**: Metódico, trabalhador incansável, cujo objetivo contínuo era a liderança da Rússia; estimulou o debate no círculo de colaboradores e era admirado pelos parceiros; casado com Nadya Krupskaya, parceira política próxima; até o fim da vida, manteve hábitos de estudo, xadrez e caminhadas.

**Sucessos/Fracassos**: A Revolução Bolchevique foi bem-sucedida, embora com enorme derramamento de sangue.

**MAO ZEDONG (MAO TSE-TUNG), 1893 (Shaoshan, Província de Hunan, China)-1976**

**Família**: O pai era produtor de arroz relativamente bem-sucedido; batia no filho, com quem entrava em choque reiteradamente; a mãe protegia o filho e seguia o budismo.

**Educação**: Aprendeu os clássicos chineses em escola particular tradicional; aos 16 anos, foi para a moderna escola primária, à qual não se adaptou; finalmente, cursou a escola normal, onde leu trabalhos dos principais pensadores ocidentais.

**Personalidade/Sentimentos Especiais**: Via-se como estranho; orgulhoso, resoluto, obstinado; tinha sentimento de inferioridade.

**Primeiras viagens**: Nunca saiu da China, até visitar Moscou, já na meia idade.

**Disposição para desafiar autoridade/assumir riscos**: Desafiava os professores nas escolas, ao recusar-se a recitar máximas; enfrentava o pai; acabou revelando tendências antagonistas em relação aos pares e aos adversários.

**Domínios iniciais**: Trabalhou na Universidade de Pequim; construiu uma escola para alfabetizar trabalhadores.

**Início da carreira política/Relação com organizações**: Entrou para o exército revolucionário, sob Sun Yat-sen, em 1911; membro fundador do Partido Comunista Chinês, na década de 1920; chefiou instituto de treinamento de camponeses; demonstrou capacidade e carisma precoces como líder de trabalhadores e camponeses; logo envolveu-se em combate mortal com o Kuomintang; finalmente, liderou muitas organizações comunistas políticas e militares.

**Habilidades linguísticas**: Conversador eficaz; escritor prolixo de poesia e de trabalhos políticos.

**Histórias dominantes**: O socialismo é a única causa justa, só por ela, por nenhuma outra, vale a pena morrer. A luta é endêmica na vida. A genialidade reside nas pessoas comuns. Os intelectuais devem ser tratados com cautela; o proletariado em todo o mundo é mais importante. O conhecimento surge da experiência. O poder é questão-chave na vida.

**Contra-histórias**: Feudalismo, moderação e fascismo são valiosos, assim como os valores confucianos e budistas tradicionais. O Kuomintang, de Chiang Kai-shek, deve ser apoiado. Mao é senhor da guerra anti-intelectual e corrupto.

**Personificação/Hábitos de Trabalho/Vida Pessoal**: De início, levou vida espartana corajosa e inspirou os colegas durante a Longa Marcha; acabou tornando-se tirano e dissoluto, estimulando o culto à personalidade.

**Sucessos/Fracassos**: Liderou a maior revolução camponesa da história; dominou a cena chinesa durante trinta anos; várias de suas políticas, como o Grande Salto para a Frente e a Revolução Cultural, foram calamitosas, resultando em milhões de mortes; o legado do comunismo na China é, na melhor das hipóteses, incerto.

**BENITO MUSSOLINI, 1883 (Varano di Costa, Itália)-1945**

**Família**: Família grande; o pai, sem educação formal, era ferreiro e socialista; a mãe era professora; sofreu forte impacto com a morte da mãe, em 1905; o pai morreu em 1910.

**Educação**: Aluno rebelde e difícil; apunhalou colegas; acabou demonstrando excelente desempenho em história, geografia e italiano.

**Personalidade/Sentimentos Especiais**: Quando jovem, era solitário e leitor assíduo; muita briga e valentia; obcecado por destacar-se nessa época.

**Primeiras viagens**: Suíça e Alemanha; evadiu-se do serviço militar.

**Disposição para desafiar autoridade/assumir riscos**: Como jovem revolucionário, lutou contra policiais; até desafiou Deus a matá-lo.

**Domínios iniciais**: Primeiro emprego foi como pedreiro; entrou para o Exército Italiano, depois de ser expulso da Suíça por atividades revolucionárias

**Início da carreira política/Relação com organizações**: Iniciou as atividades revolucionárias por volta de 1902 ou 1903; dedicou-se ao jornalismo; ajudou a definir o Partido Fascista; ganhou e perdeu eleições e, finalmente, tornou-se líder nacional, em 1921.

**Habilidades linguísticas**: Orador convincente e eficaz, embora os discursos em si fossem deficientes; escreveu muitas peças jornalísticas.

**Histórias dominantes**: As novas massas são o elemento mais importante da política italiana. O Fascismo, baseado na luta sangrenta, deve predominar como regime supremo. As virtudes romanas precisam ser restauradas. O indivíduo se subordina ao Estado.

**Contra-histórias**: Monarquia, democracia, moderação, liberdade de expressão, socialismo católico e papel especial dos camponeses ou trabalhadores são posições defensáveis. Mussolini é hipócrita e fanfarrão.

**Personificação/Hábitos de Trabalho/Vida Pessoal**: Projetava a imagem de trabalhador, mas, na verdade, cumpria horário de trabalho irregular e levava vida pessoal dissoluta; afetado e artificial, conquistou, de início, admiração nacional e internacional por supostas proezas; temperamental, gostava de surpreender o público.

**Sucessos/Fracassos**: Líder dinâmico dos fascistas, que, a princípio, foi bem-visto; queria que a Itália fosse grande, mas não estava disposto a construir força militar ou política; a aliança com Hitler se revelou desastrosa; acabou sendo rejeitado pelo próprio povo.

**FRANKLIN DELANO ROOSEVELT, 1882 (Nova York, Estados Unidos)-1945**.

**Família**: Família rica e solidária; mãe extremamente voluntariosa; o pai morreu em 1900; como filho único, era mimado, mas também induzido a contribuir para a sociedade.

**Educação**: Professores exclusivos e escolas particulares; bom aluno, mas nada extraordinário; frequentou Harvard College e Columbia Law School.

**Personalidade/Sentimentos Especiais**: Quando jovem, encantava os professores e os administradores da escola, mas tinha poucos amigos; aos poucos, tornou-se mais animado e sociável.

**Primeiras viagens**: Muitas viagens à Europa, quando criança.

**Disposição para desafiar autoridade/assumir riscos**: Pouca necessidade ou inclinação para desafiar a autoridade; mesmo quando jovem, acreditava que os altos cargos estavam a seu alcance; gostava de bancar o advogado do diabo e de testar os outros; depois de contrair pólio, tornou-se mais contemplativo e aberto a novas ideias.

**Domínios iniciais**: Exerceu a advocacia antes de tornar-se senador estadual, em 1910.

**Início da carreira política/Relação com organizações**: Avançou com rapidez na administração pública antes e durante a Primeira Guerra Mundial; sempre foi bom democrata; trabalhava bem com a organização do partido.

**Habilidades linguísticas**: Bom escritor, embora não entusiástico; orador notável, sobretudo no rádio (conversas ao pé do fogo)

**Histórias dominantes**: O governo deve ser ativista, especialmente em temos de crise. Os americanos devem ajudar-se entre si e aos aliados a combater o fascismo.

**Contra-histórias**: A intervenção do governo na natureza é, por natureza, má. Os Estados Unidos devem adotar políticas isolacionistas. Franklin Roosevelt é ambicioso e faminto por poder.

**Personificação/Hábitos de Trabalho/Vida Pessoal**: Tornou-se personalidade mais forte durante a luta contra a pólio; trabalhador; a coragem e o destemor pessoal inspiraram outras pessoas; tinha dificuldade em delegar autoridade e em gerenciar com suavidade; gostava de jogar os assessores uns contra os outros; contava com a mulher, Eleanor, como aliada política, mas os dois se afastaram conjugalmente depois que a esposa descobriu o caso amoroso de Roosevelt com Lucy Mercer; pouco relacionamento com os filhos.

**Sucessos/Fracassos**: Pessoalmente, venceu a pólio; venceu quatro eleições presidenciais, fato sem precedentes, e liderou a vitória dos aliados na Segunda Guerra Mundial; confiava muito das relações pessoais com Stalin e provavelmente o avaliou mal, precipitando, em consequência, as condições da Guerra Fria.

## JOSEF STALIN, 1879 (Georgia, Rússia)-1953

**Família**: Pais analfabetos e pobres; pai batia na mulher e no filho; a mãe se dedicava ao filho, mas ele mostrava pouca gratidão.

**Educação**: Como estudante, parecia promissor e tinha memória notável, mas não se torno intelectual; expulso do seminário; treinamento em escolástica transparecia nos discursos e escritos dogmáticos.

**Personalidade/Sentimentos Especiais**: Depois da primeira infância, não tolerava ninguém que discordasse dele; não tinha amigos próximos; considerado cruel e vingativo; gostava de histórias da resistência dos camponeses contra a autoridade; a mãe o estimulou a acreditar na sua capacidade de realizar grandes coisas.

**Primeiras viagens**: Esteve em Viena durante um mês, em 1913, e depois só deixou a Rússia para comparecer à Cúpula de Teerã, em 1943.

**Disposição para desafiar autoridade/assumir riscos**: Odiava a autoridade e sentiu-se compelido a desafiá-la durante toda a vida; queria esmagar todos os adversários, reais e imaginários; questionou as ordens de Trotsky e de Lênin no desfecho da Primeira Guerra Mundial.

**Domínios iniciais**: Depois da expulsão do seminário, tornou-se marxista e agitador revolucionário profissional.

**Início da carreira política/Relação com organizações**: Como revolucionário, passou muito tempo na cadeia ou em fuga; tornou-se mão direita de Lênin em 1911; embora muitas vezes demitido e censurado por Lênin continuou poderoso no partido, em consequência da acuidade e do conhecimento organizacional; criou o próprio departamento secreto, que o ajudou a destacar-se como sucessor de Lênin soube converter a capacidade administrativa em poder político.

**Habilidades linguísticas**: Escritor medíocre, mas capaz de expressar-se com clareza, em termos simplistas; debatedor eficaz, mas orador medíocre para grandes públicos; achava que sua mística aumentaria caso falasse pouco em público; arregimentou os patriotas com eficácia durante o cerco nazista de 1941-1942.

**Histórias dominantes**: O marxismo-leninismo é a solução mais eficaz para as sociedades. O socialismo deve firmar-se em um país antes da revolução mundial. É preciso reforçar o poderio industrial da União Soviética e implementar a coletivização das fazendas, quaisquer que sejam as dificuldades. Também é necessário erradicar toda a oposição ao partido. Durante a Segunda Guerra Mundial, o marxismo deve ser atenuado.

**Contra-histórias**: Há méritos no socialismo evolucionário democrático e nas formas de governo fascistas. Devem-se empreender iniciativas revolucionárias internacionais. Stalin é terrorista coercitivo, que pouco tem a ver com trabalhadores e camponeses.

**Personificação/Hábitos de Trabalho/Vida Pessoal**: Estoico, enfrentava as dificuldades com descontração; difícil de trabalhar com ele porque personalizava todos os conflitos; casado duas vezes, mas tinha pouca vida pessoal; a segunda esposa se matou; a única filha deixou a Rússia.

**Sucessos/Fracassos**: Mudou a face da Rússia em uma geração, ao custo de milhões de vidas; por fim, o Estado comunista que criou caiu em descrédito e entrou em colapso.

### HIDEKI TOJO, 1884 (Tóquio, Japão)-1948

**Família**: Filho mais velho de samurai japonês, que se convertera ao militarismo em estilo ocidental; a mãe trabalhava para ajudar as finanças da família; recebeu dote dos pais.

**Educação**: Não gostava de estudar; frequentou a academia militar.

**Personalidade/Sentimentos Especiais**: Determinado, competitivo, autoconfiante; impaciente com quem não era rápido e decisivo; temperamento nervoso.

**Primeiras viagens**: Serviu na Sibéria, estudou na Suíça e na Alemanha.

**Disposição para desafiar autoridade/assumir riscos**: Conhecido como beligerante com os colegas jovens.

**Domínios iniciais**: Soldado, frequentou a Escola de Guerra.

**Início da carreira política/Relação com organizações**: Trabalhou no Birô de Assuntos Militares do Exército; envolveu-se em relações públicas e em políticas públicas no começo da década de 1930.

**Habilidades linguísticas**: Orador eloquente

**Histórias dominantes**: Os japoneses são um povo superior e invencível. A Alemanha é aliado admirável. Os americanos são indisciplinados e incapazes de sustentar a guerra. O militarismo e a guerra devem ser promovidos.

**Contra-histórias**: É melhor adotar política moderada, de não confrontação. A guerra com a China é mais importante que a guerra com os europeus e americanos.

**Personificação/Hábitos de Trabalho/Vida Pessoal**: Casou-se em 1909; a determinação degenerou em impulsividade; sucumbiu ao culto da personalidade.

**Sucessos/Fracassos**: Convenceu o Japão a entrar em guerra e presidiu as primeiras vitórias; forçado a renunciar quando a situação se voltou contra o Japão; assumiu a culpa e tentou em vão se suicidar; acabou executado por condenação a crimes de guerra.

# Bibliografia


Abse, L. *Margaret, Daughter of Beatrice*. Londres: Jonathan Cape, 1989.

Adler, M.J. *Reforming Education: The Opening of the American Mind.* Organizado por G. Van Doren. Nova York: Macmillan, 1988.

Adonis, A. e T. Hames, orgs. *A Conservative Revolution: The Thatcher-Reagan Decade in Perspective.* Manchester: Manchester University Press, 1993.

Adorno, T. W.; E. Frenkel-Brunswick; D. Levinson e R. N. Sanford *The Authoritarian Personality*. Nova York: Harper, 1950.

Allende, I. *The Stories of Eva Luna*. Nova York: Bantam, 1991.

Allison, G. *Essence of Decision: Explaining the Cuban Missile Crisis*. Boston: Little Brown, 1971.

Arendt, H. *Men in Dark Times*. Nova York: Harcourt Brace Jovanovich, 1968.

Aristotle. *Introduction to Aristotle.* Organizado por R. McKeon. Nova York: Random House, 1947.

Armstrong, D. *Managing by Storying Around*. Nova York: Doubleday, 1992.

Ashmore, H. S. *Unseasonable Truths: The Life of Robert Maynard Hutchins*. Boston: Little Brown, 1989.

Astin, L. e C. Leland *Women of Influence, Women of Vision*. São Francisco: Jossey-Bass, 1991.

Astington, J. *The Child's Discovery of Mind.* Cambridge, Mass: Harvard University Press, 1993.

Ball, G.W. "Kennedy up Close." Resenha de *President Kennedy: Profile of Power,* por Richard Reeves. *New York Review of Books*, 3 de fevereiro de 1994, p. 17-20.

_____. *The Past Has Another Pattern*. Nova York: Norton, 1982.

Barber, J. *The Presidential Character*. 3ª ed. Englewood Cliffs. NJ: Prentice-Hall, 1985.

Barnes, J. "The Maggie Years". *New Yorker*, 15 de novembro de 1993, 82-89.

Barnett, L. "J. Robert Oppenheimer". *Life*, 10 de outubro de 1949, p. 121-38.

Bateson, M. C. *With a Daughter's Eye: A Memoir of Margaret Mead and Gregory Bateson*. Nova York: Morrow, 1984.

_____. Comunicação pessoal com o autor. 5 de agosto de 1994.

Bauer, P.J. "Application of World Knowledge: Exemplos de Research on Event Memory". Trabalho apresentado na reunião bienal da Society for Research in Child Development, New Orleans, La., abril de 1993.

Bayley, J. Resenha de *Lenin's Tomb,* de D. Remnick. *New York Review of Books,* 12 de agosto de 1993, p. 4.

Bell, D. "A Conversation with Daniel Bell." *Harvard Gazette*, 28 de outubro de 1992, p. 5-6.

Bennis, W. e B. Nanus *Leaders: The Strategies for Taking Charge*. Nova York: Harper and Row, 1985.

Berger, J. *A New Deal for the World: Eleanor Rooseelt and American Foreign Policy*. Nova York: Social Science Monographs, Columbia University Press, 1981.

Berkov, R. *Strong Man of China: The Story of Chiang Kai-shek*. Boston: Houghton Mifflin, 1938.

Berrington, H. Resenha de *The Fiery Chariot: A Study of British Prime Ministers and the Search for Love. British Journal of Political Science*, 4, (1974): 345-69, .

Bettelheim, B. *The Uses of Enchantment*. Nova York: Knopf, 1976.

Birke, L. e J. Sivertown, orgs. *More than the Parts: Biology and Politics*. Londres: Pluto Press, 1984.

Blake, R. "A Volatile Greatness". Resenha de *Churchill*, de N. Rose. *Times Literary Supplement*, 22 de abril de 1994, p. 26.

Blake, R. e W. Louis *Churchill*. Londres: Norton, 1993.

Bland, L.; J. Bland e S. R. Stevens, orgs. *George C. Marshall: Interviews and Reminiscences for Forrest C. Pogue*. Lexington, Va.: George C. Marshall Research Foundation, 1991.

Bloom, A. *The Closing of the American Mind.* Nova York: Simon and Schuster, 1987.

Bloom, B. com L. Sosniak. *Developing Talent in Young Children*. Nova York: Ballantine Books, 1988.

Bok, D. *The Cost of Talent*. Nova York: Free Press, 1993.

Bolman, L. e T. Deal. *Reframing Organizations: Artistry, Choice, and Leadership*. São Francisco: Jossey-Bass, 1991.

Bouc, A. *Mao Tse-tung: A Guide to His Thought*. Traduzido por P. Anster e l. Davis. Nova York: St. Martin's, 1977.

Bowlby, J . *Attachment and Loss*. 3 vols. Nova York: Basic Books, 1969-1980.

Boyer, P. *By the Bomb's Early Light: American Thought and Culture at the Dawn of the Atomic Age*. Nova York: Pantheon, 1985.

Branch, T. *Parting the Waters: America in the King Years*. Nova York: Touchstone Books, 1989.

Brinkley, D. e C. Hackett, orgs. *Jean Monnet: The Path to European Unity*. Londres: Macmillan, 1991.

Brodsky, J. *Less Than One: Selected Essays*. Nova York: Farrar, Strauss, and Giroux, 1986.

Bromberger, M. e S. Bromberger. *Jean Monnet and the United States of Europe*. Tradução de E. P. Halpern. Nova York: Coward-McCann, 1969.

Brown, J. H. *Gandhi: Prisoner of Hope*. Cambridge, Inglaterra: Cambridge University Press, 1972.

Brown Rex. Comunicação pessoal com o autor, 2 de agosto de 1993.

Brown, Roger. *Social Psychology*. Glencoe: Free Press, 1965.

_____. *Social Psychology*. 2ª ed. Nova York: Free Press, 1986.

Bruner, J. S. *Actual Minds, Possible Worlds*. Cambridge, Mass: Harvard University Press, 1986.

_____. Comunicação pessoal, 3 de dezembro de 1993.

Bryman, A. *Charisma and Leadership in Organizations*. Londres: Sage, 1992.

Bullock, A. *Hitler: A Study in Tyranny*. Londres: Penguin Books, 1962.

_____. *Hitler: Hitler and Stalin: Parallel Lives*. Nova York: Knopf, 1991.

Burns, J. M. *Leadership*. Nova York: Harper and Row, 1978.

Buruma, I. "A Lethal Thing of Beauty". Resenha de *The Sieve of Time*, de L. Riefenstahl. *Times Literary Supplement*, 9 de outubro de 1992, p. 3-5.

Butow, R. J. C. *Tojo and the Coming of the War*. Princeton, NJ: Princeton University Press, 1961.

Byrne, J. A. *The Whiz Kids: The Founding Fathers of American Business – And the Legacy They Left Us*. Nova York: Currency/Doubleday, 1993.

Byrne, R. W. e A. Whiten *Machiavellian Intelligence: Social Expertise and the Evolution of Intellect in Monkeys, Apes, and Humans*. Oxford: Claredon Press, 1988.

Callaway-Thomas, C., Lucaites. *Martin Luther King, Jr., and the Sermonic Power of Public Discourse*. Tuscaloosa, Ala: University of Alabama Press, 1993.

Cannon, L. *President Reagan: The Role of a Lifetime*. Nova York: Simon and Schuster, 1991.

Carr, W. *Hittler: A Study in Personality and Politics*. Londres: Edward Arnold, 1978.

Cassirer, E. *The Philosophy of Symbolic Forms*. 3 vols. New Haven, Conn: Yale University Press, 1953-1957.

Chafe, W. H. "Biographical Sketch". In J. Hoff-Wilson, e M. Lightman, orgs. *Without Precedent: The Life and Career of Eleanor Roosevelt*. Bloomington: Indiana University Press, 1984, p. 3-27.

Chandler, A. D. *The Essential Alfred Chandler: Essays toward a Historical Theory of Big Business*. Organizado por T. L. McCraw. Boston: Harvard Business School Press, 1991.

_____, org. *Giant Enterprise: Ford, General Motors and the Automobile Industry*. Nova York: Harcourt Brace and World, 1964.

Chandler, A., Jr. e S. Salsbury. *Pierre S. du Pont and the Making of the Modern Corporation*. Nova York: Harper and Row, 1971.

Chevalier, H. *Oppenheimer: The Story of a Friendship*. Nova York: George Braziller, 1965.

Chou, E. *Mao Tse-tung: The Man and the Myth*. Nova York: Stein and Day, 1980.

Clark, R. W. *Lenin: The Man Behind the Mask*. Boston: Faber and Faber, 1988.

Cohen, D. e S. MacKeith. *The Development of Imagination: The Private Worlds of Childhood*. Londres: Routledge e Keagan Paul, 1991.

Cohen, M. e J. March. "Leadership in an Organized Anarchy". Em W. E. Rosenbach e R. L. Taylor, orgs. *Contemporary Issues in Leadership*. Boulder, Colo: Westview Press, 1984, pp. 18-30.

Colby, A. e W. Damon. *Some Do Care*. Nova York: Free Press, 1992.

Collier, P. e D. Horowitz. *The Rockefellers: An American Dynasty*. Nova York: Signet, 1976.

Cook, B. W. *Eleanor Roosevelt*, Vol. 1. Nova York: Penguin Books, 1992.

Cooke, A. B. *Margaret Thatcher: The Revival of Britain*. Londres: Aurum Press, 1989.

Cousins, N. *The Improbable Triumvirate: John F. Kennedy, Pope John, Nikita Khrushchev*. Nova York, 1972.

Craig, G. "Above the Abyss". Resenha de *Hitler and Stalin*, de Alan Bullock. *New York Review of Books*, 9 de abril de 1992, pp. 3-5.

Crapanzano, V. Comunicação pessoal com o autor, 24 de agosto de 1993.

Cray, E. *General of the Army: George C. Marshall, Soldier and Statesman*. Nova York: Norton, 1990.

Crozier, B. *De Gaulle*. Nova York: Scribners, 1973.

Csikszentmihalyi, M. *The Evolving Self*. Nova York: HarperCollins, 1993a.

_____. Comunicação pessoal com o autor, 23 de agosto de 1993b.

_____. Comunicação pessoal com o autor, 23 de setembro de 1994.

Cutler, P. Comunicação pessoal com o autor, 23 de setembro de 1994.

Damasio, A. *Descartes' Error: Emotion, Reason, and the Human Brain*. Nova York: Putman, 1994.

Damon, W. *The Social World of the Child*. San Francisco: Jossey-Bass, 1977.

_____. *Social and Personality Development*. Nova York: Norton, 1983.

_____. *The Moral Child*. Nova York: Free Press, 1988.

Davidson, E. *The Making of Adolf Hitler*. Nova York: Macmillan, 1977.

Davis, N. P. *Lawrence and Oppenheimer*. Nova York: Simon and Schuster, 1968.

De Gaulle, C. *The Complete War Memoirs of Charles de Gaulle*. Nova York: Simon and Schuster, 1964.

_____. *Memoirs of Hope: Renewal 1958-62, Endeavor 1962–*. Tradução de T. Kilmartin. Londres: Weidenfeld and Nicolson, 1971.

Degler, C. *In Search of Human Nature*. Nova York: Oxford University Press, 1991.

Devillers, P. *Mao*. Tradução de T. White. Nova York: Shocken, 1967.

Dewey, J. *The Quest for Certainty*. Nova York: Minton, Balch, 1929.

Dobzhansky, T. *Making Evolving: The Evolution of the Human Species*. New Haven: Yale University Press, 1962.

Donald, M. *The Origins of the Modern Mind*. Cambridge, Mass: Harvard University Press, 1991.

Duchêne, F. *Jean Monnet: The First Statesman of Interdepence*. Nova York: Norton, 1994.

Dzuback, M. A. e M. Robert *Hutchins: Portrait of an Educator*. Chicago: University of Chicago Press, 1991.

Eckholm, E. "New Views of Female Primates Assails Stereotypes". *New York Times*, 18 de setembro de 1989, p. C1.

Edinger, L., org. *Political Leadership in Industrialized Societies: Studies in Comparative Analysis*. Nova York: Wiley, 1967.

Edmonds, R. *The Big Three: Churchill, Roosevelt, and Stalin in Peace and War*. Nova York: Norton, 1991.

Egan, K. *Teaching as Story Telling: An Alternative Approach to Teaching and Curriculum in Elementary School*. Chicago: University of Chicago Press, 1989.

Eisenstadt, M.; A. Haynal; P. Rentichnick e P. de Snarchens. *Parental Loss and Achievement*. Nova York: International Universities Press, 1989.

Ekman, P. *Telling Lies*. Nova York: Norton, 1985.

*Encyclopaedia Britannica* 15ª ed. Chicago: Encyclopaedia Brittanica and the University of Chicago, 1974, 1993.

Erikson, P. D. *Reagan Speaks: The Making of an American Myth*. Nova York: New York University Press, 1985.

Erikson, E. H. *Childhood and Society*. Nova York: Norton, 1950.

_____. *Young Man Luther*. Nova York: Norton, 1958.

_____. "Identity and the Life Cycle". *Psychological Issues*, 1, n. 1 (1959 ): 1-171.

_____. *Gandhi's Truth*. Nova York: Norton, 1969.

Feldman, D. H. *Beyond Universals in Cognitive Development.* Ed. rev. Norwood, NJ: Ablex, 1994.

Feldman, D. H. com L. Goldsmith. *Nature's Gambit*. Nova York: Basic Books, 1986.

Fiedler, F. C. *A Theory of Leadership Effectiveness*. Nova York: McGraw-Hill, 1967.

Fischer, K.; H. H. Hand; M. Watson; M. Van Parys e J. Tucker "Putting the Child into Socialization: The Development of Social Categories in Preschool Children". Em Katz, L., org. *Current Topics in Early Childhood Education*. Norwood, NJ: Ablex, 1984, p. 27-72.

Fischer, L. *The Life of Mahatma Gandhi*. Nova York: Harper and Brothers, 1950.

Frank, R. H. *Choosing the Right Pond*. Oxford: Oxford University Press, 1985.

Freedman, D. G. *Human Sociobiology: A Holistic Approach*. Nova York: Free Press, 1979.

Freeman, D. *Margaret Mead and Samoa: The Making and Unmaking of an Anthropological Myth*. Cambridge, Mass: Harvard University Press, 1983.

Freidel, F. e *Franklin D Roosevelt: A Rendevous with Destiny*. Boston: Little Brown, 1990.

Freud, S. *A General Introduction to Psychoanalysis*. Nova York: Washington Square Press, 1952.

_____. *Group Psychology and the Analysis of the Ego*. In J. Rickman, org. *A General Selection from the Works of Sigmund Freud*. Garden City, Nova York: Doubleday/Anchor, 1957, publicado originalmente em 1921.

Friedan, B. *The Feminine Mystique*. Nova York: Norton, 1963.

Fromm, E. *Escape from Freedom*. Nova York: Holt, 1941.

Furuya, K. *Chiang Kai-shek: His Life and Times*. Traduzido por C. Chang. Inva York: St. John's University, 1981.

Gandhi, M. *Hind Swaraj, or Indian Home Rule*. Weale, NH: Greenleaf Books, 1938.

_____. *Autobiography: The Story of My Experiments with Truth*. Nova York: Dover, 1963.

_____. *The Shattereed Mind: The Person after Brain Damage*. Nova York: Vintage, 1975.

_____. *Development Psychology: An Introduction*. Boston: Little, Brown, 1982.

_____. *The Mind's New Science: A History of the Cognitive Revolution*. Nova York: Basic Books, 1985.

_____. *The Unschooled Mind: How Children Think and How Schools Should Teach*. Nova York: Basic Books, 1991.

_____. *Creating Minds: An Anatomy of Creativity Seen Through the Lives of Freud, Einstein, Picasso, Stravinsky, Eliot, Graham e Gandhi*. Nova York: Basic Books, 1993a.

_____. *Frames of Minds: The Theory of Multiple Intelligences*. Nova York: Basic Books, 1993b; publicado originalmente em 1983.

Gardner, J. "The Nature of Leadership". Leadership Papers. *The Independent Sector*, 1 (janeiro de 1986).

_____. *On Leadership*. Nova York: Free Press, 1990.

_____. Comunicação pessoal, 3 de dezembro de 1993.

_____. Comunicação pessoal, 15 de março de 1995.

Garrow, D. *Bearing the Cross: Martin Luther King, Jr., and the Southern Christian Leadership Conference*. Nova York: Morrow, 1986.

_____, org. *Martin Luther King, Jr.: Civil Rights Leader, Theologian, Orator*, Vol. 3. Brooklyn, NY: Carson, 1989.

Geertz, C. *Works and Lives: The Anthropologist as Autor*. Stanford, Calif: Staford University Press, 1988.

"The General". Time, 3 de janeiro de 1944, 15-18.

Gerth, H. e C. W. Mills. *From Max Weber: Essays in Sociology*. Nova York: Oxford/Galaxy Books, 1958.

Gideonse, H. D. *The Higher Learning in a Democracy: A Reply to President Hutchins' Critique of the American University*. Nova York: Farrar e Rinehart, 1937.

Gilbert, M. *Churchill's Political Philosophy*. Oxford: Oxford University Press, 1980.

_____. *Churchill: A Life*. Londres: Heinemann, 1991.

Goldberg, S. *Why Men Rule*. La Salle, III: Open Court, 1983.

Goleman, D. "Studying the Secrets of Child Memory". *New York Times*, 8 de abril de 1993, sec. C, p, 1, 11.

_____. "Amid Ethnic Wars, Psychiatrists Seed Roots of Conflicts". *New York Times*, 2 de agosto de 1994. Sec. C. p. 1.

Goodchild, P. *Oppenheimer: The Father of the Atom Bomb*. Londres: British Broadcasting Company/Ariel Books, 1983.

Goodwin, D.K. "The Home Front". *New Yorker,* 15 de agosto de 1994a, p. 38-61.

Goodwin, D. K. *No Ordinary Time: Franklin and Eleanor Roosevelt – The Home Front in World War II.* New York: Simon Schuster, 1994b.

Gregory, M. S.; A. Silvers e D. Sutch, orgs. *Sociobiology and Human Nature*. San Francisco: Jossey-Bass, 1978.

Gritti, J. *Jean XXIII dans l'opinion publique*. Paris: Editions du Centurion, 1967.

Grosser, A. "La politique extérieure de l'Europe communautaire: tendances et perspectives". In G. Majone, E. Noël e P. Van den Bossche, orgs. *Jean Monnet et L'Europe d'Aujourdhui.* Baden-Baden: Nomos Verlagsgesellschaft, 1989, p. 191-200.

Groves, L. *Now it Can Be Told: The Story of the Manhattan Project:*. Nova York: Harper, 1962.

Gruber, H. *Darwin on Man*. Chicago: University of Chicago Press, 1981.

Hackett, C.P. "Jean Monnet, Europe, and the United States". Em G. Majone, E. Noël e P. Van den Bossche, orgs. *Jean Monnet et L'Europe d"Aujourdhui.* Baden-Baden: Nomos Verlagsgesellschaft, 1989, pp. 163-90.

Hahn, E. *Chiang Kai-shek: An Unautorized Biography*. Nova York: Doubleday, 1955.

Halberstam, D. *The Powers That Be*. Nova York: Knopf, 1979.

____. *The Fifties*. Nova York: Villard, 1993.

Hall, G. S. *Adolescence*. Nova York: Appleton, 1904.

Harlow, H. e M. K. Harlow "EFfects of Various Mother-Infant Relationships on Rhesus Monkey Behaviors". Foss, B. M. org. *Determinants of Infant Behavior*, Vol. 4. Nova York: Barnes and Noble, 1969, p. 15-36, .

Harris, L. "Di and Li: Life and Letters of Diana e Lionel Trilling". *New Yorker,* 13 de setembro de 1993, p. 90-91.

Havel, V. "How Europe Could Fail". *New York Review of Books*, 18 de novembro de 1993, p. 3.

____. "Transcendent Democracy: The Jackson H. Ralston Lecture". Discurso em Stanford University Law School, 29 de setembro de 1994.

Hebb, D. O. *The Organization of Behavior*. Nova York: Wiley, 1949.

Hebblethwaite, P. *John XXIII: Pope of the Council*. Londres: Geoffrey Chapman, 1984.

Heifetz, R. *Leadership without Easy Answers*. Cambridge, Mass: Harvard University Press, 1994.

Hibbert, C. *Benito Mussolini: A Biography*. Londres: Longman Green, 1962.

Hitler, A. *Mein Kampf.* Tradução de R. Manheim. Boston: Houghton Mifflin, 1963.

Hoffer, E. *The True Believer*. Nova York: Harper, 1951.

Hoffmann, B. *Einstein*. St. Albans, Inglaterra: Paladin, 1975.

Hoff-Wilson, J. e M. Lightman orgs. *Without Precedent: The Life and Career of Eleanor Roosevelt* Bloomington: Indiana University Press, 1984.

Hogan, R.; G. Curphy e J. Hogan "What We Know about Leadership". *American Psychologist*, 49 (1994): 493-503.

Hollander, E. P. *Leadership Dynamics*. Nova York: Free Press, 1964.

Howard, J. *Margaret Mead: A Life*. Nova York: Simon and Shuster, 1984.

Howell, D. "Whose Revolution?". Resenha de *A Conservative Revolution*. Organizada por A. Adonis e T. Hames. *Times Literary Supplement,* 1993.

Hoyt, E. *Warlord: Tojo against the World*. Lanham, Md.: Scarborough House, 1993.

Hutchins, R. M. *The Higher Learning in America*. New Haven, Conn: Yale University Press, 1936.

_____. "Dark Hours in Our History". Discurso inaugural, Universidade de Chicago, 10 de junho de 1941a. Reimpresso em *Vital Speeches of the Day 7* (1 de julho de 1941): 69-70.

_____. "The Proposition Is Peace: The Path to War Is a False Path to Freedom". Discurso pronunciado no Rockefeller Memorial Chapel, Chicago, Illinois, 30 de março de 1941b. Reimpresso em *Vital Speeches of the Day 7* (15 de abril de 1941): 389-92.

Iremonger, L. *The Fiery Chariot: A Study of British Prime Ministers and the Search for Love*. Londres: Seeker e Warburger, 1970.

Isaacson, W. e E. Thomas *The Wise Men*. Londres: Faber e Faber, 1986.

Jacobs, T. *A History of General Motors*. Nova York: Smithmark, 1992.

Jaeger W . Paideia. 3 vols. Traduzido por G. Higher. Nova York: Oxford University Press, 1943-45.

Jaszi, O. *The Dissolution of the Habsburg Monarchy*. Chicago: University of Chicago Press, 1966.

*Jean Monnet: Proceedings of Centenary Symposium Organized by the Commision of the European Communities, Brussels, 10 November 1988*. Luxembourg: Office for Official Publications of the European Communities, 1989.

Jenen, M. C. "The Modern Industrial Revolution, Exit, and The Failure of Internal Control Systems". *Journal of Finance*, 48, n. 3 ( 1993): 831-80.

Joes, A. J. *Mussolini*. Nova York: Franklin Watts, 1982.

Kagan, J. "The Concept of Identification". *Psychological Issues*, 65, n. 5 (setembro de 1958): 296-305.

Kakutani, M. "Books That Make a Case for Shades of Gray". *New York Times*, 18 de junho de 1993, seção C, p. 1-24.

Keating, C. F. e K. R. Heltman "Dominance and Deception n Children and Adults: Are Leaders the Best Misleaders". *Personality and Social Psychology Bulletin*, 20 (1994): 312-21.

Kegan, R. *The Evolving Self.* Cambridge, Mass: Harvard University Press, 1982.

Kelly, M. "David Gergen: Master of the Game". *New York Times Magazine*, outubro de 1993, p. 62-63.

_____. "Bill Clinton's Climb". *New York Times Magazine*, 31 de julho de 1994, p. 20.

Kennan, G.F. "In Defense of Oppenheimer". *New York Review of Books*, 10 de junho de 1994, p. 8.

Kerr, D. H. *Beyond Education: In Search of Nurture*. Seattle, Wash: Institute for Educational Inquiry, 1993.

Keynes, J. M. *The General Theory of Employment, Interest, and Money*. Londres: Macmillan, 1936.

Kimball, B. *"The True Professional Ideal" in America*. Oxford: Blackwell, 1992.

King., M. L., Jr. *A Testament of Hope: The Essential Writtings and Speeches of Martin Luther King, Jr.* Organizado por J. M. Washington. San Francisco: HarperCollins, 1986.

_____. *I Have a Dream: Writings and Speeches That Changed the World*. San Francisco: Harper SanFrancisco, 1922.

Kinzer, S. "The Nightmare's Roots: The Dream World Called Serbia". *New York Times*, 16 de maio de 1993, p. E1.

Kissinger, H.A. "The Right to Be Right". Resenha de *The Downing Street Years*, de M. Thatcher. *New York Times Book Review*, 14 de novembro de 1993, p. 1, 63-65.

_____. *Diplomacy*. Nova York: Simon and Schuster, 1994.

Kitto, H. D. F. *The Greeks*. Londres: Pequim, 1951.

Klein, G. Comunicação pessoal, 18 de agosto de 1992.

Kohlberg, L. "Stage and Sequence: The Cognitive-Developmental Approach to Socialization". Em D. A., Goslin, org. *Handbook of Socialization Theory and Research*. Nova York: Rand McNally, 1969.

_____. *The Psychology of Moral Development*. Nova York: Harper, 1974.

Kolbert, E. "Test Marketing a President". *New York Times Magazine*, 30 de agosto de, 18-20, 1992, 68-72.

Korda, M. "How to Be a Leader". In W. E. Rosenbach e, R. L. Taylor, orgs. *Contemporary Issues in Leadership*. Boulder, Colo: Westview Press, 1984, p. 61.

Kouzes, J. M. e B. Z. Posner. *Credibility: How Leaders Gain and Lose It, Wy People demand It*. San Francisco: Jossey-bass, 1993.

Kraemer, G. "A Psychobiological Theory of Attachment". *Behavioral and Brain Sciences*, 15, n. 3 (1992): 493-510.

Kummer, H. *Primate Societies*. Chicago: University of Chicago Press, 1971.

Küsters H. "Jean Monnet and the European Union: Idea and Reality of the Integration Process". In G. Majone, E. Noël e P. Van den Brossche, orgs. *Jean Monnet et l"Europe d'Aujourdhui*. Baden-Baden: Nomos Verlagsgesellschaft, 1090, p. 45-60.

Lamb, D. *The Africans*. Nova York: Vintage Books, 1987.

Lash, J. P. *Eleanor: The Years Alone*. Nova York: Norton, 1972.

_____. *Eleanor and Franklin*. Nova York: Signet, 1973.

_____. *Love, Eleanor: Eleanor Roosevelt and Her Friends*. Garden City, Nova York: Doubleday, 1982.

Lattimore, O. *China Memoirs: Chiang Kai-shek and the War Against Japan*. Tóquio: University of Tokyo Press, 1990.

Ledwidge, B. *De Gaulle*. Nova York: St. Martin's, 1982.

Lenin, V. I. *Essencial Works of Lenin: "What Is to Be Done?" and Other Writings*, org. H. M. Christman. New York: Dover, 1987.

Lentz, R. *Symbols, the News Magazines, and Martin Luther King*. Baton Rouge: Louisiana State University Press, 1990.

Lévi-Strauss, C. *Structural Anthropology*. Nova York: Basic Books, 1963.

Lewis, F. "We the Decent People, Saying 'No'". *International Herald Tribune*, 28 de agosto de 1993.

Little, G. *Political Ensembles: A Psychosocial Approach to Politics and Leadership*. Melbourne: Oxford University Press, 1985.

_____. *Strong Leadership: Thatcher, Reagan, and an Eminent Person*. Melbourne: Oxford University, 1988.

Loh, P. P. Y. *The Early Chiang Kai-shek: A Study of His Personality and Politics, 1887-1924*. Nova York: Columbia University Press, 1971.

Lohr, S. "IBM Chief Making Drastic Cuts". *New York Times*, 28 de julho de 1993, p. 1, 6.

Lohr, S. "On the Road with Chairman Lou". *New York Times*, 26 de junho de 1994, p. 1, C2.

Lukacs, J. "Benito Mussolini: Back from the Dead". *New York Times Magazine*, 24 de julho de 1994, pp. 14-17.

Luria, A. R. *The Higher Cortical Functions in Man*. Nova York: Basic Books, 1966.

Lykken, D., M. McCue; A. Tellegen e T. J. Bouchard "Emergenesis: Genetic Traits That May Not Run in Families". *American Psychologist*, 47, n. 12 (1992): 1565-1577.

Lyttle, R. *Il Duce? The Rise and FAll of Benito Mussolini*. Nova York: Atheneum, 1987.

Macfarquhar, R., T. Cheek e E.Wu. *The Secret Speeches of Chairman Mao*. Cambridge, Mass: Harvard University Press, 1989.

Machiavelli, N. The Prince *and* The Discourses. Vol. 1. Tradução L. Ricci e C. E. Detmold. Nova York: Random House Modern Library, 1950.

Majone, G. E. Noël e P. Van den Bossche, orgs. *Jean Monnet et l"Europe d'Aujourd-hui*. Baden-Baden: Nomos Verlagsgesellschaft, 1989.

Malcolm, X. *Malcolm X Speaks: Selected Speeches and Statements*. Organizado por G. Breitman. Nova York: Pathfinder, 1989.

Mamalik, C. S. "The Gandhian Mode of Becoming: Machiavellianism and Ganghianism as Conflicting Models of Becoming". Trabalho não publicado. Iowa City: Iowa, 1993.

Mandler, J. M. *Stories, Scripts, and Scenes: Aspects of Schema Theory*. Hillsdale, NJ: Erlbaum, 1984.

Maney, P. *The Roosevelt Presence: A Biography of Franklin Delano Roosevelt*. Nova York: Twayne, 1992.

"Man of the Year, Martin Luther King, Jr.".;*Time, 3* de janeiro de 1964, p. 13-27.

"Man of the Year, Pope John". *Time, 4* de janeiro de 1963, p. 50-54.

Marshack, A. *The Roots of Civilization. Nova York: Moyer Bell*, 1991.

Marshall, G. C. *The War Reports*. Filadélfia: Lippincott, 1947.

Mayer, M. *Robert Maynard Hutchins: A Memoir.* Organizado por J. H. Hicks. Berkeley: University of California Press, 1993.

Mayle, P. D. *Eureka Summit: Agreement in Principle and the Big Three in Tehran, 1943*. Newark: University of Delaware Presws, 1987.

McCullough, D. *Truman*. Nova York: Simon and Schuster/Touchstone, 1992.

McDonald, K. "Biology and Behavior". *Chronicle of Higher Education* (14 de setembro de 1994): A10-11.

McDowell, E. "New Samoa Book Challenges Mead's Conclusions". *New York Times,* 31 de janeiro de 1983, pp. 1, C21.

McFarland, L. J.; L. E. Senn e J. R. Children orgs. *Twenty-First-Century Leadership: Dialogues with 100 Top Leaders*. Nova York: Leadership Press, 1993.

McLuhan, M. *Understanding Media*. Nova York: McGraw-Hill, 1964.

McNeal, R. H. *Stalin: Man and Ruler*. Londres: Macmillan, 1988.

Mead, M. *Male and Female: A Study of the Sexes in a Changing World*. Nova York: Dell, 1949.

_____. *Sex and Temperament in Three Primitive Societies*. Nova York: Morrow/Quill, 1963, publicado originalmente em 1935.

_____. *Anthropology, a Human Science: Selected Papers 1939-1960*. Princeton, NJ: Van Nostrand, 1964.

_____. *Continuities in Cultural Evolution*. New Haven, Conn: Yale University Press, 1964.

_____. *Coming of Age in Samoa*. Nova York: Dell, 1968, publicado originalmente em 1928.

_____. *Blackberry Winter: My Earlier Years*. Nova York: Morrow, 1972.

Mead, M. e R. Metraux *Aspects of the Present*. Nova York: Morrow, 1980.

Mehta, V. *Mahatma Gandhi and His Apostles*. Nova York: Viking Press, 1977.

Miller, M., L. Hays. "Gerstner's Nonvision for IBM Raises a Management Issue". *Wall Street Journal,* 29 de julho de 1993, seção B, p. 1.

Millis, W., org. *The War Reports of General of the Army George C. Marshall, General of the Army H. H. Arnold, Fleet Admiral Ernest J. King*. Nova York: Lippincort, 1947.

Miroff, B. *Icons of Democracy*. Nova York: Basic Books, 1993.

Monnet, J. *Memoirs*. Tradução de R. Mayne. Garden City, Nova York: Doubleday, 1978.

Montgomery, B. L. *The Memoirs of Field-Marshal Montgomery*. Nova York: Dell Books, 1958.

Morgan, T. *FDR: A Biography*. Nova York: Simon and Schuster, 1985.

Morris, R. *Evolution and Human Nature*. Nova York: Seaview/Putnam, 1983.

Mosley, L. *Marshall: Hero for Our Times*. New York: Hearst Books, 1982.

"Mrs Roosevelt Takes News CAlmly". *New York Times*, 6 de fevereiro de 1933, pp. 1-2.

Mussolini, B. *My Autobiography*. Londres: Hutchinson, 1939.

Nanda, B. R. *Gandhi and His Critics*. Deli: Oxford University Press, 1985.

Nelson, K. *Event Knowledge: Structure and Function in Development*. Hillsdale, NJ: Erlbaum, 1986.

_____. "Emergence of Autobiographical Memory at Age 4". *Human Development,* 35, n. 3 (maio-junho 1992): 172-77.

Neustadt, R. *Presidential Power: The Politics of Leadership from FDR to Carter*. Nova York: Macmillan, 1980.

Nisbett, R. e L. Ross. *Human Inference*. Englewood Cliffs, NJ: Prentice-Hall, 1980.

Noble, B.P. "The Debate over *la difference*". *New York Times*, 15 de agosto de 1993, seção de Negócios, p. 6.

Nye, J *Bound to Lead: The Changing Nature of American Power*. Nova York: Basic Books, 1990.

Oliner, S. P. e P. M. Oliner *The Altruistic Personality: Rescuers of Jews in Nazi Europe*. Nova York: Free Press, 1988.

Oppenheimer, J. R. *Some Reflections on Science and Culture*. Chapel Hill: University of North Carolina Press, 1960.

_____. *Uncommon Sense*. Editado por N. Metropolis, G. Rota e D. H. Sharp. Boston: Birkhauser, 1984.

Paine, T. *Common Sense*. Organizado por I. Kramnick. Nova York: Penguin, 1976.

Pais, A. *Subtle Is the Lord: The Science and the Life of Albert Einstein*. Nova York: Oxford University Press, 1982.

Paris, P. *Black Religious Leaders: Conflict in Unity*. Louisville, Ky: Westminster/John Knox Press, 1991.

Parrish, T. *Roosevelt and Marshall: Partners in Politics and War*. Nova York: Morrow, 1989.

Paxton, R. "Radicals". Resenha de *The Birth of Fascist Ideology: From Cultural Rebellion to Political Revolution*, de Z. Sternhell, *New York Review of Books*, 23 de junho de 1994, p. 51-54.

Payne, R. *The Life and Death of Mahatma Gandhi*. Nova York: Dutton, 1990.

Pearson, J. *Citadel of the Heart: Winston and the Churchill Dynasty*. Londres: Macmillan, 1991.

Perlmutter, A. *FDR and Stal: A Not So Grand Alliance, 1943-1945*. Columbia, Mo: University Of Missouri Press, 1993.

Perry, E. I. "Training for Public Life: ER and Women's Political Networks in the 1920's". Em Hoff-Wilson, J. e M. Lighman, orgs. *Without Precedent: The Life and Carrer of Eleanor Roosevelt*. Bloomington: Indiana University Press, 1984, p. 28-45.

Petrullo, L. e B. Bass, orgs. *Leadership and Interpersonal Behavior*. Nova York: Holt, Rinehart e Wilson, 1961.

Pfaff, W. "Passsive Government Disarms Democracy". *International Herald Tribune*, 11 de junho de 1993, p. 6.

Piaget J. "Piaget's Theory". Em P. Mussen ed., *Handbook of Child Psychology*, Vol. 1. Nova York: Wiley, 1983.

Pogue, F. C. George C. *Marshall: Education of a General, 1880-1939*. Nova York: Viking Press, 1963.

_____. George C. *Marshall: Ordeal and Hope, 1939-1942*. Nova York: Viking Press, 1965.

_____.George C. *Marshall: Organizer of Victory, 1943-1945*. Nova York: Viking Press, 1973.

Pope, John, XXIII. *Journal of a Soul*. Tradução de D. White. Garden City, Nova York: Image Books, 1980.

Postbrief, S. "Departure from Incrementalism in U.S. Strategic Planning: The Origins of NSC-68". *Naval College Review* (março-abril de 1980): 34-57.

Preston, P. *Franco: A Biography*. Londres: Harper Collins, 1993.

Propp, V. *The Morphology of the Folk Tale*. Austin: University of Texas Press, 1968.

Rabi, I. I.; R. Serber; V. Weisskopf; A. Pais e G. T. Seaborg *Oppenheimer*. Nova York: Scribners, 1969.

Rees-Mogg, W. "Out National Malaise". *London Times*, 28 de janeiro de 1993, p. 20.

Reston, J. "'I have a dream...' Preoration by Dr. King Sums Up a Day the Capital Will Remember". *New York Times*, 29 de agosto de 1963, p. 1, 17.

Rhodes, R. *The Making of the Atomic Bomb*. Nova York: Simon and Schuster, 1986.

Riddell, P. "What We Did and Why We Fell". Resenha de *The Downing Street Years*, de M. Thatcher. *Times Literary Supplement*, 29 de outubro de 1993, p. 28.

Rieben, H. "La naissance de l'idée europeene de Jean Monnet". Em Majone, G.; E. Noël e P. Van den Bossche, orgs. *Jean Monnet et l'Europe d'Aujourdhui*. Baden-Baden: Nomos Verlagsgesellschaft, 1989, p. 21-28.

Rieben, H.; M. Nathusius e F. Nicod. *Jean Monnet, Robert Schuman, Correspondence, 1947-1953*. Lausanne: Foundation Jean Monnet Pour L'Europe, Centre de Researches Europeennes, 1986.

Riga, P. *John XXIII and The City of Man*. Westminster, Md: Newman Press, 1966.

Roland, C.; H. Friedlander e B. Müller-Hill, orgs. *Medical Sciences without Compassion: Past and Present*. Arbeitspapiere-Atti-Proceedings, n. 11, fall meeting, Colônia, 28-30 de setembro de 1988.

Roosevelt, E. *You Learn by Living*. Nova York: Harper and Brothers, 1960.

_____. *The Autobiography of Eleanor Roosevelt*. Nova York: Da Capo Press, 1992.

Roosevelt, F. D. *Nothing to Fear: The Selected Adresses of Franklin Delano Roosevelt: 1932-1945*. Organizado por B. D. Zevin. Cambridge, Mass: Riverside Press, 1946.

Rosenbach, W. E. e R. L. Taylor. *Contemporary Issues in Leadership*. Boulder, Colo: Westview Press, 1984.

Rosener, J. "Ways Women Lead". *Harvard Business Review,* 68 (novembro-dezembro de 1990): 119-25.

Rosnow, R.; A. Skleder; M. Jaeger e B. Rind "Intelligence and the Epistemics of Interpersonal Acumen: Testing Some Implications of Gardner's Theory". *Intelligence*, 19, n. 1 (1994): 93-116.

Royal, D. *The Story of J. Robert Oppenheimer*. Nova York: St. Martin's, 1969.

Rubin, J. S. *The Making of Middle-brow Culture*. Chapel Hill: University of North Carolina Press, 1992.

Rushton J. P. "Genetic Similarity, Human Altruism, And Group Selection". *Behavioral and Brain Sciences*, 12, n. 3 (setembro de 1989): 503-18.

Rustow, D. A., org. *Philosophers and Kings: Studies in Leadership*. Nova York: Braziller, 1970.

Ryan, A. "Yes, Minister". Resenha de *The Downing Street Years*, de M. Thatcher. *New York Review of Books*, 2 de dezembro de 1993, p. 7-12.

Sapolsky, R. e R. Jay "Styles of Dominance and Their Physiological Correlates among Wild Baboons". *American Journal of Primatology*, 18 (1989): 1-13.

Sartre, J. P. *The Words*. Nova York: Braziller, 1964.

Schaefer, R. *Narrative Actions in Pshchoanalysis*. Worcester, Mass: Clark University Press, 1981.

Scharf, L. "ER and Feminism". Em Hoff-Wilson, J. e M. Lightman, orgs. *Without Precedent: The Life and Career of Eleanor Roosevelti*. Bloomington: Indiana University Press, 1984, p. 226-254.

Schiffer, I. *Charisma: A Psychoanalytic Look at Mass Society*. Toronto: University of Toronto Press, 1973.

Schmemann, S. "A Poet Sings Fondly of an Old Enemy". *New York Times*, 24 de julho de 1993, p. 4.

Schram, S. *Chairman Mao Talks to the People*. Nova York: Pantheon, 1974.

Selman, R. *The Growth of Interpersonal Understanding*. Nova York: Academic Press, 1980.

Selman, R. e L. H. Schultz. *Making a Friend in Youth: Developmental Theory and Pair Therapy*. Chicago: University Press, 1990.

Service, R. *Lenin: A Political Life*. 2 vols. Londres: Macmillan, 1991.

Shaller, G. *The Mountain Gorilla*. Chicago: Aldine, 1963.

Shils, E. Robert Maynard Hutchins: Former Controversial President of the University of Chicago and His Educational Philosophy". *American Scholar*, 59, n. 2 (1990): 211-35.

_____. "Do We Still Need Academic Freedom?". *American Scholar*, 62, n. 2 (1993): 187-99.

Shirer, W. L. *Gandhi: A Memoir*. Nova York: Simon and Schuster, 1979.

Simmons, A. "President's Essay: Citizen Groups Are Essential Partners in the New Global Governance". *1993 Report on Activities of the MacArthur Foundation*. Chicago: The MacArthur Foundation, 1994, pp. 2-6.

Simonton, D. K. *Genius, Creativity and Leadership: ? Historiometric Inquiries*. Cambridge, Mass: Harvard University Press, 1984.

_____. "Putting the Best Leaders in the White House: Personality, Policy, and Performance". *Political Psychology*, 14, n. 3 (1993): 537-48.

_____. *Greatness: Who Makes History and Why*. Nova York: Guilford Press, 1994.

Skowronek, S. *The Politics Presidents Make: Leadership from John Adams to George Bush*. Cambridge, Mass: Harvard University Press, 1993.

Sloan, A. P., Jr. *My Years with General Motors*. Garden City. Nova York: Anchor Books, 1972.

Sloan, A. P., Jr. com Boyden Sparkes. *Adventures of a White-Collar Man*. Nova York: Doubleday, Doran, 1941.

Smelser, N. *Theory of Collective Behavior*. Nova York: Free Press, 1962.

Smith, A. K. e C. Weiner. *Robert Oppenheimer: Letters and Recollections*. Cambridge, Mass: Harvard University Press, 1980.

Smith, D. M. *Mussolini*. Nova York: Knopf, 1982.

Smith, H. *The World's Religions*. São Francisco: HarperCollins, 1991.

Staw, B. e R. Sutton "Macro Organizational Society". In J. K. Murninghan, org. *Social Psychology in Organizations: Advances in Theory and Research*. Englewood Cliffs, NJ: Prentice Hall, 1992, p. 350-384.

Steichen, E. *The Family of Man*. Nova York: Simon and Schuster, 1955.

Stern, P. com H. Green. *The Oppenheimer Case: Security on Trial*. Nova York: Harper and Row, 1969.

Stoessinger, J . Comunicação pessoal, 6 de dezembro de 1944.

_____. *Why Nations Go To War*. 6ª ed. Nova York: St. Martin's, 1993.

Stoler, M. A. George C. *Marshall: Soldier-Statesman of the American Century*. Boston: Twayne, 1989.

Storr, A. *Churchill's Black Dog, Kafka's Mice, and Other Phenomena of the Human Mind*. Nova York: Grove Press, 1988.

Sutton, R. e D. C. Galunic. "Consequences of Public Scrutiny for Leaders and Their Organizations". Trabalho não publicado, Stanford University, 1994.

Swedberg, R. "The Idea of 'Europe' and the origin of the European Union – A Sociological Approach". *Zeitschrift für Soziologie*, 23, n. 5 (1994); 378-87.

Swift, G. *Waterland*. Nova York: Vintage, 1983.

Tead, O. *The Art of Leadership*. Nova York: Whittlesly House, 1935.

Terrill, R. *Mao: A Biography*. Nova York: Whittlesly House, 1980.

Thatcher, M. *Margaret Thatcher: The Downing Street Years*. Nova York: Harper Collins, 1993.

Thompson, K. W. *Winston Churchill's World View: Statesmanship and Power*. Baton Rouge, La: Louisiana State University Press, 1983.

Toland, J. *Adolf Hitler*. Nova York: Doubleday, 1976.

Tsanoff, R. *Autobiographies of Ten Religious Leaders: Alternatives in Christian Experience*. San Antonio, Tex: Trinity University Press, 1968.

Tucker, R. C. *Stalin in Power: The Revolution from Above, 1928-1941*. Nova York: Norton, 1990.

Turiel, E. The Social Construction of Social Construction". In W. Damon, org. *Child Development Today and Tomorrow*. San Francisco: Jossey-Bass, 1989, p. 86-106.

United States Atomic Energy Commission *In The Matter of J. Robert Oppenheimer*. Cambridge, Mass: MIT Press, 1970.

Volkogonov, D. *Stalin: Triumph and Tragedy*. Organização e tradução de H. Shukman. Londres: Weidenfeld, Nicolson, 1991.

Von Simson, W. "Reflection on Jean Monnet's Skillful Handling of Member States and People during the First Years of the Community". In G. Majone, E. Noël e P. Van den Bossche, orgs. *Jean Monnet et l'Europe d'Aujourdhui*. Baden-Baden: Nomos Verlagsgesellschaft, 1989, p. 29-36.

Walsh, J. "Where Have All the Leaders Gone?". *Time*, 12 de julho de 1993, p. 17-21.

Walsh, M. e B. Davies, orgs. *Proclaiming Justice and Peace: Documents from John XXIII to John Paul II*. Londres: Collins Liturgical Publications, 1984.

Ware, S. "ER and Democratic Politics: Women in the Postsuffrage Era". Em Hoff-Wilson, J. e M. Lightman, orgs. *Without Precedent: The Life and Career of Eleanor Roosevelt*. Bloomington: Indiana University Press, 1984, p. 45-60.

White, E., org. *Sociobiology and Human Politics*. Lexington, Mass: Lexington Books, 1981.

Wigginton, F. P. *The Popes of Vatican Council II*. Chicago: Franciscan Herald Press, 1983.

Williams, P. e M. Harrison. *De Gaulle's Republic*. Westport, Conn: Greenwood Press, 1960.

Wills, G. *Certain Trumpets: The Call of Leaders*. Nova York: Simon and Schuster, 1994a.

_____. "What Makes a Good Leader?". *Atlantic Monthly*, abril de 1994b, p. 63-80.

Wilson, E. *To the Finland Station*. Londres: Fontana, 1960.

Wilson, E. O. *Sociobiology*. Cambridge, Mass: Harvard University Press, 1975.

Winner, E. *The Point of Words: Children's Understanding of Metaphor and Irony*. Cambridge, Mass: Harvrd University Press, 1988.

_____. *Gifted Children: Myths and Realities*. Nova York: Basic Books, 1997.

Wittgenstein, L. *Philosophical Investigations*. Tradução G. E. M. Auscombe. Oxford, Inglaterra: Blackwell, 1958.

Wofford, H. *Of Kennedy and Kings: Making Sense of the Sixties*. Nova York: Farrar, Straus e Giroux, 1980.

York, H. *The Advisors: Oppenheimer, Teller and the Superbomb*. Stanford, Calif: Stanford University Press, 1989; publicado originalmente em 1976.

Young, A. "Interview with Andrew Young". *New York Times*, 11 de maio de 1994, p. C1-2.

Young, H. *The Iron Lady: A Biography of Margaret Thatcher*. Nova York: Farrar, Straus e Giroux, 1989.

Zalesnik, A. e M. Kets de Vries. *Power and the Corporate Mind*. Chicago: Bonus Books, 1985.

Zizola, G. The Utopia of Pope John XXIII. Maryknoll. Nova York: Orbis Books, 1978.

# Notas

## CAPÍTULO 1

### Página

**3** A afirmação de Disraeli, "Com palavras governamos as pessoas" é citada em Blake, 1994, p. 26

**3** A afirmação de Keynes, "As pessoas práticas..." é citada em Keynes, 1936.

**3** Os tópicos abordados na Cúpula Eureca são analisados em Cray, 1990; e Mayle, 1987.

**3** Para mais informações sobre as teorias de Einstein, ver Hoffmann, 1975; e Pais, 1982.

**4** Para mais informações sobre o envolvimento de Enstein na Segunda Guerra Mundial, ver Gardner, 1993a.

**12** A afirmação de Nixon, "Quando você estiver escrevendo algo..." é citada em Kelly, 1993, p. 18.

**14** Para mais informações sobre a ideia da mente humana como fator de liderança, ver Little, 1985, p. 15.

**15** Para mais informações sobre o desenvolvimento da psicologia cognitiva, ver Gardner, 1985.

**17** Para importantes contribuições à compreensão dos traços pessoais e das histórias pessoais dos líderes, ver Bell, 1992; Edinger, 1967; Hogan, Curphy e Hogan, 1994; Korda, 1984; Petrullo e Bass, 1961; Rustow, 1970; Skowronek, 1993; e Zalesnik e Kets de Vries, 1985.

**17** Para importantes contribuições à compreensão de diferentes formas de liderança, ver Barber, 1985; Bennis e Nanus, 1985; Bolman e Deal, 1991; Burns, 1978; Cohen e March, 1984; Gerth e Mills, 1958; Hollander, 1964; Little, 1985, 1988; Neustadt, 1980; Schiffer, 1973; Simonton, 1984; e Sutton e Galunic, 1994.

**17** Para importantes contribuições à compreensão do papel do público na liderança, ver Armstrong, 1992; Fiedler, 1967; J. Gardner, 1986, 1990; Heifetz, 1994; e Smelser, 1962.

**17** Sobre as contribuições de Erikson, ver Erikson, 1958, 1969.

**18** Para o uso por Miroff do termo "dissidentes" por Miroff, ver Miroff, 1993.

## CAPÍTULO 2

**21** A afirmação de Truman, "Líder é alguém com capacidade..." é citada em Montgomery, 1958, p. 19.

**22** Para mais informações sobre os comportamentos dos primatas machos, ver Dobzhansky, 1962; e Goldberg, 1993.

**22** Para mais informações sobre a ligação entre deslocamentos hierárquicos e mudanças nos marcadores psicológicos, ver McDonald, 1994; e Sapolsky e Jay, 1989.

**22** Para mais informações sobre os primatas no grupo e fora do grupo, ver Rushton, 1989.

**22** Para mais informações sobre a tendência dos primatas à imitação, ver Donald, 1991; e Marshack, 1991.

**22** Para mais informações sobre atributos de dominância entre crianças pequenas, ver Heifetz, 1994.

**23** Para mais informações sobre os vínculos de relacionamento entre criança e cuidador, ver Bowlby, 1969-1980; Harlow e Harlow, 1969; e Kraemer, 1992.

**23** Para mais informações a respeito do efeito dos primeiros relacionamentos sobre as reações à autoridade, ver Mitscherlich em Edinger, 1967.

**23** Para mais informações sobre a conscientização da criança quanto à própria individualidade, ver Gardner, 1982.

**23** Para mais informações sobre a identificação com modelos, ver Kagan, 1959.

**23** A capacidade de prever o que o modelo fará é analisada em Gardner, 1982.

**24** Para informações sobre as opiniões de Freud a respeito da personalidade da criança pequena, ver Freud, 1952.

**25** Para informações sobre as opiniões de Piaget a respeito da mente da criança, ver Piaget, 1983.

**26** Para mais informações sobre a capacidade dos especialistas de superar as noções da primeira infância, ver Gardner, 1991.

**26** Para detalhes sobre as lembranças das crianças a respeito de acontecimentos, ver Bauer, 1993; e Nelson, 1986, 1992.

**26** A abertura da criança de 5 anos a novas práticas é analisada em Cohen e MacKeith, 1991.

**28** Para detalhes sobre os domínios, ver Feldman, 1994; e Turiel, 1989.

**28** O valor de diferentes domínios em várias culturas é analisado em Gardner, 1993a, 1993b.

**29** Para mais informações sobre crianças superdotadas em escolas e em determinados domínios, ver Bloom e Sosniak, 1988; Feldman (com Goldsmith), 1986; e Winner, 1997.

**29** Para mais informações sobre "inteligências pessoais", ver Gardner, 1993b; e Rosnow et al., 1994.

**30** Para mais informações sobre a capacidade dos adultos de apreciar a mente e as motivações dos outros, ver Rosnow et al., 1994; e Winner, 1988.

**30** A capacidade limitada das pessoas de detectar as motivações alheias é analisada em R. Brown, 1986; Ekman, 1985; e Nisbett e Ross, 1980.

**30** A afirmação de Johnson, "O desafio era descobrir..." é citado em Heifetz, 1994, p. 229.

**30** A morte do pai para líderes potenciais ainda jovens é analisado em Csikszentmihalyi, 1994; e Simonton, 1994.

**30** A perda do pai na infância por 60% dos líderes políticos ingleses é analisada em Berrington, 1974.

**31** Sobre a alegação de Sartre de que, na falta do pai, a criança órfã passa a fazer as próprias escolhas, ver Sartre, 1964, p. 18-19.

**31** O sentimento difuso de solidão entre os líderes que perderam um dos pais é analisado em Berrington, 1974.

**31** O fato de Gandhi, Lênin e Hitler terem tido bom relacionamento com um dos pais e mau relacionamento com o outro é analisado em Burns, 1978.

**31** Sobre as tensões de Clinton com o padrasto, ver Kelly, 1994.

**31** Para mais informações sobre a decisão de Clinton de entrar na política, depois de perceber que era bom negociador, ver R. Brown, 1993.

**31** A conquista do sucesso por alguns líderes que se desviam de comportamentos com boa aceitação social é analisada em Csikszentmihalyi, 1993b.

**31** A propensão do líder para assumir riscos e para se empenhar em superar os outros é analisada em Burns, 1978; e Simonton, 1994.

**31** A implacabilidade em face da oposição como evidência de autoconfiança é analisada em Freud, 1921.

**31** A famosa observação de Churchill "Os homens famosos em geral são..." é citada em Berrington, 1974, p. 385.

**32** A sensação dos líderes de serem capazes de alcançar muito mais que as pessoas comuns é analisada em Gerth e Mills, 1958.

**32** Para informações sobre as opiniões de Napoleão sobre suas próprias capacidades, ver Klein, 1992.

**33** A busca constante dos seguidores por figura de autoridade é analisada em Hoffer, 1951.

**33** A frase "Sabe, devo seguir as pessoas...", de um prócere da Revolução Francesa foi atribuído a várias figuras políticas.

**33** As atitudes diferentes dos seguidores em relação ao poder são analisadas em Fromm, 1941.

**33** A afirmação de Richard Morris de que "As pessoas em geral aceitam com serenidade..." é de Morris, 1983, p. 182-83.

**33** Para mais informações sobre o fenômeno dos "socorristas", ver Oliner e Oliner, 1988.

**36** A capacidade das crianças pequenas de dominar sistemas de símbolos é analisada em Gardner, 1991.

**37** A análise do destino político de de Gaulle, como sendo dependente de palavras foi extraída da *Encyclopaedia Britannica*, 1974, p. 965.

## CAPÍTULO 3

**39** A afirmação de Cooley "Toda liderança consiste..." é citada em Rustow, 1970, p. 24.

**39** A afirmação do Coronel "Quero ser presidente" e, "para tanto, preciso falar como..." foi extraída de Allende, 1991, p. 14-15.

**39** "Todos ficam atônitos com a clareza das propostas..." foi extraída de Allende, 1991, p. 16.

**40** A afirmação do Coronel "Guerra é o que conheço" foi extraída de Allende, 1991, p. 16.

**40** Para informações sobre o comentário de Homero a respeito de Aquiles, ver Kitto, 1951, p. 172.

**40** Para informações sobre as ideias de outros autores a respeito da natureza das histórias, ver Aristóteles, 1947; Bruner, 1986, Donald, 1991; Mandler, 1984; Propp, 1968; e Schaefer, 1981.

**40** Para informações sobre a análise de Wittgenstein a respeito do conceito de "jogos", ver Wittgenstein, 1958.

**41** Para mais informações sobre a forma de pensar dualista das crianças, ver Egan, 1989; e Levi-Strauss, 1963.

**41** Para mais informações sobre a compreensão em preto e branco dos dilemas morais pelas crianças, ver Fischer, 1984; e Kohlberg, 1969.

**41** A avaliação do programa Guerra nas Estrelas, de Reagan, por Thatcher é mencionada em Thatcher, 1993, p. 462.

**43** Para mais informações sobre adolescentes e relativismo, ver Damon, 1983, 1988; Kegan, 1982; Kohlberg, 1969; Selman, 1980; Seloman e Schultz, 1990; e Turiel, 1989.

**45** A improbabilidade de crianças mais sofisticadas serem arrastadas por crianças menos sofisticadas é analisada em Kohlberg, 1974.

**46** O apelo emocional das histórias é analisado em Brown, 1965.

**46** O debate Nixon-Kennedy é analisado em McLuhan, 1964.

**47** A afirmação de Allende "não pretendia enganar os clientes..." é de Allende, 1991, p. 12.

**48** A afirmação de Malcolm X "Queremos saber..." é de Malcolm X, 1989, p. 118.

**48** A afirmação de Perot "Devemos explicar ao povo americano..." é citada em McFarland et al., 1993, p. 310.

**48** A afirmação de Trilling "Essa é a questão não resolvida..." é citada em Harris 1993, p. 99.

**48** O juramento ateniense "Herdo do passado..." é citado em Kerr, 1993, p. 5.

**49** A afirmação de Diógenes "Não sou ateniense..." é citada em Smith, 1991, p. 7.

**49** Para mais informações sobre o desenvolvimento do senso do eu nas crianças, ver Damon, 1977, 1983; Gardner, 1982; Kegan, 1982; Kohlberg, 1969, 1974; Selman, 1980; e Selman e Schultz, 1990.

**49** Para mais informações sobre identidades concorrentes, ver Erikson, 1959.

**50** Para mais informações sobre diferentes traços de personalidade nos adultos, ver Erikson, 1959.

**50** A afirmação de Skowronek, "narrativa coerente e convincente..." é de Skowronek, 1993, p. 25.

**51** A afirmação de Paine "a causa da América..." é de Paine, 1976, p. 63.

**52** Para mais informações sobre identidade de grupo dos rivais sérvios e muçulmanos, ver Goleman, 1994; Kinzer, 1993; e Lewis, 1993.

**52** O verso de Yevtushenko "Adeus, nossa bandeira vermelha..." é citado em Schemann, 1993, p. 4.

**54** Duas fontes de imagens individuais do mundo são analisadas em Cassirer, 1953-1957; e Donald, 1991.

**54** A persistência de ideias oriundas do senso comum na vida pessoal é analisada em Gardner, 1991.

**56** Para uma análise de quem tem visão de mundo moderada, ver Kakatami, 1993.

**57** Para mais informações sobre o cineasta Leni Riefenstahl, ver Kakutani, 1993.

57 A afirmação de Ailes, "Quando eu morrer..." é citada em Kolbert, 1992, p. 69.

58 Para mais informações sobre diferenças individuais e capacidade de lidar com a ambiguidade, ver Adorno et al., 1950.

61 Para mais informações sobre a visão desenvolvimentista tradicional de fases de desenvolvimento, ver Kohlberg, 1969.

## CAPÍTULO 4

65 A afirmação de Mead, "Passei a maior parte de minha vida..." é de Mead, 1972, p. 1.

66 A afirmação de um amigo "Ela, sem dúvida, seria algo importante..." é citada em Howard, 1984, p. 52.

67 Para informações sobre a teoria de Halls sobre a adolescência, ver Hall, 1904.

68 Para mais informações sobre a rejeição por Mead de que a adolescência seja sempre turbulenta, ver Howard, 1984, p. 88.

68 Para informações sobre a análise de Mead a respeito do alto preço de muitos aspectos da sociedade americana, ver Mead, 1968, p. 178.

68 A afirmação de Mead "O principal motivo para lágrimas..." foi extraída de Mead, 1968, p. 146.

69 A afirmação de Mead "Este foi o primeiro trabalho de um antropólogo profissional sério..." foi extraída de Mead, 1968, p.11.

69 A afirmação de Mead "Em antropologia, basta demonstrar uma única vez..." é citada em Freeman, 1983, p. 77.

69 A afirmação de Mead "A vida diária desperta na aurora..." foi extraída de Mead, 1968, p. 26.

71 Sobre a descrição de Mead a respeito das inversões dos papéis das mulheres e dos homens na tribo Tchambuli, ver Mead, 1972, p. 216.

72 A afirmação de Mead "Somos forçados a concluir que a natureza humana..." é citada em Howard, 1984, p. 162.

72 Para mais informações sobre o esquema de Mead e Bateson, ver Bateson, 1984, p. 133.

72 Para mais informações sobre a descoberta histórica de Mead e Bateson, ver Mead, 1972, p. 216-20.

72 A análise de Mead sobre o estado de transe balinês pode ser encontrada em Mead, 1964a, p. 38-40.

73 A afirmação de Mead "Reo tinha melhor ouvido que eu..." é citada em Howard, 1984, p. 163.

74 A afirmação de Mead sobre "As bases biológicas do desenvolvimento..." é citada em Degler, 1991, p. 137.

74 Para mais informações sobre a observação de alguém que comparou Mead a uma "criança numa colônia de férias", ver Howard, 1984, p. 175.

75 Para uma análise das maneiras como Mead ampliou o escopo e a validade da pesquisa acadêmica no estudo antropológico, ver Bateson, 1984.

75 Para o escrutínio crítico do trabalho de Mead, ver Freeman, 1983; e Geertz, 1988.

76 A afirmação de Mead "Minha experiência como antropóloga..." foi extraída de Mead e Metraux, 1980, p. 20-21.

77 A afirmação de Mead "... Recuo assustado para algum padrão único..." é citada em Howard, 1984. P. 205.

77 A afirmação de Mead "O que distingue os grupos humanos..." foi extraída de Mead e Metraux, 1980, p. 21.

77 Para informações sobre a coleção de fotografias *The Family of Man*, ver Steichen, 1955.

78 Para mais informações sobre a persona pública de Mead, ver Bateson, 1994; e Crapanzano, 1993.

78 Para mais informações sobre a personalidade impositiva de Mead, ver Bruner, 1993.

78 A afirmação de Schwartz, "... um Projeto Manhattan para estudar a fonte da energia [dela]..." é citado em Howard, 1984, p. 308.

79 A afirmação de Mead "Conscientizo-me cada vez mais..." é citada em Bateson, 1984, p. 115.

79 A afirmação de Mead "Não foi por causa de meu desejo de ocultar alguma coisa..." é citada em Bateson, 1984, p. 116.

79 Para mais informações sobre as práticas religiosas pessoais de Mead, ver Howard, 1984, p. 348.

79 A afirmação de Bateson "A carta que ela escreveu em 1955..." foi extraída de Bateson, 1984, p. 118.

81 A afirmação de Friedan "símbolo da mulher intelectual da América..." foi extraída de Friedan, 1963, p. 135.

82 Para informações sobre o comentário de Mead a respeito do alívio por ser mulher, ver Mead, 1972, p. 111.

82 Para mais informações sobre as preferências de Mead por liderança informal e sobre os sentimentos dela de que os americanos não ansiavam por líderes, ver Bateson, 1994.

**82** Para informações sobre o artigo do *New York Times* sobre o ataque de Derek Freeman ao trabalho de Mead, ver McDowell, 1983, p. 1.

**83** Para mais informações sobre as avaliações feministas do trabalho de Mead, ver Friedan, 1963.

## CAPÍTULO 5

**85** A afirmação de Brodsky, "Todo poeta tem, em si, um pouco de Fuehrer..." foi extraída de Brodsky, 1986, p. 136.

**85** Para informações sobre a fotografia da reportagem de capa da revista *Life*, ver Barnett, 1949.

**87** A afirmação de Oppenheimer "bom garoto repulsivamente sonso" é citada em Rhodes, 1986, p. 119.

**87** A tendência suicida de Oppenheimer é mencionada em Royal, 1969, p. 35.

**87** A afirmação de Oppenheimer "Nos tempos de minha adolescência, que se prolongou quase que para sempre..." é citada em Rhodes, 1968, p. 122.

**87** A carta de Oppenheimer depois da morte da mãe pode ser encontrada em Goodchild, 1983, p. 17.

**88** A conclusão do psiquiatra de que Oppenheimer era esquizofrênico é mencionada em Smith e Werner, 1980, p. 125.

**88** Os primeiros trabalhos acadêmicos de Oppenheimer sobre relatividade e mecânica quântica estão descritos em Rabi et al., 1969, p. 16-17.

**88** Para mais informações sobre a capacidade de Oppenheimer de trabalhar com os alunos, ver Rabi et al., 1969, p. 17.

**89** A afirmação de Rabi "Ele não era original", é citada em Goodchild, 1983, p. 176.

**89** A opinião de Rabi de que Oppenheimer romantizava os mistérios é mencionada em Rhodes, 1986, p. 149.

**89** A afirmação de Oppenheimer "Meus amigos, de Pasadena e de Berkeley..." é mencionada em Goodchild, 1983, p. 30.

**90** A afirmação de Oppenheimer, "Em fins de 1936..." é citada em Rhodes, 1986, p. 445.

**90** Para mais informações sobre o interesse de Oppenheimer por ideias socialistas, ver Chevalier, 1965, p. 186-87.

**90** A consciência dos físicos a respeito do potencial da energia nuclear e a advertência de Einstein ao presidente Roosevelt estão descritos em Rhodes, 1986, p. 304-12.

**90** A pesquisa teórica de Oppenheimer sobre reações nucleares em Berkeley é mencionada em Smith e Weiner, 1980, p. 224.

**91** A afirmação de Grooves, "Ninguém com quem conversei..." é de Groves, 1962, p. 61.

**91** A afirmação de Groves "Aquilo não era de modo algum de nosso gosto" é de Groves, 1963, p. 63.

**91** A afirmação de Bethe "O sucesso de Los Alamos..." é citada em York, 1989, p. 165-166.

**92** A afirmação de Weisskopf, "presença contínua e intensa..." é citada em Smith e Weiner, 1980, p. 104.

**92** A afirmação de Horgan "manipulador e intérprete de primeira classe da imaginação..." é citada em Smith e Weiner, 1980, p. 221.

**92** A afirmação de Rabi "líder inato..." é citada em Rabi et al., 1969, p. 8.

**92** A afirmação de Teller "Não sei como Oppenheimer..." é citada em Davis, 1968, p. 129.

**92** A afirmação de Chevalier "Desde a mais tenra idade..." é de Chevalier, 1965, p. 185.

**92** Para mais informações sobre os desafios de Oppenheimer na organização das instalações de pesquisa de Los Alamos, ver Barnett, 1949, p. 132.

**93** Para mais informações sobre as declarações de Oppenheimer de que não mais poderia continuar a liderar Los Alamos, ver Smith e Weiner, 1980, p. 261; e Goodchild, 1983, p. 111.

**94** A afirmação do colega de Oppenheimer "Ele era líder tão natural de nosso grupo..." é citada em Stern (com Green), 1969, p. 97.

**94** Para mais informações sobre a capacidade de Oppenheimer de resumir discussões de maneira concisa, ver Smith e Weiner, 1980, p. 328-29.

**94** Para mais informações sobre a interceptação por Oppenheimer de uma petição de "demonstração experimental" da bomba, ver Halberstam, 1993, p. 28.

**95** Para informações sobre a citação por Oppenheimer de Bhagavad Gita, ver Barnett, 1949, p. 133.

**95** A afirmação de Oppenheimer "E, no sentido mais objetivo..." é citada em Barnett, 1949, p. 133.

**95** Para mais informações sobre o apoio de Oppeneimer ao controle internacional e ao uso pacífico da energia atômica e, por fim, do desarmamento, ver York, 1989, p. 47.

**95** Para mais informações sobre as opiniões minoritárias de Oppenheimer a respeito de questões de defesa, ver Boyer, 1985.

**96** A indagação de Oppenheimer "De que maneira pode a moralidade humana ser codificada numa cadeia de DNA?" é citada em Bruner, 1993.

**96** Sobre a ordem de Truman "Não me traga mais aquele cara aqui" é citada em Goodchild, 1983, p. 172.

**97** A afirmação de Oppenheimer "Aos poucos, estamos tomando consciência do fato de que..." é citada em Barnett, 1949, p. 137-38.

**98** A afirmação de Oppenheimer "É muito mais difícil compreender um tema..." é citado em Barnett, 1949, p.123.

**98** A afirmação de Oppenheimer "Os povos do mundo devem unir-se sob pena de perecerem..." é citada em Groves, 1962,p. 354.

**98** A afirmação de Oppenheimer "Dedicamos esforço, estudo, reflexão e dinheiro..." foi extraída de Oppenheimer, 1984, p. 92.

**98** A afirmação de Oppenheimer "Ninguém deve sair de nossas universidades..." é citada em Rabi et al., 1969, p. 41.

**98** A afirmação de Oppenheimer "Fizemos algo formidável, a mais terrível das armas..." é citada em Boyer, 1985, p. 272.

**98** A afirmação de Oppenheimer "A bomba atômica... que deveu todo o seu sucesso e a própria existência..." foi extraída de Oppenheimer, 1984, p. 20.

**99** Para mais informações sobre o cancelamento pela Comissão de Energia Atômica das prerrogativas de segurança de Oppenheimer, ver Smith e Weiner, 1980, p. 329.

**99** Para informações sobre o comentário de Oppenheimer a respeito das audiências como "farsa", ver Smith e Weiner, 1980, -. 331.

**100** A afirmação de Kennan, "mistura curiosa...." é de Kennan, 1994, p. 8.

**100** Para mais informações sobre o desempenho de Rabi no inquérito sobre Oppenheimer, ver Goodchild, 1983, p. 246.

**100** Para mais informações sobre Oppenheimer "fazer gigantes parecerem baratas", ver Stern (com Green), 1969, p. 127.

**100** Para mais informações sobre a desconsideração de Graham por Oppenheimer, ver Hallberstam, 1979, p. 159.

**101** A afirmação de Latimer "elementos de mística" é citada em Davis, 1968, p. 152.

**101** A referência de Rabi a "qualidade espiritual..." foi extraída de Rabi et al., 1969, p. 8.

**101** A afirmação de Brown "O poder de sua personalidade..." é citada em Goldchild, 1983, p. 269.

**101** Quanto ao decréscimo do apoio dos americanos ao uso limitado da energia atômica, ver Boyer, 1985.

**102** A afirmação de Oppenheimer "Admito, senhor presidente, que demandou-lhe alguma caridade..." é citada em Goodchild, 1983, p. 275.

**103** Quanto ao comentário de Oppenheimer sobre sua incapacidade de participar do "discurso comum", ver Oppenheimer, 1960, p. 7.

**103** A afirmação de Oppenheimer "Preocupo-me muito com o fato de..." é citada em Rabi et al., 1969, p. 56-57.

## CAPÍTULO 6

**105** A afirmação de Neustadt "O poder do presidente é persuadir" é citada em Allison, 1971, p. 148.

**105** A afirmação de Coehn e March "Quase todas as pessoas educadas..." foi extraída de Cohen e March, 1984, p. 18-19.

**107** Para mais informações sobre as capacidades de Hutchins como orador público durante seus dias de academia, ver Dzuback, 1991, p. 35; e Mayer, 1993, p. 41.

**108** A afirmação de Ashmore "Nesses pronunciamentos públicos..." foi extraída de Ashmore, 1989, p. 42.

**108** Os dois projetos empreendidos por Hutchins durante seu mandato como reitor estão descritos em Dzuback, 1991, p. 55; e Mayer, 1993, p. 65.

**108** Para mais informações sobre prodígios, ver Feldman (com Goldsmith), 1986; Gardner, 1993b; e Winner, 1997.

**109** A afirmação de Hutchins "Não nos importamos muito com o sucesso de todos os nossos experimentos" é citada em Ashmore, 1989, p. 54.

**110** As estatísticas sobre a Universidade de Chicago se encontram em Dzuback, 1991, p. 83.

**110** As primeiras inovações de Hutchins em Chicago são descritas por Mayer, 1993, p. 98.

**110** A afirmação de Dzuback "A graduação avançou dos bastidores para o proscênio da universidade..." foi extraída de Dzuback, 1991, p. 69.

**111** Para mais informações sobre o seminário Great Books (Grandes Livros) de Hutchins e Adler, ver Adler, 1988, p. xxii; e Rubin, 1992.

**111** A afirmação de Hutchins "O fato mais impressionante sobre a educação superior..." foi extraída de Hutchins, 1936, p. 1.

**111** A afirmação de Hutchins "Um intelecto disciplinado adequadamente..." foi extraída de Hutchins, 1936, p. 63.

**111** A afirmação de Hutchins "o princípio unificador da universidade é a busca da verdade a bem da verdade" foi extraída de Hutchins, 1936, p. 57.

**111** A afirmação de Hutchins "Educação implica magistério." foi extraída de Hutchins, 1936, p. 66.

**112** Para mais informações sobre a visão de Hutchins de que seu curso de estudo Great Books engendraria um estoque comum de ideias e métodos comuns para lidar com as disciplinas, ver Hutchins, 1936, p. 85.

**112** A afirmação de Hutchins de que "a metafísica, na condição da mais alta das ciências..." foi extraída de Hutchins, 1936, p. 99.

**112** A afirmação de Hutchins "lidam com as mesmas proposições e fatos..." foi extraída de Hutchins, 1936, p. 107.

**112** Para uma avaliação da posição de Allan Bloom, ver Adler, 1988.

**113** A afirmação de Gideonse, "Unidade imposta pela autoridade..." é de Gideonse, 1937, p. 32.

**113** A afirmação de Dewey "[Essa visão progressista] renuncia à noção tradicional..." é citada em Dewey, 1929, p. 37.

**113** A afirmação de Dewey "Eu não insinuaria que o autor..." é citada em Ashmore, 1989, p. 163.

**115** A afirmação de Mayer "O defensor ardoroso da abordagem científica..." é citada em Mayer, 1993, p.71.

**116** Para mais informações sobre a aceitação por Hutchins de muitos convites para palestras, ver Ashmore, 1989, p. 142.

**116** A afirmação de Hutchins "O caminho para a guerra..." é citada em Ashmore, 1989, p. 214.

**116** A ideia de Hutchins de um artigo intitulado "Onde Hitler está certo" é analisada em Mayer, 1993, p. 234.

**116** A afirmação de Hutchins "Os objetivos duradouros devem ser sacrificados ao..."é citada em Ashmore, 1989, p. 214.

**117** Para mais informações sobre o orgulho de Hutchins pelas contribuições da Universidade de Chicago para os projetos militares durante a guerra, ver Ashmore, 1989, p. 225.

**117** Para mais informações sobre a proposta de Hutchins de abolir a estabilidade e sobre seu espanto diante da reação ao seu discurso, ver Ashmore, 1989, p. 140; e Mayer, 1993, p. 321-34.

**117** Para mais informações sobre as reações do corpo docente às ameaças de Hutchins de mudar as regras básicas do contrato de trabalho, ver Ashmore, 1989, p. 240.

**117** Para mais informações sobre a disposição de Hutchins de renunciar e sobre o aumento de suas atividades externas na década de 1940, ver Dzuback, 1991, p. 69; e Rubin, 1992.

**117** A afirmação de Hutchins "As seivas vitais..." é citada em Ashmore, 1989, p. 275.

**118** A afirmação de Hutchins "Instituição especializada para homens não especializados..." é citada em Meyer, 1993, p. 46.

**119** A afirmação de Shils "príncipe no exílio" foi extraída de Shils, 1990, p. 234.

**119** As afirmações de Hutchins "promete fertilizantes...", "poderia introduzir nova era..." e "enfado e tendências suicidas" são citadas em Boyer, 1985, p. 112, 142, 261.

**120** A afirmação de Hutchins "Colina abaixo com Hutchins" foi extraída de Cutler, 1994.

**120** A afirmação de Dzuback, "No final das contas, orientando o Centro tão em confronto com a vida acadêmica..." foi extraída de Dzuback, 1991, p. 275.

**120** Para informações sobre a avaliação de Hutchins por John Gardner como brilhante demais e arrogante demais, ver J. Gardner, 1993.

**120** A afirmação de Shils "sempre argumentava como alguém que tentava explicar de maneira razoável algo óbvio a cabeçudos", foi extraída de Shils, 1990, p. 214.

**121** Para mais informações sobre o prazer de Hutchins de opor-se ao contexto, ver Mayer, 1993, p. 19.

**121** A afirmação de Hutchins "Passei a ver os educadores como causa perdida." é citada em Ashmore, 1989, p. xv.

## CAPÍTULO 7

**123** A afirmação de Sloan "Hoje, está claro que todo homem, mulher e criança..." foi extraído de Sloan, 1941, p. 193.

**125** A afirmação de Ford "Em minha opinião, não existe mentalidade mais perigosa..." é citada em Byrne, 1993, p. 170-71.

**125** As fatias de mercado da Ford e da General Motors na época da Segunda Guerra Mundial foram extraídas de Byrne, 1993, p. 17.

**125** Para mais informações sobre a situação da GM como a mais rica e a maior empresa do mundo na década de 1950, ver Halsberstam, 1993, p. 118-130.

**126** Para mais informações sobre gestão de empresas antes dos últimos anos do século XIX, ver Chandler, 1964, 1991; e Jensen, 1993.

**127** A afirmação de Chander "a maior inovação da economia americana..." foi extraída de Chandler, 1991, p. 73.

**127** Para mais informações sobre a transformação da empresa em unidade industrial básica, ver Chandler, 1991, p. 69.

**127** A afirmação de Sloan "Eu tinha duas ideias a respeito de Mr. Durant..." foi extraída de Sloan, 1972, p. 28.

**127** Para informações sobre as críticas a Durant e às políticas da empresa, ver Sloan, 1941, p. 4. 106.

**128** Para mais informações sobre a baixa contábil de US$100 milhões em prejuízos pela GM e sobre a dívida de US$40 milhões de Durant, ver Chandler, 1964, p. 71.

**128** Para mais informações sobre o afastamento de Durant da GM em 1920, ver Jacobs, 1992, p. 51.

**128** Para mais informações sobre a participação de 29% da família du Pont na GM, em 1919, ver Sloan, 1972, p. 16.

**128** A afirmação de Sloan "o processo lento de reunir todos os fatos disponíveis..." foi extraída de Sloan, 1941, p. 50.

**128** A afirmação de Sloan "Pierre du Pont era a única pessoa na GM..." foi extraída de Sloan, 1972, p. 46.

**128** As mais de 101 reuniões de 1921 para alinhar a GM são mencionadas em Sloan, 1972, p. 49.

**128** Para mais informações sobre o memorando de Sloan, de 1919, sobre a reorganização da GM, ver Sloan, 1972, p. 49.

**128** A afirmação de Chandler "uma organização para a General Motors Corporation..." é de Chandler, 1964, p. 114.

**129** A afirmação de Sloan "plano abrangente pelo qual a organização..." é citada em Chandler, 1964, p. 149.

**130** A afirmação de Chandler "se revelou um dos erros mais crassos..." foi extraída de Chandler, 1964, p. 68.

**130** A afirmação de Sloan "Nunca minimizei a autoridade gerencial..." é de Sloan, 1972, p. 59.

**130** Para mais informações sobre o tratamento dos empregados graduados por Sloan, ver Sloan, 1941, p. 106.

**130** A afirmação de Sloan "Nossas decisões sobre políticas administrativas..." foi extraída de Sloan, 1972, p. 510.

**131** A afirmação de Ford "As empresas e fábricas da Ford..." é citada em Chandler, 1964, p. 15.

**131** A afirmação de Sloan "Boa parte de minha vida na GM..." foi extraída de Sloan, 1972, p. 511.

**131** Para mais informações sobre a maneira como Sloan compunha os comitês executivos com representantes das diferentes divisões organizacionais e das várias esferas de ação, ver Sloan, 1972, p. 152.

**131** A afirmação de Sloan "Como poderíamos exercer controle permanente..." foi extraído de Sloan, 1972, p. 159.

**131** A afirmação de Sloan "Adotei a prática durante toda a década de 1929..." foi extraída de Sloan, 1972, p. 283.

**132** Para mais informações sobre a doação para pesquisa do câncer em honra a Sloan, ver sloan, 1972, p. 324.

**132** A afirmação de Wilson "Nós na General Motors..." é citada em Halberstam, 1993, p. 118.

**133** A afirmação de Sloan "A história financeira da General Motors..." foi extraída de Sloan, 1972, p. 245.

**133** A afirmação de Sloan "desenvolvimento de uma indústria que impulsionaria..." foi extraída de Sloan, 1941, p. 42.

**133** A afirmação de Sloan "A humanidade jamais ansiou por nenhuma outra máquina..." foi extraída de Sloan, 1941, p. 53.

**133** A afirmação de Sloan "A ambição... situando-se no topo das realizações materiais..." foi extraída de Sloan, 1941, p. 133, 144.

**134** A indagação de Sloan "Será que alguém veria algo..." foi extraída de Sloan, 1941, p. 153.

**134** A afirmação de Sloan "Jamais ninguém no setor teve tamanha oportunidade..." foi extraída de Sloan, 1941, p. 133, 144.

**135** Para mais informações sobre a preocupação de Sloan com os estilos dos modelos dos automóveis em cada ano, ver Halberstam, 1993, p. 127.

**136** A afirmação de Gerstner "A última coisa de que a IBM precisa agora é de visão" foi extraída de Lohr, 1994, p. C2.

**136** A afirmação de Gates "Ser visionário é fácil..." é citada em Miller e Hays, 1993, p. B1; e Lohr, 1994, p. 1.

**136** A afirmação de Gerstner "[Mudar a cultura] não é algo que se faz escrevendo memorandos." é citada em Lohr, 1994, p. 1.

**136** A afirmação de Gerstner "Eu sou um de nós agora" é citada em Lohr, 1994, p. 1.

## CAPÍTULO 8

**137** A afirmação de Montgomery "Minha própria definição de liderança..." foi extraída de Montgomery, 1958, p. 69-70.

**137** A afirmação de Marshall "Sim, general, mas nós os enfrentamos todos os dias..." é citada em Stoler, 1989, p. 60-70.

**137** A afirmação de Marshall "Lamento, Sr. Presidente, mas não concordo com o senhor" é citada em Stoler, 1989, p. 60-70.

**138** A afirmação de Cray "Vinte anos antes, ele havia enfrentado o general Pershing..." foi extraída de Cray, 1990, p. 155.

**139** A afirmação de Morgenthau "Ele [Marshall] ergueu-se à altura do presidente" é citada em Cray, 1990, p. 155; e Pogue, 1965, p. 30-31.

**139** Para mais informações sobre pessoas que demonstraram inusitada responsabilidade moral, ver Colby e Damon, 1992.

**139** Para mais informações sobre as expectativas de pessoas criativas em relação ao próprio trabalho, ver H. Gardner, 1993a.

**140** Para mais informações sobre a influência dos pais de Marshall, ver Pogue, 1963, p. 19-23.

**140** Para mais informações sobre as dificuldades financeiras da família de Marshall, ver Pogue, 1963.

**140** A afirmação de Marshall "Nunca me esqueço disso, porque tinha de fazer alguma coisa..." é citada em Stoler, 1989, p. 5.

**141** Para mais informações sobre Marshall irrompendo no gabinete de McKinley, ver Pogue, 1963, p. 64-625.

**142** O comando de Marshall de apenas um pequeno grupo nas Filipinas é analisada em Cray, 1990, p. 42.

**142** A afirmação de Marshall "A total estagnação das promoções na infantaria..." é citada em Mosley, 1982, p. 43.

**142** A afirmação de Bullard "A aptidão especial do tenente coronel Marshall é trabalho de apoio" é citada em Cray, 1990, p. 64; e Pogue, 1963, p.164.

**142** Para mais informações sobre o papel de Marshall no planejamento da ofensiva Meuse-ARgonne, ver "The General", 1944, p. 17; e Pogue, 1963, p. 175.

**142** As afirmações de Stoler "o mago..." e "mais magnificente operação de apoio da guerra..." foram extraídas de SToler, 1989, p. 40.

**142** Para mais informações sobre Marshall ser nomeado principal ajudante de Pershing, ver Pogue, 1963, p. 220.

**142** A afirmação de Marshall "Nunca conheci ninguém capaz de ouvir tantas críticas..." é citado em Cray, 19890, p. 88.

**143** Para mais informações sobre a série de nomeações de Marshall em 1938 e 1939, ver Goodwin, 1994b, p. 22.

**143** Para mais informações sobre o crescimento do Exército dos Estados Unidos para 8,3 milhões, em 1945, ver Pogue, 1965, p. 1.

**144** A afirmação de Churchill "o verdadeiro organizador da vitória" é citada em Pogue, 1973, p. xi.

**144** A afirmação de Marshall "Tenho somente um propósito..." é citada em Stoler, 1989, p. 77.

**146** A afirmação de Marshall "o treinamento monótono que, para ser honesto,.." é citada em Crqay, 1990, p. 177.

**146** A capacidade de Marshall de fazer nomeações bem-sucedidas de oficiais de alto nível é analisada em Pogue, 1965, p. 269; e por Bradley em Pogue, 1973, p. ix.

**146** A capacidade de Marshall de tratar congressistas como iguais e de agir como líder é analisada em Pogue, 1965, p. 149.

**147** A afirmação de um observador "Nenhum deles se comparava ao general Marshall quando queria induzir as pessoas a fazer algo..." é citada em Mosley, 1982, p. 128.

**147** O comentário de Sam Rayburn sobre Marshall é mencionado em Stoler, 1989, p. 77.

**147** A afirmação de Marshall "Tenho o hábito de dizer exatamente..." é citada em Mosley, 1982, p. 128.

**147** Para mais informações sobre Marshall anotando cuidadosamente as queixas dos oficiais e de soldados de linhas de frente, ver Mosley, 1982, p. 242.

**147** A afirmação de Marshall "o efeito do bom exemplo, dado pelos oficiais..." é citada em Cray, 1990, p. 177.

**148** A afirmação de Marshall "Baixar instruções..."é citada em Pogue, 1963, p. 249.

**148** A afirmação de Marshall "Não tenho condições de me dar ao luxo de ter sentimentos..." é citada em Pogue, 1965, p. 303.

**148** Para mais informações sobre Marshall censurar seu pessoal sênior por não discordar dele, ver Pogue, 1965, p. ix.

**148** A afirmação de Marshall "Ao encontrar pessoas que demonstram..." é citada em Cray, 1990, p. 150.

**149** A afirmação de Franklin D. Roosevelt "Acho que não conseguiria dormir à noite..." é citada em Parrish, 1989, p. 416.

**150** Para mais informações sobre as tentativas de McCarthy de assassinar Marshall como personagem da história, ver Cray, 1990, p. 723.

**150** A afirmação de McCarthy "uma conspiração tão imensa..." é citada em Stoler, 1990. P. 189.

**150** Para mais informações sobre Marshall recorrendo em vão ao apoio de Eisenhower em sua defesa, ver Halberstam, 1993, p. 250-51.

**150** A afirmação de Marshall "Se eu tivesse de explicar..." é citada em Cray, 1990, p. 723.

**150** A afirmação de Marshall "É lógico que os Estados Unidos..." é citada em Freidel, 1990, p. 627; e Cray, 1990, p. 404-5.

**151** O comentário de Marshall de que a recuperação deve seguir-se à guerra é citada em Freidel, 1990, p. 627; e Cray, 1990, p. 404-5.

**151** A referência do comitê do Prêmio Nobel ao "mais construtivo trabalho pela paz... neste século" é citada em Cray, 1990, p. 730.

**152** A referência de Truman a Marshall como "o maior militar que esse país já produziu... é citada em Cray, 1990, p. 555.

**152** A afirmação de Truman "Quanto mais me encontro e converso com ele..." é citada em McCullough, 1992, p. 535.

**152** A afirmação de Stimson "Já vi muitos grandes soldados em minha vida..." é citada em Stoler, 1989, p. 130.

**152** As declarações de líderes militares e de diplomatas americanos sobre os efeitos singulares que Marshall exercera em suas vidas são comentadas em Stoler, 1989, p. 156.

**152** Para mais informações sobre como Churchill, Brooke e Montgomery abriram caminho em meio à multidão para apertar as mãos de Marshall se encontram em Cray, 1990, p. 729.

**152** A referência de Churchill a Marshall como "o mais nobre dos romanos dentre todos" é citada em Stoler, 1989, p. 130.

**152** A afirmação de Churchill "não lhe coube comandar os grandes exércitos..." é citada em Mosley, 1982, p. 341.

## CAPÍTULO 9

**153** A afirmação de Havel "todas as culturas humanas..." foi extraída de Havel, 1994.

**153** A afirmação do Papa João (Roncalli) "Quando, em 28 de outubro de 1958..." foi extraída de Pope John XXIII, 1980, p. 324.

**154** A afirmação do papa João "Nunca houve pão em nossa mesa..." é citada em Hebblethwaite, 1984, p. 8.

**154** Para mais informações sobre o comentário do Papa João de não se lembrar de época em que não quisesse ser padre, ver Hebblethwaite, 1984, p. 13.

**155** Para mais análises sobre o conteúdo de *Journal of a Soul*, do Papa João, ver Hebblethwaite, 1984.

**155** Todas as citações sobre maneiras de comportar foram extraídas de Pope John XXIII, 1980, p. 427-32.

**155** A afirmação de Arendt, "opúsculo inusitadamente decepcionante e fascinante..." foi extraída de Arendt, 1968, p. 57.

**155** A afirmação de Arendt "o que quer que e quem quer que tenha sido o Papa João XXIII..." foi extraída de Arendt, 1968, p. 67.

**156** A afirmação de Arendt "um tanto néscio, não que fosse simples, mas, isto sim, simplório" foi extraída de Arendt, 1968, p. 68.

**156** A afirmação de Roncalli (Papa João XXIII) "A vida do espírito..." é citada em Wigginton, 1983, p. 73.

**156** Sobre os comentários de Arendt a respeito do sucesso de Roncalli em tornar-se pessoa espiritualizada, ver Arendt, 1968, p. 58.

**156** A afirmação de Roncalli "entediado ao extremo com os sermões e leituras" é citada em Wigginton, 1983, p. 73.

**156** Para mais informações sobre Roncalli sentir-se feliz por contar com o "estímulo" de Roma, ver Hebblethwaite, 1984, p. 29.

**156** Para mais informações sobre Tedeschi construindo e mantendo albergues e fornecendo sopas para os pobres, ver Hebblethwaite, 1984, p. 32.

**157** A afirmação de Roncalli "Sinto a necessidade e o desejo intenso de estudar..." é citada em Hebblethwaite, 1984, p. 37.

**158** A referência de Roncalli a "movimento da cultura católica para a frente e para cima" é citada em Hebblethwaite, 1984, p. 37.

**157** A afirmação de Roncalli "Estudarei novos sistemas de pensamento..." é citada em Hebblethwaite, 1984, p. 44.

**157** A afirmação de Roncalli "No dia do julgamento..." é citada em Zizola, 1978, p. 274.

**157** A descrição "Ao momento mais difícil da vida de seu capelão, Radini Tedeschi" foi extraída de Hebblethwaite, 1984, p. 47.

**157** A afirmação de Roncalli "irrompeu como trovão em céu aberto" é citada em Hebblethwaite, 1984, p. 47.

**157** A afirmação de Roncalli, "Ele não se empenhava" é citada em Hebblethwaite, 1984, p. 47.

**158** A afirmação de Pio X "Em nenhuma outra diocese..." é citada em Hebblethwaite, 1984, p. 71.

**158** A afirmação do cardeal De Lai "De acordo com informações..." é citada em Hebblethwaite, 1984, p. 74.

**158** A afirmação de Roncalli "Nunca li mais de 15 ou 20 páginas..." é citada em Hebblethwaite, 1984, p. 74.

**159** A afirmação de Roncalli "É de minha natureza falar demais..." foi extraída de Pope John XXIII, 1980, p. 224.

**159** A afirmação de Roncalli "A verdade e toda a verdade..." é citada em Hebblethwaite, 1984, p. 68.

**159** A afirmação de Roncalli "Posso seguir meu próprio estilo..." é citada em Hebblethsaite, 1984, p. 155.

**160** Para mais informações sobre a possibilidade de Roncalli ter ajudado a salvar a vida de milhares de judeus na Turquia, ver Zizola, 1978, p. 177; e Hebblethwaite 1984, p. 186.

**160** Para mais informações sobre a credulidade em relação a von Papen, ver Hebblethwaite, 1984, p. 186-89.

**160** A afirmação de Roncalli "Será que eu não poderia, será que eu não deveria..." é citada em Arendt, 1968, p. 62.

**160** A afirmação de Roncalli "Como detesto política..." é citada em Zizola, 1978, p. 38.

**160** A afirmação de Roncalli "Minha natureza alegre..." foi extraída de Pope John XXIII, 1980,p. 274.

**160** Para mais informações sobre Roncalli não se importar em envelhecer e em se sentir menos sujeito às tentações, ver Pope John XXIII, 1980, p. 254, 270.

**160** A afirmação de Roncalli "Muitos julgamentos... que são causados não pelos búlgaros... mas pelos órgãos centrais da administração eclesiástica." É citada em Arendt, 1968, p. 61.

**160** A afirmação de Roncalli "Sinto-me muito afastado de tudo..." é citada em Zizola, 1978, p. 51.

**161** A afirmação de Roncalli "Meu ministério na Grécia mais uma vez está enfrentando dificuldades..." foi extraída de Pope John XXIII, 1980, p. 280.

**161** A afirmação de Roncalli "enfatizaria o que une, não o que divide" é citada em Hebblethwaite, 1984, p. 243.

**161** A afirmação do Papa João "Meus filhos, amem uns aos outros" é citada em Hebblethwaite, 1984, p. 286; e Wigginton, 1983, p. 62.

**161** Para mais informações sobre o comentário do Papa João a respeito do uso do nome João por outros papas, ver Hebblethwaite, 1984, p. 286; e Tsanoff, 1968, p. 274.

**161** Para mais informações sobre a decisão do Papa João de deixar os problemas administrativos por conta de auxiliares e concentrar-se o panorama geral, ver "Man of the Year, Pope John", 1963, p. 50.

**161** Para mais informações sobre números referentes às nomeações e encíclicas do Papa João XXIII, ver Wigginton, 1983, p. 63.

**162** A referência do Papa João a "inspiração que nos ocorreu", é citada e Wigginton, 1983, p. 65.

**162** A afirmação do Papa João "Tudo bem, nós o faremos até 1962." É citada em "Man of hte Year, Pope John", 1963, p. 51.

**162** Para mais informações sobre a constituição pelo Papa João do Secretariado da Unidade Cristã, ver Wigginton, 1983, p. 78.

**163** A afirmação do Papa João "Havia forte divergência de pontos de vista...' é citada em Wigginton, 1983, p. 83.

**163** A criação pelo papa João de uma comissão especial para os membros do conselho com diferentes opiniões é analisada em Hebblethwaite, 1984, p. 457.

**163** A afirmação do Papa João "coordenar o trabalho..." é citada em Wigginton, 1983, p. 85.

**163** Para mais informações sobre a exortação do Papa João para que a Igreja retornasse às suas raízes e não tratasse nenhum grupo como privilegiado, ver Zizola, 1978, p. 105.

**163** Para mais informações sobre a crença do Papa João de que os indivíduos são, primeiro, pessoas e, depois, integrantes de grupos religiosos, ver Zizola, 1978, p. 208.

**163** A afirmação do Papa João "todos as pessoas de boa vontade" é citada em Zizola, 1978, p. 105.

**164** A afirmação de Yves Congar, "A abertura para o mundo..." é citada em Zizola, 1978, p. 266.

**164** A afirmação de um bispo do conselho "Houve quem ousasse dizer coisas..." é citada em Zizola, 1978, p. 266.

**165** A afirmação do Papa João "Sempre tento mostrar que sou um indivíduo normal..." é citada em Zizola, 1978, p. 14.

**165** A afirmação do Papa João "Como vocês não podem vir a mim..." é citada em *Encyclopaedia Brittanica*, 1974.

**165** A afirmação do papa João "Ela deveria aproximar-se..." é citada em *Encyclopaedia Brittanica*, 1974.

**165** A afirmação do papa João "Sei que você é ateu..." é citada em *Encyclopaedia Brittanica*, 1974.

**165** A afirmação do Papa João "Você precisava fazer isso?" é citada em Arendt, 1968, p. 61.

**165** A afirmação do Papa João "Por que as pessoas não podem ver-me?" é citada em Arendt, 1968, p. 63.

**165** A afirmação do Papa João "Meu querido filho, pare de preocupar-se tanto." é citada em Arendt, 1968, p. 111.

**165** A afirmação do Papa João "Giovanni, não se leve tão a sério!" é citada em Arendt, 1968, p.65.

**166** A afirmação do Papa João "Deus está usando esse instrumento humilde..." é citada em Zizola, 1978, p. 111.

**166** A descrição do papa João pela imprensa católica ultraconservadora como "irresponsável" e "politicamente despreparado" é citada em Hebblethwaite, 1984, p. 411.

**166** A afirmação do papa João "Chegou a hora..." é citada em Hebblethwaite, 1984, p. 411.

**166** Para mais informações sobre a citação do Papa João de maneira equivocada, deliberadamente, por burocratas conservadores, ver Hebblethwaite, 1984, p. 433.

**166** A afirmação do Papa João, "Sabe, caro padre, sei que tenho muito pouco tempo de vida." é citada em Zizola,1978, p. 179.

**167** A afirmação de um cardeal "O maior desastre da história eclesiástica moderna..." é citada em Hebbletwaite, 1984, p. 433.

**167** A afirmação de um cardeal "a modernidade essencial do Papa João" é citada em Zizola, 1978, p. 289.

## CAPÍTULO 10

**169** A pergunta de Ball "Quais são as características definidoras dos líderes?" foi extraída de Ball, 1994, p. 20.

**169** Para mais informações sobre a opinião de Heifetz de que certos líderes alcançam a liderança mesmo que não tenham autoridade formal, ver Heifetz, 1994.

**171** A afirmação de E. Roosevelt "Minha mãe foi uma das mulheres mais bonitas..." foi extraída de E. Roosevelt, 1992. P. 3.

**171** A afirmação de E. Roosevelt "Com meu pai eu me sentia perfeitamente feliz..." foi extraída de E. Roosevelt, 1992, p. 5.

**172** A afirmação de Cook "O mundo vitoriano do pai..." foi extraída de Cook, 1992, p. 15.

**172** A afirmação de E. Roosevelt "A capacidade de pensar por mim mesma..." foi extraída de E. Roosevelt, 1992, p. xvi.

**172** Para mais informações sobre a precocidade de Eleanor no domínio de idiomas e no interesse por questões morais, ver Cook, 1992, p. 96; e Lash, 1973, p. 102.

**172** A afirmação de E. Roosevelt "O que quer que eu seja hoje..." é citada em Cook, 1992, p. 4.

**172** A afirmação de E. Roosevelt "Eu era uma garota solene..." foi extraído de E. Roosevelt, 1992, p. 36.

173 A afirmação de E. Roosevelt "Ouvia todos os planos dele com grande interesse" foi extraída de E. Roosevelt, 1992, p. 63.

173 A afirmação de E. Roosevelt "Quero que ele se sinta que pertence a alguém" é citada em Lash, 1973, p. 209.

173 A afirmação de Lash "legislatura estadual, secretário assistente..." foi extraída de Lash, 1973, p. 237.

174 Para mais informações sobre Eleanor aproveitando a oportunidade de continuar a carreira dela no serviço público durante a Primeira Guerra Mundial, ver Hoff-Wilson e Lightman, 1984 p. 7; e E. Roosevelt, 1992, p. 87.

174 Para mais informações sobre Eleanor adotando procedimentos de economia de alimentos em casa e divulgando essas restrições, ver Lash, 1973, p. 287-90.

174 As opiniões cada vez mais liberais de Eleanor são analisadas em Lash, 1973, p. 289.

174 A afirmação de E. Roosevelt, "Perdi o chão de meu próprio mundo particular..." é citada em Lash, 1973, p. 302.

174 Para mais informações sobre a decisão de Eleanor de manter o casamento, ver Goodwin, 1994b.

175 A afirmação de E. Roosevelt "fez com que eu me erguesse..." é citada em Lash, 1973, p. 373.

175 Para mais informações sobre as contribuições de Eleanor para questões referentes à saúde da mulher e à proteção das mulheres trabalhadoras, ver Goodwin, 1994b.

175 A afirmação de Cook "Redes simples de trabalho e de amizade..." foi extraída de Cook, 1992 p. 299.

176 A afirmação de E. Roosevelt "Para muitas mulheres – e sou uma delas..." é citada em Hoff-Wilson e Lightman, 1984, p. 9.

176 A afirmação de Goodwin "vários dons de que nunca desconfiara..." foi extraída de Goodwin, 1994a, p. 44.

176 A afirmação de Perry "em consequência de suas experiências..." foi extraída de Perry, 1984, p. 45.

176 Para mais informações sobre Eleanor ser mais bem conhecida nos círculos políticos de Nova York que Franklin, ver Ware, 1984, p. 49.

177 A afirmação de E. Roosevelt "Nunca quis ser esposa de presidente..." é citada em Lash, 1973, p. 472.

177 Para mais informações sobre Eleanor redirecionar suas paixões, ver Goodwin, 1994a.

178 A afirmação de *New York Times* "a maior vitória das mulheres há anos" é citada em Hoff-Wilson e Lightman, 1984, p. 10.

**179** A indagação de E. Roosevelt "Por que jogar todos esses porcos no Mississipi ..." é citada em Lash, 1973, p. 508.

**179** A afirmação de Beard "É espantoso como a Casa Branca..." foi extraída de Beard, 1933.

**179** A afirmação de Tugwell, "Ninguém que já viu Eleanor Rooseelt..." é citada em Hoff-Wilson e Lightman, 1984, p. 10-11.

**180** A afirmação de E. Roosevelt "[Franklin] talvez tivesse sido mais feliz com uma esposa completamente omissa." é citada em Chafe, 1984, p. 22.

**180** Para mais informações sobre a aprovação pelo público americano do desempenho de Eleanor como primeira dama e de ter sido incluída entre as pessoas mais poderosas de Washington, ver Lash, 1973, p. 618.

**181** A afirmação de Eleanor Roosevelt "a tristeza de todos aqueles..." é citada em Lash, 1973, p. 929.

**181** A afirmação de E. Roosevelt "Lamento mais pelo povo deste país e do mundo..." é citada em Lash, 1973, p. 918.

**182** A pergunta de E. Roosevelt "Há algo que nós possamos fazer *por você*?..." é citada em Lash, 1973, p. 928.

**182** A afirmação de E. Roosevelt "A história acabou" e citada em Lash, 1972, p. 25.

**182** A pergunta de Henry Morgenthau, Jr., "agora que era a viúva do presidente, alguém se interessaria por ouvi-la..." é citada em Lash, 1972, p. 27.

**182** A afirmação de E. Roosevelt "Se eu não conseguisse atuar com eficácia..." é citada em Scharf, 1984, p. 243.

**182** A afirmação de Chafe "Em longas cartas ao presidente Truman..." foi extraída de Chafe, 1984, p. 22.

**183** A afirmação de Stevenson "Que outro ser humano, individualmente,..." é citada em Lash, 1972, p. 312.

**184** A afirmação de Clapper "a mulher mais influente de nossos tempos" é citada em Goodwin, 1994a, p. 41.

**184** A afirmação de E. Roosevelt "Se a história de minha vida..." foi extraída de E. Roosevelt, 1992, p. xix.

**184** A afirmação de E. Roosevelt "contei apenas com três importantes recursos:" foi extraída de E. Roosevelt, 1992, p. 410.

**184** A afirmação de E. Roosevelt "Acredito que mesmo as poucas pessoas que..." foi extraída de E. Roosevelt, 1992, p. 410.

**185** Para mais informações sobre Franklin referindo-se a Eleanor como seus "olhos e ouvidos", ver Goodwin, 1994a, p. 40.

**185** A afirmação de Bliven "Tenho o sentimento de que o país como um todo..." é citada em Lash, 1973, p. 563.

**185** A afirmação de um pescador de Gloucester "Ela não se paramentava e não tinha medo de falar" é citada em Cook, 1992, p. 498.

**185** A afirmação de Lash "os desastres que ela havia superado..." foi extraída de Lash, 1973, p. 507.

**186** Para mais informações sobre Eleanor dissociando-se da Daughters of the American Revolution, ver Lash, 1973, p. 684.

**186** A afirmação de Stevenson "ela andou pelas favelas e guetos do mundo..." é citada em Chafe 1984, p. 27.

**186** A afirmação de Chafe "reiteradas vezes ela respondia a pedidos de ajuda..." foi extraída de Chafe, 1984, p. 27.

**187** A afirmação de E. Roosevelt, "As mulheres dispostas a ser líderes..." é citada em Cook, 1992, p. 5-6.

## CAPÍTULO 11

**189** A afirmação de Kissinger "Os grandes líderes devem ser educadores..." foi extraída de Kissinger, 1994, p. 382.

**189** Para mais informações sobre King, Sr., ter alterado o próprio nome e o do filho, ver Branch, 1989, p. 44.

**189** Para mais informações sobre o jovem King ter atentado contra a própria vida, ver "Man of the Year, Martin Luther King, Jr.," 1964, p. 14.

**189** A afirmação de King "Os primeiros vinte anos de minha vida..." é citada em Garrow, 1989, p. 453.

**190** A atratividade e a eloquência de King são analisadas em Branch, 1989, p. 66.

**191** As razões por que King foi escolhido para liderar o boicote são analisadas em Lentz, 1990, p. 24.

**191** O discurso de King é citado em Branch, 1989, p. 139-141.

**192** Para mais informações sobre o sucesso do primeiro discurso público de King, ver Brach, 1989, p. 142.

**192** A afirmação de King "Pela primeira vez, compreendi..." é citada em Miroff, 1993, p. 312.

**192** Para mais informações sobre King ter sido impelido, de bom grado ou a contragosto, a exercer posição de liderança, ver A. Young, 1994, p. C1-2.

**192** A afirmação de King "Não comecei esse boicote..." é citada em Branch, 1989, p. 166; e Wofford, 1980, p. 105.

**193** A afirmação de King "Essa condenação e todas as que me impuserem..." é citada em Branch, 1989, p. 185.

**193** Para mais informações sobre a decisão da Suprema Corte de que a segregação nos ônibus era inconstitucional, ver Branch, 1989, p. 193.

**193** A afirmação de King "Podemos manter-nos unidos" é citada em Branch, 1989, p. 195; e King, 1992, p. 76-77.

**193** A exortação de Faulkner "parar agora por um momento" foi extraída de King, 1992, p, 81.

**193** A afirmação de King "Não queremos triunfar sobre a comunidade branca..." foi extraída de King, 1992, p. 81.

**194** Para mais informações sobre a correspondência de King com Eisenhower, Nixon e Brownell, ver Branch, 1989, p. 213; e Garrow, 1986, p. 86.

**194** As ameaças de bomba e o esfaqueamento de King são descritos em Garrow, 1986, p. 110.

**194** A volta de King a Atlanta e a decisão dele de montar campanha mais abrangente são analisadas em Garrow, 1986, p. 123.

**194** Para mais informações sobre a identificação profunda de King com a tradição cristã, ver Wofford, 1980, p. 234.

**195** Para mais informações sobre King invocar em seus discursos a figura de Moisés, ver Callaway-Thomas e Lucaites, 1993, P. 26.

**195** A afirmação de Gandhi "Talvez seja pelos negros que a mensagem autêntica da não violência se espalhe pelo mundo." é citada em Wofford, 1980, p. 112.

**196** Para mais informações sobre os sentimentos originais de King sobre ser líder, ver Wofford, 1980, p. 232.

**196** A afirmação de King "Percebi que as escolhas escapam entre os dedos..." é citada em Garrow, 1986, p. 85.

**196** A afirmação de King "Eu ouvia uma voz interior dizendo..." é citada em Miroff, 1993, p. 312.

**196** A afirmação de King "Não posso parar agora..." é citada em Wofford, 1980, p. 232.

**197** Para mais informações sobre a capacidade de King de conseguir apoio para a SCLC e de levar as pessoas a trabalhar juntas, ver Lentz, 1990, p. 320.

**197** Para mais informações sobre a prisão de King em outubro de 1960, ver Branch, 1989, p. 362.

**197** Os números relativos a discursos proferidos e a distâncias percorridas por King se encontram em "Man of the Year, Martin Luther King, Jr.,"1964, p. 27.

**198** A observação de Kennedy "O movimento dos direitos civis deve tanto a Bull Connor quanto a Abraham Lincoln" é citada em "Man of the Year, Martin Luther King, Jr.,", 1964, p. 16.

**198** Para mais informações sobre a responsabilidade de King por decidir aonde ir, a quem enfrentar, e assim por diante, ver Heifetz, 1994, capítulo 9.

**198** Para mais informações sobre King ter lido um artigo de jornal intitulado "Clérigos brancos...", ver Branch, 1989, p. 737.

**199** Sobre King comparar-se com o apóstolo Paulo, ver King, 1992, p. 290.

**199** Sobre a afirmação de King "Esperamos mais de 340 anos..." foi extraída de King, 1992, p. 292-93.

**199** A afirmação de King "Sabemos por meio de experiência dolorosa..." foi extraída de King, 1'992, p. 292.

**199** A afirmação de King "espantosa disciplina..." foi extraída de King, 1992.

**200** A afirmação de King "realizaram o melhor do sonho americano..." foi extraída de King, 1992, p. 302.

**200** O discurso de King "Tenho um Sonho" foi extraído de King, 1992, p. 217-20.

**201** A afirmação de Reston "Só daqui a muito tempo..." foi extraído de Reston, 1963, p. 1, 17.

**202** Para mais informações sobre King ter sido sacudido por novas facções militantes e pela Guerra do Vietnam, ver Paris, 1991, p. 128.

**202** A afirmação de um comentarista "superado pelos tempos" é citada em Wofford, 1980, p. 230.

**202** A afirmação de King "Destruímos as duas mais acalentadas instituições deles..." é citada em Lentz, 1990, p. 237.

**203** A afirmação de King "Durante anos, trabalhei com a ideia..." é citada em *Encyclopaedia Britannica*, 1974.

**204** A afirmação de King "Isso vai acontecer comigo" é citada em Wofford, 1980, p. 175.

**204** A afirmação de King "Bem, não sei o que acontecerá agora..." é citada em Miroff, 1993, p. 345.

**204** A afirmação de Lentz "Portanto, vem a calhar que King tenha morrido onde morreu e como morreu..." foi extraída de Lentz, 1990, p. 341.

**204** A referência recorrente de King a uma "comunidade amada" é analisada em Callaway-Thomas e Lucaites, 1993, p. 8.

**204** A afirmação de King "Quando você se dedica a uma causa..." é citada em Garrow, 1986, p. 84.

**205** Para mais informações sobre King ter sido atacado em uma conferência, em dezembro de 1961, ver Branch, 1989, p. 654.

## Reprise

**209** Sobre a opinião de Heifetz de que certos líderes surgiram muito antes de terem conquistado autoridade legítima, ver Heifetz, 1994.

## CAPÍTULO 12

**211** A afirmação de Churchill "Nunca olho além de uma batalha..." é citada em Blake, 1994, p. 26.

**212** A afirmação de Thatcher "Bem, evidentemente, devo quase tudo..." é citada em Little, 1988, p. 100.

**212** A afirmação de Thatcher "Eu a amava muito, mas..." é citada em *New York Times*, 1993, p. B2.

**213** A afirmação de uma colega de escola [Margaret Roberts] como que desprezava a mãe..." é citada em Young e Simon, 1986, p. 16.

**214** A afirmação de Douglas-Home "Sabe, [Margaret Thatcher] tem a inteligência de todos nós juntos..." é citada em Young, 1989, p. 27.

**215** A afirmação de Thatcher "Demorará anos para que uma mulher lidere o partido ou se torne primeira-ministra. Não acho que acontecerá na minha vida." é citada em Little, 1988, p. 108.

**216** A afirmação de Thatcher "grande país que parecia ter perdido o rumo..." é citada em Little, 1988, p. 48.

**216** A afirmação de Thatcher "Você não tem mais coragem para agir..." é citada em Young, 1989, p. 128.

**216** A afirmação de Callaghan "A questão a ser considerada é se devemos correr o risco de arrancar tudo pela raiz" é citada em Young, 1989, p. 131.

**216** A afirmação de Thatcher "O mais interessante para mim é que..." é citada em Little, 1988, p. 91.

**217** A afirmação de Thatcher "Chatham em trecho famoso observou..." foi extraída de Thatcher, 1993, p. 10.

**217** A afirmação de Jenkins, "Como proponente das posições britânicas..." é citada em Young, 1989, p. 190.

**217** A afirmação de Millar "A dama não verga" é citada em Young, 1989, p. 209.

**218** A afirmação de Thatcher "Como primeira-ministra, não podia perder tempo com discussões internas..." é citada em Little, 1988, p. 72.

**218** A afirmação de Howell, "Embora muitos conservadores pretendessem demolir o velho consenso..." foi extraída de Howell, 1993.

**218** Para mais informações sobre a porcentagem de pessoas pesquisadas em dezembro de 1981 para as quais Thatcher estava fazendo bom trabalho, ver Young, 1989, p. 241.

**219** A afirmação de Young "A Guerra das Falklands foi evento seminal..." foi extraída de Young, 1989, p. 279.

**219** A afirmação de Thatcher "Deixamos de ser um país em recuo..." foi extraída de Thatcher, 1993, p. 235.

**219** A afirmação de Thatcher "A política externa britânica estivera em longa retirada..." foi extraída de Thatcher, 1993, p. 173-74.

**220** A afirmação de Thatcher "O que importa é que estávamos todos juntos..." foi extraída de discurso de Thatcher, em 14 de junho de 1982.

**220** Para mais informações sobre a vitória de Thatcher em 1983, ver Thatcher, 1993, p. 345.

**220** A afirmação de Thatcher "a derrota mais devastadora..." foi extraída de Thatcher, 1993, p. 339.

**220** A afirmação de Thatcher "Estou na política por causa do conflito entre o bem e o mal..." é citada em Young, 1989, p. 352.

**220** Para mais informações sobre a comparação de Thatcher entre pequenos empresários e indivíduos que se fizeram por si próprios, de um lado, e burocratas do governo, de outro, ver Cooke, 1989, p. 15.

**221** A afirmação de Barnes "Para os liberais, os esnobes, os metropolitanos e os cosmopolitas..." foi extraída de Barnes, 1993, p. 82.

**221** Para mais informações sobre a visão de que há apenas indivíduos e não sociedade real, ver Young, 1989, p. 536.

**222** A afirmação de Thatcher "A única coisa que farei por vocês..." foi extraída de discurso de Thatcher em 4 de maio de 1979, e é citada em Cooke, 1989.

**222** A afirmação de Thatcher "pelo menos algum estímulo para o trabalho..." é citada em Little, 1988, p. 57.

**222** A afirmação de Thatcher "Com realizações como essas..." é citada em Cooke, 1989, p. 22.

**222** A afirmação de Thatcher "A ideia de que outras pessoas inteligentes..." foi extraída de Thatcher, 1993, p. 726.

**222** A afirmação de Thatcher "fazer negócios com ele" foi extraída de Thatcher, 1993, p. 463.

**223** Para mais informações sobre Thatcher rotulando os consensualistas de "traidores", ver Young, 1989, p. 224.

**224** A afirmação de Thatcher "o vício dele era a reconsideração" é citada em Barnes, 1993, p. 85.

**224** A afirmação de Thatcher "Os profetas do Velho Testamento..." é citada em Little, 1988, p. 79.

**224** A afirmação de Baker "pessoalmente dominadora, extremamente autoconfiante..." é citada em Barnes, 1993, p. 83.

**224** A afirmação de um servidor público "Ela foi a única ministra que nunca ouvi dizer..." é citada em Little, 1988, p. 43.

**224** Sobre o comentário de Stoessinger sobre líderes mulheres no século XX, ver Stoessinger, 1994.

**224** A afirmação de Thatcher "Minha experiência é que numerosos homens..." foi extraída de Thatcher, 1993, p. 129.

**224** Para mais informações sobre a feminilidade de Thatcher, ver Young, 1989, p. 304.

**225** A afirmação de Thatcher de que "poderia prosseguir indefinidamente..." é citada em Young, 1989, p. 543.

**225** A afirmação de Thatcher "Pretendo persistir até concluir..." é citada em Young, 1989, p. 545.

**225** A afirmação de Ryan "Sentiam-se intimidados..." foi extraída de Ryan, 1993, p. 7.

**225** A afirmação de Howe, "A insistência na soberania indivisa da opinião dela..." é citada em Riddell, 1993, p. 28.

**226** A afirmação de Thatcher "Ortodoxia financeira, baixos níveis de regulação..." foi extraída de Thatcher, 1993, p. 755.

**227** Para mais análises da era Thatcher, ver Barnes, 1993; Riddell, 1993; e Ryan, 1993.

**227** A afirmação de Kissinger "Tão grande foi a transformação..." foi extraída de Kissinger, 1993, p. 1.

## CAPÍTULO 13

**229** A afirmação de Rees-Mogg "Quando o líder chega..." é de Rees-Mogg, 1993, p. 20.

**229** A afirmação de Parrish "[Franklin Roosevelt] tornou-se erudito e especialista em política..." é de Parrish, 1989, p. 41.

**229** A afirmação de Mead "Olhando para trás e visualizando..." é de Mead, 1964b, p. 322.

**231** Sobre os estudos idiográficos de Gruber e Erikson, ver Gruper, 1981; e Erikson, 1958.

**232** O fato de quase todos os líderes da Segunda Guerra Mundial terem perdido o pai quando eram jovens é analisado em Iremonger, 1970; Eisenstadt et al., 1989; e Simonton, 1984.

**232** O fato de jovens órfãos de pai assumirem a família e criarem o próprio código moral é analisado em Sartre, 1964, p. 18ff.

**233** A afirmação de bullock "A percepção [de Hitler] das inclinações da opinião pública..." é de Bullock, 1962, p. 337.

**234** A afirmação de Mao "O mundo é nosso..." é citado em *Encyclopaedia Britannica*, 1974.

**235** A afirmação de Mao "avançarão como tornado ou tempestade..." é citado em *Encyclopaedia Britannica*, 1974.

**235** A afirmação de Mussolini "Um dia farei toda a terra tremer" é citada em *Encyclopaedia Britannica*, 1993, vol. 16, p. 372.

**235** A afirmação de de Gaulle "como um velho desgastado por tudo o que passara..." é citada em *Encyclopaedia Britannica*, 1974.

**237** A afirmação de Lênin "Dê-nos uma organização de revolucionários..." é citada em *Encyclopaedia Britannica,* 1993, vol. 22, p. 933.

**239** A afirmação de Berlin "Ele foi um dos poucos estadistas do século 20..." é citada em Goodwin, 1994b, p. 607.

**239** Sobre os escritos de Erikson a respeito de Martin Luther e Gandhi, ver Erikson, 1958, 1969.

**241** A afirmação de Mussolini "homem bastante impiedoso e vigoroso para fazer ampla faxina..." é citada em *Encyclopaedia Britannica,* 1993, vol. 8, p. 452.

**241** A afirmação de Mussolini "Somos italianos e nada mais que italianos..." é citada em *Encyclopaedia Britannica*, 1974.

**241** A afirmação de Hitler "O principal plano do programa Nacionalista Socialista..." é citada em Bullock, 1962, p. 405.

**241** A afirmação de Hitler "A arte da liderança consiste em consolidar..." é citada em Bullock, 1962, p. 405.

**241** A afirmação de Hitler "crença que não abandonará [as massas] nesses dias de caos..." é citada em Heifetz, 1994, p. 115.

**242** Para mais informações sobre as semelhanças entre os regimes totalitários de Hitler e de Stalin, ver Bullock, 1991.

**243** A afirmação de Pfaff "O público recorreu a Churchill e a de Gaulle.." é de Pfaff, 1993, p. 6.

**244** A afirmação de Korda "Os grandes líderes são quase sempre grandes simplificadores..." é de Korda, 1984, p. 51.

**244** A afirmação de Mao "A única solução consiste em promover ideias..." é citada em *Encyclopaedia Britannica* 1974.

**245** A afirmação de Wilson "Tenho forte instinto em relação à liderança..." é citada em Barber, 1985, p. 17.

**245** A respeito do impacto de Stalin sobre o povo soviético depois da invasão nazista, ver Stoessinger, 1993.

**245** A afirmação de Hitler "Ser líder significa ser capaz de mobilizar as massas..." é citada em Bullock, 1962, p. 68.

**245** A afirmação de Strasser "Hitler responde às vibrações do coração humano..." é citada em J. Gardner, 1990, p. 90. Essa citação também foi atribuída a Gregor Strasser, irmão de Otto.

**245** A afirmação de Lindholm, "Em seus discursos, Hitler restabelecia para o público..." é citada em Bryman, 1992, p. 38.

**246** A afirmação de Bayley "Stalin foi tudo o que sobrara para ela..." é de Bayley, 1993, p. 4.

**246** A afirmação de Storr "Naqueles tempos sombrios, a Inglaterra..." é de Storr, 1988, p. 49-50.

**248** A afirmação de Kissinger "Toda revolução política, mais cedo ou mais tarde, chega ao fim..." é de Kissinger, 1993, p. 1.

## CAPÍTULO 14

**251** A afirmação de Goethe "O ódio nacional é mais forte e mais veemente..." é citada em Jaszi, 1966, frontispício.

**251** A afirmação de Havel "Duas vezes neste século..." é de Hael, 1993, p. 3.

**252** A afirmação de Monnet "Eu ousava porque não conhecia tabus..." é citada em Bromberger e Bromberger, 1969, p. 13.

**252** Para mais informações sobre o aprendizado de Monnet de que as alianças se fortalecem quando as partes trabalham juntas em iniciativa econômica concreta, ver Ball, 1982, p. 69-91

**253** A afirmação de Monnet "Minha força era a ingenuidade do jovem..." é citada em Bromberger e Bromberger, 1969, p. 18.

**253** Para mais informações sobre a escolha de Monnet de não se dirigir de maneira solene aos líderes, como senhor presidente, ver Duchêne, 1994, p. 348.

**254** Sobre a visão de Monnet de que a Comunidade Europeia do Carvão e do Aço tinha mais a ver com o começo de uma nova Europa, ver Rieben, 1989, P. 28.

**254** A afirmação de Gaulle "Dante, Goethe e Chateaubriand pertencem à Europa..." é citada em Bromberger e Bromberger, 1969, p. 175.

**254** A afirmação de de Gaulle "Não mais estamos na época em que o Sr. Monnet dava ordens..." é citada em Duchêne, 1994 p. 315.

**255** A afirmação de Kennedy "Durante séculos, imperadores, reis e ditadores..." é citada em Monnet, 1978, p. 472.

**255** A afirmação de Monnet "uma boa ideia" é citada em Hackett, 1989, p. 168.

**255** A afirmação de Monnet "Sempre há um sonho em todo empreendimento..." é citada em Küsters, 1989, p. 45.

**255** Para mais informações sobre Gandhi nunca se ter perdoado por haver deixado o leito de morte do pai, ver Mehta, 1977, p, 82; e Payne, 1990, p. 42.

**256** Para mais informações sobre Gandhi renunciar aos prazeres mundanos e levar vida ascética, ver Gandhi, 1938.

**257** A afirmação de Gandhi "Gostaria de encontrar-me não só com o vice-rei da Índia, mas, principalmente, com o homem que exerce essa função." é citada em Brown, 1972, p. 248.

**258** A afirmação de Broomfield "Será impossível ignorar o fato..." é citada em Payne, 1990, p. 367.

**258** A afirmação de Gandhi "No que respeita à sentença..." é citada em Payne, 1990, p. 367.

**258** A afirmação de Miller "Não houve luta, nenhum combate..." é citada em Mehta, 1977, p. 148; e Shirer, 1979, p. 98.

**259** A indagação de Gandhi "Não seria mais apropriado enviar condolências?" é citada em Mehta, 1977, p. 171.

**259** A afirmação de King "os únicos métodos eficazes dos pontos de vista moral e prático..." é citada em Nanda, 1985, p. 34.

**259** A afirmação de Einstein "Ghandi demonstrou..." é citada em Fischer, 1950, p. 10.

**260** A afirmação de Monnet "Tive só uma boa ideia, mas ela foi suficiente..." é citada em Hackett, 1989, p. 168.

**260** A afirmação de Monnet "Olhando para trás, pareceu-me..." é de Monnet, 1978, p. 221.

**260** Para mais informações sobre Monnet desafiar as visões não escolarizadas da Europa sob uma só bandeira, ver Swedberg,1994.

**260** A afirmação de Duchêne "[Monnet foi] até agora o mais rematado internacionalista..." é de Duchêne, 1994, p. 403, 410.

**262** Para mais informações sobre Monnet como líder indireto e como corporificação da impessoalidade, ver Bromberger e Bromberger, 1969, p. 10.

**262** A afirmação de Monnet "Para que um estadista o ouça, basta..." é citada em Bromberger e Bromberger, 1969, p. 101.

**262** A afirmação de Monnet "Esses homens, afinal, assumem riscos..." éde Monnet, 1978, p. 231.

**262** A afirmação de Monnet "Nunca assumi função que eu próprio não tivesse inventado." é citada em Duchêne, 1994, p. 346.

**262** A afirmação de Monnet "A competição era acirrada em torno dos centros de poder..." é citada em Duchêne 1994, p. 148.

**263** Para mais informações sobre a crença de Monnet em que a formulação exata era crucial para o sucesso ou fracasso das políticas públicas, ver Ball, 1982, p. 73.

**264** A afirmação de Monnet "Nada é feito sem pessoas..." é citada em Grosser, 1989, p. 198.

**264** Para mais informações sobre as crenças de Monnet a respeito da modificação de hábitos profundamente arraigados, ver Ball, 1982, p. 81

**264** A afirmação de Monnet "Não há progresso sem certa desordem..." é citada em Hackett, 1989, p. 163.

**264** A afirmação de Gandhi "os milhões subnutridos e ignaros que represento..." é citada em Shirer, 1979, p. 167-68.

**265** A afirmação de von Simson "Convenceu mais pelo comedimento que pela impetuosidade ou pela altissonância" é de von Simson, 1989, p. 33.

**265** Para mais informações sobre Gandhi chegar a um posição que fazia sentido somente depois de anos de autoanálise, ver Erikson, 1969; e Mamali, 1993.

## CAPÍTULO 15

**269** A afirmação de Churchill "Estamos moldando o mundo..." é citada em Walsh, 1993, p. 21.

**273** Para mais informações sobre líderes que perdem oportunidades de reflexão, ver Sutton e Galunic, 1994.

**273** A locução de Gardner "mente desobstruída" é de J. Gardner, 1995.

**280** Para mais informações sobre estudos idiográficos e nomotéticos, ver Gruiber, 1981; e Simonton, 1984.

**283** Para mais informações sobre os tipos de organizações internacionais influentes que surgiram nas últimas décadas, ver Simmons, 1994.

284 A afirmação de Kampelman "Embora tudo esteja ficando interconectado..." é citada em Walsh, 1993, p. 155.

285 A afirmação de Bell, "Liderança é senso de julgamento..." é de Bell, 1992, p. 6.

285 A afirmação de Kitto "o expert altamente treinado..." foi extraída de Kitto, 1951, p. 169.

285 A afirmação de Confúcio "Embora os conselheiros de um grande líder..." é citada em Korda, 1984, p. 63.

# Índice remissivo

## D



## E

## F



## G



## H

## I



## J



## K



## L

Impresso nas oficinas da
SERMOGRAF - ARTES GRÁFICAS E EDITORA LTDA.
Rua São Sebastião, 199 - Petrópolis - RJ
Tel.: (24)2237-3769